*Eso no estaba en mi libro de
historia de la casa real española*

ANA FERNÁNDEZ PARDO

Eso no estaba en mi libro de historia de la casa real española

ℐ

ALMUZARA

Editorial Almuzara • Colección Historia
Director editorial: Antonio Cuesta
Edición de Ana Cabello
Maquetación R. Joaquín Jiménez R.

www.editorialalmuzara.com
pedidos@almuzaralibros.com - info@almuzaralibros.com

Imprime: Romanyà Valls
ISBN: 978-84-18648-45-8
Depósito Legal: CO-294-2022
Hecho e impreso en España - *Made and printed in Spain*

A mi padre, mi primer lector y corrector.
Qué privilegio haber crecido entre libros
de historia. Qué herencia tan valiosa (a la
par que agotadora) es la curiosidad.

Índice

Prólogo

Desde tiempos inmemorables, las casas reales han sido espejo y ejemplo que imitar sobre modas y modos, costumbres y todo tipo de protocolos y tradiciones. Y muchas veces —por no decir la mayoría de ellas— tienen su origen en anécdotas cotidianas que se han fosilizado y transformado en complicados y anacrónicos ceremoniales que por eso mismo nos sorprenden y emocionan por su belleza, su misterio y su magia.

Es para mí un honor escribir estas sencillas líneas para presentar este completo y ameno estudio de Ana Fernández Pardo sobre la casa real de España.

Con un estilo cercano y didáctico, Ana nos acerca de una manera vívida y transparente a todo un mundo de infantas, dotes, heráldicas, herencias, compromisos, bodas y bautizos que, por desconocido y lejano, nos resulta fascinante.

Gracias, Ana, por acercarnos a la Historia —con mayúscula— de nuestra casa real española: esa gran Historia hecha de pequeñas historias que nos siguen influyendo e inspirando y nos sirven de estímulo para construir un futuro mejor.

LORENZO CAPRILE
Modista

La familia de Carlos IV pintado en 1800 por Francisco de Goya. Museo del Prado de Madrid.

Introducción

Museo del Prado. *La familia de Carlos IV*, de Goya. A la izquierda de la reina María Luisa, pero con un pie adelantado, para compensar la ironía, el rey, Carlos IV. Al otro extremo el futuro Fernando VII, entonces príncipe de Asturias, con una impredecible novia anónima con la cabeza girada. Cómo iba a imaginar el pintor que llegaría a tener cuatro mujeres y solo descendencia con la última. Pobre María Cristina (su sobrina, por cierto), futura regente, lo que tuvo que sufrir... Como para que no reinara Isabel. Lo que hiciera falta, vamos, como si había que abolir «de cualquier manera» la todavía vigente ley sálica de su bisabuelo, Felipe V. Y el infante Carlos María Isidro, qué inocente parecía aquí y qué «lata carlista» le daría a su sobrina unos añitos después... Por cierto, con qué orgullo lucen todos los varones la banda celeste de la Real y Muy Distinguida Orden de Carlos III, el abuelo. Se nota que saben que representa la garantía de la continuidad dinástica. Qué pena que el hermano mayor, Carlos Clemente, el heredero buscado y necesario, falleciera tan pequeño. Pero el abuelo lo hizo inmortal homenajeando su concepción con la imagen esmaltada de la Virgen Inmaculada en el centro de la Real Insignia. Qué gusto tener a Murillo en la sala contigua para hacer *zoom*.

Cuando me propusieron organizar una visita guiada al Museo del Prado para hablar de protocolo y ceremonial, acepté encantada.

Hay que ver la de cosas que cuentan las obras de arte. Lo cierto es que la historia se compone de relatos, de hechos y anécdotas más o menos curiosos que van entrelazándose para dar sentido a todo. A mí me ha fascinado la historia de España desde pequeña porque tuve la suerte de que me la contaran bien, como se cuentan las historias, generando las correspondientes intrigas y las necesarias expectativas, con muchos detalles e invitando a entenderla sin memorizarla. Así procuro contársela a mis alumnos de protocolo.

En esta obra recopilo cien historias reales, en el doble sentido de la palabra: por un lado, ciertas, porque la realidad supera casi siempre a la ficción; y por otro lado, protagonizadas por nuestros reyes y reinas (en masculino y en femenino, que está de moda ahora utilizar el lenguaje inclusivo y, además, procede en conmemoración de nuestras tres reinas «titulares» —Isabel I, Juana I e Isabel II— a la cabeza del correspondiente listado de consortes).

Se trata de breves historias de protocolo y ceremonial. Bodas, bautizos, funerales, regalos, tradiciones, actos sociales, celebraciones, moda, heráldica, títulos honoríficos, condecoraciones... Un poquito de «salseo», como dirían ahora los *millennials*. De hecho, puedo probar que fueron los reyes de España quienes lo inventaron. Los primeros *influencers* que inspiraron y marcaron tendencia con sus ocurrencias, historias amorosas furtivas, conspiraciones e intrigas varias. Además, la historia se repite constantemente y en bucle. Sin ir más lejos, ahora tenemos un rey honorífico autoexiliado, unas presuntas amantes que sacan a relucir secretos de alcoba no sabemos con qué fin y unos políticos que cuestionan la idoneidad o legitimidad de nuestra monarquía constitucional, bien por su vinculación con el franquismo, bien por su carácter trasnochado, bien por su falta de respaldo popular. Las opiniones pueden ser infinitas, pero la historia es objetiva.

He seleccionado cien historias. Mis favoritas. La historia de España (la de nuestros reyes) da para mucho, pero era preciso elegir. Antes de empezar, una breve introducción muy muy resumida sobre genealogía para refrescar la memoria.

Aunque no es hasta la llegada de los Borbones en el siglo XVIII cuando se puede hablar del reino de España tal y como lo entendemos en la actualidad, debemos remontarnos al siglo XV, al enlace de Isabel de Castilla con Fernando de Aragón, los Reyes Católicos. Ciertamente, se trataba más bien de una unión dinástica que territorial, pero los descendientes del matrimonio heredarían los reinos de sus progenitores. Juntos («tanto monta») urdieron una trama perfecta para casar a sus hijos estratégicamente y así consolidar alianzas en la vieja Europa en contra de Francia, gran rival del reino de Aragón tras la conquista del reino de Navarra. Juana, la Loca, y Felipe I, el Hermoso, tomaron el relevo durante poco tiempo porque él falleció y ella fue inhabilitada. Fernando de Aragón asumió de nuevo el mando hasta la mayoría de edad de Carlos I, su nieto, rey en España y emperador en Alemania. A él lo sucedió su hijo, Felipe II. Ambos conocidos como los Austrias Mayores. Tras ellos, Felipe III, Felipe IV y Carlos II, los Austrias Menores. Este último, el Hechizado, falleció en 1700 (fecha fácil de recordar) sin descendencia y España tuvo que buscar sustituto. Tras una guerra entre los partidarios de los Habsburgo y los defensores de los Borbones, llegó a España Felipe V, el francés, que venía con las viejas rencillas franco-aragonesas bien aprendidas. Tanto que los independentistas catalanes continúan recurriendo a este conflicto para reclamar derechos en torno a su Diada. Felipe V fue padre de tres reyes: Luis I, que falleció pronto; Fernando VI, que no tuvo hijos; y Carlos III, conocido como «el mejor alcalde de Madrid». A continuación, Carlos IV, su hijo Fernando VII y su nieta Isabel II, quien tuvo que luchar contra su tío, Carlos María Isidro, primer pretendiente carlista, que no consideraba legítimo su derecho al trono por ser mujer. Isabel II, madre de Alfonso XII, abuela de Alfonso XIII, bisabuela de don Juan, tatarabuela de Juan Carlos I y madre del tatarabuelo (¿por qué no hay un nombre para esto?) de Felipe VI. Solo faltaría añadir los «minireinados» del rey elegido por las Cortes, Amadeo I de Saboya y del «impostor» José Bonaparte (Pepe Botella) y las regencias de «las Marías Cristinas». Efectivamente, me he saltado las dos repúblicas y la dictadura de Primo y la franquista, pero este libro va de historias «reales»; aunque algún relato contaré al respecto.

Listos para empezar.

El príncipe don Juan de Aragón, hijo de los Reyes
Católicos. Valentín Carderera y Solano (1855-1864).
[Biblioteca Virtual del Patrimonio Bibliográfico]

Antecedentes

MUCHOS PRÍNCIPES DE ASTURIAS PERO UN ÚNICO PRÍNCIPE DE ESPAÑA

El artículo 57.2 de nuestra Constitución[1] actual, la de 1978, señala que «El príncipe heredero, desde su nacimiento o desde que se produzca el hecho que origine el llamamiento, tendrá la dignidad de príncipe de Asturias y los demás títulos vinculados tradicionalmente al sucesor de la Corona de España». El origen de este título se encuentra en el antiguo reino de Castilla.

Hasta el siglo XIV todos los hijos de reyes, herederos o no al trono, recibían el título de infante asociado al tratamiento de alteza real; pero a partir de 1388 el futuro sucesor del monarca comenzaría a ostentar el título de príncipe de Asturias. ¿Por qué? Veamos.

En el primer tercio del siglo XIV, don Rodrigo Álvarez, noble en las tierras conocidas como Asturias de Oviedo, empleaba habitualmente el nombre de Rodrigo Álvarez de las Asturias. Hijo de Pedro Álvarez, mayordomo mayor en la Corte del rey Alfonso X, don Rodrigo recibió en herencia, tras la muerte de su hermano, los señoríos de Noreña y de Gijón. Al fallecer sin descendencia, puesto que su único hijo varón murió de niño, Enrique de Trastámara

---

1   Constitución Española. *BOE* núm. 311, de 29 de diciembre de 1978.

19

(futuro Enrique II), el hijo bastardo que Alfonso XI le había confiado a don Rodrigo para que se encargara de su educación, heredó dichos territorios.

En 1388, mediante el Acuerdo de Bayona, Juan de Gante y su esposa Constanza renunciaban a los derechos sucesorios de Castilla en favor del matrimonio de su hija Catalina de Lancaster, nieta de Pedro I, el Cruel, con el futuro Enrique III, primogénito del rey Juan I de Castilla, hijo de Enrique II. Juan de Gante y Juan de Trastámara habían firmado años antes la Paz de Troncoso, que estipulaba el compromiso entre el infante Enrique, hijo de Juan, y que entonces tenía diez años, con Catalina, hija de Juan y Constanza, que tenía catorce. Con este matrimonio se ponía fin al antiguo enfrentamiento entre Pedro I y Enrique II por el trono de Castilla, puesto que el marido era nieto del primero y la mujer nieta del segundo.

En este tratado, Juan I concedió la categoría de principado al territorio y le otorgó su jurisdicción a su primogénito Enrique, a quien nombró príncipe de Asturias. Por tanto, Enrique y Catalina fueron los primeros príncipes de Asturias. De esta forma, y a partir de este momento, el heredero a la Corona de Castilla comenzó a denominarse príncipe de Asturias, título honorífico equivalente al de príncipe de Gales de Inglaterra o al de delfín (señor del delfinato) de Francia; es decir, la forma oficial de nombrar al heredero al trono.

Tras la unificación de las Coronas de Castilla y Aragón, el título se incorporó a los generales de la monarquía equiparándose con la dignidad de heredero, esto es, con carácter honorífico. Como la Corona de Castilla tenía más peso (más territorios y poder) que la de Aragón, se continuó utilizando esta nomenclatura para el heredero siguiendo las normas del antiguo territorio castellano. Por cierto, la numeración de los reyes a partir de la unificación también tomó como referencia el orden castellano. De hecho, Fernando el Católico era Fernando II de Aragón y Fernando V de Castilla. El siguiente rey español con este nombre fue Fernando VI, segundo heredero de Felipe V, el primer Borbón y único rey padre de tres reyes. Y Alfonso XII continuó la numeración de Alfonso XI de Castilla.

Pero ¿quién es el heredero a la Corona? En la actualidad seguimos tomando como referencia los criterios de Castilla. En el siglo XIII, el rey Alfonso X, el Sabio, había establecido el orden de sucesión al trono señalando la prevalencia de la línea recta sobre la colateral (es decir, los hijos tenían precedencia respecto a los hermanos), la prevalencia de la sucesión masculina sobre la femenina y la precedencia del de mayor edad al de menor. Introdujo, además, el derecho de representación para avalar posibles regencias hasta que el futuro rey alcanzara la mayoría de edad. Nuestra actual Constitución de 1978 contempla estos mismos criterios. Dicho esto, subrayemos que la situación de las mujeres en Castilla, en relación con la sucesión en el trono, era mucho más favorable que la existente en la Corona de Aragón, puesto que en Castilla se les daba la posibilidad de heredar con plenos derechos, sin diferencias con respecto a los hombres. Sin embargo, en la Corona de Aragón las mujeres eran meras transmisoras de la realeza a sus hijos.

A lo largo de la historia de nuestra monarquía, muchos príncipes de Asturias no han llegado a reinar por tres posibles circunstancias: por haber fallecido antes de su proclamación, por la abdicación de su progenitor (hecho que anula cualquier derecho sucesorio) o por su renuncia expresa. Es el caso, por ejemplo, del príncipe Juan, hijo de los Reyes Católicos, fallecido al poco tiempo de casarse con la princesa Margarita de Austria; de Manuel Filiberto de Saboya, hijo de Amadeo I, que perdió sus derechos dinásticos tras la abdicación de su padre; o de Alfonso de Borbón y Battenberg, primogénito de Alfonso XIII, que renunció para poder celebrar un matrimonio morganático o desigual con una «plebeya» de origen cubano.

Sin embargo, todos los reyes de España, antes de su proclamación, sí han sido previamente príncipes de Asturias, salvo las excepciones de Amadeo de Saboya, rey elegido en las Cortes; José Bonaparte, «impuesto» por Napoléon; Felipe V, primer rey de España de la dinastía Borbón; y Alfonso XIII, el hijo póstumo de Alfonso XII que nació ya siendo rey.

Todos, menos uno. Nuestro único «príncipe de España».

Se trata de Juan Carlos I. Al no ser hijo de reyes, puesto que su padre nunca llegó a ser proclamado como consecuencia del franquismo, y ser designado directamente por Francisco Franco como su sucesor en la jefatura del Estado, el mismo Generalísimo creó para él el título de príncipe de España en 1969, nombrándolo de esta forma heredero al trono con el correspondiente tratamiento de alteza real, los honores militares de capitán general y la precedencia establecida para el heredero de la Corona. Su hijo, Felipe, ya sí recibiría, retomando la tradición, tras la proclamación de su padre, el título de príncipe de Asturias; de la misma forma que la actual princesa Leonor, futura reina de España (Dios mediante, tal y como están las cosas...).

Proclamación y juramento del Príncipe Juan Carlos como Rey de España durante una sesión especial de las Cortes, el Parlamento español, el 22 de noviembre de 1975. [Fototeca Anefo]

LA BÚSQUEDA DEL UNICORNIO

Isabel, nuestra Reina Católica, no nació destinada a reinar. Era hija de Juan II de Castilla y de Isabel de Portugal, su segunda mujer; y nieta de Enrique III y Catalina de Lancáster, por vía paterna; y del infante don Juan y de Isabel de Barcelos (de la casa de Braganza), por vía materna. Su padre se había casado en primeras nupcias con su prima María de Aragón, hija del rey de Aragón, con la que tuvo cuatro hijos: Catalina, Leonor, Enrique y María, hermanastros de Isabel. Puesto que los hombres tenían precedencia sobre las mujeres en la sucesión al trono, Enrique era el heredero. Y le seguía Alfonso, el hermano (de padre y madre) pequeño de Isabel. Nuestra futura reina era, por tanto, la última en la sucesión de todos los hijos del rey Juan, pero adelantó «puestos» tras el fallecimiento de sus tres hermanastras, ocupando la tercera posición en la carrera al trono. Por cierto, no está de más recordar la diferencia de edad entre Enrique e Isabel: veintidós años.

Hubo un obstáculo más: Juana la Beltraneja, su «supuesta» sobrina, hija de su hermanastro Enrique IV de Castilla, quien no tuvo descendencia masculina. Y digo «supuesta» porque la legitimidad de Juana estaba cuestionada. Veamos.

Ciertamente, Enrique IV parecía tener problemas para ser padre. No tuvo hijos con Blanca I de Navarra, su primera esposa. Hay quien afirma que el matrimonio no llegó nunca a consumarse ni siquiera en la noche de bodas, cuando los contrayentes debían haber mostrado a los testigos la «sábana pregonera», tradición que permitía demostrar lo acontecido en la recámara real; hecho que no sucedió tampoco en los tres años siguientes, periodo mínimo exigido por la Iglesia para la consumación. Esta circunstancia provocó que Enrique fuera apodado como el Impotente y que la Iglesia anulara el matrimonio en 1453 alegando, precisamente, la «impotencia sexual» del futuro monarca.

Para curar su presunto mal, cuentan que Enrique recurrió a brebajes y pócimas con efectos supuestamente vigorizantes que le enviaban desde Italia. Incluso, hay una leyenda que apunta que planificó y subvencionó una expedición al continente africano en busca del cuerno de un unicornio porque en la época medieval se creía que dicho objeto tenía poder para remediar la disfunción eréctil. De hecho, los mercaderes vikingos vendían colmillos de narval, cetáceo común en el Ártico y en el Atlántico Norte, haciendo creer que se trataba de cuernos de unicornio. En la catedral de Venecia y en el palacio Hofburg de Viena se conservan en la actualidad dos de estos supuestos cuernos.

En cualquier caso, interpretemos los unicornios como una metáfora. Rumores y leyendas al margen, el objetivo del rey, en definitiva, era demostrar que la ausencia de descendencia con Blanca era una circunstancia transitoria, es decir, que no pudiera mantener relaciones con la princesa navarra no significaba que no pudiera hacerlo con otras mujeres. De hecho, para desposarse con Juana de Portugal, tras su proclamación como rey de Castilla, tuvo que acompañar su solicitud de varios testimonios de prostitutas declarando que habían mantenido relaciones satisfactorias con él.

Sin embargo, varios médicos coinciden en que Enrique tenía problemas de fertilidad. El urólogo Emilio Maganto Pavón, en su obra «Enrique IV de Castilla. Un singular enfermo urológico»[2], indicó que el monarca padecía un síndrome de neoplasia endocrina múltiple (MEN) producido por un tumor hipofisario productor de la hormona del crecimiento, lo que le impedía tener descendencia.

El caso es que Juana, la supuesta hija del matrimonio, nació a los siete años de su celebración; hecho bastante poco común en la época y menos entre monarcas que tenían bien aprendido que dejar herederos era el principal fin de su enlace.

Juana la Beltraneja o la Excelente Señora. 1530-1534.
Genealogia dos Reis de Portugal. [British library]

---

2   Maganto Pavón, E. (2003). «Un singular enfermo urológico. Una endocrinopatía causa de los problemas uro-andrológicos del monarca. Impotencia y malformación del pene (III)». *Archivos Españoles de Urología.* Tomo 56, núm. 3, pp. 233-241.

La niña recibió el apodo de la Beltraneja por la sospecha de que pudiera ser fruto de la relación extraconyugal entre la reina y Beltrán de la Cueva, valido del rey y primer duque de Alburquerque. El rey, por supuesto, reconoció a Juana como su legítima heredera; incluso designó a su hermanastra Isabel como madrina de la niña.

Sospechas al margen, si su padre la había reconocido, ¿por qué Juana no reinó en Castilla como estaba previsto?

El 5 de junio de 1465 se celebró la Farsa de Ávila, una conspiración en contra de Enrique IV por parte de un sector de la nobleza que decidió designar como rey a su hermanastro Alfonso. Tres años después, Alfonso falleció de forma inesperada. El Tratado de los Toros de Guisando en 1468 reconocía a Isabel como heredera en oposición a Juana. En 1469 Isabel se casó con su primo Fernando, heredero del trono de Aragón. Años más tarde, su tía Juana, en 1475, se casó con el rey de Portugal, Alfonso V. Este se autoproclamó rey de Castilla, desencadenando una guerra civil.

Pero Isabel y Fernando demostraron su poder militar, propagandístico y diplomático en la batalla de Toro en 1476. Tras la derrota, Juana tuvo que renunciar a sus derechos dinásticos y optó por retirarse al monasterio de Santa Clara de Coímbra. Perdió su tratamiento de alteza como infanta castellana, pero recibió por real decreto portugués el de *Excelente Senhora*. Los reyes de Portugal se convirtieron en sus protectores y le permitieron vivir en el castillo de San Jorge de Lisboa. Sea como fuere, Juana firmó hasta su fallecimiento en 1530 con la frase «Yo, la reina». Está claro que la ilusión se pierde después que la esperanza.

Detalle de la fachada de la Universidad de Salamanca
en la que están los reyes Isabel y Fernando.

Isabel y Fernando, sus católicas majestades

LA BULA PAPAL FALSIFICADA
POR ISABEL Y FERNANDO

Isabel y Fernando, los Reyes Católicos, eran primos segundos (Enrique III de Castilla era abuelo de ambos), por lo que precisaban de una bula pontificia para casarse por la Iglesia católica, es decir, un documento firmado por el papa que autorizara el enlace matrimonial. Aunque primos, no debe confundirse a Juan II de Castilla, padre de Isabel, con Juan II de Aragón, padre de Fernando. Qué incómoda manía la de los reyes de repetir una y otra vez los mismos nombres, la verdad.

El rey Juan (el de Aragón) ya había solicitado la dispensa a Roma en 1467 para que el papa autorizase a Fernando a casarse con cualquier mujer que fuese pariente cercana suya. La respuesta lógica y esperada fue que una dispensa matrimonial no se concedía de forma general para cualquier enlace que pudiera surgir, sino vinculada a uno en concreto. Por ello, Juan tuvo que solicitarla otra vez especificando, ya sí, el nombre de Isabel. Según el rey de Aragón, el papa accedió a dictar la dispensa después del matrimonio.

Como no la consiguieron antes de la celebración de la ceremonia, optaron por falsificarla gracias a la ayuda de Rodrigo Borgia, arzobispo de Toledo, asumiendo el riesgo de ser excomulgados. Fecharon la bula falsa en 1464 indicando que había sido firmada por el difunto Pío II antes de morir. Allí se dijo, en efecto, que el papa había entregado a Antonio Jacobo Veneris, legado papal, *in extremis,* una dispensa secreta; pero el legado nunca la mostró.

La bula falsa permitía a Fernando contraer matrimonio con cualquier princesa con la que le uniera un lazo de consanguinidad de hasta tercer grado. Al tiempo, el obispo de Segovia había falsificado otra bula presuntamente firmada por el papa Calixto III (Alfonso Borja).

Resuelto el tema de la bula, debían hacer frente a otro asunto no menos importante: la oposición de Enrique IV de Castilla, hermano de Isabel, quien había planeado para ella una alianza con el reino de Portugal. Por eso, para evitar que este impidiera sus planes, los novios optaron por encontrarse a escondidas. Isabel escapó de Ocaña, donde estaba custodiada por Juan Pacheco, con la excusa de visitar la tumba de su hermano Alfonso, en Ávila. Fernando, por su parte, cruzó Castilla en secreto, disfrazado, fingiendo ser el sirviente de cinco acompañantes, que, en realidad, resultaban ser sus escoltas. De película (o de serie de TV), vamos.

Finalmente, el enlace se celebró de forma clandestina el 19 octubre de 1469 en el palacio de los Vivero en Valladolid. Los novios se habían visto por primera vez cinco días antes. El día de la boda, en el último momento, llegó una carta supuestamente firmada por el papa Pío II, ya fallecido.

Años después, en 1472, Rodrigo Borgia, legado pontificio, les traería personalmente la bula «auténtica» firmada por el papa Sixto IV que legitimaría el enlace. Como agradecimiento, Fernando, al ser coronado rey de Aragón, en 1485, le concedió al cardenal Borgia el ducado de Gandía con carácter hereditario. Años más tarde, como veremos a continuación, cuando este cardenal fue proclamado papa, otorgaría al matrimonio el título de Reyes Católicos.

La noche de bodas fue, como era común en la época, una ceremonia pública. Jueces y caballeros fueron testigos de la consumación del matrimonio. Para que tuvieran una prueba de tal acto y de la virginidad de la novia, se les presentó una sábana manchada con su sangre (la sábana pregonera que mencionábamos antes y que Enrique IV, hermano de Isabel, no pudo mostrar en su noche de bodas). De la virginidad de Isabel no había duda; cuentan que era tan exagerada que nunca nadie le había llegado a ver siquiera un pie desnudo. Los festejos se prolongaron en la ciudad durante una semana.

Como subrayábamos en la introducción, la unión de Castilla y Aragón fue dinástica, pero no nacional. En ese momento existían en la península la Corona de Aragón, la de Castilla, el reino de Navarra y el reino nazarí de Granada, cada uno con sus leyes y sus sistemas de gobierno. La unión matrimonial del rey de Aragón con la reina de Castilla no supuso la unificación de ambos territorios, pero sí es cierto que sus descendientes los heredarían de forma conjunta. Es decir, implicaría que ambos territorios serían gobernados por la misma persona, aunque cada uno conservaría sus propias leyes. No será hasta la llegada de los Borbones en 1707, con los Decretos de Nueva Planta, cuando se puede hablar oficialmente del reino de España, porque es entonces cuando se aplicarán las leyes de la Corona de Castilla en los territorios de la Corona de Aragón, quedando ambas bajo una misma legislación y gobierno.

Puesto que el enlace de Isabel y Fernando no era territorial, cuando falleció ella en 1504, él no podía reinar en Castilla donde había desempeñado el papel de consorte. Por tanto, a la muerte de Isabel fueron reyes de Castilla Juana la Loca y Felipe el Hermoso, mientras que Fernando, el Católico, permaneció únicamente como rey de la Corona de Aragón. Pero las circunstancias dieron un vuelco caprichoso a la situación. Como Felipe el Hermoso falleció pronto, Juana fue declarada incapacitada para gobernar y el herededo Carlos (hijo de Felipe y Juana) era menor, Fernando, el abuelo del niño, ocupó el puesto de regente. Años después, Carlos I de España y V de Alemania heredaría de su madre Juana el reino de Castilla; de su padre, Austria y Flandes; y de su abuelo, la Corona de Aragón. Pero no nos adelantemos.

REYES CATÓLICOS DE LAS ESPAÑAS

Reyes Católicos de las Españas; así, en plural. El papa Alejandro VI reconoció de esta forma, mediante la bula *Si Convenit*[3], de 19 de diciembre de 1496, las virtudes personales de pacificación y unifi-

---

3   Rey, E. (1952). «La bula de Alejandro VI otorgando el título de Católicos a Fernando e Isabel», *Razón y Fe*, t. 146, pp. 59-75 y 324-347.

cación de Isabel y Fernando, gracias a la reconquista del reino de Granada, a la expulsión de los judíos de España, a la liberación de los Estados Pontificios y del feudo papal del reino de Nápoles, invadidos por Francia, y a los esfuerzos realizados para llevar la guerra a los infieles en África.

Respecto a la expulsión de los judíos, es importante subrayar que no hubo motivos racistas o antisemitas. De hecho, la religión hebrea estuvo protegida por la ley castellana y gozó, incluso, del favor de la reina. ¿Entonces? Pues se trataba de una cuestión política y social.

Comencemos por el principio. La comunidad judía residía en los reinos de España en calidad de «extranjeros tolerados»; esto es, con un permiso especial y un estatuto propio. Al no ser ciudadanos, dependían directamente de los reyes, es decir, eran vasallos o súbditos de Sus Majestades y no miembros de la comunidad. De hecho, debían hacer frente a impuestos reales, pero no a impuestos municipales. Vamos, que los reyes perdían ingresos con su expulsión... Además, el decreto autorizaba a los judíos a llevarse consigo, en letras de cambio, todo su patrimonio, incluida la parte que correspondía a la Corona, excepto «oro, plata, joyas, monedas, armas y caballos».

Los judíos gozaban de privilegios y de libertades, pero tenían sus limitaciones. En las Partidas de Alfonso X[4] se les prohibía expresamente el ejercicio de determinados oficios. Por ejemplo, no podían ser médicos de pacientes cristianos, ni abogados, ni comercializar con alimentos o bebidas sin un permiso especial. Lo cierto es que Isabel hizo poco (o ningún) caso a este asunto y asignó cargos de confianza a varios judíos, como recoge José María Zavala en su obra *Isabel la Católica. Por qué es santa*[5]. Es el caso de Abraham Seneor, rabino mayor de Castilla, nombrado tesorero de la Hermandad General y de los caudales para la guerra de Granada; o Samuel Abolafia, responsable del suministro de las tropas durante la guerra de Granada; o Vidal Astori, platero del rey; o Yuste Abrabanel, recaudador mayor del servicio de ganados; o López de Conchillos, Miguel Pérez de Almazán y Hernando de Pulgar, secretarios parti-

---

4   Alfonso X (siglo XIII, edición 1555). De los judíos. En *Las siete partidas*. Tomo 3. Partida séptima. Título 24, pp. 607-610. Biblioteca Jurídica *BOE*.
5   Zavala, J. (2019). *Isabel la Católica. Por qué es santa*, pp. 113-114. Homo Legens.

culares de la reina; o el médico Lorenzo Badoç. Muy antisemita no era la Católica…

En las Partidas[6] también estaba regulada su vestimenta. Los judíos no podían llevar prendas de seda, grana o adornos de oro y plata; y debían llevar sobre su hombro derecho «una rodeja bermaja de seis piernas del tamaño de un sello rodado» que los identificara.

Los judíos tenían una especie de pasaporte para permanecer siempre y cuando cumplieran con las normas establecidas. Una de ellas era que estaba prohibido el proselitismo ante los cristianos bajo pena de muerte. Y, a pesar de que la ley contemplara este castigo, se optó por la expulsión; aunque en realidad deberíamos hablar mejor de «suspensión de permiso». La decisión afectó a entre cien mil y ciento sesenta mil judíos. Como siempre, pagaron justos por pecadores.

¿El proselitismo era delito? Claro. Hay que recordar que la religión y la política estaban inevitablemente unidas. Y España era católica. Una cosa es que pudieran tener libremente sus creencias y otra que quisieran «convertir» a los cristianos. Por supuesto, tenían las puertas abiertas para bautizarse en la fe católica si realmente lo hacían convencidos. Incluso, la reina Isabel prometió tratos de favor a los convertidos, lo que provocaría falsas (interesadas) conversiones por mejorar el estatus social. De hecho, Isabel y Fernando, en un acto ejemplarizante, fueron los padrinos de bautismo del rabino Abraham Seneor, celebrado con toda pompa en Guadalupe. Una vez bautizados, se integrarían en la comunidad cristiana y podían ser acusados de herejía si incumplían las normas de su nueva fe. Los «falsos conversos», en realidad, eran apóstatas, más que herejes.

Los problemas entre practicantes de ambas religiones eran tan graves que el papa Sixto IV había llegado a emitir una bula el 31 de mayo de 1484 prohibiendo la convivencia entre cristianos y judíos. De esta forma, se habían formado guetos. Despectivamente, los cristianos llamaban a los conversos «marranos», «alborayques» o «tornadizos», de forma que estos judíos bautizados no acababan de encontrar su sitio, pues eran rechazados por ambas partes. Así que la resolución de expulsión también los acabó protegiendo de una posible matanza global.

---

6   Alfonso X (siglo XIII, edición 1555). De los judíos. En *Las siete partidas*. Tomo 3. Partida séptima. Título 24, pp. 607-610. Biblioteca jurídica *BOE*.

La Capitulación de Granada de Vicente Barneto y Vázquez, 1902.

Veamos ahora qué pasó con los musulmanes.

El 25 de noviembre de 1491 los Reyes Católicos y Boabdil ratificaron las condiciones de capitulación. Se permitía a los musulmanes granadinos permanecer en sus casas, conservar sus mezquitas, practicar su religión, hablar su lengua y llevar su vestimenta. Y se les garantizaba que serían juzgados según sus leyes y por sus propios jueces bajo la autoridad del gobernador de Castilla. Podían marcharse o quedarse y estaban exentos de pagar impuestos durante tres años. A Boabdil se le permitiría reinar sobre un pequeño territorio de Las Alpujarras. Las negociaciones se filtraron y estallaron revueltas en Granada y eso precipitó la rendición de Boabdil el 2 de enero y la entrada solemne de los Reyes Católicos en la ciudad el día 6. Boabdil quiso bajar de su caballo para hacer la entrega de las llaves de la ciudad, pero Fernando e Isabel no se lo permitieron.

Igual que había sucedido con la comunidad judía, en la musulmana también se generó conflicto social. De un lado, los mudéjares, musulmanes fieles a sus creencias; de otro, los moriscos, musulmanes convertidos al cristianismo. Los primeros mantenían una situación similar a los judíos, como «extranjeros tolerados», regidos por su particular estatuto. Podían vivir conforme a sus costumbres, siempre y cuando no practicaran su religión en público y no atacaran a los cristianos. La Reina Católica promovió una campaña de evangelización para lograr la conversión sincera de mudéjares. Pero no fue suficiente para evitar tensiones. La pragmática real del 12 de febrero de 1502 supuso la expulsión definitiva de los musulmanes de los reinos de Castilla y León. De nuevo, no se trataba de una ley racista, sino estrictamente política y de marcado carácter internacional dado el avance del Imperio otomano hacia Occidente.

El afán de evangelización de los Reyes Católicos también se practicó, con mayor éxito, en el Nuevo Mundo. Por ello, Isabel ordenó el envío de «hombres probos y temerosos de Dios, doctos y expertos para la instrucción en la fe y en la moral» con la misión de bautizar primero a los caciques y después a sus súbditos. En 1493, Colón, ya de regreso, trajo consigo a siete «indios» (un término sin ninguna connotación despectiva en el siglo XV). Los reyes dispusieron su bautizo. Fernando el Católico y Juan, príncipe de Asturias, fueron sus padrinos. Uno de estos indios permanecería en España al servicio del príncipe.

La reina prohibió la esclavitud de los indios, considerados nuevos súbditos de Castilla, y también se acordó de ellos en su testamento[7]:

> [...] suplico al rey mi sennor muy afectuosamente, e encargo e mando a la dicha prínçesa, mi hija, e al dicho prínçipe, su marido, que así lo hagan e cunplan, e que este sea su prinçipal fin, e que en ello pongan mucho diligençia, e no consientan nin den lugar que los indios vezinos e moradores de las dichas Yndias e Tierra Firme, ganadas e por ganar, reçiban agravio alguno en sus personas ni bienes, más manden que sean bien e justamente tratados, e si algun agravio han reçebido lo remedien e provean por manera que no se exçeda en cosa alguna [...].

Tal y como recoge Pedro Miguel Lamet[8], los Reyes Católicos se arrodillaron para dar las gracias a Dios, a la Virgen y al apóstol Santiago por la victoria después de diez años; y en Roma se celebraron solemnidades religiosas.

La concesión del título de Reyes Católicos de las Españas suscitó descontento y protestas en Francia puesto que el rey francés ostentaba el título de Cristianísimo desde 1464, así como en Portugal, porque nuestro país vecino entendía que «las Españas» debía incluir también a su territorio, ubicado en la Hispania romana.

Parece ser que la iniciativa de este título honorífico partió de Enrique Enríquez, tío de Fernando de Aragón y consuegro de Rodrigo Borgia (el nombre de pila del papa Alejandro VI), quien solicitó el título de «Muy Católicos» para los reyes de España. En mayo de 1494, el nuncio Francisco Desprats recomendaba al papa aceptar la petición de Enrique.

Un año antes, la bula *Inter Caetera*[9], fechada en 1493, expresaba lo siguiente:

> Reconociéndoos como verdaderos reyes y príncipes católicos, según sabemos que siempre fuísteis, y lo demuestran vuestros

---

7   Testamento y codicilo de la reina Isabel la Católica (1504, edición 2014). Ministerio de Educación y Ciencia, Dirección General de Archivos y Bibliotecas.

8   Lamet, P. (2004). *Yo te absuelvo, majestad*, p. 25. Temas de Hoy.

9   García-Gallo, A. (1957). Las bulas de Alejandro VI y el ordenamiento jurídico de la expansión portuguesa y castellana en África e Indias. En «Anuario de historia del derecho español», pp. 461 - 830.

preclaros hechos, conocidísimos ya en casi todo el orbe, y que no solamente lo deseáis, sino que lo practicáis con todo empeño, reflexión y diligencia, sin perdonar ningún trabajo, ningún peligro, ni ningún gasto, hasta verter la propia sangre; y que a esto ha ya tiempo que habéis dedicado todo vuestro ánimo y todos los cuidados, como lo prueba la reconquista del Reino de Granada de la tiranía de los sarracenos, realizada por vosotros en estos días con tanta gloria del nombre de Dios.

El papa León X, en 1517, mediante la bula *Pacificus et aeternum*, otorgó el mismo título de Rey Católico al rey Carlos I. Desde este momento, todos los reyes de España ostentan este honor, incluido el actual Felipe VI, que bien podría firmar como «Rey Católico» o «Su Católica Majestad», aunque todavía no haya optado por ello.

Sin embargo, la relación entre todos los reyes católicos de España y Su Santidad no siempre fue un «caminito de rosas». Felipe II (probablemente, el rey «más católico» de todos) estuvo a punto de ser excomulgado por el papa Pablo IV. El napolitano tenía total aversión hacia el rey emperador y hacia su hijo. Además, estaba aliado con Francia y, por tanto, en conflicto político con España. El 27 de julio de 1556 el abogado Palentieri y el procurador Aldobrandini leyeron en presencia del papa una propuesta de bula contra el rey de España en la que el fiscal solicitaba al pontífice que declarara a Felipe II y a sus cómplices reos de lesa majestad con la pena de excomunión y la privación del reino de Nápoles.

El duque de Alba lanzó un ultimátum al papa en una carta fechada el 21 de agosto de ese mismo año siguiendo las instrucciones de Felipe II, como recoge María Jesús Pérez Martín[10] en su biografía sobre María Tudor, reina de Inglaterra y consorte de España:

Doy a Vuestra Santidad aviso para que resuelva y se determine a abrazar el santo nombre de padre de la Cristiandad y no de padrastro, advirtiendo de camino a Vuestra Santidad ni dilate de me decir su determinación, pues en no dármela en ocho días será para mí aviso de que quiere ser padrastro y no padre y pasaré a tratarlo no como esto sino como aquello. Para lo cual, al mismo

10   Pérez, M. J. (2018). *María Tudor. La gran reina desconocida*, pp. 776-778. Ediciones Rialp.

tiempo que esta escribo, dispongo los asuntos para la guerra, o por mejor decir, doy las órdenes rigurosas para ella, pues todo está en términos de poder enderezar a donde convenga; y los males que de ella redundasen vayan sobre el ánimo y conciencia de Vuestra Santidad; será señal de su pertinacia y Dios dispondrá su castigo.

Y firmaba así: «Puesto a los santísimos pies de Vuestra Santidad, su más obediente hijo. El duque de Alba». Porque no se puede perder el protocolo y el respeto ni siquiera en una declaración de guerra.

Puesto que el papa no respondió en el plazo de los ocho días indicados, el 6 de septiembre España invadió, desde Nápoles, los Estados Pontificios. Según refleja María Jesús Pérez Martín[11], el duque de Alba escribió a su tío, el cardenal de Santiago, que «llevaba la guerra con lágrimas en los ojos y estaba ansioso de dejarla en cuanto viera que el papa desistía de ofender la honra y los estados de su señor». De hecho, los territorios ganados no se ocuparon en nombre de España, sino de la Santa Sede, haciendo ver que volverían a manos del sucesor de Pablo IV.

El papa buscó apoyos en Francia y la guerra continuó. El 2 de febrero de 1557 el pontífice presidió una comisión especial para condenar a Carlos I y a su hijo como traidores y rebeldes a la Santa Sede. El triunfo en la batalla de San Quintín contra los franceses en agosto de ese mismo año dio un vuelco a la situación. El 17 de septiembre el duque de Alba entró triunfante en Roma y se postró a los pies del Santo Padre. El Rey Católico y Su Santidad se habían reconciliado.

LOS SÍMBOLOS FRANQUISTAS DE LOS REYES CATÓLICOS

Es muy común escuchar y leer en prensa términos como el «águila franquista» o el «yugo y las flechas franquistas». E incluso la «bandera franquista», pero eso es otro asunto que abordaremos más adelante. Si bien es verdad que durante el franquismo estos símbolos se

---

11   Pérez, M. J. (2018). *María Tudor. La gran reina desconocida*, pp. 778-779. Ediciones Rialp.

reincorporaron a la heráldica española, su origen se remonta a varios siglos atrás.

El águila «franquista» es el águila de san Juan, el evangelista. Tradicionalmente se identifica a este autor del Evangelio con dicho animal. Isabel, Reina Católica, incorporó este símbolo a su escudo personal, siendo todavía princesa, debido a la gran devoción que sentía por el evangelista desde la infancia. Tanto que se hizo coronar reina de Castilla el Día de San Juan. El águila se incorporó al escudo de los Reyes Católicos junto a la leyenda en latín «*Sub umbra alarum tuarum protege nos*» («Protégenos bajo la sombra de tus alas»).

Su hija pequeña, Catalina de Aragón, reina de Inglaterra tras su matrimonio con Enrique VIII, también lo reincorporó a su escudo de armas de la misma forma que haría años más tarde María Tudor, su hija, desposada con Felipe II de España. Ahí permanecería el águila de san Juan junto al león inglés. Las vueltas de la vida.

Varios siglos después, Franco lo rescató como símbolo de unidad y catolicismo, valores de su régimen. Este símbolo estuvo vigente hasta 1981, seis años después del fallecimiento del Generalísimo, cuando se publicó el real decreto correspondiente por medio del cual desaparecía este elemento del escudo de España. Teniendo en cuenta estas fechas, resulta curioso (a la par que absolutamente incorrecto e incoherente) definir el escudo franquista como «anticonstitucional» o «preconstitucional» puesto que, precisamente, es el escudo que figura impreso en el preámbulo del ejemplar solemne de la Constitución española vigente firmado por Juan Carlos I que se conserva en el Congreso de los Diputados y en todos los documentos de redacción y promulgación vinculados al mismo.

Durante el reinado de Carlos I, emperador también en Alemania, el águila de san Juan de sus abuelos fue sustituido por el águila imperial, tradicional blasón de la casa de los Austrias, así como de los zares rusos, ambos procedentes del Imperio bizantino.

El yugo y las flechas tampoco son franquistas. En su boda, los Reyes Católicos eligieron un objeto que representara al otro contrayente. Isabel eligió las flechas, con la inicial «F» de Fernando. Fernando eligió el yugo, con la inicial «Y» de Ysabel (en castellano antiguo). «Tanto monta», ya sabemos. Este intercambio de símbolos e iniciales es redundantemente simbólico puesto que refleja la unión dinástica de ambas Coronas. Más romántico imposible. De hecho, durante su reinado, ambos siempre firmarían así todas las cartas reales: «Yo, el rey», a un lado; «Yo, la reina», al otro.

Pero ¿por qué el yugo y no otro objeto que comenzara con Y? Su origen es mitológico ya que estaba inspirado en el nudo gordiano que el conquistador Alejandro Magno se encontró en la ciudad de Gordión (Anatolia). Según la mitología, un oráculo advirtió a Alejandro de que quien desatara el nudo que sujetaba la lanza de un carro del rey Gordios sería el dueño de Asia. Alejandro cortó directamente la soga con su espada pronunciando la frase «*Nihil interest quomodo solvantur*» (algo así como «Poco importa la forma de desatarlo»). Es decir, «tanto da cortar como desatar». ¿Verdad que recuerda al «tanto monta, monta tanto»?

Escudo de los Reyes Católicos (1492-1506).

Aunque el origen de las flechas es incierto, parece que están vinculadas con un relato recogido por Plutarco. El rey Sciluro, en su lecho de muerte, reunió a sus treinta hijos indicándoles que heredaría su corona aquel que fuera capaz de romper un haz de flechas. Ninguno lo consiguió y el rey las partió una a una explicándoles que solo si se mantenían unidos serían invencibles. De hecho, las flechas de Isabel están unidas en un haz y con las puntas abatidas.

Ya en el siglo XX, el partido político Falange crearía su propia simbología superponiendo el yugo y las flechas en un nuevo anagrama que nada tiene que ver con su origen. Es decir, ambos símbolos por separado no tenían ninguna connotación política, sino más bien las simbólicas mencionadas.

También durante el franquismo se creó la Orden Imperial del Yugo y las Flechas (previamente denominada Gran Orden Imperial de las Flechas Rojas), vigente desde 1937 hasta 1976. Curiosamente, el último nombramiento de caballero de gran collar de la orden fue a Adolfo Suárez, quien sería el primer presidente de la democracia. ¿Por qué imperial? Pues, precisamente, por la nostalgia de otros tiempos; un guiño (o recuerdo) al Imperio español.

Su emblema, descrito en el artículo primero de su reglamento, era un haz abierto compuesto por cinco flechas rojas y acompañado de un yugo, del mismo color, situado sobre la intersección de las flechas. El lema de la orden fue «*Caesaris caesari, Dei Deo*» («Al César lo que es del César y a Dios lo que es de Dios»).

Francisco Franco, jefe del Estado, fue su gran maestre. La orden contemplaba cinco grados o categorías: gran collar (limitada a quince concesiones), gran cruz (limitada a doscientas cincuenta concesiones), encomienda con placa (limitada a quinientas concesiones), encomienda sencilla (sin límite de concesiones) y medalla (sin límite de concesiones). Los grados del gran collar y gran cruz llevaban aparejado el tratamiento de excelencia («Excelentísimo señor») y el de encomienda con placa el de «Ilustrísimo señor».

El gran collar estaba formado por cuarenta y seis eslabones: la mitad con la forma del yugo y el haz de flechas, situados dentro de un círculo y realizados en oro; y la otra mitad con la forma de la cruz de Borgoña. Del collar pendía una representación del águila de san Juan, sobre la que, de nuevo, aparecían el yugo y las flechas con el lema de la orden escrito sobre el primero.

Las insignias de la gran cruz eran una placa y una banda. La placa, de setenta milímetros de longitud, estaba realizada en oro o metal dorado y tenía la forma de una cruz esmaltada en negro. En la parte central de la cruz figuraban, esmaltados en rojo, el haz de flechas y el yugo con el lema de la orden. La banda, realizada en moaré, medía ciento un milímetros de ancho, era de color rojo y tenía una franja central negra de cuarenta y un milímetros de ancho. Los extremos de la banda se unían con un rosetón del que pendía la venera de cincuenta y ocho milímetros.

La encomienda con placa disponía de una insignia que se portaba en el cuello y una placa. La primera, sujeta con una cinta a modo de corbata, era idéntica a la venera de la banda descrita en el grado anterior pero con una longitud de treinta y cinco milímetros. Su cinta tenía los mismos colores que la banda de las grandes cruces y medía treinta y cinco milímetros de ancho. El círculo de la placa de este grado estaba realizado en plata o metal plateado.

Los titulares de la encomienda sencilla poseían únicamente una insignia de cuello, igual a la descrita en el grado anterior.

Real de plata de los Reyes Católicos.

La medalla, por su parte, era circular, fabricada en oro o metal dorado, de cuarenta y dos milímetros de diámetro con los mismos colores y franjas que la banda y cintas de los grados anteriores. En las dos caras de esta medalla aparecía reproducida la cruz. En el reverso, sobre la cruz, figuraban el haz de flechas y el yugo decorado con el lema de la orden.

Las quince personalidades que recibieron el gran collar de la Orden Imperial del Yugo y las Flechas fueron Adolf Hitler, Benito Mussolini, Víctor Manuel III de Italia, Heinrich Himmler, Arturo Bocchini, Joachim von Ribbentrop, Saud de Arabia Saudita, Nuri al-Said, Tomás Isasia Ramírez, Francisco Craveiro Lopez, Mohamed V de Marruecos, Faysal II de Iraq, Lauceano López Rodó, Licinio de la Fuente y Adolfo Suárez.

TESTIGOS DE REALES PARTOS

Ya hemos visto que la noche de bodas era un acto público en el que los asistentes debían comprobar la consumación del matrimonio. Pues la cosa no quedaba ahí. Las reinas de la corte castellana debían dar a luz con testigos que comprobaran con sus propios ojos el origen real de los infantes. Tela marinera (si me permite el lector la expresión).

La costumbre se remonta al siglo XIV, a los tiempos de Pedro I, el Cruel, rey sobre el que recaía la sospecha de que no tenía sangre real. Se decía que la reina, María de Portugal, en realidad había dado a luz a una niña, pero que, amenazada de muerte por su esposo, el rey Alfonso XI, si no le daba un varón, optó por sustituir a su hija recién nacida por un bebé plebeyo (los rumores decían que también judío).

Por ello, para evitar habladurías que pudieran injuriar y deslegitimar la Corona, la casa de Trastámara instauró la obligación de que los partos reales se realizaran en presencia de testigos que pudieran dar fe de que los bebés eran fruto del vientre de las reinas.

Así tuvo que dar a luz la reina Isabel, como soberana de Castilla. Ella, pudorosa, en cada parto exigió (y así fue concedido) que sus doncellas le colocaran un velo tupido sobre su rostro para evitar que los testigos vieran sus gestos de sufrimiento. De hecho, la dignidad real exigía, por protocolo, un autocontrol ejemplar. Según recogen los *Anales de la Real Academia de Doctores de España*[12], su cronista, Hernando del Pulgar, afirmaba que:

> Ni se vio, ni se oyó, muestra alguna de su sentimiento, ni tampoco dijo palabra alguna acerca del dolor en ese trance para el cual se hacía cubrir la cara con un velo, al objeto de que nadie pudiera detectar indicio de dolor o sufrimiento.

Nada que ver esta discreción con los gritos que emitiría siglos después la reina María Amalia de Sajonia, esposa de Carlos III, en sus trece partos, según relata el cronista Octavio Velasco y recuerda el doctor D. Claudio Becerro de Bengoa Callau, académico de la Real Academia de Doctores de España: «Durante el alumbramiento vociferaba exigiendo unas veces y suplicando otras que le permitieran fumar un cigarrillo con el fin de calmar sus dolores de parto»[13].

La Reina Católica daría a luz en cinco ocasiones y en cinco ciudades, como consecuencia de la corte nómada de la época: a la primogénita Isabel en Palencia, al príncipe Juan en Sevilla, a la infanta Juana en Toledo, a la infanta María (y a su hermana gemela nacida muerta) en Córdoba y a Catalina en Alcalá de Henares. Para el nacimiento de don Juan, príncipe de Asturias, en el Alcázar de Sevilla, Fernando el Católico nombró a García Téllez, Alonso Megarejo, Fernando Abrego y Juan de Pineda como testigos de parto. Que también vaya apuro para ellos, la verdad, tener que presenciar tal acto, pero así eran las cosas.

La discreción de la reina no era compatible con todo el protocolo de testigos; de hecho, Su Majestad, para ahorrar un sufrimiento, quiso ocultar a su marido el aborto natural que sufrió poco después de su primer parto. Parece ser que los largos traslados a caballo provocaron la pérdida del bebé. Pero Fernando acabó enterándose, como era de esperar.

Isabel de Portugal, mujer de Carlos I, ambos nietos de los Reyes Católicos, también cumplió la normativa de los testigos al dar a luz al que sería el futuro Felipe II en el palacio de don Bernardino

---

12 VV. AA. (2012). *Anales de la Real Academia de Doctores de España*. Vol. 16, n.º 1, p. 20. Real Academia de Doctores de España.

13 VV. AA. (2012). *Anales de la Real Academia de Doctores de España*. Vol. 16, n.º 1, p. 12. Real Academia de Doctores de España.

Pimentel de Valladolid el 21 de mayo de 1527. La emperatriz ordenó, al igual que su abuela, que en la estancia se mantuvieran exclusivamente encendidos los candelabros indispensables. Algo es algo.

Por el contrario, y sorprendentemente, el parto de su esposo Carlos I no cumplió este protocolo. Su madre, Juana la Loca, hija de los Reyes Católicos, dio a luz en un retrete. Eso dicen, aunque la historia tiene un «muchito» de leyenda. Celosa y consciente de la vida social de su marido Felipe el Hermoso, a pesar de su avanzado estado de gestación, decidió acompañarlo a una fiesta palaciega. De madrugada, la princesa comenzó a encontrarse mal y se retiró a las letrinas del palacio de Prinsenhof, en Gante, donde dio a luz sola, sin los exigibles testigos. Eso cuentan.

Es preciso realizar una aclaración: los hombres podían asistir a los partos, pero no intervenir. Ni siquiera los médicos. Además de los testigos, podía acompañar a la reina su marido o los familiares que deseara. Sin embargo, las parturientas eran asistidas siempre por una comadrona (mujer), nunca por un médico. La labor de los médicos de cámara se limitaba a certificar los nacimientos. Así, por ejemplo, a Isabel la Católica la atendió en el nacimiento de su hijo Juan la Herradera, partera apodada así por ser mujer de herrador; a la princesa Juana de Castilla, en el nacimiento de la infanta Catalina, la asistió doña María de Ulloa; y a la emperatriz Isabel, en el alumbramiento de su hijo Felipe, doña Quirce de Toledo. Hasta el siglo XVII no se permitió a los médicos practicar la obstetricia y ocuparse de la extracción de bebés. Curioso.

Generalmente, las comadronas eran mujeres de mediana edad, con experiencia y libres de cargas familiares. Sus tareas consistían en asistir a las mujeres en el parto, ocuparse del recién nacido y atender a las nuevas mamás tras el alumbramiento. En la corte española de la Edad Moderna se creó la figura de «comadre de la reina». Al principio, se trataba de un oficio remunerado mediante pagos en especie, pero desde mediados del siglo XVII empezaron a cobrar un sueldo por sus servicios. Además, tras un alumbramiento exitoso, solían recibir otros regalos y sobresueldos. Las comadronas regias alcanzaban mucho prestigio, por lo que eran muy demandadas en otros partos «no reales».

Una de las comadronas más famosas de la corte española del siglo XVII fue Inés de Ayala, que también atendió en los partos de los bastardos del rey Felipe IV. De hecho, como apunta María Cruz de Carlos Varona en la obra *Nacer en palacio. El ritual del nacimiento en la corte de los Austrias*[14], lo más probable es que el monarca la contratara para atender a la reina tras comprobar su trabajo en los partos de sus amantes.

En los reales partos de los siglos XVI y XVII se recurrió también a la silla obstétrica, un mueble de poca altura con un asiento semicircular hueco que facilitaba la expulsión del bebé. Sin embargo, el instrumento contaba con muchos detractores; entre ellos, ni más ni menos que al propio Felipe II. En una carta dirigida a su hija Catalina Micaela, duquesa de Saboya, en junio de 1588, tras el nacimiento de su hijo Manuel Filiberto, el monarca le reprochaba la utilización de esta silla y le recordaba que su primera mujer, María Manuela de Portugal, había fallecido pocos días después de dar a luz en ella al príncipe Carlos. Para Felipe, la cama era mucho más segura. La prueba era que «las dos madres» de la princesa, como él se refería en dicha carta a Isabel de Valois y a su última esposa, Ana de Austria, habían dado a luz en este mueble y no en la silla[15].

Lo cierto es que parir era tan arriesgado para las madres que muchas reinas redactaban su testamento antes de hacerlo, como hizo la emperatriz Isabel de Portugal. En su primer parto, la reina dejó un borrador con sus últimas voluntades, aunque no llegó a firmarlo. Una observación curiosa: el texto, encabezado por «En el nombre de Dios Todopoderoso», nombra a los «santos y santas» como intermediarios ante la majestad divina. ¿Cómo era de moderna nuestra emperatriz utilizando un lenguaje inclusivo? Isabel nombraba heredero universal a su hijo póstumo; y en el caso de que este también falleciera, a su esposo Carlos. Y pedía ser enterrada en la Capilla Real de Granada, junto a sus abuelos Isabel y Fernando. Ordenaba que se pagaran de inmediato todas sus deudas y que no se prescindiera a su muerte de sus criados personales que la habían acompañado desde Portugal. También dispuso que se pagaran las dotes a treinta doncellas huérfanas que se fueran a casar y a otras treinta que quisieran

---

14   De Carlos, M. C. (2018). *Nacer en palacio. El ritual del nacimiento en la corte de los Austrias*, p. 150. Centro de Estudios Europa Hispánica.
15   De Carlos, M. C. (2018). *Nacer en palacio. El ritual del nacimiento en la corte de los Austrias*, p. 94. Centro de Estudios Europa Hispánica.

entrar en la religión. Y que se rescatara a cincuenta cautivos en tierras infieles.

Otras parturientas regias y supersticiosas (o ultrarreligiosas) portaban reliquias que pudieran protegerlas durante el acto. Desde el siglo XVII se popularizó la costumbre de recurrir a la santa cinta de la catedral de Tortosa (que, según se creía, había pertenecido a la mismísima Virgen), la cinta de san Juan de Ortega o el báculo de santo Domingo de Silos.

Como recuerda María Cruz de Carlos Varona, la propia Isabel la Católica había acudido al santuario de Tortosa. Allí, una inscripción señalaba que cuando las mujeres estériles se ceñían la mencionada cinta, quedaban embarazadas y se libraban de «malos partos»[16]. La reliquia se convirtió en imprescindible en los partos reales desde 1629, año del nacimiento de Baltasar Carlos, hijo de Felipe IV. Los cinco hijos anteriores del rey habían fallecido y ninguna ayuda era insuficiente.

Cuando se acercaba el momento, el rey escribía al deán y al cabildo de Tortosa para que un religioso llevara la cinta al Alcázar. La reliquia permanecería en la capilla real hasta que la reina la precisara. La confianza era tal que los reyes establecían una relación directa entre la santa cinta y el éxito de los alumbramientos; por ello, Felipe IV, agradecido, entregó a la catedral de Tortosa una lámpara valorada en 1.000 escudos de plata tras el feliz nacimiento de Felipe Próspero en 1657.

La última reina española en tener presente durante el parto la santa cinta fue la regente María Cristina de Habsburgo al dar a luz al rey Alfonso XIII en 1886. La mujer de este, la reina Victoria Eugenia de Battenberg, pondría fin a la tradición por considerarla «poco adecuada a los tiempos modernos».

En la corte de los Austrias también era habitual recurrir a amuletos y joyas. Se creía que las esmeraldas y corales favorecían el parto. Por otro lado, estas piezas también protegían a los recién nacidos de un mal conocido como «aojamiento» o «fascinio», enfermedad que provocaba la expulsión de vapores infecciosos a través de los ojos, contaminando el aire y contagiando a otras personas. Se conside-

---

16   De Carlos, M. C. (2018). *Nacer en palacio. El ritual del nacimiento en la corte de los Austrias*, p. 71. Centro de Estudios Europa Hispánica.

raba que los bebés eran más sensibles a ser contagiados en contraposición a un perfil especialmente contagiador: las mujeres que habían llegado a la menopausia. Según relata María Cruz de Carlos Varona, el origen de estos vapores se encontraba en el flujo menstrual, sustancia que no podían expulsar las mujeres tras la menopausia y, por tanto, «la llevaban siempre consigo»[17].

Alfonso XII y la reina María Cristina.
Fotografía Fernando Debas, c.1880.

---

17   De Carlos, M. C. (2018). *Nacer en palacio. El ritual del nacimiento en la corte de los Austrias*, pp. 64-65. Centro de Estudios Europa Hispánica.

Por cierto, la obligatoriedad de contar con testigos de parto no era exclusiva de la corte española. En Francia y en Inglaterra sucedía lo mismo. Incluso, en los partos de la reina María Antonieta, el rey Luis XVI pedía poner un cordón alrededor de la cama (la «*lit de travail*», una cama especial con unos pasadores que permitían a la madre sujetarse durante el acto) para que los testigos no invadieran el espacio. En la corte británica del siglo XVI, el protocolo en estos casos venía marcado por el libro de la realeza. Los nacimientos debían ir precedidos de una misa y una procesión hacia el lugar del parto. En la cámara externa de esta estancia, la reina debía beber vino antes de acceder a una cámara interna donde tendría lugar el alumbramiento. La etiqueta exigía que este espacio debía tener un falso techo de tela además de tapices y alfombras traídas con motivo de la llegada del nuevo miembro. Estas telas no podían contener imágenes de personas o animales porque existía la creencia de que podían alterar a la madre y ocasionar deformaciones en el bebé.

Con el paso de los años, los testigos dejaron de permanecer en las mismas salas de parto para esperar en otra estancia contigua. De esta forma, también se ofrecían mejores condiciones higiénicas en los alumbramientos, puesto que nadie controlaba que estas visitas no fueran portadoras de gérmenes. Tras el parto, el recién nacido era presentado desnudo, sobre un cojín y en bandeja de plata.

Por ejemplo, al nacimiento de la infanta María Isabel Francisca de Asís Cristina Francisca de Paula Dominga, más conocida como la Chata, hija de la reina Isabel II, asistieron, en total, unos ciento cuarenta hombres de las altas jerarquías del Estado, el Ejército y la Iglesia. El acto representó, por tanto, un auténtico evento social. Antes del parto, la reina Isabel II recibió en su dormitorio del palacio al presidente del Consejo de Ministros, Juan Bravo Murillo, y al ministro de Gracia y Justicia, como notario mayor del reino. La reina estaba acompañada de su esposo, su madre, su hermana la infanta María Luisa Fernanda, sus camareras y sus médicos. Los invitados se retiraron a los salones contiguos para esperar toda la noche en vela. A las siete de la mañana les sirvieron chocolate, tradicional desayuno madrileño, y sobre las once de la noche (por fin) nació la princesa. Su padre, el consorte Francisco de Asís, vestido de capitán general, la presentó a los testigos sobre bandeja de plata, como estaba estipulado.

Esta es la historia de la mejor amiga de la Reina Católica: Beatriz de Bobadilla.

Beatriz nació en 1440 en Medina del Campo, provincia de Valladolid, en el seno de una familia de la pequeña nobleza. Su padre, Pedro de Bobadilla, era el alcaide (guardián) del castillo de Arévalo, lugar de residencia de la reina viuda, Isabel de Portugal, y de sus hijos, Isabel (futura Reina Católica) y Alfonso, ambos fruto de su matrimonio con Juan II (padre de Enrique IV de Castilla). El hermano de Beatriz, Francisco, fue maestresala y capitán de los Reyes Católicos.

Retrato de Beatriz de Bobadilla en la obra de Francisco Pinel y Monroy, *Retrato del buen vasallo*, Madrid, 1677. [BNE]

A pesar de la diferencia de edad (once años), Beatriz se convirtió en la compañera de juegos de la pequeña Isabel desde 1454 hasta 1462, año en que los dos niños (Isabel y Alfonso) fueron trasladados a la corte de su hermanastro Enrique en Segovia. Este, conocedor de la amistad de su hermana con Beatriz, la nombró su doncella. En 1466 dispuso el matrimonio de la dama con su mayordomo mayor y hombre de confianza, Andrés Cabrera, quien llegaría a ser alcaide del Alcázar y custodio del tesoro real. Beatriz tenía entonces veintiséis años y su marido treinta y seis. Parece ser que ambos eran conversos, de ascendencia judía.

Un año antes, el 5 de junio de 1465, el príncipe Alfonso, hermano de Isabel, había sido nombrado rey por la nobleza «rebelde» de Ávila, encabezada por el marqués de Villena y el arzobispo de Toledo, dando lugar a una dualidad monárquica en Castilla. Un contexto de guerra civil en el que Isabel sufrió mucho, especialmente por su hermano pequeño. El papel de Beatriz en este conflicto resultaría clave. Enrique, en un acuerdo de paz con el marqués de Villena, había decidido el enlace matrimonial de su hermanastra Isabel con Pedro Girón, hermano del marqués, unos treinta años mayor que la infanta adolescente. Cuentan que la pobre Isabel estuvo rezando durante toda la noche para que el destino impidiera el matrimonio. Y cuentan también que su amiga le prometió que ella misma se encargaría de impedir la boda fuera como fuese. Pero no hizo falta. El novio falleció de forma repentina (y, probablemente, no causal, pero no hay pruebas de un posible asesinato).

Meses después, tras la batalla de Olmedo, Alfonso, victorioso, entró en Segovia y liberó a su hermana Isabel, que permanecía como rehén de Enrique. Beatriz acompañó a su amiga. Desde entonces y hasta la muerte de Alfonso, los hermanos permanecieron juntos. Juan Pacheco, marqués de Villena, pretendió entonces despedir a las damas de la infanta (entre ellas, a Beatriz). Sin embargo, todas pasarían a la corte alfonsina. Allí se celebraría el decimocuarto cumpleaños de Alfonso, en una fiesta de momos (piezas teatrales breves compuestas de danzas y juegos) escrita para la ocasión por el poeta Gómez Manrique, primo de Jorge Manrique, autor de las famosas *Coplas*.

Tras el fallecimiento (probablemente, por envenenamiento) de Alfonso en 1468, Isabel fue reconocida por Enrique IV, mediante el Tratado de los Toros de Guisando, como heredera legítima de Castilla en lugar de Juana la Beltraneja. En virtud de este acuerdo, Enrique y el marqués de Villena dispusieron el matrimonio de Isabel con el rey de Portugal o con el duque de Guyena, hermano del monarca francés; pero Isabel rechazó ambas propuestas a pesar de que, según el citado tratado, no podía casarse sin el consentimiento de su hermano si quería conservar el reconocimiento de heredera. Por ello, Beatriz y su marido hicieron lo posible para evitar el matrimonio de Isabel con Fernando de Aragón, aunque no les quedó otra que apoyar a los recién casados una vez se confirmó el enlace. Incluso, intermediaron con Enrique para que los dos hermanos se reconciliaran. No olvidemos que el tesoro real estaba en manos de Andrés, el marido de Beatriz, y eso le confería una situación privilegiada de poder.

Decantarse entre Enrique e Isabel no fue fácil para Beatriz y Andrés. Finalmente, optaron por posicionarse del lado de los futuros Reyes Católicos. Para ello, negociaron con el contador Alonso de Quintanilla, hombre de confianza de Isabel, y recurrieron al apoyo del cardenal Mendoza. En el pacto, que implicaba la promesa de no combatir contra Enrique IV, se negoció la entrada de la princesa en Segovia dejando como rehén a Isabel, la primogénita de los futuros Reyes Católicos. El 27 de diciembre de 1473 Beatriz, disfrazada de aldeana y en una mula, salió de la ciudad burlando todos los controles, para permitir la entrada de la princesa en el Alcázar. Allí los hermanos pudieron reconciliarse, aunque Enrique no le devolvió el título de heredera que ya había concedido a su hija Juana.

Un año después, el 11 de diciembre de 1474, Enrique falleció. Isabel se proclamó reina de Castilla en una ceremonia celebrada en la iglesia de San Martín, ubicada en la plaza Mayor de Segovia, dando paso a una nueva guerra civil entre sus partidarios y los de su sobrina, Juana la Beltraneja. La historia se repetía…

En 1475, poco después de la coronación, durante la ausencia en el Alcázar de Cabrera, el anterior alcaide, Alfonso Maldonado, y otros hombres armados entraron en la fortaleza. Allí se encontraba la pequeña Isabel, hija de los Reyes Católicos. Su madre viajó desde Tordesillas para confirmar el cargo de Cabrera como alcaide y los rebeldes se retiraron.

En 1500, en agradecimiento a su fidelidad y ayuda, los Reyes Católicos distinguieron al matrimonio Cabrera-Bobadilla con el privilegio de la Copa de Oro (copa en la que habían bebido los reyes), que conmemoraba la entrega de la fortaleza del Alcázar el Día de Santa Lucía (13 de diciembre). El matrimonio tendría también el honor de situarse en la misa del día de Navidad junto a la cortina real para que el rey transmitiera la paz estrechando su mano a Andrés y la reina hiciera lo propio con Beatriz. Este honor fue concedido de forma hereditaria. Además, se le otorgó a Beatriz el privilegio de añadir a su escudo una mención específica de mejora en sus armas matrimoniales respecto a las de su marido. Curiosamente (e incluso, irónicamente), los cronistas de la época se refieren a Andrés como «el marido de la señora Bobadilla», algo insólito en el siglo XV.

El apoyo de Beatriz y Andrés a la causa de Isabel y Fernando les posibilitó acumular un importante patrimonio. Además, los Reyes Católicos les concedieron el 4 de julio de 1489 el señorío de Moya con título de marquesado. Este señorío constituía un territorio estratégico ubicado en la frontera de los reinos de Castilla y Aragón. Por cierto, el actual titular del marquesado de Moya es el duque de Alba. También recibieron los sexmos segovianos de Casarrubios y Valdemoro, después convertido en señorío, y el condado de Chinchón.

Beatriz era una cortesana influyente y culta interesada por el estudio del latín. La «simbiosis» entre reina y dama era tal que durante la guerra de Granada, en 1487, Beatriz fue acuchillada por un «enemigo» que la confundió con Su Majestad. La amiga de la reina salió ilesa gracias a los adornos de oro de su traje. Este episodio recuerda al atentado que sufriría siglos después nuestra otra reina Isabel (Isabel II) y que relataremos más adelante. A modo de compensación por el atentado, la reina regaló a Beatriz unas propiedades en Sevilla y treinta de las esclavas que se tomaron en Málaga.

Por cierto, Fernando el Católico también sufriría un intento de regicidio el 7 de diciembre de 1492 en la plaza del Rey de Barcelona. Otro «loco» clavó una espada en el cuello del monarca y a punto estuvo de matarlo. Los Católicos, haciendo honor a su nombre, decidieron perdonarlo, pero el Consejo Real resolvió otra pena: la mutilación de cada uno de sus miembros en un acontecimiento público con objetivos ejemplarizantes. Así lo narra José María Zavala en *Isabel la Católica. Por qué es santa*:

> Colocado desnudo sobre un castillo de madera tirado por un carro, ataron al infeliz a un palo y lo llevaron de procesión, primero al lugar del atentado, donde le seccionaron un puño y

medio brazo, y luego a otra calle, donde le sacaron un ojo de la órbita, como si fuese un caracol. Más adelante le arrancaron el segundo ojo y le cortaron la otra mano[18].

Disculpe el lector por no ahorrarle esta macabra escena, pero es historia.

Isabel I murió el 26 de noviembre de 1504 y fue su mejor amiga quien tuvo el privilegio de cerrarle los ojos. Además, el matrimonio de Beatriz y Andrés figuró en el testamento de Isabel. La Católica recomendó a su hija Juana que confiara en ellos «por la lealtad con que nos sirvieron para aver y cobrar la sucesión de los dichos mis reinos». Sin embargo, a la muerte de la reina, los marqueses de Moya tuvieron que luchar por el alcázar de Segovia, puesto que lo perdieron durante el reinado de Felipe el Hermoso. Finalmente, el castillo pasó de nuevo al matrimonio en nombre del rey Fernando.

Beatriz murió en Madrid el 17 de enero de 1511. Su marido poco después. Tuvieron nueve hijos y fundaron dos mayorazgos en Moya y en Chinchón. El matrimonio está enterrado en el convento de Santa Cruz de Carboneras, cerca de Cuenca.

No confunda el lector a esta Beatriz de Bobadilla, *best friend* de la reina Isabel, con su sobrina (segunda) de mismo nombre y apellido, apodada la Dama Sangrienta. Cuentan que la belleza de esta segunda Beatriz no pasaba inadvertida, ni siquiera para Fernando el Católico, lo que despertó los celos de la reina. Vaya por Dios. Así que Isabel, resuelta, la casó con el hijo de los primeros gobernadores de la recién conquistada isla de la Gomera: Hernán Peraza. Poco tiempo después de casarse, Hernán fue asesinado, dejando a Beatriz viuda con tan solo veintidós años. La joven planeó una venganza contra el presunto asesino de su marido. Más adelante, se casó con Alonso Fernández de Lugo, gobernador de Tenerife, pero las malas lenguas la acusaron de convertirse en la amante del conquistador Cristóbal Colón (nada más y nada menos).

Y no puedo finalizar este capítulo sin hacer referencia a una tercera Beatriz, también protagonista en la vida de la Reina Católica. Se trata de Beatriz Galindo, la Latina (efectivamente, la que da nombre a uno de los barrios más castizos y conocidos de Madrid).

---

18   Zavala, J. (2019). *Isabel la Católica. Por qué es santa*, pp. 44-50. Homo Legens.

La salmantina fue discípula de Antonio de Nebrija, autor de la primera gramática castellana. Tal era su conocimiento e inteligencia que la reina Isabel la eligió como institutriz de sus hijas y la integró en el exclusivo grupo de damas de la corte que la asesoraban.

Se casó con el oficial de artillería Francisco Ramírez, hombre de confianza de los monarcas, viudo y padre de cinco hijos, con el que ella tendría otros dos vástagos. La relación con los reyes era tan estrecha que Fernando el Católico fue padrino del primogénito, al que Beatriz bautizó con su mismo nombre. Incluso, el regalo de boda de la misma reina Isabel fueron 500.000 maravedís. Francisco había participado en la batalla de Toro, decisiva para que Isabel se hiciera con la victoria frente a su sobrina Juana. En agradecimiento por su fidelidad, los Reyes Católicos lo nombraron secretario del Consejo del Rey y regidor del Concejo de Madrid. Francisco falleció en 1501 combatiendo a los musulmanes de Las Alpujarras. Ella se retiró de la corte y fijó su nueva residencia en lo que hoy es el palacio de Viana de Madrid, aunque nunca dejó de servir y asesorar a la Reina Católica hasta su fallecimiento. Cuando esto ocurrió, Beatriz acompañó su cadáver hasta Granada, donde quedaría enterrado.

Beatriz también asesoró a Carlos I, nieto de los Reyes Católicos, en la búsqueda de documentos y otras cuestiones. De hecho, algunos historiadores afirman que la dama podía haber desempeñado también la función de secretaria de la reina.

Falleció en Madrid en 1534. En sus últimas voluntades estableció que si, por cualquier motivo, sus descendientes no pudieran heredar su patrimonio, este fuera repartido entre sus tres fundaciones madrileñas. Dispuso también su entierro en el coro bajo del convento de la Concepción Jerónima. Además, estableció que en este lugar se guardara su testamento y todos sus libros escritos en latín.

LA MESA DEL REY

Los banquetes en la corte castellana constituían el principal núcleo del protocolo y ceremonial de la época medieval y renacentista, porque a través de ellos los reyes se relacionaban con las altas esferas de la sociedad. Los súbditos tomaban a los monarcas como ejemplo y referencia, por lo que los ayos, tutores encargados de la educación de infantes y príncipes, se ocupaban de enseñarles buenas maneras y etiqueta desde muy pequeños, haciendo especial hincapié en la necesidad de que los futuros soberanos mantuvieran un comportamiento ejemplar basado en su dignidad, mesura, equilibrio y sabiduría. Los usos y costumbres del ceremonial quedaban recogidos en los libros de cámara real, como el del príncipe don Juan, escrito por Gonzalo Fernández de Oviedo en 1548[19].

Los banquetes no se celebraban en un comedor, sino en la sala de recepciones de palacio. Es decir, los comedores se montaban expresamente para la celebración de banquetes.

Compartir mesa con los reyes era todo un privilegio porque se trataba de celebraciones donde primaba el lujo y la ostentación y constituían, por tanto, una oportunidad perfecta para alardear del poder y prestigio del monarca. Los reposteros de estrados y mesa montaban las mesas, los bancos y las sillas; los estrados en los que se situarían los reyes; y los aparadores en los que se exhibía la vajilla y la cristalería, piezas que se encontraban bajo la supervisión de los reposteros de plata y botillería, respectivamente.

El rey Felipe II de España en un banquete con su familia y cortesanos (*La fiesta real*). Alonso Sánchez Coello, 1579. [Museo Nacional de Varsovia]

19   Fernández de Oviedo, G. (2006). *Libro de la cámara real del príncipe don Juan*. Universitat de Valencia. Servei de Publicacions.

El rey siempre ocupaba la posición central en los banquetes y los invitados de honor o de mayor rango se situaban a su lado, costumbre que sigue vigente en la actualidad. Una vez todos los comensales estaban sentados, y antes de que el sonido de trompetas inaugurara el comienzo del servicio, el capellán mayor bendecía la mesa.

El maestresala, de negro y con un paño sobre el hombro derecho, guiaba a los pajes con una vara de mando para darles instrucciones de cómo portar la comida. Los alimentos venían escoltados desde la cocina por los ballesteros de maza. El trinchante cortaba los alimentos y los colocaba sobre rebanadas de pan para distribuirlos, por orden de precedencia, entre los comensales. Al no existir tenedores, la labor de este profesional era fundamental para asegurar que los comensales pudieran degustar los alimentos con las manos.

Sin embargo, el rey, como anfitrión y comensal de honor, no recibía los alimentos sobre trozos de pan, sino sobre platos de metal cubiertos por una rebanada. Cada alimento era presentado en un plato para evitar posibles mezclas de sabores y arriesgarse también a transmitir a los súbditos una imagen de excesiva austeridad (o, incluso, de tacañería). El trinchante debía probar todos los alimentos antes de ofrecérselos al rey, del mismo modo que debía pasar un trocito de pan por los utensilios que empleaba para cortarlos e ingerirlos antes de que Su Majestad pudiera empezar a degustar. Este acto se conocía como «la salva», porque se realizaba para evitar envenenamientos y «salvarlo» ante cualquier posible intento de regicidio.

Cada vez que el rey deseaba beber vino, su copa era transportada alzada y en silencio, escoltada por un ballestero de maza y un rey de armas. Es más, la bebida del rey permanecía guardada y custodiada de forma independiente precisamente para evitar los posibles envenenamientos que comentábamos, así como contagios.

Tras la celebración del banquete, se volvía a rezar, tal y como se había hecho al inicio, agradeciendo los alimentos disfrutados. El maestresala y el resto del personal se retiraban con una reverencia para disfrutar de su turno de comida. Los alimentos sobrantes se repartían entre el personal de servicio, también siguiendo un orden de precedencia, es decir, los de mayor rango podían elegir las mejores sobras. Incluso, en algunos casos, los alimentos podían constituir parte del pago de su trabajo.

EL PROTOCOLO DEL LUTO

En 1502, los Reyes Católicos promulgaron la Pragmática de Luto y Cera[20], conjunto de leyes para regular el protocolo del luto tras la muerte de un ser querido. Anteriormente a esta legislación, se usaban como señal de duelo indistintamente cuatro colores: el blanco, el negro, el violeta y el color perla. Desde este momento, se instauró el negro como color oficial del luto.

El objetivo de los monarcas era promover el recato en los duelos y establecer pautas protocolarias para respetar la memoria de los difuntos. Quedó desde este momento prohibida la tradición de recurrir a plañideras (mujeres contratadas para llorar) en funerales.

Además, estas leyes regulaban aspectos como la vestimenta, la decoración de las casas e iglesias, el número de velas que podían encenderse en los funerales y el número de personas que debían guardar el luto, generalmente reservado a familiares directos y a criados, si el señor lo estimaba oportuno.

Las normas eran muy estrictas, especialmente para la mujer. Por ejemplo, durante el primer año de luto tras el fallecimiento de su marido, la viuda debía recluirse en una habitación tapizada de negro sin entrada de la luz solar. A partir del año, ya podía permanecer en una estancia de tonos claros, pero sin ningún elemento decorativo.

Paradójicamente, en su testamento (redactado el 12 de octubre de 1504, exactamente doce años después de la conquista de América), Isabel la Católica expresó su deseo de que nadie llevara luto por ella. De hecho, en la misma línea de austeridad, solicitó que su cuerpo se vistiera con el hábito franciscano y fuera sepultado en el monasterio de San Francisco en la Alhambra siempre y cuando el rey no dispusiera otro lugar. Ella confiaba plenamente en su marido. Fernando ordenó la construcción de la Capilla Real en Granada al tiempo que encargó al escultor italiano Domenico Fancelli la realización de los sarcófagos. El 6 de febrero de 1516 llegaron los restos del rey Fernando al convento de San Francisco donde reposaron junto a los de su mujer hasta 1521, fecha en que fueron trasladados para ocupar su lugar definitivo en la Capilla Real de Granada.

---

20   Pragmática de los Reyes Católicos sobre la manera en que se puede traer luto y gastar cera para los difuntos, de 10 de enero de 1502.

Las viudas de la casa de los Austria adoptaron el *look* de «Pietas Austriaca», una forma de representación religiosa de la monarquía. Por ejemplo, Mariana de Austria, segunda mujer de Felipe IV, llevó las tocas monjiles desde el fallecimiento de su esposo hasta su muerte siguiendo el modelo de «reina santa» implantado por Margarita de Austria, mujer de Felipe III, para legitimar su poder político vinculándolo con el religioso.

La Pragmática del Luto se mantuvo vigente hasta 1729 (más de dos siglos), año en que el rey Felipe V, primer Borbón, realizó algunas modificaciones para rebajar su dureza. A partir de este momento, el encierro de la viuda quedó reducido a la mitad (seis meses) y no era obligatorio el tapizado de su habitación en color negro. Su hijo Carlos III aprobaría una nueva ley que especificaba el tipo de telas permitidas para guardar el luto y el número de velas que podían encenderse en un velatorio (hasta ocho).

LA MUÑECA DE LA REINA

En 1496 la reina Ana de Bretaña encargó una muñeca para enseñarle a la reina española, Isabel la Católica, la moda que llevaban en la corte. Cuando no existían ni las revistas ni Internet, también había que buscar una forma de mostrar las tendencias y la costumbre de la época era vestir muñecas, que se convertían en una especie de catálogos. Leonie Frida[21], biógrafa de Catalina de Médici, esposa de Enrique II de Francia, afirmó que la reina coleccionaba muñecas ataviadas con distintos tipos de vestimentas.

En los siglos XVII y XVIII estas muñecas se popularizaron bajo el nombre de Pandora y fueron imprescindibles en la alta sociedad para presentar la moda francesa. El rey Enrique IV de Francia encargó dos muñecas para enviar a su nueva esposa, María de Médici, quien le había solicitado desde Italia conocer cómo era la moda en la corte francesa. Las muñecas resultaban una vía ideal para mostrárselo. Estas dos muñecas sentaron un precedente y recibieron el nombre de Gran Pandora y de Petite Pandora, en relación con el tamaño de

---

21   Frieda, L. (2006). *Catalina de Médicis: una biografía*. Siglo XXI.

cada una. La más grande lucía un conjunto de corte y la pequeña un atuendo de diario.

Las muñecas Pandora estaban fabricadas en papel maché y no tenían extremidades inferiores, sino una especie de estructura a modo de varillas que imitaba los miriñaques (armaduras) y permitía que la falda de los vestidos tuviera volumen. Además, lucían también complementos, joyas, zapatos y un elaborado peinado siguiendo las tendencias de la época.

La hacedora de muñecas de Angelo Comte de Courte.

Desde este momento, las damas de la alta aristocracia francesa y otras mujeres de la alta burguesía empezaron a demandar muñecas Pandora para estar al día de la moda. De esta forma, las muñecas viajaron por toda Europa, de corte en corte, a Inglaterra, a Alemania, a Italia y a España. Su popularidad fue creciendo y todas las modistas deseaban vestir a las muñecas porque eso significaba que sus diseños iban a gozar de prestigio, fama, reconocimiento y demanda internacional. Por ejemplo, durante el reinado de Luis XVI, la reina María Antonieta encargaba a su modista, Rose Berlin, el vestuario de muñecas Pandora para enviar a sus hermanas y a su madre, la emperatriz María Teresa de Austria. Eran el Instagram de la época.

Volvamos a nuestra Isabel. Años después de su fallecimiento, Fernando de Aragón, a punto también de morir, y a pesar de haberse casado en segundas nupcias con Germana de Foix (de quien hablaremos más adelante), solicitó objetos y enseres que hubieran pertenecido a Isabel, su primera mujer. De hecho, esta, en su testamento[22], le indicaba a Fernando que eligiera las joyas que más le gustaran.

> Porque veyéndolas pueda aver más continua memoria del singular amor que a su Señoría siempre tove e aun porque siempre se acuerde ha de morir e que lo espero en el otro siglo, e con esta memoria pueda más santa e justamente bevir.

Eso hizo Fernando: recordarla a través de alguno de sus objetos personales.

Uno de ellos fue, precisamente, una muñeca fabricada en Flandes que llegó a España con motivo del doble enlace matrimonial de sus hijos Juan y Juana con Margarita y Felipe de Habsburgo. La descripción, tal y como indica en su página web Bárbara Rosillo, era:

> Una muñeca grande vestida a la flamenca, que tiene una saya de brocado pelo negro, con unas mangas anchas de dicho brocado negro forradas de armiños y una basquiña de raso carmesí con una gorguera de terciopelo negro, con dos cadenicas de oro, una

---

22   Testamento y codicilo de la reina Isabel la Católica (1504, edición 2014). Ministerio de Educación y Ciencia, Dirección General de Archivos y Bibliotecas.

al pescuezo y otra a la cabeza y otra en el tocado… Apreciada en ocho mil maravedís[23].

EL JARDÍN DE LAS DONCELLAS

Tras la muerte de su hijo Alfonso, Isabel de Portugal, la madre de nuestra Reina Católica (no la confunda el lector con la emperatriz Isabel, esposa de Carlos I), encargó al sacerdote agustino fray Martín de Córdoba (fiel defensor de la causa alfonsina frente a la enriqueña) la realización de una obra para la formación espiritual de su hija. Se trataba de un recopilatorio de normas morales que debían guiar el comportamiento de la infanta cristiana. El fray lo tituló *Jardín de nobles doncellas*[24]. Isabel tenía diecisiete años. Dos años antes había conseguido que el papa Paulo II le concediera el privilegio de contar con un oratorio privado para oír misa con doce personas de su séquito.

La elaboración de tratados dirigidos a la formación de jóvenes herederos se extendió en la segunda mitad del siglo XV.

En concreto, el tratado que nos ocupa estaría a medio camino entre un tratado «feminista» y uno *speculum reginae*. Me explico. Por un lado, puesto que la Corona de Castilla iba a estar gobernada por una mujer, era necesario legitimar esta circunstancia exaltando las cualidades femeninas y no sus defectos, como era habitual en obras anteriores. De esta forma, el fray defendía que Isabel estaba tan capacitada como un varón para desempeñar sus funciones como legítima heredera al trono. Por otro lado, se trataba de un tratado dirigido a una futura reina, por lo que era necesario que conociera cómo debía convertirse en el espejo (*speculum*) en el que se verían reflejados sus súbditos.

La obra se divide en tres partes, que, a su vez, se subdividen en capítulos: la primera, en nueve; y las otras dos, en diez.

---

23 Rosillo, B. (28 de enero de 2019). «Las últimas voluntades de Fernando el Católico». Barbara Rosillo. Recuperado el 31 de agosto de 2021. https://barbara-rosillo.com/2019/01/28/las-ultimas-voluntades-de-fernando-el-catolico/

24 De Córdoba, M. (1500). «Jardín de nobles doncellas». En *Prosistas castellanos del siglo XVI* (1968). Tomo II. Biblioteca de Autores Españoles, tomo CLXXI.

Las virtudes femeninas destacadas en la obra son el amor y el temor a Dios; el cumplimiento de los ritos de la fe católica como única fe verdadera (esto es, rezar, oír misa y leer las Sagradas Escrituras, fundamentalmente); la protección a la Iglesia con limosnas para la construcción de templos y la compra de material para el culto; la práctica de la castidad antes del matrimonio; mesura, sosiego y vergüenza; humildad y sencillez; dedicación a su marido e hijos; modestia en el vestir «evitando lujos desmedidos»; mesura en la mesa, evitando la glotonería; justicia, igualdad y afabilidad con sus súbditos; y cultivo de la educación mediante la lectura de autores cristianos.

Defendía, por tanto, el acceso femenino a la cultura subrayando que una mujer puede alcanzar los mismos logros que el varón en diferentes disciplinas. Como sabemos, Isabel cumplió «a rajatabla» todas estas normas, teniendo siempre como ideal femenino supremo la imagen, cualidades y virtudes de la Virgen María.

El tratado hablaba también de la obligación de todo soberano de perpetuar su linaje. En el caso de la Corona de Aragón y de otros reinos, era especialmente necesario dar a luz a varones, pero no en Castilla, donde una mujer tenía también derechos sucesorios. Qué modernos éramos. Y no lo sabíamos.

En relación con la castidad, curiosamente, en el tratado realizado por Alonso Ortiz para el príncipe Juan, hijo de los Reyes Católicos, no figuraría como virtud masculina. Y cuánto bien le hubiera hecho practicarla...

En cuanto a los «vicios» que una gobernante debe evitar, el tratado señalaba, fundamentalmente, la charlatanería, la vida desordenada, la inconstancia, la debilidad y la codicia, entendida esta como «apetito de riquezas, honores y deleites».

Catalina de Aragón, digna sucesora en valores católicos de su madre Isabel, se ocupó personalmente de la educación de la hija que tuvo con Enrique VIII de Inglaterra, María Tudor. Para ello, recurrió al humanista Luis Vives, quien escribió para la princesa *Satellitium Animae sive Symbolae*, una recopilación de doscientas trece frases breves. Una de ellas, *«Veritas temporis Filia»* (que se puede traducir como «La verdad es hija del tiempo» o, dicho de otra forma más personal, «el tiempo pone todo en su sitio») se convertiría en la divisa de su reinado.

El humanista también elaboró para la princesa otros dos tratados: *Introductio ad sapeintiam* y *Institutione feminae christianae*. Las reflexiones de Vives para la princesa María recuerdan a las que realizó fray Martín de Córdoba para su abuela, recogidas en la obra de María Jesús Pérez Martín dedicada a María Tudor: «Quiero que sepa la mujer cristiana que su principal virtud es la castidad [...]. Es menester merecer la honra y no codiciarla»[25].

También subrayaba Luis Vives que la mujer no debía atribuirse funciones masculinas y que su posición siempre debía ser inferior a la del hombre. Es decir, entre ambos sexos podía haber amor, respeto y comprensión, pero nunca igualdad. Sin embargo, el caso de la princesa María era especial, como lo fue el de su abuela, puesto que ambas desempeñaron el rol de reinas y, por tanto, un papel tradicionalmente masculino en relación con su responsabilidad pública. En este sentido, Vives señalaba imprescindible que fuera asistida por la autoridad de su esposo como lo fue otra María, la mujer del emperador Maximiliano de Austria, abuela paterna de Carlos I.

La reina Catalina ordenó que estos tratados de Luis Vives se tradujeran al inglés para que las demás damas de la corte pudieran poner en práctica sus enseñanzas y recomendaciones. Porque las virtudes cristianas no eran solo cosa de reinas. ¿O sí?

Además de los tratadistas, las propias madres se ocupan de aconsejar a sus reales hijas en relación con su comportamiento en sus matrimonios. Finalizo este capítulo con la útil carta que le escribió Catalina de Austria, hija pequeña de Juana la Loca, a su hija María Manuela de Portugal con motivo de su enlace matrimonial con su primo, el príncipe Felipe de España (futuro Felipe II), y que recoge Carlos Fisas en su libro *Historia de las reinas de España*[26]:

> Procura enterarte de cuánto hacía la difunta madre de tu marido, de cómo vivía, de cuáles eran sus gustos y repugnancias, sus ideas y costumbres, para poder tú conducirte de análoga manera. No consientas que en tu presencia se mantengan conversaciones libertinas en tu cámara, a menos que tu esposo esté contigo; deben acompañarte durante la noche varias damas de honor. Pon todos tus sentidos y energía en el propósito de no darle jamás

25 Pérez, M. J. (2018). *María Tudor. La gran reina desconocida*, pp. 92-107. Ediciones Rialp.

26 Fisas, C. (1989). *Historia de las reinas de España: la casa de Austria*, cap. 3. Planeta.

una impresión de celos, porque ello significaría el final de vuestra paz y contento. Nunca trates de ganarte la confianza de tu esposo o la inclinación de tu suegro, el emperador, por mediación de tercera persona, sino única y exclusivamente por ti misma. Guarda con extrema fidelidad los secretos que tu marido tenga a bien confiarte. Si te pidiera parecer en negocios de gran monta, le dirás franca y lealmente lo que estimes por derecho. Escribe muy pocas, y, mejor, ninguna carta de tu puño y letra. Obra siempre conforme al principio de que valen más hechos que palabras.

Consejos de madre.

EL CONFESOR DE LA REINA

El papel de los confesores de los monarcas fue crucial en las monarquías católicas. Al fin y al cabo, se trataba de personas de total confianza con las que los reyes podían consultar asuntos de Estado con la garantía de que sus secretos estaban a salvo. De hecho, en más de una ocasión, la opinión del confesor real prevalecía sobre el de cualquier otro consejero o ministro. Con los Borbones, este cargo estuvo asociado también al de director de la Biblioteca Nacional.

Lo cierto es que en el caso de Sus Majestades resulta difícil separar la moralidad de la responsabilidad política; es decir, los «pecados» de la persona de los asuntos de Estado. No olvidemos que incluso el matrimonio de los monarcas atendía a razones puramente políticas y, por tanto, sus escarceos amorosos también podrían considerarse una infidelidad al pueblo (incluso más que a sus cónyuges, puesto que ninguno se casaba, en la mayoría de los casos, por amor). Del mismo modo, muchas leyes entraban en confrontación con ideas religiosas.

Isabel la Católica tuvo varios confesores. El primero de ellos, aunque no de forma oficial y antes de ser reina, fue el capellán Alonso de Coca, quien le ayudaría en la importante tarea de elegir marido. Como explica Lamet en su libro *Yo te absuelvo, majestad*[27], Isabel lo envió de forma secreta a las cortes de Francia y Aragón para que

---

27   Lamet, P. (2004). *Yo te absuelvo, majestad*, pp. 26-28. Temas de Hoy.

conociese y le informase de las cualidades de los dos principales candidatos: el duque de Guyena y el príncipe de Aragón. Ambos, reina y capellán, se decantaron, como sabemos, por el segundo.

Una vez proclamada reina, eligió como confesor a fray Alonso de Burgos. El papel de este puede resumirse en tres logros: la reforma de las religiones, la expulsión de musulmanes y judíos y la introducción de la Inquisición en los reinos de Castilla y León.

El segundo confesor de la reina Isabel fue el dominico fray Tomás de Torquemada, probablemente, el mayor representante de la Santa Inquisición. Según recoge Lamet, Isabel y Fernando «peleaban» por el afecto de Torquemada y lo llamaban «padre». Dos años antes de su fallecimiento, el fray se retiró al convento de Santo Tomás que había fundado en Ávila, donde fue sepultado.

Hernando de Talavera, jerónimo, fue el nuevo confesor de Isabel. La reina le encargaría la misión de «cristianizar» Granada. Fray José de Sigüenza narra cómo fue la primera confesión de la reina con él. Según el historiador, Isabel acostumbraba a confesarse de rodillas mientras que sus confesores permanecían también en esta postura. Sin embargo, fray Hernando se sentó en un banquillo para escucharla. Ella le recriminó y él le respondió: «Este es el Tribunal de Dios y hago aquí sus veces»[28].

El confesor también contribuyó a sacar el patrimonio real de la bancarrota tras los gastos desmedidos de Enrique IV, hermano de Isabel, y los de la guerra de sucesión entre Isabel y su sobrina Juana.

Hernando fue muy crítico con la reina por los adornos, bailes y por la celebración de corridas de toros (más adelante hablaremos de este asunto). Entre sus obras destaca el *Tratado sobre la demasía en el vestir y calzar, comer y beber*, escrito en 1477 e impreso alrededor de 1496. Era un tratado sobre las prácticas de la época que a su entender eran pecaminosas y donde ridiculizaba la coquetería femenina y diversas tendencias como las gorgueras o las caderas anchas.

Mención aparte merece el *Libro de los descargos de la conciencia de la reina nuestra señora*. Isabel era exageradamente escrupulosa con el sentido de la justicia, hasta el punto de que llevaba un control exhaustivo de todas sus deudas o deberes con sus súbditos (nóminas atrasa-

---

28   Lamet, P. (2004). *Yo te absuelvo, majestad*, p. 35. Temas de Hoy.

das, dinero invertido en su servicio, préstamos, bienes puestos a disposición de la Corona en guerras, pensiones a viudas e hijos de los fallecidos en batallas...). A tal efecto, creó un departamento administrativo al que bautizó Audiencia de los Descargos. El clérigo se encargaría de recopilar esta relación de deudas.

Tras la rendición de Granada en 1492 y el nombramiento de Talavera como arzobispo de la ciudad, Isabel tuvo que buscar nuevo confesor. El elegido fue el cardenal Cisneros, franscicano. El cardenal aceptó con tres condiciones: residiría en el convento de La Salceda y solo acudiría a la corte cuando fuera necesario; no percibiría remuneración por sus servicios; y la reina no podría consultarle asuntos de gobierno.

En 1499 partió al reino de Granada, con el encargo de asumir su evangelización, en colaboración con fray Hernando de Talavera. En 1500 comenzó a enviar misioneros castellanos al Nuevo Mundo, especialmente de su orden, los Frailes Menores. En 1501 instituyó la obligatoriedad de la identificación de las personas con un apellido fijo. Hasta entonces se identificaban con su nombre y un mote que reflejaba el lugar de procedencia, el oficio o alguna otra característica, por lo que miembros de una misma familia, incluso hermanos, podían tener diferente apellido. Este sistema producía un tremendo caos administrativo. Desde este momento, el apellido del padre pasaría a ser el de todos sus descendientes.

Cisneros fue cardenal arzobispo de Toledo e inquisidor general de Castilla. En 1506 y 1507 presidió el Consejo de Regencia, que asumió el gobierno castellano tras la muerte de Felipe I y en espera de la llegada de Fernando el Católico. Entre 1516 y 1517 volvió a asumir el gobierno tras la muerte de Fernando y en espera de su nieto Carlos.

La importancia de los asuntos confiados a los confesores era tal que podían desembocar en un grave asunto de Estado. Para ilustrarlo, hagamos ahora un «salto de siglos» para hablar de fray Juan de Almaraz, confesor de la reina María Luisa de Parma, esposa de Carlos IV. Su historia es fascinante. Entre los papeles privados del padre agustino, el periodista José María Zavala encontró uno escrito por él mismo que decía lo siguiente:

> Como confesor que he sido de la Reyna Madre de España (q. e. p. d.) Doña María Luisa de Borbón, juro *imberbum sacerdotis* cómo en su última confesión que hizo el 2 de enero de 1819 dijo que

ninguno, ninguno de sus hijos e hijas, ninguno era del legítimo Matrimonio; y así que la Dinastía Borbón de España era concluida, lo que declaraba por cierto para descanso de su Alma, y que el Señor la perdonase. Lo que no manifiesto por tanto Amor que tengo a mi Rey el Señor Don Fernando VII por quien tanto he padecido con su difunta Madre. [...] Por todo lo dicho pongo de testigo a mi Redentor Jesús para que me perdone mi omisión[29].

El caso es que, en vida de la reina, hubo rumores de que al menos dos de sus hijos no eran de Carlos IV: María Isabel y Francisco de Paula. Y se decía también que ambos eran de Manuel Godoy. Si esto fuera verdad, Godoy sería progenitor de las nuevas generaciones por ambas vías porque María Cristina, la última esposa de Fernando VII y madre de Isabel II, era hija de María Isabel; y Francisco de Asís, esposo de Isabel II, era hijo de Francisco de Paula. Es decir, Alfonso XII, hijo de Isabel II y Francisco de Asís, sería nieto de Godoy por vía paterna y bisnieto de Godoy por vía materna. *Too much* todo.

Años después apareció una carta del nuevo gobernador de Peñíscola fechada el 13 de febrero de 1834. En ella, el autor manifestaba que había encontrado encerrado en una celda a un viejo harapiento de larga barba canosa que respondía al nombre de fray Juan de Almaraz. El sacerdote fue recluido por una real orden, expedida el 21 de octubre de 1827, en la cual se le calificaba de «reo de alta traición». Tras los intentos fallidos de obtener respuesta por parte de Fernando VII, el gobernador solicitó a María Cristina, reina gobernadora tras el fallecimiento de su esposo, la liberación del preso de sesenta y siete años alegando su senectud, su incapacidad tanto «para el mal como para el bien» y su lamentable deterioro físico, de forma que pudiera regresar a su tierra natal de Extremadura para morir junto a su familia. La reina le otorgó la libertad. El exconfesor falleció en 1837 a los setenta años.

Pero ¿por qué lo había mandado encerrar Fernando VII? ¿Acaso sabía de la confesión de su madre? Veamos. En el testamento de la reina María Luisa se ordenaba que su hijo Fernando debía pagarle

---

29   Zavala, J. (2011). *Bastardos y Borbones: los hijos desconocidos de la dinastía.* Plaza & Janés.

4000 duros al confesor. Ante la negativa de este, fray Juan le mandó una carta reclamándole lo que le debía y contándole lo que su madre le había confesado. Parece ser que incluso, le llegó a sugerir (o a amenazar, según se mire) la posibilidad de desvelar su secreto, con lo que eso suponía para la continuidad de la Corona. Fernando escribió entonces una carta al papa hablándole, sin detalles, de la peligrosidad del fraile, que residía en Roma. Ante la ausencia de respuesta de Su Santidad, el rey de España ordenó la captura del fraile y mandó encerrarlo e incomunicarlo de forma absoluta en la fortaleza de Peñíscola por tiempo indefinido. No fue procesado y ni siquiera su encierro quedó registrado en la prisión.

En 1830, por lo visto, el arzobispo de México, que había regresado a España, recibió el encargo de visitar al prisionero con el fin de solicitarle, a cambio del perdón, que se retractara por escrito de lo que había afirmado años antes en relación con la presunta confesión de la reina María Luisa. El fraile firmó. Pero Fernando no cumplió con lo prometido y no lo perdonó. ¿Qué hubiera pasado si esa confesión hubiera salido a la luz? Al menos las guerras carlistas nos las hubiéramos ahorrado porque Isabel y Carlos María Isidro tendrían el mismo derecho (o sea, ninguno) a reclamar el trono. Tela con María Luisa. Todo presuntamente, claro está.

El ciclo de confesores reales con influencia en la historia de España se cierra con el padre Claret, confesor de Isabel II.

Y no me gustaría cerrar este capítulo sin hacer mención a una «confesora», la confidente de Felipe IV, la monja concepcionista María Jesús de Ágreda. Si bien no podía desempeñar esta tarea por su condición femenina, durante más de veinte años mantuvieron una constante correspondencia; más de seiscientas cartas entrecruzadas en las que el rey le pedía consejo espiritual sobre distintos asuntos, a los que la monja respondía, en ocasiones, en los mismos márgenes de sus cartas.

En ellas no solo se refleja el pensamiento del rey sobre su concepto de gobierno, las relaciones con sus ministros o las virtudes que debía tener un príncipe, sino que también son un reflejo del lado más humano y supersticioso del monarca. Por ejemplo, cuando murió Isabel de Borbón, su primera mujer, en 1644, la religiosa escribió al rey informándole de una visión que había tenido de la reina en el purgatorio: «Se me apareció vestida con las galas y guardainfantes que traen las damas, pero todo era de una llama de fuego». Desde entonces y durante un tiempo, se dedicó a comunicarle a Felipe los mensajes que recibía de su esposa fallecida. Una situación similar se dio en 1646, cuando falleció el príncipe de Asturias, Baltasar Carlos.

La correspondencia entre ambos continuó hasta la muerte de la religiosa en mayo de 1665, a la que siguió la de Felipe meses después.

V. Mᵉ. SOR MARÍA DE IESVS DE AGREDA.
MVRIO A 24.DE MAIO DE 1665. DE EDAD 63 ANOS.

Sor María de Jesús Ágreda. Grabado firmado I. F. Leonardo sobre dibujo de Hendrick Verbruggen, impreso en Madrid en 1688. [BNE]

María Coronel, que así se llamaba antes de convertirse en religiosa, había tomado los hábitos con dieciséis años y con veinticinco fue nombrada abadesa del convento de las Madres Concepcionistas de Ágreda, en Soria. ¿Qué tenía de especial esta monja? ¿Por qué

Felipe IV confiaba en ella? Pues parece ser que tenía el don de la bilocación; que podía estar (o manifestarse) en dos lugares al mismo tiempo. A pesar de que nunca salió de su convento, hay indicios de su presencia en la Nueva España. Según consta en un documento fechado en 1630, editado por la imprenta real de Felipe IV y conocido como el Memorial de Benavides[30], una monja de clausura de Ágreda fue la responsable de la conversión de miles de nativos americanos que vivían a orillas del río Grande, a unos diez mil kilómetros de distancia.

¿Por qué creyeron que era ella? El misionero portugués fray Alonso de Benavides contó que los nativos le explicaron que una mujer blanca cubierta por un manto azul se les había aparecido para enseñarles la fe cristiana y les había anunciado la llegada de los misioneros. Las monjas concepcionistas vestían precisamente un hábito de este color. El fraile buscó a sor María Jesús para interrogarla. En sus conversaciones, ella le describió con exactitud cómo eran las tiendas indias, sus costumbres e, incluso, su hábito de tatuarse el cuerpo; y también aseguró haber visto a un capitán tuerto nativo. El acontecimiento llegó a oídos del rey, quien escribió a la religiosa y tiempo después fue a conocerla en persona.

Su popularidad fue tal que la Inquisición realizó el correspondiente trabajo de investigación para esclarecer estos hechos; pero, finalmente, quedó absuelta.

Este fenómeno extraordinario motivó que el 2 de diciembre de 2008 se firmara en el capitolio de Santa Fe, en Nuevo México, un acuerdo de hermanamiento entre la villa soriana de Ágreda y el Estado de Nuevo México en Estados Unidos. Fue la primera vez que un Estado norteamericano se vinculaba formalmente a una población española.

KATHARINE OF ARAGON FESTIVAL

A finales del mes de enero en la localidad inglesa de Peterborough se celebra todos los años el Katharine of Aragon Festival, evento que home-

---

30   Navajas, B. (2021). *El memorial de 1634 de fray Alonso de Benavides. Misiones de frontera en Nuevo México*. Universidad Francisco de Vitoria.

najea a Catalina de Aragón, la hija pequeña de los Reyes Católicos. El programa del festival incluye diversas actividades culturales, además de la correspondiente misa católica en la catedral, donde está enterrada la que fue reina de Inglaterra. Los asistentes depositan flores y granadas en su tumba. ¿Granadas? Efectivamente. Esta fruta fue incorporada por los Reyes Católicos a su escudo de armas tras la conquista del reino nazarí. Como Catalina vivió su infancia y adolescencia en estas tierras, también optó por incorporar la fruta a su escudo.

Conozcamos un poquito más a la protagonista de esta historia.

Catalina nació en el palacio arzobispal de Alcalá de Henares el 15 de diciembre de 1485. Según cuentan, era la favorita de su padre. Cuando la princesa tenía tres años, sus padres acordaron su matrimonio con Arturo de Gales, primogénito de Enrique VII, por el Tratado de Medina del Campo. Así que a los quince partió desde Granada a tierras inglesas para desposarse con el príncipe el 14 de noviembre de 1501 en la catedral de San Pablo de Londres. Meses después de la boda, ambos enfermaron, posiblemente, de sudor inglés, cuyo principal síntoma era una sudoración severa. Arturo falleció.

En 1503, se firmó un nuevo acuerdo matrimonial para la joven viuda con el que fuera su cuñado, hermano de Arturo y futuro Enrique VIII. Puesto que la Biblia, en el Levítico, señala que quien se casa con la mujer de su hermano «mancha su honor y Dios lo castigará sin descendencia»[31], para la celebración de estas segundas nupcias era necesaria una dispensa papal que certificara que el matrimonio de Catalina con Arturo había sido nulo por no haber llegado a consumarse. Catalina se casó finalmente con Enrique tras la muerte del rey en 1509 en una ceremonia privada en la iglesia de Greenwich. Dos años después, dio a luz a un niño que ni siquiera llegó a los dos meses de vida.

En 1513, el rey de Escocia, Jacobo IV, invadió Inglaterra. Enrique VIII se encontraba ausente y Catalina demostró su capacidad para ejercer la regencia y derrotar a los escoceses. Este hecho, unido a su vinculación con causas benéficas y obras de caridad, hicieron que se ganara el aprecio del pueblo inglés.

Tras varios embarazos frustrados y algún parto desafortunado,

---

31   Biblia, Levítico 20:21.

Catalina dio a luz por fin en 1516 a una niña sana. Hablamos de María Tudor, futura esposa de Felipe II y reina de Inglaterra (de quien hablaremos más adelante). Pero seguía sin darle a su esposo un heredero varón y Enrique comenzó a fijarse en otras mujeres. Entre ellas, Elizabeth Blount, una de las damas de la reina con la que llegó a engendrar un bastardo, Enrique Fitzroy, al que reconoció como hijo y le concedió varios de los títulos tradicionalmente reservados para el heredero al trono, toda una provocación a Catalina. Ante la conmoción por estos nombramientos, Enrique nombró a María princesa de Gales, siendo la primera mujer en la historia de Inglaterra en recibir este título.

La relación del rey con Ana Bolena, sin embargo, sí supuso un punto de inflexión porque esta dama no se conformaba con el rol de amante. Para poder casarse con Ana, Enrique intentó que el papa Clemente VII declarara nulo su matrimonio con Catalina justificando su petición en la cita del Levítico antes mencionada y buscando la forma de acreditar que el enlace entre su esposa y su hermano sí se había consumado. Catalina se negó a reconocer dicha consumación sabiendo que su declaración facilitaría la autorización papal para que su marido pudiera casarse de nuevo porque, entre otras cosas, no quería que su hija fuera considerada bastarda. El papa, por no contradecir la anterior bula que invalidaba el matrimonio entre Catalina y Arturo, sugirió a través del cardenal Campeggio la retirada de Catalina a un convento. Eso, lavándose las manos...

Lo curioso es que Enrique había mantenido también una relación con la hermana de Ana, María. Si hubiera aplicado estrictamente la cita del Levítico, tampoco podría tener relaciones con la hermana de quien fuera su amante. La cosa es que en la Biblia decía «mujer del hermano», no la «hermana de la amante». Qué listo.

Como castigo por no acatar su petición, Enrique expulsó a la española del palacio, le privó del derecho a cualquier título salvo al de princesa viuda de Gales (por su matrimonio con Arturo) y le prohibió el contacto con su hija María. La desterró primero al castillo de More y finalmente al de Kimbolton. En el juicio correspondiente, Catalina se mantuvo firme defendiéndose de todas las acusaciones increpando directamente a Enrique, como recoge María Jesús Pérez Martín en su biografía sobre María Tudor: «Cuando me tuvisteis al principio, tomo a Dios por testigo que era doncella [...] y si es cierto o no lo remito a vuestra conciencia»[32].

Enrique aprovechó entonces para casarse en secreto con Ana Bolena antes de confirmar la necesaria dispensa papal. De hecho, el papa ratificó la validez del matrimonio de Catalina y Enrique gracias también a la intercesión de Carlos I de España, sobrino de Catalina, con más poder que el rey de Inglaterra. Por ello, en 1534, la Iglesia anglicana se desvinculó de Roma mediante la Ley de Supremacía, por la que el rey de Inglaterra se convertía en jefe supremo de su propia iglesia.

La Tumba de Catalina de Aragón en la catedral de Peterborough en Cambridgeshire, Inglaterra. Foto de David Iliff.

---

32 Pérez, M. J. (2018). *María Tudor. La gran reina desconocida*, p. 150. Ediciones Rialp.

Antes de morir, Catalina escribió una carta a su sobrino Carlos pidiéndole que protegiera a su hija María y otra dirigida a su esposo en la que reconocía haberlo perdonado:

> Ahora que se aproxima la hora de mi muerte, el tierno amor que os debo me obliga, hallándome en tal estado, a encomendarme a vos y a recordaros con unas pocas palabras la salud y la salvación de vuestra alma [...]. Por mi parte todo os lo perdono y deseo, pidiéndoselo a Dios devotamente, que Él también os perdone. Por lo demás, os encomiendo a nuestra hija María, suplicándoos seáis un buen padre para ella, como siempre lo he deseado.

Esta carta se puede leer hoy en día en la tumba de Catalina, en la catedral de Peterborough.

Catalina murió el 7 de enero de 1536 en el castillo de Kimbolton y fue enterrada como princesa viuda de Gales en la catedral citada mediante un ceremonial propio de una princesa viuda y no de una reina consorte. Se prohibió a la princesa María participar en el cortejo fúnebre de su madre.

Por si fuera poco, Enrique VIII celebró la muerte de su primera esposa vistiendo íntegramente de amarillo con una pluma blanca en el gorro y organizando un baile en Greenwich. Este gesto, unido a que se encontró el corazón de Catalina ennegrecido al embalsamarla, hace sospechar de un posible envenenamiento por parte de su esposo o, incluso, por parte de Ana, su segunda mujer. Aunque también es posible que la española padeciera cáncer. De todas formas, parece que la reina desconfiaba de las intenciones de su esposo porque, durante mucho tiempo, se había negado a comer cualquier alimento que no hubiera preparado ella misma.

Coincidiendo con la muerte de Catalina, Ana Bolena sufrió un aborto de un hijo varón. La nueva reina, que ya había dado a luz a la futura Isabel I de Inglaterra, fue decapitada en la Torre de Londres el 19 de mayo de 1536, cuatro meses después de la muerte de Catalina, acusada de emplear la brujería para seducir a su esposo, de tener relaciones adúlteras con muchos hombres, de incesto con su hermano, de injuriar al rey y de conspirar para asesinarlo. Casi nada.

Sus restos se enterraron sin ninguna ceremonia, en la capilla de San Pedro ad Vincula, en el recinto de la Torre. Los monjes de Peterborough, el lugar donde estaba enterrada Catalina, afirmaron que esa misma tarde en la que decapitaron a Ana, las velas situadas junto a la tumba de la madre de María se encendían y apagaban por sí solas. Enrique lo interpretó como la justa satisfacción de su primera esposa, agraviada por los delitos de la segunda. Ningún comentario que añadir a su cinismo…

Enrique VIII contraería otros cuatro matrimonios más. Su tercera esposa, Jane Seymour, dio a luz a su único hijo varón, el príncipe Eduardo. La prematura muerte de Eduardo VI a los quince años hizo que la corona pasara a las hijas mayores de Enrique: primero a María, la hija de Catalina; y después a Isabel, la hija de Ana.

Los Austrias mayores. El emperador y el rey del mundo

ABUELASTRA Y, SIN EMBARGO, AMANTE

No podría imaginar Fernando de Aragón que compartiría amante con su nieto, el futuro rey emperador. Ni los mejores guionistas de telenovelas hubieran ideado una trama así. Veamos.

Un año después del fallecimiento de Isabel, en marzo de 1506, en virtud del Tratado de Blois que sellaba una alianza franco-aragonesa, Fernando el Católico acordó su matrimonio con Germana de Foix, hija del conde de Etampes y vizconde de Narbona, Juan de Foix, y de la hermana de Luis XII de Francia, María de Orleans; sobrina, por tanto, del monarca francés. Germana, de dieciocho años, y Fernando, de cincuenta y tres, se casarían por poderes en el palacio de los Condes de Buendía, en Dueñas (Palencia), el 18 de marzo de 1506. Días después, el matrimonio se consumó en Valladolid.

Se trataba de un matrimonio político, tal y como declaró el propio Fernando ante notario. Y es que en el tratado del enlace, el rey francés reconocía los derechos del español sobre el trono de Nápoles. Es decir, si el francés fallecía primero, Fernando (y no la esposa de Luis XII) heredaría dicho territorio. Además, Fernando logró que el papa Julio II anulara las capitulaciones matrimoniales que había firmado antes de la boda según las cuales, en el caso de no tener descendencia con

Germana, los derechos sobre el reino de Nápoles revertirían al rey francés. Y menos mal, porque el matrimonio tuvo un hijo, Juan de Aragón (como el primero que tuvo con Isabel), que murió a las pocas horas de nacer. Para más inri, posteriormente Fernando «consiguió» que el papa excomulgara a Luis XII. Pero eso es otro asunto.

Germana fue adquiriendo poco a poco protagonismo en la corte. Fernando la nombró lugarteniente general de Aragón, Cataluña y Valencia y presidenta de las Cortes en su nombre entre 1512 y 1515. Además, el rey le legó las villas de Madrigal de las Altas Torres (lugar de nacimiento de su primera esposa, Isabel) y Olmedo.

Fernando falleció el 23 de enero de 1516, probablemente por una nefritis como consecuencia del continuo uso de afrodisíacos. No quiso el destino que se perdiera la unidad territorial de España por «culpa» de otro heredero de la Corona de Aragón. Se siente, Fernando.

Desembarco de Fernando el Católico y Germana de Foix en Valencia del pintor Josep Ribelles, 1789. Cuadro expuesto en el Museo de Bellas Artes de Valencia. [Fotografía de Joanbanjo]

En su testamento, había dispuesto que Carlos I, su nieto, hijo de Juana y de Felipe, debía velar por Germana: «Vos miraréis por ella y la honraréis y acataréis, para que pueda ser honrada y favorescida de vos y remediada en todas sus necesidades»[33]. Y los testamentos están para cumplirlos. Eso es así. De esta forma, al año de fallecer su abuelo, Carlos, que tenía por aquel entonces diecisiete años, llegaría a España para conocer a su «abuelastra» de veintinueve. El primer encuentro entre ambos tuvo lugar en las inmediaciones de Valladolid. Germana quiso inclinarse ante él, pero Carlos no lo consintió.

Parece que ambos congeniaron muy bien, entre otras cosas porque su lengua materna era el francés. Recordemos que el rey emperador no hablaba español y encontró en Germana a una interlocutora con la que no tenía problemas de comunicación. Además, Germana conocía a la perfección la corte, por lo que resultaba una guía perfecta para presentar al joven heredero a las personalidades más relevantes del reino. Esta relación de complicidad desembocó en un romance entre ambos. Qué sorpresa.

Obviamente, se trataba de un amor clandestino sobre el que planeó la sombra del incesto a pesar de que no existía parentesco entre ambos. Para esconderse, Carlos mandó construir un puente de madera entre el Palacio Real de Valladolid y el palacio donde vivía Germana. Parece que ella, fruto de estos encuentros furtivos, quedó embarazada y dio a luz a una niña a la que llamaron Isabel (curiosa elección). Carlos nunca llegó a reconocer su paternidad, pero Germana en su testamento indicó que él era el padre de su hija mencionándola como «serenísima Doña Isabel, Infanta de Castilla, hija de su majestad el Emperador, mi señor». Aunque lo cierto es que no le correspondía el tratamiento de infanta por ser ilegítima. En este mismo texto, Germana le dejaba a su hija en herencia un collar de ciento treinta y tres perlas. Poco sabemos de la vida de esta niña, pues quedó recluida en el convento de Nuestra Señora de Gracia, en Madrigal de las Altas Torrres, en Ávila. Cuentan también que en este mismo convento vivían dos hijas bastardas de Fernando, las dos de

33   Doussinague, J. (1950). *El testamento político de Fernando el Católico*. Consejo Superior de Investigaciones Científicas. Patronato Menéndez Pelayo.

nombre María. Una, hija de la portuguesa María de Pereira; la otra, de la vasca Toda de Larrea. Eso cuentan.

Pero volvamos a Germana y a Carlos. El nuevo rey, al igual que su abuelo, también confió en Germana y le pidió que lo acompañara en diversas negociaciones. Incluso llegó a nombrarla virreina y lugarteniente general de Valencia. Para proteger a su «abuelastra» y combatir rumores en torno a su relación secreta, el rey la casó en 1519 con el marqués de Brandemburgo, uno de los cinco electores del imperio a los que Carlos debía convencer para ser elegido emperador alemán. De hecho, la propia Germana asistió en 1520 a la ceremonia de proclamación de Carlos como emperador en calidad de acompañante de su segundo marido.

Germana volvió a enviudar en 1525 y se casó en terceras nupcias en 1526 con el duque de Calabria.

La última reina de Aragón murió el 15 de octubre de 1536 en su palacio de Liria, en Valencia. En sus últimas voluntades manifestó su deseo de ser enterrada junto a su tercer esposo en un monasterio de la Orden de los Jerónimos, la orden favorita de Carlos I, quien al final de sus días se retiraría al monasterio de Yuste.

Fernando, que así se llamaba el tercer marido de Germana, igual que el primero, la enterró en el convento de Nuestra Señora de Jesús de Valencia mientras esperaba disponer de un panteón en un templo jerónimo. Más tarde, trasladó el cuerpo al monasterio de San Bartolomé, de dicha orden, en Valladolid. Sin embargo, puesto que la distancia le dificultaba visitar su tumba, el duque propuso a los jerónimos de Valladolid que se instalaran en Valencia a cambio de un edificio mejor. En 1544, el duque convenció al papa Paulo III para que suprimiera el monasterio cisterciense de San Bernardo en Valencia de forma que sus monjes fueran trasladados a otros monasterios y los derechos eclesiásticos correspondientes revirtieran a la Orden de los Jerónimos con el nombre de San Miguel de los Reyes. El edificio cisterciense fue demolido y el duque, en sus últimas voluntades, al fallecer sin descendencia en 1550, legó todo su patrimonio a la Orden de los Jerónimos para la construcción del nuevo proyecto.

JUANA, VIUDA LOCA

Tras el fallecimiento de Felipe I el Hermoso en 1506, se ocasionó un nuevo vacío de poder en Castilla. Su hijo, el futuro Carlos I, apenas contaba con seis años de edad y vivía en Flandes. Y Juana, la viuda, parecía tener trastornos mentales. Fernando el Católico, padre de la reina, movió sus influencias para que el cardenal Cisneros, arzobispo de Toledo, pudiera ejercer la regencia en Castilla mientras él encontraba la forma de instalarse allí, ya que en ese momento se encontraba en Aragón.

Pero veamos qué paso con Juana. La reina estaba embarazada de su hija Catalina (futura reina de Portugal) y la muerte de su marido empeoró su presunta enfermedad mental. Cuentan que durante el tiempo que el cadáver permaneció sin sepultura, la viuda lo abría diariamente para ver a su esposo y que comunicó su intención de trasladar sus restos a Granada mediante una procesión desde la corte. Y lo intentó.

Tal y como relata Pedro Mártir de Anglería, testigo de los hechos, antes de comenzar el cortejo fúnebre por media España, la reina ordenó en la Cartuja de Burgos que se abriera el féretro para que los súbditos del rey pudieran contemplarlo. A continuación, pidió que fuera subido a una carreta para comenzar el peregrinaje. Sin embargo, cerca de la villa de Torquemada, Juana se indispuso por molestias provocadas por su embarazo. Fernando, su padre, se reunió con ella y la confinó en Tordesillas, donde permanecería encerrada hasta su muerte por más de cuarenta años, aunque nunca dejaría de ser la reina por derecho de Castilla. El féretro de su marido fue trasladado al monasterio de Santa Clara, para que la reina pudiera contemplarlo desde una ventana del palacio. Un detalle.

Lo curioso de la historia de la hija de los Reyes Católicos es que durante su juventud no había dado ninguna muestra de trastorno mental. De hecho, a sus padres les recordaba a Juana Enríquez, la madre de Fernando (abuela paterna de la niña), por su sentido de la responsabilidad. Incluso, parece ser que Isabel bromeaba llamando a su hija «suegra» y Fernando hacía lo propio dirigiéndose a ella como «madre».

¿Cuándo comenzó, entonces, su supuesta locura? Muchos historiadores coinciden en señalar las continuas infidelidades de su marido en la corte flamenca donde cada vez se sentía más sola. Es decir, probablemente, todo comenzó con una depresión (a la que, obviamente, no ayudó su encierro).

Juana había llegado a los territorios de su futuro esposo, hijo de Maximiliano de Austria, en un viaje en barco, puesto que nuestro país se encontraba en aquel momento en guerra con Francia y era arriesgado viajar por tierra. La escuadra que acompañaba a la infanta Juana tenía también la misión de recoger y traer a España a la princesa Margarita para que se desposara con el príncipe Juan. Se trataba, por tanto, de un «intercambio», un doble enlace matrimonial gestionado por los Reyes Católicos, ya sabemos, como parte de su estrategia de alianzas europeas. En realidad, era el mismo sistema que empleaban los Austrias, que se guiaban por la máxima latina *«Alii bella Gerant. Tu felix Austria, nube»*, que puede traducirse como «Deja que otros hagan la guerra. Tú, feliz Austria, cásate». Los primeros *hippies* de la historia, proclamando aquello de «hacer el amor y no la guerra». Por interés, sí, pero amor al fin y al cabo.

Felipe y Juana. Francisco José Orellana (1862) *La reina loca de amor.*

Volvamos a Juana, que me disperso. No se celebró en la corte de Castilla ninguna fiesta de despedida para la infanta. De hecho, ni siquiera Fernando, su padre, pudo despedirla cuando partió de Laredo. Pero una madre es una madre. Isabel, consciente de los riesgos de la aventura y de la incertidumbre que encontraría en su destino, sí quiso pasar con su hija su última noche antes del viaje. Juana tenía apenas dieciséis años. Era la noche del 20 de agosto de 1496.

El 8 de septiembre, tras una breve parada en Portland (Inglaterra), llegó a los Países Bajos. Allí no la recibió Felipe. La cosa no empezaba bien... Ni la había despedido su padre, ni la recibía su futuro esposo. El esperado encuentro tuvo lugar un mes después. El 1 de octubre la infanta española conoció a su cuñada Margarita, con la que viajaría a Lille para conocer a su marido, el Hermoso. Según algunos historiadores, la pareja intimó esa misma noche; el «flechazo» fue tal que no pudieron esperar al matrimonio (fijado para dos días después) para consumar. Muy intenso todo.

Pronto, Juana empezó a sentir celos de su marido y a sufrir los desprecios de la corte flamenca. Y comenzaron a llegar rumores a Castilla. Según Manuel Fernández Álvarez en su obra *Juana la Loca. La cautiva de Tordesillas*, la española «se abandonaba en el cuidado de su cuerpo, rehuía el trato de las gentes y descuidaba sus deberes religiosos»[34]. Preocupados, los Reyes Católicos enviaron a Flandes a un hombre de su total confianza, el dominico fray Tomás de Matienzo, prior de Santa Cruz. El «espía» confirmó el trato recibido por la infanta española. Eso y que estaba embarazada.

La suerte de Juana comenzaría a cambiar (no sabemos si para bien) cuando falleció el príncipe Juan, su hermano, príncipe de Asturias, en 1497. Los Reyes Católicos proclamaron herederos a su hija primogénita Isabel y a su esposo, el rey Manuel de Portugal en Castilla. Y debían repetir la proclamación en Aragón; pero la princesa Isabel murió antes de que pudiera celebrarse dicha ceremonia. Entonces, juraron como heredero a Miguel de la Paz, hijo de los reyes de Portugal. Pero el pequeño también falleció dos años después. Los Reyes Católicos tuvieron que informar a Juana y a Felipe y pedirles que viajaran a España para ser proclamados como nuevos príncipes,

34   Fernández, M. (2008). *Juana la Loca. La cautiva de Tordesillas*, p. 83. Austral.

y que lo hicieran acompañados de su hijo Carlos, un bebé de tan solo un año. Felipe se negó a viajar con el pequeño.

Juana y Felipe llegaron a España (exactamente a Fuenterrabía, en el actual País Vasco) el 26 de enero de 1502. La princesa poco tenía que ver con la niña que había partido a Flandes cinco años antes. Pero esto solo era el comienzo.

Felipe regresó en enero de 1503 dejando sola a Juana en España. El 10 de marzo de 1503 la española dio a luz al infante Fernando en Alcalá de Henares. Ella solo pensaba en reencontrarse con su esposo. Isabel intentó evitar el viaje de su hija, pero no hubo forma. El 1 de marzo de 1504 partiría hacia Flandes. Y ya no volvería a ver nunca más a su madre, que moriría meses después.

Cuando llegó a su destino, descubrió que su marido tenía una amante. Y planeó una venganza. Según relata José María Zavala[35], Juana, provista de unas tijeras, sorprendió a la dama leyendo en secreto una carta. Al descubrir a la mujer de su amante, se tragó el papel. En el forcejeo, Juana le cortó las trenzas y le marcó el rostro. Como castigo, Felipe golpeó a su esposa y la encerró en su cámara. Cómo no iba a estar preocupada Isabel ante semejante yerno «sinvergüenza».

Como sabemos, al morir la Católica, Juana heredó el trono de Castilla. Felipe, entonces, desempeñaría el papel de consorte, aunque por poco tiempo. El 16 de septiembre de 1506 el rey enfermó (o fue envenenado) cuando se encontraba en el palacio de la Casa del Cordón en Burgos y falleció en apenas diez días, sin haber cumplido los treinta años. La muerte de su marido terminó por enloquecer a Juana.

Durante los primeros siete años de su cautiverio, mosén Ferrer fue el encargado de vigilar a la reina. Solo tenía permitido escapar de su encierro para visitar el féretro de su marido y asistir a ceremonias religiosas. Según relata Manuel Fernández Álvarez[36], la reina tenía tanto miedo de que le quitasen a su hija recién nacida que la hacía dormir en un cuarto interior al que solo se podía acceder desde el suyo propio. El cardenal Cisneros sustituyó al «carcelero» Ferrer por Hernán Duque de Estrada y la situación mejoró considerablemente

35   Zavala, J. (2019). *Isabel la Católica. Por qué es santa*, p. 73. Homo Legens.
36   Fernández, M. (2008). *Juana la Loca. La cautiva de Tordesillas.* Austral.

para Juana, que ya podía pasear por los alrededores de palacio tanto a pie como a caballo. Además, Cisneros encargó a un médico que controlase su dieta y se abrió un hueco en la habitación de la pequeña Catalina. Pero a partir de 1518 la cosa volvió a empeorar. Ante el rumor de un supuesto romance entre Hernán y Juana, el vigilante fue sustituido por los marqueses de Denia, quienes (presuntamente) maltrataron a la reina, según las confesiones que la misma infanta Catalina realizó por carta a su hermano Carlos. En una de ellas, incluso, le llegó a decir que la marquesa le obligaba a pedirle vestidos y joyas para quedárselos en su poder y que encerraba a su madre en una cámara sin luz alguna.

Sabiendo que poco podía hacer por su madre, Carlos se «centró» en «salvar» a su hermana. El 2 de enero de 1525, días antes de cumplir los dieciocho años, Catalina podría por fin «escapar» de Tordesillas para convertirse en la nueva reina de Portugal al desposarse con Juan III. Una vez más se trataba de un acuerdo doble porque Carlos se casaría con la hermana de Juan, Isabel. La marcha de su pequeña fue demasiado dolorosa para Juana. Estaba tan sola...

Fernando visitó a su hija al menos en tres ocasiones; en la última de ellas pasó varios días conviviendo con ella. Carlos, su hijo, un mínimo de doce. Y también constan otras tres visitas de Germana Foix, su «madrastra». De hecho, hay quien señala a Germana, segunda mujer de Fernando, como la instigadora del encierro. Quién sabe. Lo cierto es que ella, encerrada su hijastra, se convertía en la única reina de España. Tiene sentido.

Cuando murió Fernando el Católico en 1516, se tomó la decisión de ocultar la noticia a la reina para no disgustarla. Pero ella escuchó rumores y los constató con fray Juan de Ávila. En el testamento, su padre la había nombrado heredera universal de todos sus reinos, incluido el de Navarra, recién conquistado. En este último caso, Juana aparecía con el título de reina y Carlos, su hijo, con el de príncipe; mientras que en el caso de Aragón no aparecía expresamente el nombre de Carlos. Esto hace pensar que se trataba de un testamento antiguo, que simplemente se actualizó tras la conquista de Navarra.

Carlos, impaciente, exigió el 21 de marzo de 1516 que su nombre acompañara al de su madre en los documentos oficiales. Así se hizo mediante el empleo de esta fórmula: «Doña Juana e Don Carlos, su hijo, reina y rey de Castilla, de León, de Aragón [...]». Tras su proclamación como emperador en 1519, se invirtió el orden: «Don Carlos, por la divina clemencia Emperador siempre augusto, rey de Alemania, doña Juana, su madre y el mismo don Carlos, por la misma gracia reyes de Castilla, de León, de Aragón [...]»[37]. Una fórmula, sin duda, novedosa.

Cuando Carlos llegó a España en 1517 a la aldea de Tazones (Asturias) junto a su hermana Leonor, su primer objetivo era visitar a su madre en Tordesillas y, de paso, el cuerpo de su padre en la iglesia del convento de Santa Clara. Además, tenía que conocer a sus hermanos pequeños, Fernando y Catalina. Lo cierto es que tampoco conocía bien a su madre, puesto que solo había convivido con ella veinte meses durante su infancia. Al emperador le sorprendió el aspecto de su hermana pequeña. Según recoge Manuel Fernández Álvarez, «Catalina iba vestida con un sencillo jubón y una chaquetilla de cuero, que más se parecía a una rústica zamarra, y con un pañuelo anudado a la cabeza, como si fuera una aldeana»[38]. Catalina de Habsburgo, en *Las Austrias*, subraya también que la reina comía en la misma vajilla de madera que utilizaba el personal de servicio y que nadie había enseñado modales a la infanta[39].

Carlos y Leonor convivieron con su madre y su hermana Catalina en Tordesillas durante siete días. El 10 de noviembre, víspera de su partida, Carlos celebró los funerales en honor a su padre en la iglesia de Santa Clara. Al día siguiente, los dos hermanos fueron a reencontrarse con Fernando para entrar los tres juntos en Valladolid.

Además de esta primera visita de Carlos a su madre, de las otras once que realizó destaca la de la Navidad de 1536. Unas fiestas en familia en las que Juana estuvo acompañada de su hijo, su nuera y sobrina (Isabel de Portugal) y sus nietos, Felipe, María y Juana. Visitaría a su madre por última vez en 1542 porque al año siguiente se vio obligado a viajar con urgencia a los Países Bajos y no regresaría a España hasta 1556 para retirarse en Yuste. Juana ya había fallecido.

Felipe también fue a visitar a su abuela, con dieciséis años, acompañado de su primera mujer, su prima María Manuela de Portugal,

37   Fernández, M. (2008). *Juana la Loca. La cautiva de Tordesillas*, p. 182. Austral.
38   Fernández, M. (2008). *Juana la Loca. La cautiva de Tordesillas*, p. 189. Austral.
39   Habsburgo, C. (2006). *Las Austrias. Matrimonio y razón de Estado en la monarquía española*, p. 85. La Esfera de los Libros.

la hija de Catalina y, por tanto, también nieta de Juana. Y la visitó de nuevo en 1554 antes de viajar a Inglaterra para casarse con María Tudor.

Al margen de las visitas familiares, Juana recibió la de los comuneros (Padilla, Bravo y Maldonado) en 1520. Ellos, en rebelión contra nuestro rey emperador, brindaron su apoyo a Juana para restablecerle su dignidad como reina legítima de Castilla. Pero ella no toleró que la enfrentaran contra su propio hijo. Tan loca no estaría…

En 1552, el príncipe Felipe, que gobernaba en Castilla en ausencia de su padre, envió a Tordesillas al padre jesuita Francisco de Borja (director espiritual de Juana de Austria, hermana de Felipe) para que confesara a su abuela. Parece ser que el sacerdote encontró a Juana en un estado mental deplorable, obsesionada con que las damas que la atendían eran brujas. Otro jesuita que acudió a visitarla en una ocasión posterior narró que la reina le había manifestado su temor a un gato que se comía a sus familiares. El padre Borja (que sería posteriormente canonizado) logró que la reina recobrara algo de razón, lo que fue valorado como un milagro. De hecho, Felipe confió en él y no consintió que se aplicaran exorcismos a su abuela para curarla. Se acercaba el final de la reina, ya inmóvil, con llagas y las piernas gangrenadas. Ante su estado mental, tuvieron que consultar al teólogo Domingo de Soto si era procedente aplicar la extremaunción. El dominico dio su autorización, aunque no consideró que la reina estuviera en óptimas condiciones para comulgar. Las últimas palabras de Juana fueron: «Jesucristo crucificado, sea conmigo»[40]. Murió el 12 de abril de 1555, Viernes Santo.

QUE VIENEN LOS REYES: LA REGALÍA DE APOSENTO

Cuando la corte era itinerante, cada vez que Sus Majestades anunciaban un traslado, las ciudades debían engalanarse para recibirlos. Además, el rey (y su séquito) tenía derecho a recibir alojamiento allá por donde pasara. Esta «regalía de aposento» obligaba a cada propietario (vecino) a ceder la mitad de sus viviendas para alojar tem-

---

40   Fernández, M. (2008). *Juana la Loca. La cautiva de Tordesillas*, p. 263. Austral.

poralmente a los funcionarios reales a cambio de una compensación económica por las molestias. Cuando se estableció definitivamente la corte en Madrid en 1561, la regalía pasó a denominarse «carga de aposento».

Para coordinar los alojamientos existía la Junta de Aposentadores (a partir de 1621, Junta de Aposento), creada por Alfonso XI en 1341. Los aposentadores de caminos tenían la función de visitar e inspeccionar los lugares donde se necesitaba alojamiento para comprobar la capacidad de las casas. Las viviendas de pequeño tamaño (casas de «incómoda partición») quedaban exentas de la obligación. De hecho, muchas se construían ex profeso para evitar huéspedes inesperados. Estas viviendas, conocidas como «casas a la malicia» tenían «trampa» porque en su exterior se mostraban humildes (por ejemplo, viviendas que aparentaban una sola planta), pero en su interior albergaban varios pisos, patios, callejones y espacios ocultos para los inspectores. La picaresca española… También quedaban exentos de la obligación los propietarios que realizaran una donación real o adquirían una exención.

La costumbre medieval se convirtió en una estricta medida protocolaria con la subida al trono de Carlos I. Tanto el emperador como su mujer Isabel de Portugal eran nietos de los Reyes Católicos. Él era hijo, como sabemos, de Felipe el Hermoso y de Juana de Castilla (que no me apetece a mí seguir llamándola «loca» a la pobre después de lo narrado en el capítulo anterior). Ella era hija de María, hermana de Juana, y de Manuel de Portugal, el Afortunado. Su padre se había casado en segundas nupcias con su madre, cuñada de su primera esposa, Isabel, la primogénita de los Reyes Católicos que, casualidades de la vida, también se había casado en segundas nupcias con su cuñado, tras el fallecimiento de Alfonso de Portugal, hermano de Manuel. Tras la muerte de María, Manuel se volvería a casar una tercera vez con Leonor de Austria, la hermana mayor de Carlos I. Perdón por el lío, pero así sucedieron las cosas. A lo que nos interesa: Carlos e Isabel eran los dos «nietísimos» y «catolicísimos».

Las capitulaciones matrimoniales se cerraron en octubre de 1525. Pero la celebración del enlace no tendría lugar hasta que se recibiera la correspondiente autorización papal dada la consanguinidad de los contrayentes. El 1 de noviembre se celebraron los esponsales por poderes en el palacio de Almeirim, cerca de Santarem, en

Portugal. Tras el juramento, la infanta lusa besó las manos de los reyes de Portugal (su hermano Juan y su cuñada Catalina, hermana de Carlos). A la ceremonia le siguió una cena y un baile.

La comitiva para hacer la entrega de la emperatriz en la frontera salió de Portugal a finales de enero de 1526. A tal efecto, Juan III de Portugal mandó a los infantes Luis y Fernando, hermanos de Isabel, al duque de Braganza y al marqués de Villarreal. Este último tenía el encargo de entregar a la reina y de percibir la dote y las fianzas acordadas. Por su parte, Fernán Álvarez de Andrada se encargaría de hacer efectivos los pagos que Portugal había acordado realizar a Castilla. La comitiva española que iría a recoger a su reina estaría encabezada por el duque de Calabria (de quien ya hemos hablado en el capítulo dedicado a la «abuelastra» Germana); Alonso de Fonseca, arzobispo de Toledo; Álvaro de Zúñiga, duque de Béjar; y el duque de Medina Sidonia. Todos con sus mejores galas, los nobles, de negro, y las dignidades eclesiásticas, de rojo.

Los portugueses llegaron a España el 6 de febrero. Como describe Alfredo Alvar Ezquerra, en *La emperatriz*:

> El penúltimo tramo de su viaje lo hizo en una litera riquísima-mente ataviada y forrada de raso carmesí. La escoltaban cuatro lacayos con jubones de brocado y calzas de grana y otros cuatro pajes, en jacaneas de muy buena planta [...]. A unos cincuenta pasos de la frontera [...] se subió en una mula blanca con los arreos de plata dorada y las guarniciones de las más ricas telas, amarillas y carmesíes. A su lado, montado a la jineta, sus herma-nos vistiendo bonetes redondos negros en señal de luto por la muerte de la reina Leonor, su tía[41].

Sus hermanos la escoltaron hasta la línea de división y le besaron las manos en señal de despedida.

El duque de Calabria leyó el poder que le había dado Carlos: «Señora, oiga vuestra majestad a lo que venimos por mandado del emperador, nuestro señor, pues que es el fin mesmo para norabuena vuestra majestad viene». Don Luis, infante portugués, respondió: «Yo entrego a vuestra excelencia la emperatriz mi señora, en nombre

---

41   Alvar, A. (2012). *La emperatriz. Isabel y Carlos V. Amor y gobierno en la corte española del Renacimiento*, pp. 53-54. La Esfera de los Libros.

del rey de Portugal, mi señor y mi hermano, como esposa que es de la cesárea majestad del emperador»[42].

La emperatriz fue llevada a Badajoz y de ahí a Sevilla, donde se encontraría con Carlos. Ella llegó una semana antes que su esposo y fue recibida con todos los honores. Salieron a recibirla a la puerta de la Macarena las autoridades civiles y las eclesiásticas. Isabel, escoltada por el duque de Calabria y el arzobispo de Toledo, iba subida en una mula cubierta con palio de brocado con las armas imperiales y las de la casa real de Avis (portuguesa) bordadas.

Litografía de *La emperatriz doña Isabel de Portugal* de Tiziano Biblioteca Nacional de España.

42   Alvar, A. (2012). *La emperatriz. Isabel y Carlos V. Amor y gobierno en la corte española del Renacimiento*, p. 55. La Esfera de los Libros.

Antes de la puerta de la Macarena se había levantado un arco de madera efímero. El recorrido estaba adornado de tapices.

La emperatriz iba vestida íntegramente de blanco (símbolo de virginidad), con vestido y gorra de raso decorada con perlas. Al entrar en la catedral hispalense, Isabel fue recibida por dos canónigos. Tras rezar frente al altar, salió por la puerta de la Lonja, se subió en su jaca blanca y entró por el patio de Banderas, adornado con dragones, en el Real Alcázar.

El recibimiento de Carlos, una semana después, fue mucho más espectacular. Más galas, más asistentes, más música, más de todo. El emperador entró por la Macarena con un vestido de terciopelo con brocados de seda y una rama de olivo en la mano, símbolo de la paz. Antes de traspasar la puerta de la ciudad, el escribano del ayuntamiento solicitó al rey que jurara defender los privilegios de Sevilla sobre unos Evangelios abiertos y una cruz. Tras jurar, el conde de Orgaz le entregó entonces las llaves de la ciudad. Y el emperador entró.

La ciudad de Sevilla había construido siete arcos efímeros en representación de las siete virtudes de un buen rey: prudencia, fortaleza, clemencia, paz, justicia, las tres virtudes teologales (fe, esperanza y caridad) y gloria. Cada arco estaba dedicado a una virtud y llevaba una escultura de Carlos y una inscripción en latín.

Por fin los esposos se conocieron, porque hasta este momento no se habían visto. Lo hicieron en un gran salón y en presencia de Germana de Foix, el arzobispo de Toledo, las damas de Isabel y otros personajes de alcurnia. Ella se arrodilló e intentó besar las manos de Carlos, pero él no lo consintió. Él no hablaba portugués, ella no hablaba francés. Pero se entendieron como pudieron. En el salón conocido hoy como «de Embajadores» (por entonces, «Cuadra Grande» o «Media Naranja») del palacio mudéjar tuvo lugar el acto de desposamiento presidido por el cardenal Salviati, nuncio papal. Por la noche, en una de las salas se montó un altar y el arzobispo de Toledo celebró misa para bendecir el matrimonio ante Dios.

Meses después, la corte imperial se trasladaba a Granada. La ciudad se «puso a punto»: contrataron artesanos canteros, derribaron casas «feas», allanaron la entrada de Santa Fe, limpiaron las riveras del río Genil, acondicionaron los alrededores disimulando el estercolero, regaron caminos para que no se levantara polvo, compraron ropajes adecuados para las autoridades, invirtieron en el engalanamiento de la ciudad (pendones, luminarias, toros, etc.), inspeccionaron lugares y viviendas para asignar alojamiento a los «invitados»... Y en este punto es donde hubo «problemillas» porque la mayoría de los habitantes de la ciudad eran musulmanes (convertidos, claro) que desconfiaban de los forasteros. De hecho, el asunto religioso no se había solventado con los bautizos en masa. Muchos seguían practicando la religión musulmana de forma clandestina y ayudaban a los berberiscos que asaltaban la ciudad. Por eso, en diciembre de 1526 se prohibió a los moriscos usar su lengua y sus vestidos tradicionales, practicar la circuncisión y tener armas y esclavos. El control de estas disposiciones recaería en manos de la Santa Inquisición. Pero eso es otro asunto.

Volvamos al traslado de la corte a Granada. Solucionada la cuestión del aposento, había que resolver el tema protocolario. ¿Quién debía dar la bienvenida al emperador? La cosa estaba entre Iñigo Manrique, corregidor de la ciudad y presidente del ayuntamiento, y el marqués de Mondéjar, capitán general del reino de Granada. Carlos V ordenó que fuera el segundo por su calidad aristocrática.

El emperador lucía un traje negro sobre oro. La emperatriz volvía a vestir de blanco. Las autoridades de la ciudad, vestidas de raso carmesí y damaso blanco, salieron a dar la bienvenida al matrimonio. Les seguían los jurisconsultos de la chancillería de Granada, en pardo y negro. A continuación, el capitán general con dos mil jinetes lanceros de escolta ataviados con capas rosas y amarillas. En el desfile no faltó música «a la morisca». Cuentan que Isabel quedó deslumbrada. Y yo lo creo.

El rey juró guardar y hacer guardar los fueros y privilegios de Granada ante la puerta de Elvira, igual que había hecho en Sevilla. A continuación, los emperadores se dirigieron hacia la catedral, donde fueron recibidos por el cabildo, y salieron hacia la Alhambra. Carlos decidió destinar un presupuesto para la conservación del palacio nazarí. Y llenó los jardines de una «extraña» flor que recibió como obsequio de los embajadores de Persia. Clavel se llamaba.

Según la cuenta del escribano municipal, el coste total de la estancia de la corte en Granada ascendió a 1.779.282 maravedís (o lo que es lo mismo, 4745 ducados; es decir, 17.081 kilos de oro)[43].

La corte se iría trasladando durante todo el reinado por distintas ciudades (Valladolid, Palencia, Burgos, Valencia…) hasta que Felipe II, el hijo de los emperadores, decidiera instalarse definitivamente en Madrid. Cuánto ahorro supuso esta decisión. Luego lo vemos.

«*PLUS ULTRA*»: EL ORIGEN ESPAÑOL DEL DÓLAR ESTADOUNIDENSE

Parece que el símbolo del dólar ($) tiene origen en el Imperio español. La Oficina de Grabado e Impresión de Estados Unidos afirma que la grafía es una evolución de la abreviatura del peso o real de plata español (Ps), moneda utilizada en las colonias españolas y también en Estados Unidos. De hecho, fue moneda de curso legal en este país hasta 1857 a pesar de que el dólar estadounidense comenzó a circular en 1792. Según esta teoría, ambas letras comenzaron a escribiste superpuestas dando origen a un símbolo similar al del actual dólar.

Otra teoría defendida por The Hispanic Council[44] es que dicho símbolo es una representación de las columnas de Hércules con el lema «*Plus ultra*» que las rodea, que figuraban en dichas monedas y también en lingotes, acuñados en la Ceca de México. Por cierto, símbolos que permanecen en el actual escudo español. En relación con el símbolo del dólar, la «S» representaría la leyenda latina y las barras verticales las columnas. Pido un instante al lector para que imagine visualmente el símbolo simplificando el escudo. ¿Verdad que tiene sentido?

Ambas teorías coinciden, por tanto, en el origen español del símbolo del dólar estadounidense.

Centrémonos en la segunda, que es mi favorita. ¿Qué significan las columnas y el lema «*Plus ultra*»?

---

43   Alvar, A. (2012). *La emperatriz. Isabel y Carlos V. Amor y gobierno en la corte española del Renacimiento*, p. 119. La Esfera de los Libros.

44   The Hispanic Council. «El origen español del símbolo del dólar». Recuperado el 1 de septiembre de 2021. https://www.hispaniccouncil.org/el-origen-espanol-del-simbolo-del-dolar/

La expresión latina «*Plus ultra*», cuya traducción al español es «Más allá», tiene su origen en el reinado de Carlos I de España y V de Alemania. En 1516, cuando el rey cumplió la mayoría de edad y fue proclamado gran maestre de la Orden del Toisón de Oro (en el próximo relato profundizaremos sobre esta condecoración), decidió emplear este lema personal.

Efectivamente, el Imperio español suponía un paso «más allá», un avance respecto a cualquier imperio anterior. La mitología griega narraba el relato de que el dios Hércules había colocado dos columnas en el estrecho de Gibraltar para conmemorar sus hazañas y fijar el límite del mundo, separando Europa de África; de forma que ningún navegante podría encontrar territorios fuera de esta frontera. Los romanos empleaban el eslogan «*Non (terrae) plus ultra*» para ratificar esta creencia. Cristóbal Colón demostró en 1492 que era posible cruzar el Atlántico y que había nuevas tierras «más allá». Por ello, el emblema «*Plus ultra*» envuelve en el escudo a las dos columnas de Hércules.

Desde este momento, el lema «*Plus ultra*» ha sido el único que ha permanecido en el escudo de España, incluso durante las dos repúblicas.

8 reales acuñados en Potosí, Perú, durante el reinado de Carlos III y donde se pueden apreciar los distintos símbolos. [José Fuertes / Wikimedia Commons]

Felipe II, en 1580, tras conquistar Portugal, empleó el lema «*Non sufficit orbis*» («El mundo no es suficiente»), expresando que el mundo parecía quedarse pequeño para las aspiraciones y posibilidades de crecimiento del Imperio español.

Las columnas de Hércules también aparecen en el escudo de la comunidad autónoma andaluza con la leyenda «Andalucía por sí, para España y para la Humanidad» a los pies y el lema «*Dominator Hercules Fundator*» en el arco de medio punto que las cierra.

Esta simbología también está presente en la heráldica de «las Indias». El 14 de julio de 1523, Carlos I concedió el escudo de armas a la Villa Rica de la Veracruz en México, primer ayuntamiento de América. Las columnas de Hércules y el lema «*Plus ultra*» figuraban en dicho escudo. Del mismo modo, la villa de Potosí incorporó ambos símbolos en su escudo de armas.

Como comentábamos, tanto las columnas como el «*Plus ultra*» aparecían también en el real de a ocho, moneda de plata de reserva mundial acuñada en el Imperio español en 1497, que fue la primera moneda de curso legal también en los Estados Unidos. Así que el símbolo del dólar es un «poquito» nuestro.

EL TOISÓN DE ORO

Esta es la historia de la distinción más alta que puede conceder el rey de España. Se trata de una orden dinástica de caballería fundada el 10 de enero de 1430 (1429 del cómputo antiguo, cuando el año comenzaba en las Pascuas) en la ciudad de Brujas por Felipe III el Bueno, duque de Borgoña y conde de Flandes, tatarabuelo de nuestro Carlos I, con motivo de su enlace matrimonial (el tercero) con Isabel de Portugal y Lancaster y para premiar la fidelidad de sus súbditos. El lema que unió sus armas con este motivo fue «*Aultre n'auray dam Isabeau tant que vivray*», que quedó reducido más tarde a «*Aultre naray*» («No tendré otra»).

En 1422 Felipe había sido elegido miembro de la Orden de la Jarretera inglesa pero rechazó el nombramiento para no incomodar al rey francés, Carlos VII de Valois. Recordemos que en estos tiempos estaba todavía reciente la guerra de los Cien Años entre Francia e Inglaterra. Por ello, decidió crear una orden propia, la Insigne Orden del Toisón de Oro, inspirándose en la orden inglesa, la más prestigiosa hasta el momento.

En el ducado de Borgoña ya existía una orden de caballería anterior, la Orden de la Pasión, creada tomando como referencia la del Dragón, orden militar católica fundada en 1408 por el rey Segismundo de Hungría, antes de ser nombrado emperador del Sacro Imperio Romano Germánico. Sus miembros portaban el símbolo del dragón como guiño a su patrón, san Jorge.

La pertenencia a la Orden del Toisón era, excepto para reyes y príncipes soberanos, incompatible con cualquier otra. Gracias a este argumento el duque pudo eludir la invitación para recibir el collar de la Jarretera.

Felipe II, c. 1600-1602.

Para ingresar en la nueva orden, los miembros debían realizar un juramento de fidelidad a la persona del duque. Originariamente la condecoración podía concederse a veinticuatro caballeros. En 1433, la cifra aumentó a treinta; y en 1516 a cincuenta y uno. Actualmente, hay sesenta condecoraciones.

En sus estatutos originales, se estipulaban cuatro oficiales: un canciller, un tesorero, un grefier y un rey de armas, titulado, precisamente, Toisón d'Or. Durante los años de soberanía y jefatura de Felipe el Bueno (1430-1467) se celebraron diez capítulos de la orden.

Las ceremonias de proclamación de la nueva orden se hicieron con todo el boato típico borgoñés. La pertenencia a la orden era vitalicia, pero los caballeros podían ser expulsados en caso de que cometieran alguno de estos tres graves delitos: herejía, traición al soberano o huida.

Sí, herejía. Efectivamente, se trataba, en su origen, de una distinción católica. En 1433 el papa Eugenio IV emitió la correspondiente bula de confirmación. No sería hasta el siglo XIX cuando un protestante podría ostentar esta condecoración. El afortunado fue el duque de Wellington en 1812.

Curiosamente, el primer caballero no borgoñón que recibió el collar del Toisón fue un español. Hablamos de Alfonso V el Magnánimo, rey de Aragón en 1445. Quién le diría que años después el rey de España sería el gran maestre de la orden. ¿Cómo sucedió?

María de Borgoña, la hija de Carlos el Temerario, heredero de Felipe III (el fundador de la orden), no podía ser nombrada gran maestre por ser mujer, por lo que el título pasó a su marido, Maximiliano I de Austria, padre de Felipe el Hermoso y abuelo de nuestro rey emperador. Desde entonces, la orden está vinculada al reino de España.

El rey de España fue reconocido gran maestre de la orden por el papa Gregorio XIII en 1574, bula ratificada por Clemente VIII en 1600. Todos los reyes sucesores fueron incorporando el cargo: Felipe II, Felipe III, Felipe IV y Carlos II.

Hasta aquí todo controlado. Pero ¿qué sucedió a la muerte del último rey de la casa de Austria española? Pues que los dos pretendientes al trono, el Borbón Felipe de Anjou y el archiduque Carlos de Austria, ostentaron también la dignidad de grandes maestres de la Orden del Toisón de Oro. En 1725, un acuerdo entre ambos se decantó a favor de Carlos. Sin embargo, tras su fallecimiento, los siguientes monarcas españoles (Borbones) cuestionaron dicha legitimidad. Tras la desaparición del Imperio austrohúngaro, Alfonso XII recuperó la orden; pero en 1957, el Gobierno de la República austriaca nombró de nuevo gran maestre al archiduque Otto. Desde entonces, existen dos ramas de la condecoración: la española, cuyo gran maestre es el jefe de la casa de Borbón de España; y la austriaca, cuyo gran maestre es el jefe de la casa de Habsburgo. En cualquier caso, no son incompatibles puesto que muchos caballeros han recibido ambas condecoraciones, como el rey Alberto II de Bélgica.

Don Carlos de Borbón (1848 - 1909), pretendiente carlista al trono español con el Toisón de Oro. [The New York Public Library Digital Collections.]

Es importante destacar que se trata de una orden vinculada a una casa o familia, no a un país o territorio; es decir, no es una condecoración de Estado como la Orden de Carlos III (que veremos en otro capítulo) o la Real Orden de Isabel la Católica, sino una distinción perteneciente a la casa de Borbón. Por tanto, Felipe VI seguiría siendo gran maestre de la orden aunque el sistema de gobierno en nuestro país fuera una república.

En la historia del Toisón no han faltado polémicas. Como cuando José I (Pepe Botella) se autoasignó el maestrazgo de la orden y concedió la condecoración a su hermano Napoleón, hecho que provocó el enfado del rey de Francia, Luis XVIII, exiliado por su causa. Finalmente, Fernando VII revocó todas las distinciones concedidas por José Bonaparte.

La condecoración es un collar íntegramente de oro consistente en una cadena de la que pende un colgante en forma de carnero o vellocino. A diferencia de otras órdenes en las que existen distintos grados o condecoraciones, la Orden del Toisón solo contempla la categoría de caballero del collar. Es decir, no existen enseñas menores, aunque sí la versión de insignia de cuello (para caballeros) e insignia de lazo (para damas).

¿Por qué un carnero? Se trata de un homenaje a la ciudad de Brujas, con una importante industria lanar. Además, el vellocino «de oro» parece hacer referencia también a uno de los métodos más empleados para extraer oro de los ríos auríferos de la región de Georgia, al este del mar Negro. Los habitantes de estos territorios sumergían las pieles de carnero en el río para que se impregnaran de las pepitas de oro y luego las colgaban en árboles para que se secaran y poder extraerlo.

Mitológicamente, se relaciona también con la leyenda de Jasón en la nave Argo. Jasón debía partir hacia la Cólquida (actual Georgia) para rescatar, con ayuda de los argonautas, entre los que se encontraba Hércules, al vellocino de oro, con el objetivo de devolverlo a la Hélade y ocupar el trono de Yolco en Tesalia. Atamante, rey de la ciudad de Orcómeno, tuvo dos hijos (Hele y Frixo) con la diosa Néfele. Pero se enamoró y se casó de nuevo con Ino, quien tenía celos de sus hijastros y planeó asesinarlos. El espíritu de Néfele, la madre, apareció en forma de carnero alado con lana de oro. Los niños huyeron sobre el carnero, pero Hele cayó y se ahogó. El carnero pudo salvar a Frixo y lo llevó a Cólquida. Frixo sacrificó al carnero y colgó su piel en un árbol hasta que Jasón lo recuperó. Colorín colorado.

La condecoración está llena de simbología. Los eslabones de la cadena del collar forman la letra «B» de Borgoña. Entre ellos se encuentra la llama, que representa a Prometeo, dios griego garante del vellocino y también símbolo que figura en la divisa del duque que lleva el siguiente lema en latín: «*Ante ferit quam flamma micet*» («Hiere antes de que se vea la llama»). A este símbolo griego se le añadió otro cristiano. El patrón de Borgoña y de la orden era san Andrés, mártir que había sido crucificado en una cruz en forma de X. Por ello, la «B» del collar se une formando un aspa.

El Toisón es de carácter vitalicio, es decir, una vez fallece la personalidad condecorada, la distinción debe ser devuelta por sus familiares en el plazo de tres meses. De hecho, los sesenta collares que hay en la actualidad están numerados. A lo largo de la historia de la orden se han entregado aproximadamente mil doscientos collares a soberanos y miembros de familias reales y personalidades de la aristocracia, la sociedad y la política. Durante el reinado de Juan Carlos I se entregaron veinticuatro collares; el primero al entonces príncipe de Asturias, Felipe, en 1981; y más adelante, a personalidades como el escritor José María Pemán, el emperador Akihito de Japón, el rey Hussein de Jordania, la reina Isabel II de Inglaterra, el expresidente del Gobierno Adolfo Suárez, Javier Solana o Nicolás Sarkozy, entonces presidente de Francia. La princesa de Asturias, Leonor, ha sido la primera condecorada por su padre, Felipe VI, en 2018.

Por tradición, en la familia real, los infantes lo recibían en la ceremonia de su bautizo, pero desde el reinado de Alfonso XII los soberanos otorgan la condecoración cuando lo estiman oportuno. Por ejemplo, la princesa Leonor la recibió con doce años y su padre con trece.

Solo ha habido una mujer gran maestre de la orden, la reina Isabel II de España. Y solo tres mujeres condecoradas (además de la actual princesa de Asturias), porque no fue hasta 1985 cuando se permitió la concesión a damas. La ostentan la reina Beatriz de Holanda, la reina Margarita de Dinamarca y la reina Isabel II de Inglaterra.

Como comentábamos, a la muerte del condecorado su familia debe devolver el toisón puesto que este no es hereditario. Salvo que lo hayan perdido… Que ya hay que ser despistado para perder un collar de estas características, la verdad. Pero ha sucedido. En 1994 el emperador Akihito de Japón viajó a España para asistir a una cena de gala en el Palacio Real. Su intención era lucir el collar ante los reyes, pero lo olvidó en Japón y ordenó que lo enviaran de forma urgente. El toisón nunca llegó a Madrid. Cuatro años después, los reyes de España aprovecharon un viaje al país nipón para hacerle entrega de un segundo collar. Curiosamente, el padre del emperador, Hirohito, también tuvo dos toisones puesto que el primero, concedido por Alfonso XIII, desapareció durante la Segunda Guerra Mundial.

UN MERCADILLO DE SEGUNDA MANO CON LA HERENCIA DE LA EMPERATRIZ

Tras el fallecimiento de su esposa, Carlos V dio una cédula a favor del contador Pedro de Ávila ordenándole que recibiera todas las cuentas de los bienes muebles de la emperatriz. Pedro de Santa Cruz, su guardarropa, debía responder por las joyas; y Lope de Baillo, su guardarrepostero, por la tapicería, los doseles y otros bienes que había en su recámara.

Y no era tarea fácil porque había que realizar un exhaustivo seguimiento. Resulta que desde la Edad Media era habitual organizar almonedas o mercados de segunda mano con los bienes de personalidades relevantes, párrocos, nobles y hasta las mismísimas reinas. «Heredar» los objetos personales de las reinas era un símbolo de distinción social al alcance de cualquiera, porque se trataba de acontecimientos abiertos a personas de toda condición social. Como las *influencers* en Wallapop. Igual. Con sus regateos de precios y todo.

Así lo hizo también Isabel I. En su testamento[45], la Católica dispuso que se vendieran todos sus bienes en el plazo de un año para saldar sus deudas. La reina hacía referencia a todas las cosas que tenía en los Alcázares de Segovia, así como a todas las ropas y joyas y cualquier otro bien mueble. Nombró como ejecutores testamentarios al rey Fernando, al cardenal Cisneros, a sus contadores (Antonio de Fonseca y Juan Velázquez), a su confesor (fray Diego de Deza) y a su secretario

---

45   Testamento y codicilo de la reina Isabel la Católica (1504, edición 2014). Ministerio de Educación y Ciencia, Dirección General de Archivos y Bibliotecas.

(Juan López de Lezárraga). Juan Velázquez sería el encargado de recibir todos sus bienes y ocuparse de la venta.

El 14 de diciembre de 1504, dieciocho días después de la muerte de Isabel, su esposo Fernando firmó en Toro la primera real cédula en relación con la venta en almoneda de los bienes de la reina. Este documento estaba dirigido a Violante de Albión, criada de la reina. El viudo le ordenaba que le entregara a Juan Velázquez los bienes muebles de Isabel para cumplir sus últimas voluntades. Una segunda cédula real, fechada el 30 de diciembre, también en Toro, solicitaba a los camareros de la reina (el matrimonio formado por Sancho de Paredes y su mujer, Isabel Cuello) que entregasen todas las ropas, joyas, tapices y sedas de la soberana. Juan Velázquez y el escribano de cámara hicieron inventario de todas las propiedades y los tasadores valoraron cada pieza. Juan Velázquez iría anotando el precio de venta de cada objeto, así como el nombre de su comprador. Imposible vender todo aquello en el plazo de un año estipulado por la reina en el testamento. De hecho, tardaron ocho…

Viendo que no se vendían las cosas a la velocidad deseada, el rey Fernando y los testamentarios optaron por rebajar los precios de las joyas y por fundir en la Casa de la Moneda de Segovia algunos objetos de oro que estaban deteriorados o se habían quedado anticuados pensando que así podrían sacar más beneficio. Por otro lado, también enviaron ropa de la reina y del príncipe Juan a iglesias, monasterios y hospitales. El Rey Católico, además, guardó reliquias para su nieto Fernando, hijo de Juana, y adquirió varios tapices y piezas de oro y plata para su cámara personal.

Como dato curioso, reseñamos que Germana de Foix, segunda mujer de Fernando, asistió en varias ocasiones a estas ventas, pero nunca compró nada de la reina Isabel. Felipe el Hermoso, yerno de la difunta, sin embargo, se quedó con un breviario rico con muchas iluminaciones y obsequió a su hermana Margarita con treinta y dos tablas pintadas del políptico de Isabel. Juana de Aragón, la presunta hija natural que Fernando tuvo con Aldonza de Ivorra y esposa de don Bernardino Fernández de Velasco, condestable de Castilla y duque de Frías, también adquirió joyas y libros de la Reina Católica.

Según la documentación, la venta de los objetos se realizó siempre en el lugar donde se encontraba el rey: primero en Toro (de diciembre de 1504 a febrero de 1505), luego en Segovia (de junio a octubre de

1505) y después en Salamanca (en diciembre de 1505). Tras la retirada del monarca a Nápoles, se retomó la almoneda a su regreso a Castilla en Burgos (entre diciembre de 1507 y abril de 1508), Valladolid (en septiembre de 1509) y Madrid (en enero de 1511). Concluyó todo el proceso cuando el rey entregó la carta de finiquito al contador Juan Velázquez de Cuéllar en Logroño en diciembre de 1512. Sumando todas las ventas, sabemos que la cantidad total recaudada fue de 19.089.769 maravedís[46].

Volvamos a la emperatriz. El 1 de noviembre de 1539 (recordemos que la reina había fallecido el 1 de mayo) se organizó en Madrid una almoneda de sus bienes. Según afirma Alfredo Alvar Ezquerra en *La emperatriz*, se vendieron seiscientas noventa referencias (collares, cadenas, libros, plata, retablos, ropa, gorgueras, tocas, almohadas, cortinas, alfombras, tapicería, manteles...)[47].

Así, don Bartolomé de la Cueva se llevó una argolla de oro; doña María de Castro, un collar de oro de veintidós quilates con esmaltes; el marqués de Villena, un cofre de marfil; Juan de Vega, un collarico de filigrana de oro; Francisco de Arteaga, cuentas de coral; Jorge de Lima, la obra *Tratados del arzobispo de Granada*, de fray Hernando de Talavera; Gaspar de Orduna, una obra manuscrita titulada *Vidas de santos padres*; el vicario de la Mejorada, un retablo de Nuestra Señora; el rector del Hospital de la Latina, otra imagen de la Virgen con el Niño en brazos... Todo debidamente documentado en la Contaduría Mayor de Cuentas en Simancas.

La suma de lo recaudado en la almoneda de Madrid ascendió a 2.924.420 maravedís. Pero se organizaron más hasta llegar a una recaudación total de 13.500.000 maravedís. Los tasadores recibieron por su trabajo 73.848 maravedís. Lo que no se vendió fue llevado al castillo de Arévalo en carretas de bueyes. Por la custodia se abonaron 15.888 maravedís.

Mención especial merece la almoneda del siglo, la venta de los bienes de Carlos I de Inglaterra, celebrada en 1649 tras el fallecimiento del monarca el 30 de enero, condenado a pena de muerte

---

46   Martín, J. (2019). «El desarrollo de la almoneda de los bienes muebles de Isabel la Católica». *HID 46*, pp. 249-282.

47   Alvar, A. (2012). *La emperatriz. Isabel y Carlos V. Amor y gobierno en la corte española del Renacimiento*, pp. 364-371. La Esfera de los Libros.

como consecuencia de la revolución de 1648 encabezada por Oliver Cromwell. ¿Qué tenía de especial esta almoneda? Primero, que entre los bienes del monarca se encontraban mil quinientas obras de arte, entre ellas, cuadros de Tiziano, Tintoretto, Rubens, Correggio o Van Dyck. Casi nada. Y segundo, que era difícil encontrar compradores de los bienes muebles de un rey mártir sabiendo que los beneficios servirían para financiar al gobierno rebelde.

Ay, pero lo que es el karma en la historia… Nuestro Felipe IV vio la ocasión perfecta para recuperar las obras que habían salido de España unos añitos antes, especialmente, varias de Rubens. El pintor flamenco había venido a España para informar a Felipe IV de unas negociaciones secretas de un tratado de paz entre Inglaterra y España. Permaneció en Madrid durante ocho meses, tiempo suficiente para que el monarca español descubriera su talento. Entre los numerosos retratos que realizó durante su estancia en España destaca la imagen del rey, que se colgó en la sala más importante de palacio en sustitución de otro realizado por Velázquez.

Felipe IV encargó la gestión a Alonso de Cárdenas, embajador español en Inglaterra. En total la Corona española se hizo con unas ciento veinticinco obras maestras, que constituyen el núcleo original de los fondos del actual Museo del Prado. Bravo, Felipe.

BLOODY MARY, POR FAVOR

Esta historia está dedicada a María Tudor, hija de Enrique VIII de Inglaterra y Catalina de Aragón, nieta, por tanto, de los Reyes Católicos.

María nació el 18 de febrero de 1516 en el palacio de Greenwich y fue bautizada en la fe católica en la iglesia de los Frailes Observantes. Durante su infancia, su madre se encargó personalmente de su educación. Margarita Pole, condesa de Salisbury y tía segunda de Enrique VIII, fue su institutriz. Años más tarde, Enrique VIII ordenaría la ejecución de esta dama, acusada de «complot católico».

Como comentábamos en un capítulo anterior, cuando María tenía diez años, su padre comenzó una relación con Ana Bolena y buscó la anulación de su matrimonio con Catalina, su madre. Al no conseguirlo, en 1534 firmó el Acta de Supremacía desvinculándose de la Iglesia católica. María perdió entonces sus derechos como heredera y su tratamiento como alteza real. Desde este momento, recibió el título de *lady* Mary, su casa fue disuelta y sus sirvientes personales (entre ellos, su institutriz) fueron despedidos. María fue integrada en la casa de Isabel, su hermanastra, la hija del nuevo matrimonio de su padre con Ana Bolena, que adquirió plenos derechos sucesorios.

Lady Mary sufrió maltrato, humillaciones y persecución por parte de su madrastra. Por ejemplo, cuando trasladaban en litera real a la princesa Isabel, María era obligada a caminar a su lado, incluso por el fango. Comía en el comedor de servicio y nadie la atendía cuando estaba enferma. Se requisaban sus pertenencias, se le prohibía asistir a misa y hacer ejercicio. Además, las damas de su servicio elegidas por Ana Bolena tenían orden de abofetearla cada vez que se autodenominara princesa y de confiscarle sus joyas y vestidos a modo de castigo. Pero ella siempre tuvo claro su origen y categoría y así lo expresaba, probablemente, como indica María Jesús Pérez Martín en su biografía, siguiendo indicaciones de su madre: «Protesto ante todos vosotros que según mi conciencia soy princesa, hija de rey, nacida de un santo matrimonio»[48].

Lo que no sabían todos sus «verdugos» es que María tenía un as bajo la manga: el latín que había aprendido gracias a la dedicación de su madre y de Luis Vives. Puesto que cualquier reunión que mantuviera tenía que ser en presencia de damas «espías» de Ana Bolena, decidió comunicarse en latín con su tutor con la excusa de repasar conocimientos y transmitirle así mensajes encriptados para que los hicieran llegar al emperador, su primo Carlos I. Necesitaba pedir ayuda y lo logró. Lo cierto es que fuera de Inglaterra, a ojos del resto de cortes, Catalina seguía siendo reina y María, la princesa, heredera.

Dos años después, en 1536, Enrique mandó ejecutar a Ana, su segunda esposa, tras acusarla de varios delitos; aunque parece ser que el motivo real fue que no pudo darle un hijo varón. Quién sabe. Al igual que María, Isabel también fue declarada ilegítima y perdió sus derechos como heredera.

El rey no perdía el tiempo y ese mismo año se casó de nuevo. La tercera esposa, Jane Seymour, animó a su marido a hacer las paces

---

48 Pérez, M. J. (2018). *María Tudor. La gran reina desconocida*, p. 197. Ediciones Rialp.

con María. Para ello, Enrique pidió a su hija que lo reconociera como cabeza de la Iglesia anglicana, repudiara la autoridad papal y aceptara que el matrimonio entre sus padres era ilegal, así como su propia ilegitimidad. María juró lealtad al rey, pero no aceptó ninguna de las otras condiciones de su padre.

En su tercer matrimonio, Enrique sí pudo ser padre de un varón, Eduardo. Jane murió tras el parto y María fue la madrina del recién nacido. En el funeral de la tercera mujer de su padre, María recibió el honor de cabalgar en un caballo enlutado en la procesión. Jane fue enterrada en la capilla de la Jarretera de Windsor.

El futuro Eduardo VI, hijo de Enrique y Jane, sería proclamado rey a la muerte de su padre en 1547 con apenas nueve años, aunque nunca fue reconocido como legítimo por los países católicos que optaron por apoyar la causa de María como heredera al trono. Como es lógico, dada la edad del rey, el poder recayó sobre un consejo de regencia.

María permaneció siempre fiel al catolicismo, pese a la presión de la corte. Cuentan que, con treinta años, durante la Navidad de 1550, el rey, de trece, la humilló públicamente por ignorar sus leyes sobre la adoración, lo que la hizo llorar en público.

Eduardo falleció, probablemente de tuberculosis, con quince años. Por miedo a que María pudiera anular sus reformas protestantes, en su testamento la excluyó de sus derechos sucesorios. Y también tuvo que hacerlo con Isabel, a pesar de que con ella sí compartía la misma religión, pero no procedía desheredar a una hermana y no a la otra. En su lugar nombró heredera a Juana Grey, nieta de la hermana menor de su padre.

Sin embargo, Juana fue derrocada el 19 de julio de 1553. María llegó al poder el 3 de agosto como María I de Inglaterra y fue coronada el 1 de octubre en la abadía de Westminster. Ese día lucía un vestido de terciopelo carmesí y el suelo de la Abadía estaba cubierto de alfombra azul. En la ceremonia se derramó sobre su pecho, su frente y sus hombros el óleo sagrado enviado desde Flandes. María fue coronada tres veces, de forma sucesiva, con la corona de Eduardo el Confesor, la imperial del reino y otra especial elaborada para ella con una flor de lis. Tras la imposición de la última corona, el coro interpretó un *Te Deum* y María recibió los demás emblemas de la realeza: el anillo de desposada con Inglaterra, los brazaletes de oro y piedras preciosas, el cetro, el orbe y los zapatos sujetos con cintas de oro de Venecia. A continuación, los nobles se fueron arrodillando ante ella. Después, presidiría el banquete ceremonial.

María fue, si se excluyen los breves reinados de Matilde I en el siglo XII y de Juana I, la primera reina de Inglaterra por derecho propio. Fue proclamada con el mismo título que su padre y su hermano: «María, por la gracia de Dios, reina de Inglaterra, Francia e Irlanda, defensora de la fe y jefa suprema de la Iglesia de Inglaterra e Irlanda sobre la Tierra». Al igual que otros monarcas ingleses, utilizó el título de reina de Francia a pesar de que nunca gobernó allí. En la Navidad de ese mismo año suprimió el título de jefa suprema de la Iglesia de Inglaterra.

La nueva reina, católica, ordenó la persecución de todos los que consideró traidores, anuló las leyes que defendían el protestantismo e intentó convertir (sin éxito) a su hermana Isabel, heredera mientras ella no tuviera descendencia.

El primer Parlamento de su reinado declaró válido el matrimonio de sus padres y abolió las leyes religiosas de Eduardo VI. La doctrina de la Iglesia católica, incluido el celibato clerical, fue restaurada y los líderes eclesiásticos protestantes fueron arrestados. Se retomaron las «leyes de herejía» abolidas durante los reinados de su padre y su hermano. Murieron en la hoguera más de doscientos ochenta disidentes en las conocidas como las persecuciones marianas; por ello, María se ganó el apodo de María la Sanguinaria (Bloody Mary, en inglés). Thomas Cranmer, arzobispo de Canterbury, responsable de la anulación del matrimonio de Enrique y Catalina de Aragón, se retractó y se reincorporó a la fe católica, pero María rehusó indultarlo. En 1555, el papa condecoró a María con la Rosa de Oro por su contribución a la restauración del catolicismo.

María no tuvo hijos, aunque, por lo visto, padeció dos embarazos psicológicos en 1554 y en 1557. Vamos por partes.

Durante su infancia, su padre había negociado distintos matrimonios para ella. Con dos años fue prometida a Francisco, hijo menor de Francisco I de Francia. Incluso, se celebró la ceremonia de los desposorios el 5 de octubre de 1518 en el *hall* del palacio de Greenvich. Enrique y Catalina presidieron el acto desde el trono. El obispo de Londres ofició la ceremonia. Como recuerda María Jesús Perez Martín, la diminuta novia llevaba un vestido de hilo de oro y un casquete de terciopelo negro «centelleante de joyas»[49]. El cardenal le colocó un anillo con un diamante. El contrato matrimonial se haría efectivo cuando el delfín hubiera cumplido catorce años y María dieciséis. Sin embargo, el acuerdo se rompió tiempo después.

En 1522, Enrique VIII firmó el Tratado de Windsor mediante el que se acordaba el enlace de su hija con su primo Carlos I de España, dieciséis años mayor. Catalina, su madre, apoyó este compromiso enviando cartas a su sobrino en las que subrayaba las virtudes de María. Sin embargo, Carlos I rompió el compromiso unos años después para casarse, como ya sabemos, con otra prima, Isabel de Portugal. El cardenal Thomas Wolsey, consejero del rey inglés, reanudó entonces las negociaciones matrimoniales con Francia y se firmó un nuevo tratado que establecía que se casaría con Francisco I o con su segundo hijo, Enrique, duque de Orleans, pero ninguno prosperó.

Ejecución de Thomas Cranmer, arzobispo de Canterbury, en 1556. *Libro de los mártires* de John Foxe (1563).

49   Pérez, M. J. (2018). *María Tudor. La gran reina desconocida*, pp. 55-57. Ediciones Rialp.

En 1539, María fue cortejada por el duque Felipe de Baviera, luterano, pero tampoco se consolidó. Ese mismo año, Cromwell negoció una alianza con el duque de Cléveris, pero el intento también fracasó.

En 1543, Enrique VIII se casó con su última esposa, Catalina Parr, quien colaboró en acercar a la familia. El soberano de Inglaterra reincorporó a sus dos hijas en la línea de sucesión mediante la Ley de Sucesión de 1544, situándolas después de Eduardo, aunque ambas permanecieron como hijas ilegítimas.

En 1554, un año después de heredar el trono de Inglaterra, María se casó con nuestro Felipe II, hijo de Carlos I, once años más joven que ella, convirtiéndose también en reina consorte de España en 1556. A pesar ello y de ser hija de española y nieta de españoles, María nunca pisó suelo español.

El Parlamento aprobó la Ley de Matrimonio de la reina María, que estipulaba que Felipe recibiría el tratamiento de rey de Inglaterra exclusivamente mientras ella viviera. El reino de Inglaterra no estaría obligado a proporcionar apoyo militar a Carlos I (padre de Felipe) en ningún conflicto bélico y él no podría actuar sin el consentimiento de su esposa ni nombrar extranjeros en cargos en Inglaterra. Tanto la reina como su descendencia solo podrían abandonar el país con el consentimiento de la nobleza. Por su parte, Carlos I le había cedido a María la Corona de Nápoles y su derecho al reino de Jerusalén, de forma que María se convirtiera en reina consorte de estos dos reinos al momento de casarse.

María nombró a Felipe caballero de la Orden de la Jarretera. La boda tuvo lugar dos días después del primer encuentro de la pareja en la catedral de Winchester. Era el 25 de julio de 1554, fecha simbólica por ser la fiesta del patrón de España, Santiago Apóstol. Felipe vistió calzas y jubón blancos bordados en plata, manto de paño de oro con perlas y gorra de terciopelo negro adornada con plumas blancas. María le había obsequiado con una capa de paño de oro con bordados de las rosas de Inglaterra y las granadas de España, pero a Felipe le pareció demasiado adornado. Tan austero él. La reina lució un manto de terciopelo negro con gemas, una gorguera brocada con perlas y piedras preciosas y un tocado de terciopelo negro también cubierto de perlas[50].

Según el tratado matrimonial de María con Felipe, la titulación conjunta reflejaba también los títulos de su nuevo esposo:

> Felipe y María, por la gracia de Dios, rey y reina de Inglaterra, Francia, Nápoles, Jerusalén e Irlanda, defensores de la fe, príncipes de España y Sicilia, archiduques de Austria, duques de Milán, Borgoña y Brabante, condes de Habsburgo, Flandes y el Tirol[51].

Esta titulación fue actualizada en 1556 cuando Felipe heredó la Corona española.

Pero no era aquello del «tanto monta» de los abuelos de María y bisabuelos de Felipe. El español se dio cuenta en el mismo banquete nupcial cuando advirtió que la silla de la reina era más rica que la suya y que ella comía en platos de oro, mientras que a él le habían reservado una vajilla de plata.

La costumbre protocolaria inglesa establecía que la reina no debía ser vista al día siguiente de la ceremonia y que después debía recibir a la duquesa de Alba. Así que tres días después de la ceremonia, la duquesa fue conducida a los apartamentos de la reina. María la recibió vestida «a la española» (más adelante lo veremos), con damasco y terciopelo negros enriquecidos en oro.

Hablemos ahora de sus presuntos embarazos psicológicos. En septiembre de 1554, María dejó de menstruar, aumentó de peso y sentía náuseas. Por estos motivos, todos (hasta sus médicos) creyeron que estaba embarazada. El Parlamento aprobó una ley que designó a Felipe como regente en caso de la muerte de la reina durante el parto. Pero nunca nació ningún bebé y María cayó en depresión. A falta de hijos, a Felipe le preocupaba que la Corona inglesa pudiera caer en manos de la reina de Escocia, María Estuardo, comprometida con el delfín de Francia. Por ello, para mantener los intereses de los Habsburgo sobre Inglaterra, intentó sin éxito cerrar el matrimonio de Isabel, hermana de María, con Manuel Filiberto de Saboya.

50   Pérez, M. J. (2018). *María Tudor. La gran reina desconocida*, pp. 611-630. Ediciones Rialp.
51   Pérez, M. J. (2018). *María Tudor. La gran reina desconocida*, p. 623. Ediciones Rialp.

Después de la nueva visita de su marido en 1557, María pensó que estaba embarazada de nuevo. Estableció en su testamento que su esposo sería el regente durante la minoría de su hijo. Pero la reina no estaba embarazada, sino enferma. Posiblemente padeciera un cáncer de útero. En sus últimas voluntades designó como heredera a Isabel, su hermana. María murió el 17 de noviembre de 1558, a los cuarenta y dos años. Horas después, Isabel fue proclamada reina y el protestantismo volvería de nuevo a Inglarerra.

El cuerpo de María fue, como era costumbre, embalsamado y exhibido durante tres semanas. Aunque en su testamento expresó su deseo de ser enterrada al lado de su madre, el 14 de diciembre fue inhumada en la capilla mariana de Enrique VII de la abadía de Westminster en una tumba que finalmente acabó compartiendo con su hermana Isabel. Así reza la inscripción del féretro: «*Regno consortes et urna, hic obdorminus Elizabetha et Maria sorores, in spe resurrectionis*» («Compañeras en el trono y la tumba, aquí descansan, Isabel y María, hermanas, en la esperanza de la resurrección»).

SOLO MADRID ES CORTE

En 1561 Felipe II decidió instalar de forma permanente la corte en Madrid. Hasta este momento, esta había sido itinerante; es decir, se iba acomodando en distintas ciudades en función de las necesidades. Valladolid y Toledo fueron dos de sus principales sedes.

Luis Cabrera de Córdoba, historiador del Siglo de Oro, señaló que el rey había tomado tal decisión porque la villa estaba «bien proveída de mantenimientos por su comarca abundante, buenas aguas, admirable constelación, aires saludables, alegre cielo y muchas y grandes calidades naturales»[52]. Además, la ubicación geográfica de la ciudad en el centro de España era un aspecto muy valorable.

Sin embargo, hay quien también apunta que Felipe II se trasladó por amor. Amor a su tercera esposa, la francesa Isabel de Valois. Como sabemos, el rey se había desposado previamente con su prima María Manuela de Portugal, con quien tuvo a su primer hijo, de

---

52   Cabrera de Córdoba, L. (1619). *Filipe Segundo, rey de España*, p. 255. Imp. De Luis Sánchez.

quien hablaremos en breve porque merece un capítulo dedicado; y después con María Tudor, prima hermana de su padre. Cuentan que la nueva reina (la tercera esposa) sentía especial predilección por Madrid y cierto desprecio por el Alcázar de Toledo y el clima de esta ciudad. Hay que considerar la juventud de la francesa, que se casó con trece años y murió con veintidós en 1568. La juventud es caprichosa y ella se encaprichó de Madrid. Yo la entiendo.

Felipe II tomó la decisión de la «mudanza» de la corte en 1561, tras un invierno (y una Navidad) excesivamente helados en Toledo, donde la francesa, al parecer, se aburría de los únicos pasatiempos disponibles en el Alcázar: jugar a los naipes, escuchar música de órgano y disfrutar de espectáculos de bufones.

Al margen de esta observación, más bien anecdótica, probablemente se descartó Valladolid por el apoyo de esta ciudad a la revuelta comunera contra Carlos I y Toledo por su cercanía a la influencia del arzobispado. En Madrid, sin embargo, el monarca podía crear una corte a su medida. Era casi como empezar de cero.

Vista del Alcázar Real de Madrid y entorno del Puente de Segovia (Tarde de toros en la ribera del Manzanares), c. 1670. Obra anónima. [Museo Soumaya]

El Alcázar de Madrid constaba de tres alturas. La zona más elevada se destinó a los aposentos de las damas de compañía y servidumbre de alto rango; la segunda planta a las cuatro casas de la familia real (la del rey, la de la reina, la de doña Juana, hermana de Felipe, y la de don Carlos, primogénito del rey); las salas de la primera quedaron reservadas para la celebración de consejos de la monarquía; y los sótanos para las cocinas, los comedores de los criados y el almacenamiento de alimentos.

El matrimonio de Felipe e Isabel respondía al Tratado de Paz de Le Cateau-Cambrésis, un nuevo acuerdo entre España y Francia. En realidad, en el tratado se contemplaba el enlace entre Carlos, el príncipe de Asturias, hijo de Felipe, y la hija de Enrique II de Francia y Catalina de Médicis; pero el reciente fallecimiento de la segunda esposa del monarca, María Tudor, y el delicado estado de salud del príncipe resolvieron el matrimonio de Isabel y Felipe.

La boda se celebró por poderes en la catedral de Notre Dame de París el 22 de junio de 1559. El duque de Alba, representante del rey de España en el acto, lució una corona imperial de oro para la ocasión. La nueva reina llevaba un traje tejido con oro cubierto de pedrería y una corona adornada con un diamante, regalo del rey de Francia. Respecto a la noche de bodas, Antonio Villacorta recuerda la costumbre francesa en *Las cuatro esposas de Felipe II*:

> El duque tuvo que tomar posesión del lecho nupcial, en nombre del legítimo contrayente, Felipe II, materializándose con el contacto físico de un brazo y una pierna con la cama. Después de someterse a este rito, hizo una reverencia a los cortesanos presentes y se retiró[53].

A la semana siguiente de la ceremonia, ocurrió una desgracia que retrasó seis meses el viaje de Isabel a España. En uno de los torneos de lanza organizados con motivo de la celebración del enlace, el rey Enrique, padre de la novia, sufrió un accidente en el ojo. Ante la duda sobre cómo proceder, parece ser que se reprodujeron esas heridas en los ojos de cuatro presos sentenciados para hacer las pertinentes pruebas. Pero todo fue inútil y el monarca falleció como conse-

---

53 Villacorta, A. (2011). *Las cuatro esposas de Felipe II*, p. 92. Rialp.

cuencia de la infección y de la conmoción cerebral. La nueva reina de España, como es lógico, debía permanecer en Francia para asistir al entierro y funeral de su padre, así como a la proclamación de su hermano, Francisco II.

El 31 de enero del año siguiente ya pudieron celebrar de nuevo la ceremonia en el palacio del duque del Infantado de Guadalajara. La infanta Juana, hermana del rey, fue la madrina de boda. El príncipe Carlos se encontraba con fiebre, por lo que no pudo asistir al evento. Tras el banquete nupcial, se celebró un baile que concluyó con «la danza de las hachas», iniciada por Sus Majestades. En ella, un grupo de pajes moros sujetaban antorchas para que los cortesanos danzaran. Al día siguiente, tuvo lugar una corrida de toros y juegos de cañas, y Felipe fue condecorado con la orden francesa de San Miguel.

El nuevo matrimonio se instaló en el Real Alcázar de Madrid mientras se terminaba de construir el palacio de San Lorenzo de El Escorial.

La nobleza de la época comenzó a ocupar las cercanías del alcázar y el crecimiento de la capital fue imparable. Si en 1561 Madrid tenía apenas 30.000 habitantes, a finales del siglo XVI ya contaba con 100.000.

El matrimonio entre Felipe e Isabel tardó en consumarse por la juventud de la reina, que todavía no había tenido la primera regla; hecho que sucedió en el verano de 1561, tal y como quedó recogido en una carta que le envió madame de Vineux, dama de Isabel, a su madre, la reina Catalina de Médici.

Lo cierto es que el monarca ya contaba con un heredero, el príncipe Carlos, nacido de su primer matrimonio, pero su salud no ofrecía muchas garantías. En agosto de 1562, Isabel sufrió su primer aborto y en 1564, otro de un embarazo gemelar; pero a finales del mismo año quedó de nuevo embarazada. El 12 de agosto de 1565 nació en el palacio de Valsaín (Segovia) la infanta Isabel Clara Eugenia. Y dos años después, el 10 de octubre de 1567, su segunda hija, la infanta Catalina Micaela.

En septiembre de 1568 la reina dio a luz a una criatura que apenas vivió unos minutos. Isabel de Valois tampoco sobreviviría y fallecería días más tarde. En sus últimas voluntades, solicitó que la amortajaran con el hábito franciscano y que sus restos fueran enterrados en el monasterio madrileño de las Descalzas Reales, fundado por su cuñada Juana de Austria.

Isabel de Valois fue la primera reina en instalarse en la corte de Madrid. Desde este momento, todas las soberanas establecerían su residencia en la capital, a excepción de la mujer de José Bonaparte (pero es un caso particular). Cuando cada rey se desposaba, su consorte (procedente de otros reinos) debía hacer una «entrada triunfal» en Madrid. A tal efecto, la ciudad desplegaba sus mejores galas.

Conozcamos un poquito uno de los mejores «despliegues», el llevado a cabo para recibir a Mariana de Austria, segunda mujer de Felipe IV, nieto de Felipe II.

El matrimonio por poderes entre Felipe y Mariana se celebró en el Palacio Real de Viena el 8 de noviembre de 1648. La nueva reina de España partiría desde la capital austriaca acompañada por su hermano Fernando, rey de Hungría y de Bohemia. El viaje duró un año tal y como sabemos gracias a la crónica oficial titulada *Viaje de la serenísima reina doña Mariana de Austria*[54], escrita por Jerónimo Mascareñas, portugués a quien Felipe IV había nombrado capellán y limosnero mayor de la reina y, por tanto, tenía la tarea de escribir a diario lo acontecido en palacio.

La nueva soberana llegaría al palacio del Buen Retiro de Madrid el 4 de noviembre de 1649 y su entrada triunfal, que ahora describiremos, fue el día 15; es decir, al llegar a Madrid se alojó en el palacio hasta el día de la ceremonia. No fue así en el caso de Margarita de Austria, esposa de Felipe III, quien, en 1599, se alojó en el cuarto de San Jerónimo, dependencia unida al monasterio desde donde salió al día siguiente hacia el camino de Alcalá para comenzar su entrada triunfal, puesto que el palacio no estaba aún construido.

Dado que el protocolo indicaba que la reina no podía recibir visitas hasta que no se hubiera celebrado la entrada oficial, el rey dispuso que se organizaran en el Buen Retiro distintas fiestas, juegos y representaciones teatrales para mantenerla entretenida. Tampoco hay que olvidar que se trataba de una niña.

Mientras la reina viajaba de una corte a otra, Madrid tuvo tiempo para engalanarse. El rey formó una Junta Extraordinaria para coordinar un amplio programa de festejos, celebraciones, arquitecturas efímeras y honores con motivo de su llegada. Todo, con el objetivo

---

54   Alenda, 1903, núm. 1067, publicada en Madrid, 1650, 302 páginas en 4.ª.

de homenajear a la nueva reina ofreciendo una imagen idealizada de su figura, así como del matrimonio y de los beneficios del enlace (paz, prosperidad y descendencia). Es decir, se trataba de una ocasión única para exaltar la monarquía y la villa de Madrid. Por ello, se dispusieron cuatro arcos de triunfo en zonas estratégicas de la ciudad, tomando como referencia las entradas triunfales de los emperadores romanos tras una victoria.

¿Por qué cuatro arcos? Pues porque se trata de la esposa de Felipe IV. Y además el mundo estaba dividido en cuatro partes: Europa, África, Asia y América. Y el rey español era conocido como el Rey Planeta. También son cuatro los elementos de la naturaleza: aire, fuego, tierra y agua. Más simbólico todo imposible.

El primero, el Arco del Prado, se ubicó a la entrada de la carrera de San Jerónimo y estaba dedicado a Europa en su fachada principal y al elemento Aire en la posterior. El segundo, el Arco de los Italianos, en la misma calle, pero a la altura del hospital de los Italianos, representaba a Asia en su anverso y a la Tierra en su reverso. El tercero, el Arco del Sol, se situaba en la Puerta del Sol y simbolizaba a África y al Fuego. Y el cuarto, el Arco de Santa María, al final de la calle Mayor, a América y al Agua. La idea es que la reina contemplara las fachadas principales (las dedicadas a las partes del mundo) el día de la entrada, y las cuatro posteriores al día siguiente, al dirigirse, junto a su marido, al santuario de la Virgen de Atocha como mandaba la tradición.

El recorrido también se engalanó para la ocasión. Se enarenó el suelo; se cubrieron las fachadas de iglesias, palacios y casas con tapices, brocados y flores; se ocultaron los edificios más pobres con galerías y casas portátiles; y se dispusieron decorados efímeros en ubicaciones estratégicas. En algunos casos, se utilizaban «pespectivas», lienzos gigantes que representaban paisajes o calles para ambientar el recorrido y ocultar también lo que no merecía ver una reina, esto es, las fachadas más pobres de la corte.

Enfrente de la Torrecilla del Prado, se levantó un «Monte Parnaso» coronado por una estatua de Hércules. Encima de la falda de la montaña del «monte», se colocaron estatuas de nueve escritores: Séneca, Lucano, Marcial, Juan de Mena, Garcilaso de la Vega, Luis de Camoens, Lope de Vega, Luis de Góngora y Francisco de Quevedo. Cada uno, junto con uno de sus textos o versos. Se trataba de una metáfora del regreso a una Edad de Oro gracias al nuevo enlace matrimonial. Esta construcción inspiraría al «Monte Parnaso», que recibiría en 1701 al primer rey Borbón, Felipe V, en la carrera de San Jerónimo, frente a la iglesia del Espíritu Santo.

Destacaron también las decoraciones efímeras elaboradas por los distintos gremios, que aprovecharon la ocasión para lucirse y publicitar sus diseños y productos. Por ejemplo, los boteros levantaron en la calle de los Boteros (valga la redundancia) un jardín coronado por una estatua de Baco de la que brotaban surtidores de vino. Muy cerca, el gremio de los peleteros (o pellejeros) instaló una «montería» formada con las pieles de animales exóticos como leones, tigres, osos o gatos monteses. Por su parte, el gremio de plateros montó dos galerías de plata desde la calle Mayor hasta la plaza de la Villa. Los dos primeros obeliscos se coronaban con un castillo de plata sobre un globo terráqueo y los dos últimos con un león sobre otro globo. A los lados, se escribió esta poesía recogida por Teresa Zapata en *La corte de Felipe IV se viste de fiesta*[55], cuyas iniciales formaban los nombres de «Philipo» y «Mariana». Merece la pena reproducirla:

> Para aplaudir las glorias de tal día
> Hurte a la voz su acento dilatado
> Insigne aqueste Enpeño, donde ha obrado,
> La atención de Vasallos, a porfia
> Industriosa esta vez la Fantasía,
> Pudo visible hazer lo imaginado,
> Ofreciendo a sus Reyes el cuidado,
> Mas de lo que posible parecía.
> Aquí a Mariana la Lealtad gustosa
> Rinde obediente en sumisión suave,
> Indicios del Afecto, en que más gana,
> Allándose, aunque siempre afectuosa,
> Nunca mas fina, que oy, que asistir sabe
> Al Triunfo de Filipo, i Mari-Ana.

A las diez de la mañana Felipe IV y la infanta María Teresa salieron del Buen Retiro hacia las casas del conde Oñate, en la entrada de la calle Mayor, frente a las gradas de San Felipe el Real, para asistir

---

55   Zapata, T. (2016). *La corte de Felipe IV se viste de fiesta. La entrada de Mariana de Austria (1649)*, p. 294. Universitat de Valencia.

a la ceremonia «escondidos» en un balcón oculto tras unas celosías doradas.

Por su parte, Mariana y sus damas, a caballo, se desplazaron siguiendo el orden marcado por las «etiquetas de palacio». Presidiendo el cortejo iba el capitán de la guardia española, Luis Ponce de León, con la guardia española y la alemana para despejar el paso. A continuación, a caballo, los ministriles, clarines y trompetas del rey, seguidos de los alcaldes de la casa y corte; y los caballeros de las tres órdenes militares (Santiago, Calatrava y Alcántara). Tras ellos, los gentilhombres de la casa y boca, mayordomos de la reina y grandes de Castilla acompañados de sus lacayos. Seguidamente, los caballerizos de la reina a pie. A los lados, veinticuatro lacayos de la reina. Todos lucieron las mejores galas para la ocasión.

La reina iba montada sobre un caballo blanco cubierto por una gualdrapa de terciopelo negro bordado de oro y plata y ensillado con un sillón de plata de martillo, dorado y tallado. Mariana vestía una saya de color rojo bordada de nácar y plata, sombrero con plumas blancas y el joyel de los Austrias, integrado por la perla Peregrina y el brillante el Estanque, piezas sobre las que luego profundizaremos.

Alrededor del caballo real, desfilaban seis meninos a pie; después, la camarera mayor (Ana de Córdoba, condesa de Medellín); detrás, a su izquierda, el caballerizo mayor, Gaspar de Moscoso Osorio, conde de Altamira. Tras la camarera mayor, la guarda mayor, Casilda Manrique (con quien, por cierto, presuntamente, Felipe IV llegaría a tener un hijo de nombre Carlos Fernando), seguida de las damas de la reina acompañadas por dos caballeros cada una. Todas las damas de la reina lucían sayas enteras con mangas de casaca, sombreros con plumas de diferentes colores y joyas excelentes.

A la altura de la reina y hasta el final de la comitiva, a ambos lados y formando una media luna, cerraba el desfile la guardia personal del rey que solo desfilaba en este tipo de acontecimientos, conocida también como «guardia de lancilla», puesto que llevaban una lanza en la mano.

Al llegar al primer arco del triunfo (el de Europa), el regidor salió a darle la bienvenida y entregarle la llave de la ciudad. A su paso por distintos enclaves previamente definidos, la reina era homenajeada con música, cantos y danzas. Después de atravesar el último arco (el de Santa María), fue recibida por el arzobispo de Toledo para asistir, en la parroquia de Santa María de la Almudena, al protocolario *Te Deum*. Efectivamente, se trata de la iglesia donde siglos después se construiría la actual catedral de la Almudena de Madrid. Una breve reseña sobre su historia y su vinculación con la monarquía:

Se trata de la parroquia más antigua de la villa de Madrid, ya que aparece citada en el fuero de 1202. Cuando Alfonso VI liberó a la ciudad del dominio musulmán en el siglo XI, ordenó la consagración del templo que albergaba una mezquita. En ella se veneraba la imagen de Nuestra Señora de la Almudena, patrona de la villa. Este hecho, unido a la proximidad del templo al Palacio Real (antes Alcázar), determinó que se incluyera en el protocolo para la entrada y recepción de los monarcas y sus consortes, así como otros recibimientos oficiales.

La tradición protocolaria marcaba que las nuevas soberanas regalaran a la Virgen el vestido y las joyas que llevaban el día de su entrada en la corte. Así lo hizo Mariana.

Tras el *Te Deum*, la reina continuó en caballo hasta la plaza del Palacio. Este último tramo del recorrido estaba marcado con un total de trescientas cuarenta vallas de madera pintadas en azul y plateado, los colores de la soberana. Además, hubo luminarias a su paso. El álcazar, por su parte, estaba cubierto con tapices y candelabros, como si de un decorado teatral se tratara. La entrada a la corte de Madrid, la más importante del mundo, no merecía menos.

EL PRÍNCIPE CONFINADO

Don Carlos, primogénito de Felipe II, nació en Valladolid el 8 julio de 1545. Su madre, María Manuela de Portugal, de diecisiete años, falleció tan solo unos días después de dar a luz. Recibió el nombre de Carlos en homenaje a su abuelo, el rey emperador.

Debido a su naturaleza débil, se optó por cambiar continuamente la residencia del pequeño en busca de climas favorables. Así, el infante pasó su infancia y juventud entre Valladolid, Aranda de Duero, Toro, Alcalá de Henares y Madrid.

En 1549, Luis Sarmiento, ayo del príncipe, envió una carta a Su Majestad para informarle del estado de salud de su hijo, que, por entonces, tenía cuatro años, destacando que el clima de Aranda de

Duero le hacía mucho bien. Solo le preocupaba que el niño era zurdo, algo muy mal visto en la época porque tomaban al pie de la letra el texto de la Biblia, que señalaba que en el día del juicio final Dios colocaría a los justos a su derecha y a los condenados a su izquierda. Es decir, ser zurdo era algo así como estar endemoniado. Por ello, le ataban la mano izquierda, entre otras formas de corrección. Quién sabe si estas medidas pudieron traumatizar al pequeño y guardar cierta relación con sus trastornos psicológicos posteriores.

En 1561 el príncipe, acompañado de una pequeña corte, se instaló en el palacio arzobispal de Alcalá de Henares, cuyo clima parecía más apropiado para sus fiebres, según los médicos. Un año después, sufrió un grave accidente al caer de una escalera cuando se disponía a acudir a una cita clandestina, al parecer con Mariana de Garcetas, probablemente la hija del alcaide de palacio. Viendo que no se recuperaba, Felipe II, ya desesperado, ordenó colocar en su cama los restos del franciscano canario fray Diego de Alcalá, fallecido un siglo antes en la ciudad. La devoción de Felipe II por las reliquias merece un capítulo independiente. Finalmente, don Carlos se recuperó y el fraile sería canonizado años más tarde en virtud de este «milagro».

Don Carlos era muy desordenado (qué eufemismo más sutil) en sus gastos. Acumulaba deudas y pedía créditos a prestamistas para comprar caprichos y también para realizar generosas limosnas. Fue, además, un destacado mecenas de pintores y escultores.

El príncipe no llegó nunca a casarse aunque, oficialmente, cinco fueron las posibles candidatas a convertirse en su esposa: Juana de Austria (su tía), las hermanas Margarita e Isabel de Valois, María Estuardo de Escocia y su prima Ana de Austria. Isabel, como hemos visto, se convertiría en su madrastra al desposarse con Felipe II tras el fallecimiento de su segunda esposa, María Tudor. Y lo mismo sucedió con Ana, tras el fallecimiento de Isabel. O sea, que el padre se iba casando con las candidatas previstas para el hijo.

Por otro lado, la opción de contemplar a su tía Juana como posible esposa para el príncipe es bastante sorprendente; no tanto por el parentesco, puesto que este tipo de enlaces eran frecuentes, ni por la diferencia de edad (Juana era diez años mayor), sino más bien por la vinculación afectiva entre ambos. Cuando Felipe se ausentaba de la corte, era Juana quien se hacía cargo del pequeño, es decir, tenían una relación prácticamente materno-filial. Incluso, me atrevo a decir que para ella el príncipe Carlos suplía a su hijo Sebastián (futuro rey de Portugal). Juana, tras el fallecimiento de su esposo Juan, rey de Portugal y hermano de la fallecida María Manuela, tuvo que abandonar la corte del país vecino para hacer frente a sus obligaciones en España cuando su hermano Felipe se vio obligado a desplazarse a la corte inglesa para casarse con María Tudor en respuesta a los planes estratégicos del todavía rey emperador. Juan de Portugal había fallecido dieciocho días antes del parto de su mujer. Y ella tuvo que abandonar al pequeño Sebastián en Lisboa con apenas cuatro meses para nunca volver a verlo. Hablaremos del portugués más adelante porque su historia está también llena de misterio.

Obviamente, la posibilidad de acordar este matrimonio entre tía y sobrino atendía a cuestiones puramente de Estado. Felipe sabía de la capacidad de gestión de su hermana y confiaba más en ella que en su hijo. Por otro lado, Carlos I había sugerido dicho enlace en su lecho de muerte y Felipe era excepcionalmente leal a su padre. Sea como fuere, el príncipe no se casó. Ahora veremos por qué.

Isabel de Valois se preocupaba mucho por la salud de su hijastro, y él, agradecido por tantas atenciones, solía regalarle joyas y otros obsequios. Incluso, cuando ella cayó enferma tras el aborto de su primer embarazo, Carlos organizó procesiones para pedir por su salud. Es más, el príncipe llegó a conservar el testamento que Isabel dictó antes de dar a luz a su hija Isabel Clara Eugenia, prueba evidente de la confianza existente entre ambos. Tanto que corrieron rumores de una posible relación entre ellos, leyenda que inspiró la ópera *Don Carlos* de Verdi en 1867. Pero parece que simplemente fue eso, una leyenda (y negra, para ser justos).

En 1562, año del terrible accidente, Felipe II le otorgó al príncipe un puesto en el Consejo de Estado con la intención de concederle cada vez más protagonismo en la vida política. Y cinco años después, quiso darle un nuevo voto de confianza nombrándolo presidente de los Consejos de Estado y Guerra y ampliando su asignación monetaria anual de sesenta mil a cien mil ducados. Sin embargo, el rey nunca acabó de confiar en las capacidades para gobernar de su hijo y limitó muchas de sus iniciativas. Carlos, por su parte, también desconfiaba de su entorno, tanto que, según cuentan, acostumbraba a dormir siempre con un arma debajo de la almohada. Un ambiente de lo más agradable en palacio.

Debido a su inestabilidad emocional (llamémoslo así) y a su comportamiento violento, finalmente, en 1568, Felipe II tomó la decisión de privarle de libertad. El 18 de enero el rey ordenó al duque de Lerma y a Rodrigo de Mendoza que lo avisaran cuando vieran las puertas de la habitación del príncipe abiertas para poder presentarse allí acompañado de su privado, Ruy Gómez Silva (príncipe de Éboli) y de Luis Quijada. El rey, según relata Gerardo Moreno en *Don Carlos, el príncipe de la leyenda negra*[56], entró en los aposentos de su hijo protegido con una malla debajo de su jubón, un casco y una espada. Felipe mandó tabicar las ventanas y requisar cualquier arma, además de todos los papeles que pudieran estar en poder de su primogénito. Ante las quejas, lloros y amenazas de suicidio del príncipe, el monarca sentenció que, desde ese momento, lo trataría como rey, no como progenitor.

El duque de Feria sería quien se encargaría de vigilar al príncipe. Felipe II escribió de su puño y letra a la familia más cercana para darles cuenta de lo acontecido, esto es, a su hermana María y a su marido Maximiliano, emperadores de Austria, al papa Pío V y a su tía Catalina, abuela materna de don Carlos. El rey subrayaba en estas epístolas que se había visto obligado a tomar esta decisión sacrificada de encerrar a su hijo con todo el dolor de padre y el convencimiento de que era la única alternativa posible para combatir su desacato, desobediencia y ofensas contra su propia persona. Todo por el bien de sus reinos.

Por su parte, las cortes inglesa, alemana, italiana y francesa fueron informadas de una forma más impersonal a través de sus embajadas. Y, a pesar de que el monarca español quería controlar la difusión de la noticia, no pudo evitar que los rumores en relación con los posibles motivos del encierro corrieran como la pólvora por toda Europa. Se propagó, de hecho, el rumor de que Felipe había mandado encerrar a su hijo por un intento de regicidio y también la sospecha de que el monarca español había descubierto una relación amorosa entre su mujer y su vástago. La polémica estaba servida.

A la semana del encierro, el príncipe fue llevado a «la habitación de la torre», ubicada en una de las atalayas del alcázar, una estancia de una sola ventana y una sola puerta. En la antigua habitación

---

56   Moreno, G. (2006). *Don Carlos, el príncipe de la leyenda negra*, pp. 154-155. Marcial Pons.

de don Carlos se instalaron los príncipes de Éboli. De hecho, Ruy Gómez (el príncipe de Éboli) sustituyó al duque de Feria y Juan de Velasco, y Fadrique Enríquez a Luis Quijada y Rodrigo de Mendoza, respectivamente. Parece ser que Felipe II tomó estas decisiones valorando la estrecha relación personal que su hijo mantenía con sus primeros carceleros y no quería arriesgarse a que estos se vieran tentados a favorecer al príncipe. El cautivo siempre debía estar vigilado al menos por dos guardianes, que no debían portar armas delante del prisionero y debían ofrécele comida ya cortada para que no tuviera que emplear cuchillos. Además, ordenó colocar rejas en la ventana y en la chimenea, y se abrió un hueco en una de las paredes para colocar una celosía de madera que permitiera al joven asistir a los oficios.

Durante su encierro y absoluta incomunicación, don Carlos alternó ciclos de ayuno con atracones sin moderación y pasó muchos días desnudo y descalzo (especialmente cuando se aproximaba el verano, para combatir el excesivo calor madrileño).

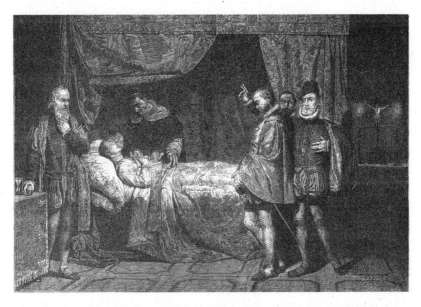

«*Muerte del príncipe Don Carlos,* cuadro del señor Gisbert». Ilustración de la revista española *El Museo Universal.* 1 de enero de 1845.

El 2 de marzo, Felipe II implantó una ordenanza para regular al detalle el confinamiento de su hijo. En este reglamento se estableció que la puerta de la torre no quedara cerrada ni de día ni de noche, sino entornada. Se autorizaron las visitas del médico, el barbero y el montero encargado de la limpieza. El confinado no podría salir de la estancia bajo ningún concepto ni podía enviar o recibir recados. Sus guardianes le podían hacer llegar exclusivamente libros religiosos. Los afectados tuvieron que jurar su compromiso de cumplir todas las cláusulas de la ordenanza.

Finalmente, don Carlos realizó una huelga de hambre aceptando beber solo agua fría. Cuentan que en un solo día llegó a beber hasta nueve litros, lo que le produjo vómitos y diarrea. Ni siquiera en estos momentos se autorizó ninguna visita, salvo la de sus carceleros. El 22 de julio dictó testamento, a solo cuarenta y ocho horas antes de morir. Dispuso que sus pertenencias fueran repartidas entre establecimientos eclesiásticos y cortesanos como Luis Quijada, Hernán Suárez y Rodrigo de Mendoza. Los carceleros también recibieron obsequios, así como el confesor real, Diego de Chaves.

Don Carlos fue enterrado en el monasterio de Santo Domingo el Real en Madrid, atendiendo a sus últimas voluntades (aunque en un testamento anterior había manifestado su deseo de ser enterrado en el de San Juan de los Reyes de Toledo). Felipe II escribió al cardenal Granvela:

> Ha sido Nuestro Señor servido de llevar para sí al príncipe mi hijo; de su muerte me queda la pena y dolor que podéis considerar, pero acabó tan católica y cristianamente y con tanta contrición y conocimiento de Dios que me es de muy gran alivio[57].

Algunos historiadores, como Gerardo Moreno[58], ponen en duda esta muerte «idílica» y dulcificada, pero esa es la versión oficial: que el príncipe murió tranquilo, perdonando y encomendándose a Dios. Descanse en paz, pues.

---

57   Bruquetas de Castro, F. y Lobo, M. (19 de septiembre de 2017). «El príncipe don Carlos, la tragedia del hijo de Felipe II». National Geographic. Recuperado el 1 de septiembre de 2021. https://historia.nationalgeographic.com.es/a/principe-don-carlos-tragedia-hijo-felipe-ii_11876

58   Moreno, G. (2006). *Don Carlos, el príncipe de la leyenda negra*. Marcial Pons.

LA LLAVE DORADA DE LA CÁMARA DEL REY

La corte de los Austrias española se articuló, tomando como referencia la Etiqueta de Borgoña, en cuatro departamentos: la casa del rey y la casa de la reina, al frente de las cuales se encontraba el mayordomo mayor; la cámara, al frente de la que estaba el camarero mayor; la caballeriza, regentada por el caballerizo mayor; y la capilla, dependiente del capellán mayor. Hay que tener en cuenta que el palacio se configuraba como un elemento de poder en sí mismo, donde confluían los tres pilares de la monarquía: el gobierno político, el doméstico y el cortesano.

El mayordomo mayor, el caballerizo mayor y el camarero mayor tenían en su poder la llave dorada de la cámara del rey, privilegio para acceder a las estancias privadas del monarca, es decir, a aquellas habitaciones de palacio en las que el rey despachaba, dormía, se aseaba, se vestía y comía. Por tanto, poseer la llave era símbolo de poder y confianza. Los tres disponían de la llave, pero no con los mismos privilegios. Veamos.

El mayordomo mayor era la más alta dignidad de la casa real. Todo pasaba por sus manos y tenía acceso a «todo lo permitido», según señala Núñez de Castro en el manual *Solo Madrid es corte*[59]. Efectivamente, tenía un trato preferente equivalente al de un grande de España tal y como señala este autor: «Se sienta en silla rasa delante del banco de los grados (grandes) aunque no lo sea». También desempeñaba las funciones de lo que sería un jefe de protocolo actual, decidiendo la ubicación del resto de asistentes a cualquier acto: «Tócale la disposición del Aposento de la Corte, la entrada y puestos de la Capilla Real». Por ejemplo, el conde duque de Olivares fue mayordomo real durante el reinado de Felipe IV. Y, de hecho, Velázquez lo retrataría con la famosa llave dorada.

Por otro lado, el camarero mayor podía entrar a cualquier hora a la habitación del rey. Su función era despertar al monarca, ayudarlo a asearse y a vestirse y dar las instrucciones para la limpieza de su habitación.

El caballerizo mayor, por su parte, acompañaba al rey en sus salidas de palacio. Si la salida era a caballo, le calzaba las espuelas y lo

---

59   Núñez de Castro, A. (1698). *Libro histórico político, solo Madrid es corte y el cortesano en Madrid*. Vicente Suria.

ayudaba a montar, cabalgando junto a él. Si la salida era en carruaje, iba junto a él en «el mejor lugar en proa», según Núñez de Castro; es decir, con precedencia respecto al mayordomo y al camarero mayor. Su papel era muy relevante en las entradas del rey en las ciudades ya que «llevaba el estoque real al hombro». Si el rey asistía a una batalla, el caballerizo mayor debía portar el estandarte real.

La tradición de la llave dorada también llegó al siglo XX. Alfonso XIII entregaba dicha llave a sus gentilhombres de cámara. Ya adelanto que Francisco Franco sería uno de ellos.

Hemos hablado del conde duque de Olivares, pero también destaca la figura del duque de Lerma durante el reinado de Felipe III, un personaje que tenía muy clara su intención de convertirse en el «señor del palacio», es decir, de la casa del rey. Desde esa posición privilegiada, podría colocar a sus colaboradores con el fin de que al soberano solo le llegase la información, consejos y opiniones favorables del valido. De hecho, contribuyó a regular la reglamentación de los oficios palatinos para incrementar nuevos cargos con altos salarios para poder otorgarlos a sus familiares y ganarse también la confianza y lealtad de parte de la nobleza. Ello conllevó que el gasto de las casas reales aumentara considerablemente en el reinado de Felipe III, pasando de 400.000 ducados a más de 1.300.000. Sin embargo, tal y como apuntan otras investigaciones, hubo muchos impagos y retrasos considerables.

Una gran parte del personal de servicio palatino pertenecía a una orden de caballería. De hecho, podríamos decir que la posesión de un hábito militar suponía una especie de «segunda llave dorada». La confianza del rey en los caballeros residía en sus votos, puesto que para ingresar en las órdenes de caballería, todos juraban defender tanto al rey como a Dios.

VESTIR A LA ESPAÑOLA

El siglo XVI y, sobre todo, el siglo XVII son los siglos del Imperio español. La hegemonía política, económica, social, militar y cultural de España eran incuestionables, hasta el punto de que hablamos de nuestro «Siglo de Oro».

España era pionera en todo. También en moda. El resto de países europeos (especialmente, Holanda, Francia, Flandes e Inglaterra) tomaban como referencia el estilo y las tradiciones de la corte castellana. Tanto que se hablaba de «vestir a la española» o del «negro español» puesto que la moda de nuestro país se caracterizaba por su sobriedad, la utilización de prendas ceñidas y la predominancia del negro y de otros tonos oscuros. El humanista Baltasar Castiglione, en su obra *El cortesano*[60], habla del negro como elemento de seriedad, elegancia y sobriedad.

Nuestros «Austrias Mayores», el rey emperador Carlos I y su hijo Felipe II, fueron los primeros embajadores de la moda patria. Felipe II mantuvo la forma de vestir de su padre, pero le añadió la tradicional gola (adorno fruncido alrededor del cuello), con la que el monarca aparece en todos sus retratos.

El negro intenso, conocido como «ala de cuervo» en contraposición al negro «ala de mosca» (menos saturado), era el color de moda. El colorante procedía del árbol del campeche, abundante en la península del Yucatán, en México (Nueva España). Su coste era tan elevado que resultaba un color de lujo al alcance de muy pocos. No sería hasta la Revolución Industrial cuando aparecerían tintes artificiales más baratos que lo convertirían en un color más accesible y, por tanto, no exclusivo de las clases altas ni símbolo de poder.

El otro elemento característico de esta moda de «vestir a la española» es el cuello de «lechuguilla» (evolución de la gola) en color blanco con un ligero tono azulado fabricado con tela fina de procedencia holandesa. El complemento fue creciendo hasta convertirse, durante el reinado de Felipe III, en un accesorio enorme que llegaba hasta por encima de las orejas y necesitaba la sujeción mediante alzacuellos. Durante el reinado del tercer Felipe, se incorporaron también adornos como perlas, pedrerías o telas exóticas.

El jubón, una vestidura que cubría desde los hombros hasta la cintura, se ponía sobre la camisa, ajustado al cuerpo. Los muslos se cubrían con unas calzas acuchilladas. Las medias calzas eran blancas y cubrían toda la pierna. El calzado durante el reinado de Felipe II tenía forma apuntada, con grandes cuchilladas en el empeine y otras más pequeñas a los lados. Más adelante, la punta se fue achatando y se incorporó la lazada.

---

60   De Castiglione, B. (2008). *El cortesano*. Alianza Editorial.

Don Pedro de Barberana y Aparregui, con Cruz de Calatrava
de Diego Velázquez, 1632. [Museo de Arte Kimbell]

En cuanto a los *outfits* femeninos de la época, destaca el «cartón de pecho» y el verdugado o estructura de aros para aportar volumen acampanado a las faldas.

Felipe IV, en la Pragmática de Reformación de 1623, promovió una vuelta a la austeridad prohibiendo los cuellos de lechuguilla. El exagerado complemento dio paso a una gola más austera formada por un cartón rígido forrado de tela negra sobre el que se colocaba un cuello blanco plano llamado valona. Esta prenda obligaba a mantener la cabeza erguida. Además, el blanco de las medias se sustituyó por el negro y las calzas acuchilladas dejaron paso a otras más ajustadas a la pierna, también de color negro.

El negro se mantuvo en la corte española durante toda la dinastía de los Austrias, pero comenzó a desaparecer con la llegada de los Borbones, que impusieron la moda francesa. Ya hablaremos más adelante de estas nuevas tendencias. Aunque es justo decir que Felipe V, aconsejado por su abuelo el Rey Sol, hizo todo lo posible por adaptarse a la moda española y en sus primeros años aceptó vestir de negro y llevar aquellos cuellos almidonados. Donde fueres...

JEROMÍN Y LA PRINCESA DE ÉBOLI

Jeromín o don Juan de Austria, hijo bastardo de Carlos I nacido un 24 de febrero entre 1545 y 1547. No se sabe con seguridad la fecha exacta; ni siquiera se puede confirmar con certeza que fuera un 24 de febrero porque ya es casualidad que coincidiera con el cumpleaños de su padre, pero, obviamente, no es imposible que ambos hubieran nacido el mismo día.

El hermanastro de Felipe II recibió el apodo de Jeromín en honor a su padrastro, Jerónimo Píramo Kegell, marido de su madre, Bárbara Blomberg.

Poco antes de morir, Carlos I redactó un codicilo, fechado el 6 de junio de 1554, en el que asumía que, después de enviudar, tuvo en Alemania un hijo natural de nombre Jerónimo. En su testamento, en 1558, reconocía de forma oficial a Jeromín e indicaba que su hijo pasaría a llamarse Juan.

El rey emperador decidió que su hijo se criara en España. Su mayordomo, Luis de Quijada, llegó a un acuerdo, que se firmó en

Bruselas el 13 de junio de 1550, con Francisco Massy, violista de la corte imperial, por el cual se comprometía a educar al niño a cambio de cincuenta ducados anuales. A mediados de 1551 llegaron a Leganés, donde la esposa de Massy, Ana de Medina, tenía tierras. En 1554, el niño fue llevado al castillo de Luis en Villagarcía de Campos, provincia de Valladolid, donde permaneció durante cinco años. Su esposa, Magdalena de Ulloa, se hizo cargo de su educación, junto con el maestro de latín Guillén Prieto, el capellán García de Morales y el escudero Juan Galarza.

Cuando murió Carlos I, su hijo Felipe se encontraba fuera de España. El nuevo rey conoció a su hermanastro el 28 de septiembre de 1559 en la localidad vallisoletana de la Santa Espina.

Felipe II, siguiendo las indicaciones de su padre, reconoció al niño como miembro de la familia real y le cambió el nombre por Juan de Austria. Además, le asignó casa propia, al frente de la cual situó a Luis de Quijada. Años más tarde, el nuevo miembro de la familia, junto con Juan de Escobedo (secretario personal de Juan), Antonio Pérez (secretario de Estado y del Consejo de Castilla) y Ana de Mendoza (la princesa de Éboli) formaron el grupo más cercano a Su Majestad.

Pero pronto surgieron las intrigas y las desconfianzas. Hubo quien acusó a Ana de traicionar la amistad de la reina Isabel de Valois convirtiéndose en amante del rey. Otros aseguraban que la princesa de Éboli mantenía un romance con Antonio. Por otro lado, Pérez acusó a Juan ante Felipe de supuestas connivencias con los rebeldes holandeses. El rey confió en la palabra del secretario y empezó a desconfiar de su hermanastro. Por su parte, Escobedo, siempre del lado de Juan, recurrió a los rumores de los amoríos de Pérez con Ana para volver al rey en contra de su rival.

La cosa se fue enturbiando cada vez más. Tras un intento de envenenamiento fallido, Escobedo fue asesinado el 31 de marzo de 1578. Su familia acusó a Pérez y a la princesa de Éboli del crimen. El rey ignoró las acusaciones, pero en otoño de 1578 llegó a Madrid la correspondencia del recientemente fallecido Juan de Austria. Tras su lectura, Felipe comprobó la fidelidad de su hermano y la traición de Pérez. Con gran cargo de conciencia por haber desconfiado de Juan y no haber evitado el asesinato de Escobedo, el rey, sin pruebas, dio por ciertos los rumores sobre los amores entre Antonio Pérez y la princesa de Éboli.

Entonces Ana, indignada, le envió al rey varias cartas en las que le solicitaba lavar su honor alegando que «el Rey sabía tan bien la verdad que no debía pedir testigos sino a sí mismo». El 28 de julio de 1579 Felipe ordenó la detención de la princesa de Éboli y de Antonio Pérez. Ambos fueron separados para evitar su comunicación. El secretario fue encerrado en el palacio de Álvaro García de Toledo y la princesa en la torre del castillo de Pinto, primero, y en el castillo de Santorcaz, después. Finalmente, fue enviada a su palacio de Pastrana en 1581. El rey le prohibió salir y recibir visitas y concedió la gestión de su patrimonio a su hijo mayor. Como excepción, cada día, a la misma hora, se la autorizaba a asomarse a una ventana enrejada durante una hora. Por ello, la plaza a la que daba esa ventana se empezó a conocer como la plaza de la Hora. El 2 de febrero de 1592, a los cincuenta y dos años, Ana murió sin haber llegado a ser juzgada.

EL REY DE ESPAÑA Y EL HIMNO HOLANDÉS

«Guillermo soy de nombre. De Nassau, Señor. A su Patria no hay hombre más fiel, con más fervor. Sin tacha, nada empaña. De Orange, mi blasón. Al Rey, señor de España, rendí yo siempre honor».

Así comienza el himno nacional de Holanda, considerado el más antiguo del mundo porque tiene su origen a finales del siglo XVI, aunque no fue reconocido oficialmente hasta 1932. Los himnos de Reino Unido (*God save the queen*) y de Francia (*La marsellesa*) datan de 1745 y 1792, respectivamente. En el caso español, se emplaza al año 1761 el primer documento en el que la *Marcha de granaderos* cuenta con una partitura concreta (*Libro de la ordenanza de los toques de pífanos y tambores que se tocan nuevamente en la infantería española*[61]). Existen indicios de que el himno español podría ser incluso anterior al holandés. Como afirmó en una entrevista a *ABC* Antonio Lillo Parra, responsable de los archivos musicales de la

---

61 Espinosa de los Monteros, M. (1761). *Libro de la ordenanza de los toques de pífanos y tambores que se tocan nuevamente en la infantería española*. Música manuscrita.

Biblioteca Central Militar, «Es probable que tenga su antecedente en la Cantiga de Alfonso X el Sabio, concretamente en la número 42. En ella hay unos compases que puede ser que inspirasen al autor»[62]. Este dato fecharía el origen de nuestro himno a mediados del siglo XII.

En cualquier caso, se trata de una interpretación y debemos ceñirnos a las fechas oficiales, que se remontan al reinado de Carlos III. Este monarca fue quien lo declaró como *Marcha de honor* en 1770, aunque se popularizaría como *Marcha real* porque era la música que sonaba en los actos a los que asistían los miembros de la casa real.

Retrato de Guillermo de Orange de Antonis Mor,
1555. [Museumslandschaft Hesse Kassel]

---

62   Villatoro, M. (17 de junio de 2015). «El himno español, una marcha militar con un origen muy misterioso». *ABC Cultura*. https://www.abc.es/cultura/20150617/abci-himno-espana-origen-concurso-201506111843.html

Volvamos al himno holandés. Se trata de un canto dedicado a Guillermo I de Orange, el Taciturno, líder de la revuelta independentista contra Felipe II, monarca español y también soberano en los Países Bajos. Dice la letra que Guillermo fue fiel al rey hasta que decidió rebelarse contra «el español cruel». Felipe II lo acusó de traición, ingratitud y herejía.

La letra del *Wilhelmus* (como se conoce este himno) tiene su origen entre 1568 y 1572 y consiste en una alabanza y apología de Guillermo de Orange al que describe como fiel súbdito de Felipe II. Sin embargo, la historia muestra que llevó a cabo una estrategia agresiva y cuestionable para desacreditar al rey español. El príncipe Guillermo promovió rebeliones contra el Imperio español, al que acusaba de tirano y represivo del protestantismo.

El tercer duque de Alba, Fernando Álvarez de Toledo, gobernador en Flandes, frenó los intentos de ataque que Guillermo de Orange y sus seguidores planeaban perpetrar desde Alemania y puso en marcha el Tribunal de los Tumultos, cuya función era juzgar a los sospechosos de intento de rebelión contra Felipe II. La propaganda holandesa contraatacó creando una «leyenda negra» en torno a la figura del duque, imagen que todavía perdura en la actualidad, puesto que las madres holandesas advierten a sus hijos pequeños, cuando se portan mal, de que el noble español podría aparecer para secuestrarlos y llevárselos a España. O sea, que nuestra expresión «Que viene el Coco» podría traducirse allí como «Que viene el duque de Alba». Lo que hay que aguantar...

El duque falleció en Lisboa en 1582 y en su lecho de muerte, ante su confesor, Luis de Granada, manifestó no haberse arrepentido de ninguna de las condenas que promovió puesto que consideraba que todas ellas habían sido justas y necesarias al tratarse de herejes y rebeldes.

Por su parte, Guillermo de Orange, tras sobrevivir a un primer atentado perpetrado por el vasco Juan de Jáuregui, fue asesinado en 1584 por Balthasar Gérard, católico que lo acusaba de herejía. Además de su fe, probablemente lo motivaba también la recompensa de 25.000 coronas que ofrecía Felipe II para quien lo matara. Cuando Gérard fue capturado y condenado a muerte, Felipe II recompensó a su familia con los Estados de Lievremont, Hostal y Dampmartin en el franco condado y un título nobiliario.

No obstante, el asesinato de Guillermo sirvió para convertir en mártir a un personaje con pésimas dotes militares, pero gran habilidad propagandística.

España ganó en primer término, pero la Paz de Westfalia, tras la guerra de los ochenta años, resolvió la independencia de los Países Bajos del Imperio español bajo la dinastía de Orange. La memoria de nuestro rey quedaría en su himno nacional para siempre.

LA CARTA CREDENCIAL DE UN EMBAJADOR

Históricamente, los conflictos entre naciones solían resolverse mediante enfrentamientos bélicos. El ejercicio (o, mejor dicho, arte) de la diplomacia apareció como un nuevo instrumento alternativo para la resolución de tales diferencias entre fronteras. En civilizaciones antiguas como la egipcia, la china o la india, ya encontramos la figura de mensajeros comisionados que desempeñaban el rol de portavoces de sus gobiernos con la finalidad de establecer intercambios, solicitar ayudas o cerrar acuerdos.

El ceremonial diplomático borgoñón, cargado de formalismo, comenzó a implantarse en todas las cortes europeas en el siglo XVI.

Las etiquetas de palacio, establecidas por Felipe II en 1562, especificaban que el mayordomo mayor era el encargado de recibir a cardenales, potentados, embajadores, nuncios y grandes que solicitaran audiencia con el rey. Al mismo tiempo, una vez confirmada la fecha de dicha audiencia, también informaba al ujier de vianda solicitando que avisara a los gentilhombres de boca para que pudieran preparar lo necesario y estuvieran en la antecámara el día y hora señalados.

El protocolo de la ceremonia de entrega de cartas credenciales de embajadores (o breve pontificio en el caso del nuncio papal) estaba muy estructurado. Veamos.

El día de la audiencia, el mayordomo mayor montaba a caballo en el zaguán del palacio llevando a mano izquierda al gentilhombre de boca más antiguo. Juntos, se dirigían a la casa donde se alojaba el embajador o nuncio para recogerlo y regresar, de nuevo, a palacio. En el caso que el embajador no tuviera aún residencia en la corte, ocupaba el lado derecho del mayordomo mayor. Si hubiera embajada permanente, el embajador saliente iba en medio, y a su derecha el entrante, mientras el mayordomo mayor ocupaba la izquierda. Ya en palacio, se apeaban en el zaguán y subían con su acompañamiento, recibiendo los honores de la guardia dispuesta en dos filas, hasta la cámara, donde se encontraba Su Majestad.

Al llegar a la sala de audiencias, el nuncio o embajador entraba acompañado del mayordomo mayor. El embajador debía descubrirse y hacer una primera reverencia antes de avanzar y realizar una segunda. Al acercarse al rey, el embajador o nuncio le entregaba la carta original o credenciales que traía de su soberano o Santidad. El monarca se la entregaba al Consejo Real para que comprobara cualquier posible incidencia o defecto según las leyes vigentes. Si todo estaba correcto, se le devolvía el documento con la correspondiente aprobación o *regium exequatur* indicada en el reverso.

Después de la entrega, la comitiva abandonaba el palacio. El diplomático salía de la sala sin dar la espalda al rey, descubierto y haciendo nuevamente dos reverencias. En este caso, si hubiera embajador entrante y saliente, en ese momento se cambiaban de lugar, quedando el embajador entrante en medio, a su derecha el saliente y a su izquierda el mayordomo mayor.

El nuevo embajador debía pasar con todo su acompañamiento a cumplimentar con los miembros de la familia real, comenzando con el besamanos a la reina y continuando con el cuarto del príncipe de Asturias y demás infantes ordenados según su edad. Finalizados los cumplimientos, el representante regresaba a su residencia en el coche de la casa real junto al mayordomo mayor y al gentilhombre de boca más antiguo como decano de la real casa.

Durante el reinado de Felipe IV se realizaron unas leves modificaciones en este ceremonial, aprobadas en 1651. En la recepción de embajadas se incorporó la figura del conductor, cuya función consistía en recibir, atender y conducir al nuevo embajador o nuncio a la presencia del soberano. A estas competencias, Carlos III añadirá las de introducir y presentar al representante extranjero al soberano, por lo que se cambió su denominación por la de «introductor de embajadores».

Una vez que el nuncio o embajador había celebrado audiencia pública con el rey y realizado los demás cumplimientos protocolarios, podía colocar en la fachada de su embajada o nunciatura los distintivos heráldicos del soberano o pontífice al que representaba.

Alfonso XII aprobó en 1875 el nuevo ceremonial para la corte de España, donde reservó algunas salas del palacio para determinadas audiencias, diferenciando la categoría de los representantes diplomáticos señalados en la Convención de Viena de 1815, que establecía el siguiente orden jerárquico: 1) embajadores, legados y nuncios; 2) enviados y ministros plenipotenciarios, acreditados ante el soberano; 3) encargados de negocios, acreditados cerca del ministro de Relaciones Exteriores. El ceremonial establecía que las audiencias públicas para recibir a los nuncios o embajadores se celebraran en el salón del Trono, mientras que las audiencias particulares para recibir a los ministros plenipotenciarios, así como la audiencia privada para la entrega de cartas a los soberanos y las despedidas temporales se realizaran en la antecámara.

De acuerdo con este ceremonial, el embajador o nuncio debía notificar su llegada a la corte al ministro de Estado remitiéndole las copias de sus cartas credenciales para su comprobación. Por su parte, el ministro de Estado debía comunicar su llegada al jefe superior de palacio para que recibiera órdenes del rey con el fin de preparar la audiencia pública para el día y hora señalada y avisar al introductor de embajadores. En el día señalado, el introductor de embajadores iba a buscar a la embajada o nunciatura al nuevo representante en un coche de la casa real con otros tres coches más de gala, que le acompañarían en su traslado al palacio, junto con una escolta de caballería y un jefe de armas.

Al entrar en palacio, el coche del nuncio o embajador pasaba por el patio de la Armería para recibir los honores mediante la *Marcha real* (himno nacional). Al llegar la carroza al zaguán, el representante se apeaba al pie de la escalera, mientras que los demás acompañantes del cortejo lo hacían a las puertas laterales del palacio. Al pie de la escalera estaban formadas la compañía de alabarderos, los mayordomos de semana y gentilhombres de casa y boca designados por el rey para recibirle. El introductor avisaba a Su Majestad de su llegada.

El rey recibía al nuncio o embajador en el salón del Trono, acompañado por el presidente del Consejo de Ministros, el ministro de Estado, los altos funcionarios de la real casa, los gentilhombres de cámara con ejercicio y servidumbre y los mayordomos de semana. Tras ser anunciado por el introductor, entraba en el salón del Trono y realizaba tres reverencias: la primera tras cruzar la puerta, la segunda a mitad del salón y la tercera frente a Su Majestad.

En este momento, el nuncio o embajador dirigía su discurso al rey, que permanecía de pie y descubierto. Después, respondía Su Majestad con otro discurso; y tras finalizar, le hacía entrega de las cartas credenciales. A su vez, el rey se las entregaba al ministro de Estado.

Terminada la audiencia pública, el rey invitaba al nuncio o embajador a pasar a las habitaciones de la reina. Finalizadas las audiencias, el representante abandonaba el palacio y regresaba a su embajada o nunciatura con la misma comitiva y de la misma forma en que llegó.

Este ceremonial de entrega de cartas credenciales de embajadores se mantiene prácticamente intacto en la actualidad.

EL ESTANQUE Y LA PEREGRINA

Esta es la historia de un brillante de 100 quilates que el rey Felipe II compró en Amberes al flamenco Carlo Affelato. Después de tallarlo en España, fue entregado a Isabel de Valois con motivo de su enlace matrimonial con el rey en 1559.

El diamante recibió el nombre de el Estanque, metáfora que hacía alusión a su superficie, con aspecto de espejo azul oscuro. El orfebre leonés Juan de Arfe lo definió como un «espejo limpio y transparente», por tratarse de un diamante perfecto con cuatro ángulos rectos y esquinas completamente agudas. La joya pasó a formar parte del joyel rico de los Austrias junto con la perla Peregrina. Ahora hablamos de ella.

En 1808, durante el expolio que llevó a cabo Francia en España, José Bonaparte (José I), hermano de Napoleón, ordenó que el diamante, valorado en 1.500.000 reales, fuera sacado del Palacio Real de Madrid. Pero, tras la guerra, Fernando VII lo recuperó y se lo regaló, engastado en la empuñadura de una espada, a su futuro suegro, Francisco I de Nápoles, con motivo de su matrimonio con su hija María Cristina de Borbón, su cuarta esposa.

Como comentábamos, este diamante se unió en una misma joya con una gran perla con forma de lágrima. Se trata de la perla Peregrina, una perla genuina de 58,5 quilates procedente del archipiélago de las Perlas, concretamente de la isla Santa Margarita, ofrecida al rey Felipe II por el alguacil mayor de Panamá, Diego de Tebes, en Sevilla en 1580. La perla había sido pescada, según algunas fuentes, en Terarique, en los Mares del Sur, en 1515. En este momento se integró en las joyas de la Corona de España.

Francisco Reynalte y Pedro Cerdeño, plateros de oro y lapidarios del rey, la tasaron en 8.748 ducados. Fue adquirida por el Consejo de Indias por 9000 ducados. Juan de Arfe y Villafañe la cita en la edición madrileña de su obra *Quilatador de plata, oro y piedras*, fechada en 1598, y la describe como «de tamaño semejante a una aceituna de Córdoba y de buen oriente»[63]. Sin embargo, la joya no aparece mencionada en la primera edición de la citada obra realizada en 1522 en Valladolid, puesto que aún no estaba en poder de nuestro monarca.

Como la perla tenía forma de lágrima, una forma poco habitual y muy apreciada, recibió el nombre de Peregrina, adjetivo que significaba rara o caprichosa. También se la conoce como la Sola, la Huérfana o la Margarita. Aunque lo cierto es que su denominación más conocida bien podría hacer referencia a su «peregrinaje» a lo largo de la historia. Veamos.

La reina Margarita de Austria, esposa de Felipe III, la lleva con un broche o joyel en el retrato ecuestre de Velázquez que se encuentra en el Museo del Prado. Y pareciera que su marido la llevara también prendida de su sombrero en el retrato que acompaña al anterior, pero, como apuntan Rayón y Sampedro en *Las joyas de las reinas de España*[64], no puede tratarse de la auténtica Peregrina, puesto que esta perla nunca fue taladrada. Desde este momento, las siguientes reinas españolas la lucieron en muchas ocasiones. Cuando el futuro Felipe IV cumplió diecisiete años, su padre le entregó a su mujer (Isabel de Borbón) las joyas de la Corona española, entre ellas, el joyel. Velázquez también retrató a Mariana de Austria, segunda mujer de Felipe IV, luciendo la Peregrina sobre su peinado. De hecho, como hemos visto, ella la lució en su entrada triunfal en la corte tras desposarse con el rey.

63   Arfe y Villafañe, J. (1678, edición de 1976). *Quilatador de plata, oro y piedras.* Ministerio de Educación y Ciencia. Dirección General del Patrimonio Artístico y Cultural.
64   Rayón, F. y Sampedro, J. L. (2004). *Las joyas de las reinas de España*, p. 142. Planeta.

María Luisa de Orleans, primera esposa de Carlos II, también fue inmortalizada con el joyel por el pintor José García Hidalgo. Y cuando hizo su entrada pública en Madrid el 13 de enero de 1680, también lucía la perla. La condesa D'Aulnoy describía así la escena en su *Relación del viaje a España*:

> La reina iba montada sobre un hermoso caballo de Andalucía, que el marqués de Villamagna, su primer caballerizo, conducía por el freno. Su traje estaba tan cubierto de bordados que no se veía la tela. Llevaba un sombrero adornado con algunas plumas, con la perla llamada la Peregrina, que es tan gruesa como una pera pequeña, y de un valor inestimable[65].

Carlos II la lució en la procesión del Corpus de 1679 y también cuando recibió al gran duque de Moscovia en el salón de los Espejos en 1687.

El último rey español de la casa de Austria vinculó a la Corona en su testamento las dos joyas, perla y diamante. Sin embargo, esta disposición no se respetó y en la Guerra de Sucesión, Felipe V ordenó enviar las piezas a Francia para ser vendidas o empeñadas y solventar de esta manera los gastos de la campaña bélica. Sin embargo, en las memorias del duque de Saint Simón, se explica que Felipe V visitó Versalles portando la Peregrina en su sombrero. En cualquier caso, sabemos que ambas joyas regresaron, ya que fueron solicitadas al guardajoyas para la ceremonia del bautizo del infante Carlos el 16 de agosto de 1716. Al año siguiente, el 15 de mayo de 1717, el rey ordenó que las llevaran junto con el toisón rico a Segovia porque los iba a lucir en la procesión del Corpus de esa ciudad.

Tampoco se quemaron en el incendio del alcázar de 1734, como llegó a afirmar Mesonero Romanos, puesto que continuaron apareciendo en los inventarios posteriores, como el realizado a la muerte de Felipe V. El 18 de septiembre de 1749 se ordenó al jefe del oficio del guardajoyas que se presentase en el palacio del Buen Retiro con el Estanque y la Peregrina y que no se marchase hasta que Fernando VI utilizase ambas joyas y se las devolviera. Las joyas se encontraban custodiadas en ese momento en la Casa Arzobispal. Unos años después, el

---

65   Aulnoy, M. C. (1986). *Relación del viaje a España*. Akal.

20 de enero de 1751, el rey ordenó que se entregaran a Pedro Marentes y que, a partir de ese momento, se guardaran en el real guardajoyas.

La reina María Luisa, esposa de Carlos IV, ordenó que la perla fuera engastada con una bola oval de diamantes con una inscripción en esmalte negro que dijera «Soy la Peregrina». Y dispuso que la joya no fuese más veces desmontada.

Hasta aquí todo bien. La perla y el Estanque permanecieron en España hasta 1808, fecha de la invasión napoleónica. José Bonaparte envió la joya a su esposa, Julia Clary, a París. Años después, el matrimonio se separó y él viajó a Estados Unidos con su nueva amante y con la perla.

Retrato de María Luisa de Orleans con la Peregrina. [BNE]

Fernando VII inició gestiones para recuperar ambas joyas. El diamante sí fue devuelto, pero la perla no aparecía. Entonces, pensó que su madre la guardaba en Italia. Ante la negativa de esta, sospechó que la escondía la mujer de Godoy, Pepita Tudó, pero tampoco dio con ella. Parece que, en su testamento, José Bonaparte la dejó en herencia al futuro Napoleón III, que debió de venderla a mediados de siglo al marqués de Abercom, ya que su esposa la llevó en un baile en el palacio de las Tullerías. En 1914, la familia Abercom vendió la perla a una joyería inglesa. Intentaron vendérsela primero al mismo Alfonso XIII, pero no llegaron a un acuerdo.

Tras pasar por dos coleccionistas más (Judge Geary y Henry Huntingdon), en 1969, la perla salió a subasta en Nueva York. El propio Alfonso de Borbón y Dampierre, nieto de Alfonso XIII (y marido de Carmen Martínez Bordiú, nieta de Franco, ya que estamos) participó sin éxito en la subasta para adquirirla. El actor Richard Burton finalmente se hizo con ella por la cantidad de 37.000 dólares como regalo a su esposa, la también actriz Elizabeth Taylor con motivo de su trigésimo séptimo cumpleaños. Ella luciría la perla en la película *Ana de los mil días* ese mismo año. Posteriormente, la mandaría incluir en un collar de rubíes y diamantes de Cartier y luciría esta nueva pieza en el musical *A Little Night Music* de 1977. Años después, la propia actriz, en sus memorias, relató que, en un hotel de las Vegas, la perla se soltó de su engarce y cayó en la alfombra de la habitación, llegando a parar a la boca de uno de sus caniches. *Ups*. Afortunadamente, pudo recuperarla. Hubiera sido un triste final, inapropiado para una perla de estas características, la verdad.

Sin embargo, la polémica estaba igualmente servida. Al día siguiente de la subasta de dicha Peregrina, Luis Martínez de Irujo, duque de Alba y jefe de la casa de la reina Victoria Eugenia, negó en rueda de prensa la autenticidad de esa joya y mostró una «segunda» Peregrina, la perla que le había regalado Alfonso XIII a su esposa con motivo de su boda. Esta joya es la que se encuentra actualmente en manos de la familia real española. De Victoria Eugenia pasó a su hijo Juan y de este a su hijo Juan Carlos. La reina Victoria Eugenia luce una perla de estas características en varios retratos de corte. Por ejemplo, en una fotografía realizada por Christian Franzen y Nissen y conservada en el Archivo General del Palacio Real de Madrid.

La familia real siempre subrayaría (erróneamente, como hemos visto) que esta perla es la auténtica Peregrina. Rayón y Sampedro recogen las afirmaciones al respecto de la condesa de Barcelona, madre del rey Juan Carlos:

> He usado bastante la Peregrina, la perla magnífica que Felipe II compró para Isabel de Valois, su tercera mujer, que fue una reina estupenda. Hay muchos cuadros de Sánchez Coello, e incluso de Velázquez, en la que está pintada. La perla tiene arriba un ganchito y normalmente se lleva colgada de un broche en forma de lazo de brillantes. Parece ser que la robaron cuando la invasión de los franceses y que se la llevó quizá el rey José Bonaparte en su famoso equipaje. Pero luego se volvió a comprar; no recuerdo si en tiempos de Alfonso XII o de la reina Cristina. Hace algunos años dijeron que la Peregrina la había comprado Richard Burton en una subasta para Elizabeth Taylor, pero no es cierto. La perla preciosa que vendieron entonces es más redonda que la nuestra[66].

Los autores de *Las joyas de las reinas de España* recuerdan también las palabras de Evelia Fraga, viuda del joyero Ansorena: «Mi marido conocía pieza por pieza todo el joyero de la reina Victoria Eugenia y puedo asegurarle categóricamente que nunca vio esa perla»[67].

En 2011 se subastaron las joyas de la actriz Elizabeth Taylor (entre ellas la Peregrina que le regaló su marido). La joya, tal y como señaló el diario *La Vanguardia*, alcanzó los 9 millones de euros[68].

EL REY QUE COLECCIONABA RELIQUIAS

Fray José Quevedo, en *Historia del Real Monasterio de San Lorenzo de El Escorial*[69], enumeró el listado de reliquias que se conservaban

---

66 Rayón, F. y Sampedro, J. L. (2004). *Las joyas de las reinas de España*, pp. 152-153. Planeta.

67 Rayón, F. y Sampedro, J. L. (2004). *Las joyas de las reinas de España*, p. 155. Planeta.

68 Redacción *La Vanguardia* (14 de diciembre de 2011). «La Peregrina de Liz Taylor, vendida en Nueva York por 9 millones de euros». *La Vanguardia*. https://www.lavanguardia.com/gente/20111214/54241073146/la-peregrina-liz-taylor-vendida-nueva-york-9-millones-euros.html

69 Quevedo, J. (1984). *Historia del Real Monasterio de San Lorenzo de El Escorial*. Patrimonio Nacional.

en el mismo. Un total de siete mil cuatrocientas veintidós; entre ellas, una docena de cuerpos incorruptos de santos, trescientos seis huesos y ciento cuarenta y cuatro calaveras. Probablemente se trate de la mayor colección de reliquias del mundo. Teniendo en cuenta que realizó el recuento antes del expolio napoleónico que antes recordábamos, seguramente hubo más. Quién sabe si los franceses también se llevaron reliquias. El caso era robar.

Felipe II pasó su infancia y adolescencia muy unido a su madre, la emperatriz Isabel de Portugal. Ella le inculcó una educación religiosa muy profunda. La afición coleccionista del rey comenzó en 1550. Aquel año, el entonces príncipe acompañaba a su padre Carlos I a un viaje a la ciudad de Colonia donde adquirió un centenar de reliquias a modo de *souvenirs*. Desde entonces, no paró de recopilar reliquias de santos y mártires por toda Europa. Eso sí, tenía que asegurarse de que cada pieza fuera auténtica porque desde la Edad Media se había desarrollado un tráfico ilegal de reliquias sagradas. Por ello, en sus compras siempre solicitaba certificados que acreditaran su autenticidad.

El historiador John H. Elliott[70] señaló que el monarca temía por su futuro y coleccionaba estas piezas para ganarse el favor de Dios. De hecho, según este autor, Felipe tenía que soportar «la pesada carga, no solo política sino también psicológica y espiritual de su herencia dinástica». Consideraba que su padre Carlos I había dejado el «listón muy alto» y él debía estar a la altura. Juan García Atienza, por su parte, argumentó en *La cara oculta de Felipe II* que el rey concibió El Escorial como un «inmenso acumulador de energía sagrada» que permitiría al soberano regir «mágica o sobrenaturalmente» su imperio[71].

Para poder coleccionar y guardar reliquias, el rey pidió una dispensa al papa Pío V en 1567. Cada vez que una nueva llegaba a El Escorial, salía de sus aposentos para examinarla y venerarla antes de inventariarla. Era una especie de ritual.

Fray José de Sigüenza, relicario real, afirmó que no tenía constancia de ningún santo del que no hubiera reliquia en El Escorial, salvo tres. Se refería a san José, a san Juan Evangelista y a Santiago el Mayor.

70   Elliott, J. (2001). *Europa en la época de Felipe II*. Editorial Crítica.
71   García, J. (1998). *La cara oculta de Felipe II*. Martínez Roca.

Probablemente, la reliquia más significativa de la colección era una barra perteneciente a la parrilla donde fue martirizado san Lorenzo, que tenía, supuestamente, piel chamuscada del santo. Efectivamente, el monasterio de El Escorial está dedicado a este santo y parece que Felipe II ordenó la búsqueda de la mencionada barra por toda Europa hasta que finalmente fue encontrada en el monasterio de Santa María de Lavaix, en Lérida. Su bisnieto, Carlos II, mandaría crear una estatua de oro y plata para sostener esta reliquia, pero parece ser que desapareció durante el saqueo de la guerra de la Independencia. Vaya, cómo no. A pesar de ello, existe una leyenda que cuenta que un madrileño la compró en el Rastro de la ciudad para terminar una reja de hierro y que cuando llegó a su casa y comenzó a limpiar la barra, se dio cuenta de que esta comenzaba a tener un brillo plateado. El comprador no dudó en acercarse a la Casa de la Moneda, donde concluyeron que la barra era de plata y que contenía una inscripción que decía que pertenecía a la parrilla de san Lorenzo. No parece muy creíble esta historia, la verdad.

Felipe conseguía lo que se proponía. En 1569, en una carta al duque de Alba, gobernador de Flandes, el monarca le pedía que consiguiera con urgencia la cabeza de santa Ana para que «la que tiene su nombre tuviese más devoción a esta casa». Se refería a Ana de Austria, su última esposa.

Confiaba tanto en las reliquias que les atribuía un poder curativo. Prueba de ello es que, desesperado por salvar la vida de su hijo, como ya hemos visto, decidió que se metiera en su cama la momia de san Diego de Alcalá.

También confió en las reliquias para rogar por el embarazo de su tercera esposa, Isabel de Valois. El 18 de noviembre de 1565 se celebró la llegada a Toledo de las reliquias de san Eugenio, primer obispo de la ciudad, que fue martirizado cerca de París en tiempos de Diocleciano. Los restos llegaron en una urna de plata y bronce y el mismo rey, acompañado de otros nobles, los portaría en sus hombros en la solemne entrada en la catedral. Felipe II había «intercambiado» esta reliquia por la cabeza de san Quintín, que estaba en su poder tras la célebre batalla del mismo nombre. Con motivo de la llegada de los restos del santo, se levantaron en Toledo arcos triunfales con inscripciones que destacaban su grandeza, así como una estatua ecuestre.

Nueve meses después, en agosto de 1566, nacería la primera hija de la reina, la infanta Isabel Clara Eugenia. Tal vez fuera casualidad. O no.

Incluso en su lecho de muerte, Felipe ordenó que le llevaran todas las reliquias acumuladas a sus aposentos. El rey le pidió a su confesor que le trajera expresamente el brazo de san Vicente Ferrer, la rodilla de san Sebastián y la costilla de san Albano. En el momento que las tuvo, comenzó a besarlas.

Las reliquias de El Escorial pueden contemplarse exclusivamente en la festividad de Todos los Santos. A cada lado del altar mayor de la basílica de El Escorial, se construyeron dos armarios para almacenarlas, uno dedicado a san Jerónimo y otro a la Asunción; el primero para las reliquias de santos, y el segundo para las de santas. Dichos altares están decorados por Francisco Zuccaro. Asimismo, se solicitó al orfebre Juan de Arfe la fabricación de ochenta relicarios para albergar estos vestigios, muchos desaparecidos durante la invasión napoleónica (otra vez). Todavía hoy se conservan los libros de entregas en los que se anotaron la fecha y la descripción de cada relicario.

Otra de las colecciones de reliquias más importantes de la época fue la de Magdalena de Ulloa, tutora de don Juan de Austria, el hermanastro de Felipe II, de quien ya hemos hablado. Como comentábamos, Carlos I había encomendado en 1554 el cuidado de su hijo a ella y a su marido, Luis de Quijada, mayordomo del rey. Luis era la persona de confianza de Carlos I; lo acompañaba en todos sus viajes y también lo recibió cuando se dirigió a su retiro al monasterio de Yuste. Además, fue el encargado de presentar a su «medio hermano» a Felipe II en el monasterio de Santa Espina en 1559.

Años después, el matrimonio también acogió durante siete años a la hija que nació de la relación entre Juan de Austria y María de Mendoza, dama de la princesa de Éboli, lo que demuestra el cariño de Jeromín a su «tía», como él llamaba a Magdalena. En 1578, Juan de Austria, antes de morir, decidió revelar a su hermanastro Felipe II la existencia de su hija, y así le pidió a Alejandro Farnesio, príncipe de Parma, nombrado por su primo como su sucesor y nuevo capitán de las tropas en Flandes, que escribiera al rey explicándole el asunto. Desde ese momento y por orden de Felipe II, la pequeña, a la que se conocía simplemente como Ana de Jesús, pasó a llamarse Ana de Austria y de Mendoza. Sin embargo, pese a este reconocimiento como hija natural de su hermano, Felipe no le permitió nunca que abandonara el convento, ni siquiera cuando ella le contaba por carta que no deseaba convertirse en religiosa. En el siguiente relato hablaremos de esta sobrina del rey. Sigamos ahora con Magdalena.

En su testamento, Luis de Quijada manifestó su voluntad de fundar un monasterio en el centro de su señorío, en Villagarcía. Los padres jesuitas, directores espirituales de Magdalena, ayudaron a la viuda en esta iniciativa. Las ayudas otorgadas para las obras de la compañía por parte de Magdalena eran tantas que los jesuitas, en 1573, decidieron concederle la Carta de Hermandad. Los jesuitas fueron sus herederos universales y también patronos de las distintas obras pías que fundó la viuda de Luis, lo que le valió su apodo de Limosnera de Dios.

En 1577 Magdalena recibió un último encargo real: atender y acompañar a la madre de Jeromín, que regresaba a España. Así fue como acudió a Laredo para recibir a la alemana Bárbara Blomberg, a quien ayudó económicamente.

Durante los años de servicio de Luis de Quijada a Carlos V, los viajes a Colonia fueron constantes. El templo de Santa Úrsula se convirtió en espacio de veneración y fuente de aprovisionamiento de reliquias de la mártir y sus doncellas, las Once Mil Vírgenes. Probablemente Quijada trajera muchas de estas reliquias.

Magdalena impulsó la fundación del colegio y noviciado de San Luis de Villagarcía de Campos y también la creación de una capilla-relicario. En este espacio se creó un tabernáculo piramidal escalonado de siete gradas, a modo de expositor, sobre el que se dispusieron parte de las piezas de su oratorio, un total de seiscientas setenta y cuatro reliquias.

EL PASTELERO DE MADRIGAL Y EL TRONO DE PORTUGAL

De cómo un pastelero castellano pudo prometerse con la sobrina del rey de España y aspirar al trono de Portugal. Veamos un resumen de esta historia tomando como referencia la investigación realizada por José López Romero en *Historia de Gabriel de Espinosa*[72].

---

72 López, J. (2020). *Historia de Gabriel de Espinosa. Pastelero de Madrigal que fingió ser el rey don Sebastián de Portugal*. Vidas pintorescas. Espuela de Plata.

Sebastián I, rey de Portugal, desapareció en la batalla de Alcazarquivir en 1578 en el norte de Marruecos. Al morir sin descendencia, el trono fue ocupado por Enrique I, su tío abuelo, que también falleció sin herederos. Finalmente, nuestro Felipe II, tío de Sebastián, accedió al trono en 1580, de modo que Portugal perdió su independencia.

Los fieles al rey portugués, incrédulos, instigaron un movimiento conocido como «Sebastianismo» que afirmaba que el monarca seguía vivo y mantenía esperanzas en su regreso para recuperar su trono. Y claro, como era de esperar, surgieron impostores que se hicieron pasar por Su Majestad.

Conozcamos un poquito más a Sebastián antes de continuar con nuestro relato. El portugués era hijo póstumo del infante Juan Manuel de Portugal y de la infanta española Juana de Austria, hermana de Felipe II. Era, por tanto, nieto de Carlos I de España e Isabel de Portugal por vía materna y bisnieto por ambas vías, paterna y materna, de Manuel I de Portugal. Sebastián llegó al trono a los tres años, ya que su padre había muerto en 1554, dos semanas antes de su nacimiento, a la muerte de su abuelo, el rey Juan III de Portugal. La regencia recayó primero en su abuela paterna, Catalina (la hija pequeña de Juana I de Castilla), y después en su tío abuelo, el cardenal Enrique. Cuando era solo un bebé, su madre abandonó la corte de Lisboa para regresar a Castilla, dejando al niño a cargo de su suegra, la reina regente, y no volvió a verlo nunca más, aunque bien es cierto que a lo largo de su vida se escribirían de forma continuada. Así que el príncipe creció sin referentes paternos en una corte cargada de conflictos.

Sebastián era un niño frágil, resultado de generaciones de matrimonios entre miembros de una misma familia. De hecho, tenía solo cuatro bisabuelos cuando lo normal es tener ocho. Creció bajo la guía e influencia de los jesuitas. Nunca se interesó por casarse o formar una familia a pesar de que su abuela intentó acordar su matrimonio con la princesa española Isabel Clara Eugenia, hija de Felipe II; su madre abogó por el compromiso de Sebastián con Margarita de Valois, hermana de la difunta Isabel; y el soberano español negoció con el duque de Baviera para acordar el enlace con su hija. Algunos biógrafos señalan una enfermedad en su órgano sexual, que le provocaba impotencia y esterilidad. Otros apuntan a su condición homosexual. Quién sabe. El caso es que no se casó.

Poco después de alcanzar la mayoría de edad, inició los planes para organizar una cruzada contra Fez, en Marruecos. Su tío Felipe II intentó frenarlo sin éxito. En una entrevista que mantuvieron los dos reyes, en el monasterio de Guadalupe, durante la Navidad de 1576, con el duque de Alba presente, Felipe II intentó hacer razonar a Sebastián. Nuestro rey estaba trabajando para llegar a una tregua con los turcos en el Mediterráneo y parecía poco oportuno abrir un nuevo frente bélico. Al final, no le quedó otra que ceder y apoyar a su sobrino ofreciéndole cincuenta galeras y cinco mil españoles. Insistió, eso sí, en que, dados los riesgos de la operación, Sebastián no debía participar personalmente en ella. En 1578 el rey de España envió a Juan de Silva como embajador a Portugal para intentar detener a Sebastián, una vez más sin éxito.

Portugal había tenido muchos intereses en África desde la conquista de Tánger en 1471 y Sebastián quería conservar la posición de su país en esa zona contra los emires enemigos de la dinastía Saadí. La flota partió de Belem el 24 de junio de 1578 con más de ochocientas naves y un total de veinte mil hombres. Los emires enemigos proclamaron una yihad contra los invasores. El joven rey condujo a sus tropas por el desierto, pero el enemigo estaba esperándolos. El 4 de agosto de 1578 el ejército cristiano, con el joven rey de veinticuatro años a la cabeza, fue aniquilado por las fuerzas bereberes. Más de diez mil hombres fueron hechos prisioneros, entre ellos gran parte de la nobleza portuguesa por cuyas vidas se exigieron importantes rescates que arruinaron al país. El rey fue sepultado inicialmente en Alcazarquivir, pero, en diciembre de ese mismo año, fue entregado a las autoridades portuguesas en Ceuta, donde permanecería hasta 1580, fecha en que sería trasladado al monasterio de los Jerónimos de Belem para su entierro definitivo.

En la noche de esta batalla un grupo de soldados portugueses supervivientes llegó a Arcila buscando refugio. Para conseguirlo, fueron diciendo que el rey portugués iba con ellos, lo que provocó que se difundiera el rumor de que Sebastián seguía con vida. Y es precisamente este rumor el origen de la historia de nuestro pastelero. Vamos a ello.

Antes que nada, cabe decir que, aunque la historia parezca una leyenda, es totalmente verídica. De hecho, el expediente se conserva en el Archivo General de Salamanca como un proceso declarado como «materia reservada» y «secreto de Estado» por el duque de Lerma en 1615.

Gabriel Espinosa, pastelero de Madrigal, fue un impostor que se hizo pasar por el rey luso. Probablemente ni siquiera nació en Madrigal (Ávila), sino en Toledo, puesto que fue en esta ciudad donde se examinó del título de pastelero, oficio que, en el siglo XVI, curiosamente, hacía referencia a los cocineros de empanadas de carne y no a los actuales cocineros de tartas y pasteles. Si existen dudas sobre su localidad natal, más incertidumbre causa la identidad de su familia. Unos autores afirman que probablemente fuera huérfano, mientras que otros aseguran que era hijo de Juan Manuel de Portugal, padre del rey Sebastián, y María Pérez o María de Espinosa, doncella de la localidad de Madrigal que servía a los marqueses de Castañeda. Por tanto, según esta versión, Gabriel sería hermano (hermanastro) del mismísimo rey de Portugal.

Lo que sí sabemos es que Gabriel llegó a Madrigal en 1594 con su mujer, Isabel Cid, y su hija Clara, de dos años. Allí vivía también fray Miguel de los Santos, un fraile agustino de origen portugués, que desempeñaba la labor de vicario del convento de Nuestra Señora de Gracia el Real de Madrigal. Cuando conoció a Gabriel, parece ser que el fraile se asombró del gran parecido del pastelero con el rey Sebastián. Ambos eran pelirrojos, característica poco habitual en Castilla.

Resulta que en este convento se encontraba Ana de Austria, la hija natural de don Juan de Austria, hermano (también natural) de Felipe II, de quien ya hemos hablado. Por tanto, sobrina del rey español y prima del rey portugués. La joven no tenía vocación religiosa y vivía fascinada por las historias de aventuras que había oído sobre sus familiares más ilustres.

Fray Miguel decidió presentar a Gabriel a Ana como su primo Sebastián. Y parece que ella confió en su palabra y se enamoró de él. O, al menos, se interesó en él. Al fin al cabo, se trataba de una oportunidad perfecta para escapar del convento en el que se sentía presa y convertirse en reina de Portugal. De hecho, ambos se prometieron, aunque el compromiso quedaría condicionado a conseguir la correspondiente autorización papal puesto que su parentesco de primos así lo exigía. Como si este fuera el verdadero impedimento para que el matrimonio se celebrara… Recordemos que Gabriel estaba ya casado y Sebastián, por quien se hacía pasar, había fallecido. Vamos, que ni eran primos ni nada.

El asunto es que el supuesto rey necesitaba dinero para regresar a la corte portuguesa a ocupar de nuevo el trono y Ana le cedió sus joyas para que pudiera venderlas con el fin de costear el viaje.

En Valladolid fue detenido por Rodrigo de Santillán, alcalde del crimen en la Chancillería. Tal vez fuera denunciado como sospechoso del robo de tales joyas. Gabriel le explicó que las joyas eran de Ana y que se las había dado para su restauración. Santillán, entonces, escribió a la joven para preguntarle si esta afirmación era cierta. Mientras recibía respuesta, mantuvo a Gabriel prisionero. Pero lo que parecía un simple hurto se acabó convirtiendo en asunto de Estado.

Resulta que Gabriel portaba cuatro cartas, dos de fray Miguel y dos de Ana. En ellas, el fraile se dirigía a él con el tratamiento de «Majestad» y ella le hablaba como su prometida. Ante tales documentos, Rodrigo comenzó a dudar de la identidad de su detenido y dio parte de ello a la corte. En paralelo, viajó con sus alguaciles a Madrigal para encerrar a Ana en sus aposentos y detener a fray Miguel. Este, en su defensa, alegó que Gabriel en realidad era Sebastián, el rey portugués. Tras varios interrogatorios y bajo la directa supervisión de Felipe II, tanto Gabriel como el fraile fueron acusados de lesa majestad por suplantación de la personalidad del soberano luso y sentenciados a morir en la horca.

Una vez ahorcado, Gabriel fue decapitado y descuartizado, y su cabeza fue expuesta en la fachada del ayuntamiento del pueblo. Fray Miguel, por su parte, fue ahorcado en la plaza Mayor de Madrid, una vez reducida su condición a la de laico. Fue decapitado y su cabeza enviada a Madrigal.

Ana, por otro lado, fue encerrada en total clausura en el convento de Nuestra Señora de Gracia, en Ávila, donde fue condenada a la absoluta incomunicación, esto es, a no poder hablar ni escribir. En 1598, Felipe III la perdonó, le restituyó todos sus bienes y ordenó su regreso al convento de Madrigal del que acabó siendo priora. Finalmente, en 1611 sería nombrada abadesa perpetua del convento de Santa María la Real de las Huelgas de Burgos, la mayor dignidad eclesiástica que podía concederse a una mujer de la época. Un final no tan infeliz.

EL CAMINO DE SANTIAGO: DE OCA A OCA Y TIRO PORQUE ME TOCA

Francisco I de Médici le regaló a nuestro Felipe II un juego de la oca en formato juego de mesa. Desde este momento el juego se puso de moda en el resto de cortes europeas. No olvidemos que Madrid era la capital del Imperio donde nunca se ponía el sol y eso implicaba también marcar tendencia internacionalmente. Vamos, que todos nos copiaban. Igualito que ahora.

El juego de la oca sustituyó al ajedrez en las cortes europeas y se convirtió en un preciado regalo entre la nobleza. Además, su fuerte carga simbólica lo dotaba también de un componente pedagógico; era una especie de «camino de la vida». Algo parecido había inventado el padre Borja, guía espiritual de la infanta Juana de Austria, hermana de Felipe II. En esta ocasión, se trataba de un juego de cartas. En total, cuarenta y ocho naipes, veinticuatro con nombres de virtudes y otros veinticuatro con nombres de vicios. Las primeras incluían también una «confusión» o vergüenza por haber pecado. Por ejemplo, la carta dedicada al «amor prójimo», tal y como recoge Pedro Miguel Lamet[73], decía:

> En este mundo al roto y desechado
> estima y ama, por ser Dios amado
> «Confusión»
> Al rico abrí mis puertas favorito
> al pobre las cerré y al abatido.

Para jugar, se repartían las cartas de siete en siete entre los jugadores. Perdía aquel al que le tocaran más cartas de «vicios» y tenía que pagar con una mortificación. Pues muy divertido...

Volvamos al juego de la oca. Su origen es controvertido porque existen varias teorías, pero parece que la más fiable tiene que ver con los templarios y el Camino de Santiago. Veamos.

En la Edad Media, los templarios eran los «guardianes» de los lugares santos de Jerusalén, así como de los caminos que conducían a Tierra Santa. Por tanto, también custodiaban el Camino de

---

73   Lamet, P. (2004). *Yo te absuelvo, majestad*, pp. 118-129. Temas de Hoy.

Santiago y protegían a sus peregrinos. El temple recaudaba importantes beneficios y depósitos de dinero que eran trasladados a su central en París. Desde la capital francesa se distribuían fondos a las diferentes encomiendas de los caballeros para atender al peregrino.

Las reglas de la Orden del Temple prohibían expresamente a sus miembros participar en juegos de dados y ajedrez; pero el juego de la oca no era un simple entretenimiento para estos caballeros, sino una guía encriptada del Camino basada en los marcadores que podían encontrar los peregrinos en los distintos espacios y monumentos del trayecto. Es decir, se trataba de una especie de código.

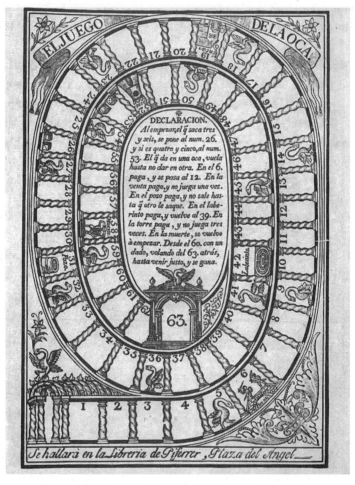

Juego de la oca impreso por Piferrer en el s. XIX.

La oca señalaba los lugares seguros (ajenos al peligro) donde estaba situada la Orden del Temple y donde los peregrinos podían hacer efectivo y disponer del dinero que necesitaran para continuar su viaje. Para ello, se debían identificar con una clave propia conocida como «cheque de viaje» o «letra de cambio». Es decir, una especie de cajeros automáticos de la época. Estos lugares también funcionaban como punto de información para los peregrinos.

¿Por qué una oca? Esta ave ha sido muy valorada desde la antigüedad. En la civilización romana era la encargada de cuidar las estancias y alertar con sus ruidos de la presencia de personas desconocidas o ajenas a la propiedad. Era, además, símbolo de sabiduría. Se trata de un ave voladora, terrestre y acuática. Solo le falta el elemento del fuego, el que tiene que alcanzar el peregrino durante el camino. Como curiosidad, en el recorrido del Camino de Santiago hay dos zonas en las que persisten poblaciones que hacen referencia a este animal: la zona riojana de Villafranca Montes de Oca y la zona berciana desde El Ganso hasta Vega de Valcarce.

El tablero se compone de sesenta y tres casillas (y una extra que está oculta) y representa un camino de ida y vuelta. El viaje de ida estaría compuesto por las treinta y dos primeras casillas, que representan las treinta y dos etapas del camino tomando la ruta francesa desde Saint Jean Pied de Port hasta Santiago, un trayecto de 775 km. En el recorrido se encuentran un total de trece ocas, entre las cuales hay, aproximadamente, tres jornadas andando y una a caballo. El resto de las casillas simbolizan las demás situaciones y espacios que se encontrarán los peregrinos: posadas, puentes, pozos, cárceles, laberintos… Todos ellos con una fuerte carga simbólica. Podríamos decir que se trata de un jeroglífico cuyos símbolos sencillos e intuitivos eran conocidos por todos los caballeros de la Orden, independientemente del idioma de cada uno.

En el tablero no hay nada al azar. La ubicación de cada elemento en cada casilla está perfectamente medida y justificada. Los templarios estaban «compinchados» con los maestros canteros, de forma que las casillas coincidían con marcas secretas realizadas en las obras (como las catedrales) que el peregrino encontraría en el camino. Por ejemplo, tallaban símbolos como el caracol (símbolo del laberinto) o la pata de la oca. La huella de la pata de oca más significativa es la figura de un Cristo crucificado sobre una cruz de pata de oca en

Puente La reina, en la iglesia de Nuestra Señora de los Huertos. En Padrón, antigua Iria Flavia, existe también un cementerio en la colegiata de Santa María, donde pueden encontrarse patas de oca grabadas en las lápidas de algunas tumbas.

Más símbolos. Por ejemplo, el puente representaba el paso libre de peaje entre los diversos reinos cristianos de la península, el pozo era una metáfora del pecado y el laberinto simbolizaba la posible desorientación del caminante en su peregrinaje. De hecho, la casilla del laberinto (la número 42) corresponde a Ponferrada y reenvía al peregrino (jugador) a la casilla número 30, identificada con Terradillos de Templarios. La cárcel, como referencia a los delitos y asaltos frecuentes en el camino, se sitúa en la casilla 52, en el actual San Marcos de León.

Tampoco falta la casilla de la muerte (la número 58) que alude a la cantidad de peregrinos fallecidos en el camino; y los dados (en las casillas 28 y 53), que simbolizan el azar presente en cualquier aventura. Por último, la casilla 63, el monte del Gozo, el jardín de los ánades, la llegada a Santiago de Compostela y la conclusión del viaje.

Como comentábamos habría una casilla oculta, la número 64, no identificada en el tablero. Porque el viaje podía continuar hasta Finisterrre, el «fin de la tierra». Pero ¿por qué una casilla oculta? ¿Por qué no se señalan las sesenta y cuatro? La teoría más fiable hace referencia a la carga simbólica del número 9 (63 es múltiplo de este dígito) para los templarios. El 9 representa gráficamente una espiral, la síntesis final y vuelta al principio de la Creación. Además, en la numerología esotérica es el dígito relacionado con la oca. Si a esto añadimos que la Orden del Temple fue fundada por nueve caballeros y que se establecieron en nueve provincias de Occidente, todo cuadra.

UN MESTIZO EN LA CORTE: LA HISTORIA DE MARTÍN CORTÉS

Hernán Cortés, conquistador de México, tuvo varios hijos; uno de ellos con la Malinche, la indígena que actuó de intérprete y traductora y se convirtió en protagonista esencial de la conquista española de la Nueva España. Conocida por los españoles como doña Marina, dio a luz en 1522 a Martín Cortés Nezahualtecólotl, el primer mestizo mexicano reconocido con nombre y apellidos.

Cuando el niño contaba con seis años de edad, Hernán viajó con él a España. En 1529, Carlos I otorgó al conquistador un título hereditario: marqués del Valle de Oaxaca. Con ello, le encomendaba veintitrés mil vasallos indígenas y el derecho a que se construyera un palacio en la plaza Mayor, donde estaba la casa de Moctezuma. El rey, asimismo, ordenó que todos los indígenas que acompañaban al conquistador recibieran «ropa cristiana»; a los nobles de Tenochtitlá y al príncipe de Tlaxcala, don Lorenzo, trajes de terciopelo azul y jubones de damasco amarillo. Fueron hospedados, además, en Sevilla en las casas de dos familias acomodadas. Por su parte, Martín a los siete años quedó al cuidado de la reina emperatriz Isabel de Portugal, esposa de Carlos I, para servir a su hijo de dos años (el futuro Felipe II) como paje. El mestizo crecería, por tanto, junto al futuro rey, como vasallo, pero también como amigo.

Considerando el apoyo de Sus Majestades a Hernán y habiendo visto la bula papal emitida por el papa Clemente VII que reconocía al pequeño como hijo legítimo del conquistador, desde la Orden Militar de Santiago otorgaron a Martín honores reservados a las «personas de calidad». Para ingresar en esta orden militar y religiosa, se exigía «pureza de sangre» y los testigos del acto declararon en juramento que el niño no tenía sangre de moros, ni de judíos, ni de siervos, ni antepasados dedicados al oficio manual. Para ello, Diego de Ordás, militar español compañero de Cortés, había jurado que Malintzin (Malinche), la madre de Martín, era de familia noble y que en este momento estaba casada con otro español, Juan Jaramillo. Efectivamente, el requisito de «pureza de sangre» no contemplaba exclusiones por motivos de color o raza, sino más bien por motivos de deslealtad a la Corona o a la Iglesia católica. Martín, el mestizo, por tanto, fue ordenado caballero de la Orden de Santiago el 19 de julio de 1529.

Ese mismo año Hernán Cortés se casó en España con Juana de Zúñiga, sobrina del duque de Béjar, padrino del príncipe de Asturias (el futuro rey Felipe II). En 1530, el conquistador regresó a la Nueva España dejando a Martín solo, viviendo entre Madrid y Toledo puesto que la corte real era itinerante en función de las necesidades políticas. Hernán se había ocupado de garantizar su educación dejándola en manos de Diego Pérez de Vargas, miembro de la casa del rey, que enseñó al niño a leer, a escribir, a contar y, más adelante, le instruyó en latín y en la lectura de los autores clásicos. Como caballero, aprendió también a montar a caballo y a emplear la espada.

En 1532, Hernán fue padre de nuevo de otro niño al que también llamó Martín. Al ser este segundo Martín hijo legítimo de matrimonio, él sería quien heredaría el título de marqués que Carlos I concedió a su padre.

Cuando falleció la reina Isabel en 1539, Martín Cortés (el mestizo) tenía diecisiete años y el príncipe Felipe doce. Los setenta hijos de familias nobles que habían sido pajes del heredero pasaron a formar oficialmente parte de la casa del rey. Poco después, Hernán regresaba a España con sus dos hijos menores (el otro Martín y Luis), que también servirían al príncipe.

Con diecinueve años, Martín Cortés vivió su primera experiencia de guerra como soldado participando en la expedición de Carlos I contra la ciudad de Argel, en el norte de África. Durante dos décadas viajó por toda Europa con los ejércitos del rey.

Hernán Cortés murió en 1547, en Sevilla, cuando planeaba embarcar una vez más hacia el Nuevo Mundo. En su testamento, Martín Cortés, el legítimo, el hijo de la española, de quince años, resultaba el mayor beneficiario de su herencia. El mestizo, por su parte, recibiría 1000 ducados anuales. El testamento obligaba a sus hijos ilegítimos a obedecer a su hermano para recibir dicha prestación:

> Que sirvan, acaten y obedezcan al dicho sucesor de mi estado en todas las cosas que lícita y honestamente lo deban hacer como principal estirpe y cabeza donde ellos proceden y que por ninguna cosa le desobedezcan ni desacaten y acudan y le sirvan, no siendo contra Dios Nuestro Señor o contra su santa religión y fe católica o contra su rey natural[74].

En 1562, los hermanos viajaron juntos a México para enterrar allí los restos de su padre respetando sus últimas voluntades. En aquel lugar, el mestizo se reencontró con su hermana María, hija de Malintzin y el español Juan Jaramillo, que falleció a los pocos meses de su llegada. Pensó en regresar a España, pero eso suponía volver

---

74   Conway, G. (1940). *Postrera voluntad y testamento de Hernando Cortés, marqués del Valle.* Editorial Pedro Robredo.

a la vida militar, así que, finalmente, optó por llevarse a su mujer e hijos, que habían quedado esperando sus indicaciones. El rey Felipe intercedió para que doña Bernardina, mujer de Martín, pudiera atravesar el océano en 1565.

Años atrás, en relación con el Nuevo Mundo, el rey Carlos I había promulgado en 1542 las Nuevas Leyes de Indias[75] con la intención de proteger a los indígenas, prohibiendo la esclavitud y limitando el poder de las familias de los conquistadores españoles, evitando la herencia de encomiendas[76]. Felipe II decidió continuar esta misma línea de actuación iniciada por su padre. Los descendientes, como es lógico, querían luchar por los derechos perdidos y creyeron encontrar un aliado en Martín Cortés. Sin embargo, desconocían que los privilegios de la familia Cortés sí estaban garantizados de forma perpetua y que el mestizo había sido compañero de infancia del nuevo rey.

En 1566, don Martín y sus hermanos fueron acusados de rebelión contra la Corona. El mestizo fue sometido a la tortura de «cordeles y jarras de agua», consistente en amarrarle brazos y piernas y obligarle a ingerir grandes cantidades de agua mediante un embudo, para obligarle a confesar, pero no lo lograron. Finalmente, se libró de la ejecución y fue condenado al exilio. Regresó a España y murió tiempo después en una batalla, al servicio de don Juan de Austria, hermano de Felipe II.

ACCIÓN DE GRACIAS ESPAÑOLA

Cada mes de noviembre (concretamente, el cuarto jueves del mes), los estadounidenses celebran Acción de Gracias para conmemorar el día en que los colonos fueron ayudados por los indígenas. ¿Sabrán que el origen de esta celebración es en realidad española?

En septiembre de 1620, el barco Maryflower había partido de Inglaterra con ciento dos pasajeros bajo la promesa de prosperidad y tierras en el Nuevo Mundo. Después de un viaje de algo más de dos

---

75   El título original es «Leyes y ordenanzas nuevamente hechas por su majestad para la gobernación de las Indias y buen tratamiento y conservación de los indios».
76   Menéndez, M. (2009). «El trato al indio y las Leyes Nuevas. Una aproximación a un debate». En *Tiempo y sociedad*, núm. 1, pp. 23-47.

meses, llegaron a Plymouth (actual estado de Massachussets), donde comenzaron la construcción de una aldea. El primer invierno allí fue muy duro y solo lograron sobrevivir la mitad de las personas que habían viajado a bordo del barco. En marzo, los colonos supervivientes recibieron la visita de un indio abanaki. A los pocos días, este regresó con un miembro de la tribu pawtuxet que les enseñó a cultivar maíz, pescar e identificar plantas venenosas. En noviembre del año siguiente, tras la primera cosecha de maíz llevada a cabo por los colonos, el gobernador William Bradford organizó una fiesta de celebración a la que invitó también a un grupo de nativos americanos. La fiesta duró tres días y los asistentes pudieron degustar un menú que incluía ciervos, aves y maíz, según la *Smithsonian Magazine*[77].

Pedro Menéndez de Avilés. *Historia de la Marina Real Española* 1854. [Biblioteca Rector Machado y Nuñez]

---

77   Gambino, M. (21 de noviembre de 2011). «What was on the menu at the first Thanksgiving». *Smithsonian Magazine*. https://www.smithsonianmag.com/history/what-was-on-the-menu-at-the-first-thanksgiving-511554/

Durante más de dos siglos, la celebración de Acción de Gracias se celebró en las colonias y Estados, aunque no fue hasta 1863 cuando el entonces presidente de los Estados Unidos, Abrahan Lincoln, declaró *Thanksgiving* como fiesta nacional.

Hasta aquí la versión oficial del origen de esta celebración. Cincuenta y cinco años antes, en 1565, ya había tenido lugar en la actual Florida una celebración de Acción de Gracias organizada por el conquistador español (asturiano, para ser más precisos) Pedro Menéndez de Avilés. El 8 de septiembre de ese año el marino bautizó con el nombre de San Agustín a la primera ciudad en tierras de Estados Unidos, puesto que fue descubierta el 28 de agosto, efeméride de san Agustín de Hipona. El padre Francisco López de Mendoza Grajales ofició la primera misa en tierras estadounidenses, tras la cual se celebró una cena de Acción de Gracias. El menú pudo ser un cocido de cerdo y garbanzos, acompañado de galletas y vino.

Pero no fue la única Acción de Gracias española. Juan de Oñate, de origen vasco (su padre sirvió a Hernán Cortés en la conquista de México), aunque nacido en el Estado de Zacatecas, había obtenido del virrey de la Nueva España, Luis de Velasco, en 1595, autorización para organizar una expedición al norte del río Grande, en Texas y Nuevo México. Partió en 1598. Durante su travesía por el desierto de Chihuahua, al llegar al nuevo territorio de Nuevo México, del que sería el nuevo gobernador, y como muestra de agradecimiento por haber podido superar tantas penalidades, la expedición celebró un *Te Deum*, al que siguió una representación de una pequeña obra de teatro escrita por el religioso Marcos Farfán sobre la evangelización de los nativos. Hablamos de la primera representación teatral de la historia en el territorio de los actuales Estados Unidos de América. Pues eso.

EL ENTIERRO DE UN REY

Felipe II dispuso el entierro de sus padres, Carlos I e Isabel de Portugal, en el monasterio de El Escorial. Y también el de su hijo Carlos y el de sus esposas, María Manuela de Portugal e Isabel de Valois. Y el de su tía paterna, Leonor de Austria.

En junio de 1573 ordenó el traslado del cuerpo de su hijo don Carlos, que descansaba en el convento de Santo Domingo de Madrid, y el de Isabel de Valois, que se encontraba en las Delcalzas Reales. En diciembre de ese mismo año realizó las gestiones para trasladar los cuerpos desde Granada de su madre y de su primera mujer, María Manuela. Desde Mérida, trasladarían el cuerpo de doña Leonor, su tía. La comitiva haría una simbólica parada en Yuste para recoger el cuerpo de Carlos V.

Por otro lado, la reina Juana, su abuela, sería trasladada desde Tordesillas hasta Granada, para reposar junto a su marido Felipe y sus padres, los Reyes Católicos.

El padre Sigüenza cuenta que el rey quiso «hacer un cementerio de los antiguos donde estuviesen los cuerpos reales sepultados y donde se les hiciesen los oficios y misas y vigilias como en la primitiva Iglesia se solían hacer con los mártires»[78].

En El Escorial, los cuerpos quedarían enterrados en la iglesia de Prestado. Sería durante el reinado de Felipe IV (su nieto) cuando se inauguraría el Panteón Real en 1654. El cuerpo del emperador se dispuso debajo del altar. El de la emperatriz enfrente.

Carlos I dejó claro en su testamento que quería estar medio cuerpo debajo del altar y medio debajo de los pies del sacerdote. Y su hijo, Felipe II, cumplió su deseo.

La comitiva funeraria de Carlos I estaba formada por cuatro alguaciles, un alcalde de casa y corte, seis frailes franciscanos, seis dominicos, seis agustinos, la Cruz de la Real Capilla, doce capellanes reales, los carruajes con los restos de la reina, doce pajes, doce obispos y dos grandes de España, cuarenta soldados de la guardia española de a pie y treinta soldados de la guardia alemana a caballo con su capitán al frente. A la entrada al monasterio los féretros se dispusieron sobre una mesa cubierta de brocado. Tras el oficio del funeral, los Monteros de Espinosa depositaron los ataúdes bajo el altar mayor. Desde luego, Felipe tenía todo bajo control.

Felipe II también especificó por escrito cómo quería ser enterrado él mismo, tal y como relata el cronista Sepúlveda: sin embalsamar, amortajado con una sábana sobre camisa limpia y con una cruz de palo al cuello, depositado en una caja de cinc (para evitar olores) que

78   Sepúlveda, J. (1924). *Historia de varios sucesos y de las cosas notables que han acaecido en España y en otras naciones desde el año 1584 hasta el de 1603*, en D.H.M., Zarco Cuevas, J. (ed.), tomo IV.

iría dentro de un féretro fabricado con los restos de la quilla de un barco desguazado de madera incorrupta. Además, su cuerpo debía ser amortajado en la misma habitación donde falleciera y había de ser reconocido por la guardia, quien custodiaría el cadáver. El féretro sería conducido a hombros de grandes de España seguido de una procesión de capellanes, religiosos y niños del seminario con velas encendidas[79].

Falleció el 13 de septiembre, a los setenta y un años. Se formó una comitiva enlutada que recorrió los pasillos de El Escorial desde la alcoba real.

Como veíamos, Felipe II inauguró la tradición de que los reyes españoles recibieran sepultura en el monasterio de El Escorial. Cuando cambió la dinastía, Felipe V, primer rey Borbón, dispuso su propio entierro en el palacio de La Granja de San Idelfonso, en Segovia, su residencia preferida, mientras que su hijo, Fernando VI, lo hizo en el convento de las Salesas Reales de Madrid, junto a su mujer, la portuguesa Bárbara de Braganza. A excepción de ellos dos y de los «ajenos» José I y Amadeo I, todos los reyes de la historia de España desde Carlos I permanecen enterrados en El Escorial.

Aunque su padre y su hermano mayor Fernando optaron por no recibir sepultura en el monasterio, Carlos III recuperó de nuevo la tradición de los Austrias. En el libro *Carlos III: un monarca reformista*, el historiador Roberto Fernández narra:

> Al dar público testimonio del fallecimiento del monarca al sumiller de corps, este salió de la alcoba y anunció al capitán de guardia que el soberano había muerto, a lo que el militar replicó: «Pues el rey viva. Guardia doble a los príncipes nuestros soberanos». A continuación, rompió el bastón de mando en dos partes y lo situó sobre el rey[80].

El ceremonial se inició con el amortajamiento del rey, que fue expuesto durante tres días en el gran salón de Embajadores del Palacio Real (actual salón del Rey) para que el pueblo de Madrid

79   Sepúlveda, J. (1924). *Historia de varios sucesos y de las cosas notables que han acaecido en España y en otras naciones desde el año 1584 hasta el de 1603*, en D.H.M., Zarco Cuevas, J. (ed.), tomo IV.

80   Fernández, R. (2016). *Carlos III. Un monarca reformista*. Espasa.

pudiera despedirse de «su mejor alcalde». Pasado este plazo, los restos mortales del monarca fueron desprovistos de sus galas y el féretro fue envuelto en una sábana de oro para ser trasladado en carroza cerrada a El Escorial.

El Panteón tiene una estancia previa: el pudridero, una sala con suelo de granito y techo abovedado donde los cuerpos deben permanecer aproximadamente unos treinta años hasta su momificación. Allí, junto a otros infantes, descansan actualmente los restos de los condes de Barcelona, padres del rey Juan Carlos, desde abril de 1993 y enero de 2000, respectivamente. La función final del pudridero es reducir el tamaño de los cuerpos para que se adapten a los cofres de plomo de un metro de largo y cuarenta centímetros de ancho. El pudridero cuenta con dos estancias diferenciadas, una para reyes y otra para infantes, donde descansan los príncipes, infantes y reinas que no fueron madres de reyes.

Una vez que los cuerpos de los condes de Barcelona sean trasladados a sus sepulcros, el Panteón de los Reyes estará completo a menos que se realice una ampliación. En el Panteón de los Infantes todavía quedan veinticuatro tumbas vacías.

El traslado de los infantes y de los reyes del pudridero al panteón se celebra en la intimidad y bajo un protocolo muy estricto. Asiste un miembro de la comunidad agustina (puesto que estos monjes sustituyeron a los jerónimos desde 1885 en la custodia del lugar) y otro de Patrimonio Nacional, un arquitecto, dos operarios y un médico, que se limita a dar testimonio de que el proceso de descomposición ha finalizado.

LAS COCINAS DEL ALCÁZAR

Parece que los Austrias Mayores, Carlos I y Felipe II, eran de buen comer. Cuentan que degustaban al menos veinte platos en cada comida. La base de su dieta era fundamentalmente la carne, ya fuera de pollo, cordero, carnero, ternera, cabrito, pichón o pavo. Normal que padecieran gota. De hecho, el criado Juan Lhermite, de origen neerlandés, construyó para Felipe II una silla especial para ser transportado porque no podía andar como consecuencia de esta enfermedad.

Tanto le gustaba la carne a Felipe que había solicitado (y así fue concedida) una autorización del papa para poder comer carne los viernes de cuaresma. No así los Viernes Santos, que seguiría el precepto de comer pescado. El motivo alegado en dicha solicitud fue su constitución débil. Una excusa pueril, pero ¿quién le iba a negar una petición al rey más importante de la época? Y él tan contento, que los pecados autorizados dejan la conciencia más tranquila.

La comida preferida de su hijo, el futuro Felipe III, eran las croquetas de «manjar blanco» (pechuga de gallina cocida desmenuzada y mezclada con azúcar, harina de arroz, leche y agua de azahar) y el chocolate, bebida traída de las Indias y que constituía un auténtico producto *gourmet*. De América también había llegado el tomate y el pimiento, pero los vegetales no causaron la misma sensación en los monarcas. Eso sí, no les quedó otra que acostumbrarse al repollo por influencia de las esposas austriacas con las que habitualmente se acordaban los matrimonios en la Corte española de la época.

Parece, sin embargo, que los Austrias no fueron grandes bebedores. Preferían el agua, la limonada y la cerveza al vino. Y también las nieves y el hielo.

Y es que los reyes eran golosos. Disfrutaban de cuajadas, buñuelos, hojaldres y arroz con leche. Las aceitunas tampoco faltaban en los postres. El consumo de aceite de oliva, sin embargo, no era todavía frecuente.

Gracias al cocinero del Alcázar durante los reinados de Felipe II, Felipe III y Felipe IV, Martínez Montiño[81], conocemos algunos de los manjares habituales de los banquetes palaciegos: perniles cocidos, capones rellenos, pastelones de ternera, pichones asados, bollos maimones, lenguas de salchichones y cecinas, tortas y buñuelos de manjar blanco, hojaldres rellenos, tortillas de huevos y torreznos, cazuelas de pies de puerco con piñones, salpicones de vaca y tocino magro, empanadas de truchas, conejos en huerta, empanadas de liebres, truchas cocidas y en escabeche, fruta rellena, empanadas de perdices... Suena bien, desde luego.

Hay quien atribuye al propio Martínez Montiño la creación de la masa de hojaldre. Además, las crónicas señalan que el cocinero era

---

81 Martínez Montiño, F. (1611). *Arte de cozina, pasteleria, vizcocheria y conserveria*. Luis Sánchez.

extremadamente cuidadoso con la higiene y el protocolo de la mesa. Incluso, que no dudaba en aportar sus ideas respecto al emplatado de sus manjares. Un auténtico «Master Chef celebrity» del siglo XVI.

Tengamos en cuenta que en el Alcázar comían a diario miles de personas. Además de la familia real y su servicio, integrado por nobles y gentilhombres, almorzaban los habitantes de las seiscientas estancias de palacio. Por ello, las cocinas estaban abiertas veinticuatro horas los trescientos sesenta y cinco días del año y contaban con un equipo numeroso de distintos profesionales conocidos como oficios de boca. El relato que los cronistas nos han dejado de la etiqueta en la mesa y su colocación en el Alcázar, tanto en el almuerzo como en la cena, tiene mucho que ver con un ejercicio coreográfico en el que cada profesional sabía cuál era su posición y su función. Veamos.

Al frente de todo el personal de cocina se situaba el cocinero mayor, quien tenía habitación en palacio, asistencia médica y botica. Además, recibía todos los días un pan, dos medidas de vino, dos libras de candelas de sebo, un cuarto de carnero y la gallina que se utilizaba para los caldos del monarca.

El cocinero de la servilleta, por su parte, entregaba los platos a los encargados de disponerlos en la mesa y si era preciso, los acompañaba hasta el comedor, provisto de la servilleta que le daba el nombre. El comprador era el encargado de realizar la compra de los alimentos y de entregarlos a los oficiales del guardamanxier, que se ocupaban de verificar su peso y medida. El escuyer de cocina comprobaba su calidad y precio. El panetier era el encargado de la panetería, donde se cocinaba el pan. El sumiller de cava era el responsable de escanciar el vino en las copas. El sumiller de panetería entregaba el trigo al panetier y se ocupaba de cuidar los manteles y la cubertería de plata. El sausier era el responsable de guisos, salsas y vinagre. El frutier, de la fruta. El ujier de la sala de la vianda supervisaba que las mesas se prepararan a las horas estipuladas y por las personas adecuadas. El trinchante era el encargado de cortar la carne y de presentar los manjares al rey. Las lavanderas de boca y estado se ocupaban de la limpieza de los oficios de mesa. Los galopines, de limpiar la cocina. Y me dejo algunos oficios, pero creo que el resumen de distribución de tareas es bastante orientativo.

A diario, habitualmente el rey comía solo. Algunas veces con la reina. En cualquier caso, desde primera hora de la mañana el personal de servicio se ponía manos a la obra. El protocolo sería más o menos como relato a continuación:

El mayordomo semanero recibía instrucciones del escuyer en relación con el menú del día. Acto seguido, se disponía a despertar a los operarios de cada oficio. Para ello, iba por sus habitaciones golpeando las puertas con una varilla de ébano rematada con una pieza metálica en su extremo. El furrier disponía la mesa del rey bajo un dosel y sobre una tarima, llevaba también su silla y otras piezas que fueran necesarias. Por su parte, el panetier acudía a la panetería, acompañado por doce soldados de la guardia: cuatro de la guardia española, cuatro de la alemana y cuatro de la borgoñona. El sumiller de cocina se ocupaba de los cubiertos y los manteles. A continuación, el ujier de sala ordenaba al copero que se dirigiera a la cava para que el sumiller le proporcionara la copa del rey. Una vez estaba todo listo, aguardaban a que el mayordomo saliese de la cámara con el rey, para dirigirse a la cocina a por la comida. Para entonces, el cocinero, el trinchante y el sausier ya estaban preparados para comenzar sus tareas. El panetier era el encargado de distribuir los platos sobre la mesa. El mayordomo semanero avisaba entonces al monarca de que la comida estaba servida. El copero ofrecía agua a Su Majestad para lavarse las manos. El trinchante le mostraba para que eligiera mientras que el aposentador aguardaba, rodilla en tierra y sujetando la silla, a que el rey se sentara. Antes de comer, el prelado procedía a bendecir la mesa.

Cuando el rey se sentaba, se disponían a su alrededor el panetier, el mayordomo semanero y un poco más retirado el copero, atento a los gestos del monarca para servirle la bebida. Mientras el rey bebía, permanecía arrodillado sujetando un platillo para que el monarca no se manchara. No existían los baberos por aquel entonces… El servicio de los segundos platos seguía el mismo ritual.

Una vez terminaba la comida y se levantaba el rey, se retiraban los manteles. El copero le ofrecía agua para lavarse las manos y el trinchante le limpiaba las migajas de la ropa. El mayordomo semanero acompañaba al rey a sus habitaciones. Entonces, el mozo de limosna entregaba un plato al limosnero mayor que, a su vez, lo entregaba al trinchante para que pudiera depositar los restos de comida que habían sobrado y distribuirlos entre mendigos.

La cena solo se diferenciaba por la presencia de los servicios de cerería con el fin de iluminar las distintas estancias.

Y luego hay dos figuras curiosas. Por un lado, la del médico, habitual en los banquetes para vigilar lo que se servía y si era oportuno que Su Majestad lo degustara en función de sus padecimientos. Por otro lado, el repostero de los estrados. Las mujeres no se sentaron a la mesa hasta la llegada de los Borbones. Hasta entonces, y con la única excepción de la reina (y tal vez alguna otra dama de cierta categoría), las mujeres se sentaban en cojines (estrados) en el suelo. El repostero tenía la función de tener cojines preparados por si alguno de los hombres presentes quisiera hablar con alguna dama; en este caso, colocaba el estrado en el suelo para que el hombre pudiese hincar la rodilla.

No fue el único cambio que introdujo la casa de Borbón. Con la llegada de Felipe V, se impuso la cocina francesa, así como la italiana, sobre todo en tiempos de Isabel de Farnesio, segunda mujer del nuevo monarca; y de su hijo Carlos III, que venía de Nápoles. Los reyes (Felipe e Isabel) comían juntos, rodeados de un elegido grupo de cortesanos. El ritual del servicio seguía la tradición de la casa de Austria, aunque introdujeron algunos cambios tomando como referencia la etiqueta de Versalles.

Durante el reinado del primer Borbón, en el menú no faltaban los caldos, jaleas y consumados. Felipe V tomaba diariamente un caldo hecho con un pollo de cebo y dos libras de ternera, al que se añadía vino, azúcar y canela. También tomaba una jalea, que se hacía dos o tres veces por semana, a base de un ave de cebo, cuatro libras de ternera, cuatro manos de ternera, cuatro libras de azúcar, dos onzas de canela y una azumbre de vino. Otra variante era el llamado *chaudeau*, sopa elaborada con yemas de huevo, azúcar, canela y vino de Borgoña. Más adelante, el rey tomaría caldo de consumado por las mañanas y sopa en las comidas.

Pero el plato típico español por excelencia de la época era la olla podrida. En palacio se servía la versión «rica» de esta receta, elaborada con carnes de vaca, carnero, gallina, pichón, liebre, pernil y cerdo, chorizo, tocino, garbanzos, verduras y especias. Muy completo. En tiempos de Felipe V se servía este plato todos los domingos a los reyes y a los infantes.

El rey era moderado con la bebida. Solo bebía vino de Borgoña añejo. La reina Isabel comía menos que su marido, pero bebía vino de Champagne y era muy fumadora, costumbre que desagradaba al rey.

Carlos III también prefería el vino de Borgoña, el mejor vino francés del siglo XVIII, y otro español, el vino de Canarias, un vino dulce muy valorado en la época, que tomaba en las cenas. Eso sí, siguiendo la costumbre de la época, mezclaba el vino con agua templada. Cada noche cenaba «su sopa», un asado de ternera, un huevo fresco, una ensalada con agua, azúcar y vinagre y la citada copa de vino de Canarias, en la que mojaba miga de pan tostado.

Los Austrias menores. El Tercero, el Cuarto y el Hechizado

PLAZA MAYOR, PLAZA DE TOROS

Los monarcas españoles han sido grandes aficionados a los toros. No todos, claro. Siempre hay excepciones, que ahora veremos.

Uno de los principales cosos taurinos de Madrid durante siglos fue la mismísima plaza Mayor, inaugurada el 3 de julio de 1619, precisamente, con una corrida de toros. Entre la mañana y la tarde se corrieron quince toros de Zamora e intervinieron Gonzalo Bustos de Lara, a caballo, y Juan Moreno, a pie. Los toros de los festejos descansaban en la Casa de Campo desde donde se hacían los encierros por la cuesta y puerta de la Vega, poniendo talanqueras que continuaban por la calle Mayor hasta llegar a la plaza.

En realidad, en este lugar ya se celebraban festejos taurinos desde 1540, cuando era la denominada plaza del Arrabal. Por entonces, el lugar quedaba fuera de las murallas que protegían la ciudad desde el siglo XI. Gracias a ello, tenía la ventaja de evitar el portazgo, impuesto que gravaba la venta de mercancías dentro de la ciudad. Como hemos visto, Felipe II decidió instalar la corte en Madrid en 1561. Para acabar con la «evasión fiscal», derribó la muralla y el lugar quedó integrado como espacio central del ocio y la vida social madrileña.

La plaza Mayor ha sido el mayor coso taurino de la historia. Formaba (y forma) un rectángulo de 152 metros de largo por 94 de ancho. Para crear este espacio tan extenso hubo que demoler numerosas casas. De hecho, en diciembre de 1617 se celebró una corrida de toros y cañas en presencia del rey, y como la plaza pareció pequeña se decidió derribar más casas, de modo que en 1620 aún se estaban haciendo obras. El diseño actual del espacio tiene su origen en el proyecto encargado por Felipe III al arquitecto Juan Gómez de Mora. Aunque tras el incendio de agosto de 1790, fue preciso reconstruirla y se encargó del proyecto Juan de Villanueva.

El 18 de octubre de 1846 se celebró la última fiesta taurina en la plaza Mayor con motivo del doble enlace matrimonial de Isabel II y su hermana María Luisa Fernanda, con Francisco de Asís y Antonio de Orleans (duque de Montpensier), respectivamente. Poco después, la plaza fue adoquinada y ajardinada y se colocó en el centro la estatua ecuestre de Felipe III, que, hasta entonces, se encontraba en la Casa de Campo.

La plaza de toros más antigua de la que se tiene constancia en Madrid data de 1418, en honor a Juan II de Castilla. Se ubicaba entre las puertas de la Vega y de Segovia. Durante el reinado de los Reyes Católicos se construyó una nueva plaza en el prado de San Jerónimo (actual Paseo del Prado), a la altura de donde se encuentra ahora el palacio de Villahermosa. Esta plaza permaneció en activo hasta el siglo XVII, pues hay constancia de la asistencia de Felipe II y Felipe III a varios festejos.

El 27 de enero de 1612, Felipe III otorgó el primer privilegio real para la celebración de las corridas en cosos cerrados, origen de las actuales plazas de toros. El objetivo de estos festejos era recaudar fondos, habitualmente destinados a obras de beneficencia.

Las corridas de toros adquirieron mucha importancia durante el reinado de Felipe IV. El propio monarca rejoneó y alanceó toros a caballo, como todo caballero de prestigio de la época. Incluso solía dar el «toque de gracia» al moribundo animal. La costumbre se hizo tal que ya era el mismo público quien se lo pedía. También se popularizaron los festejos en los que los toros bravos debían luchar con otras bestias salvajes como jabalíes, tigres, elefantes o leones. Estas celebraciones, surgidas durante el reinado de Felipe II, lograron su máximo esplendor durante el reinado de su nieto.

Cuando se inauguró la plaza Mayor, se celebraban festejos por la mañana y por la tarde. Los primeros, para el pueblo y organizados por el Concejo de la Villa; los segundos, para los reyes y la alta sociedad y organizados por la mayordomía real. Por ello, los festejos de la mañana costaban la mitad que los de la tarde. Se solían celebrar las corridas populares sin fecha fija en torno a la festividad de san Juan (junio) y de santa Ana (julio); y, posteriormente, a san Isidro (mayo). El primer san Isidro festejado con toros fue el 23 de mayo de 1630.

Cuando los reyes asistían, ocupaban el balcón central de la Casa de la Panadería, con la Guardia Real en torno a ella; y el resto de los asistentes de la nobleza. En las calles sin arco con acceso directo a la plaza, se construían casas efímeras de madera con balcones, conocidas como «claros».

Tras la lidia, el toro muerto era retirado en carreta, hasta que a partir de 1623 se decidió que fuera arrastrado por mulas: tres mulas en las corridas ordinarias y seis en las reales.

Además de la plaza Mayor, había otros cosos en Madrid. Por ejemplo, durante el reinado de Felipe III, era conocida la plaza que tenía el duque de Lerma en su huerta, ubicada al lado de su palacio, en lo que sería hoy el hotel Palace. También se celebraron corridas en la Puerta del Sol, la plaza de la Cebada, la de las Descalzas o la de Lavapiés con motivo de alguna festividad. Los patios del desaparecido palacio del Buen Retiro serían también escenario de estos festejos; aunque, en este caso, de acceso reservado en exclusiva para la nobleza.

A finales del siglo XVII la escritora y aristócrata francesa Marie Catherine d'Aulnoy visitó nuestro país para escribir su obra Relación del viaje a España[82] (de la que ya hemos hablado), en la que fue narrando los lugares que conoció y nuestras costumbres. Uno de los capítulos del libro está dedicado, precisamente, a una corrida de toros en la plaza Mayor de Madrid presidida por Carlos II. Se trataba del festejo con motivo de la boda del rey con María Luisa de Orleans.

La autora relata que en la celebración se dan cita todas las clases sociales, si bien su ubicación en el espacio viene determinada por su posición social o por su cargo. El rey se situaba en el centro, en

---

82   Aulnoy, M. C. (1986). *Relación del viaje a España*. Akal.

un balcón más amplio y «todo dorado». Alrededor del monarca se disponían los embajadores de los distintos reinos con presencia en Madrid como los de Francia, Inglaterra, Polonia, Saboya, Suecia, Dinamarca y el nuncio de Su Santidad, entre otros. También asistían los más altos funcionarios del Estado pertenecientes al Consejo de Castilla, de Aragón, de la Inquisición, de las Indias, de la Guerra o de Hacienda entre los más destacados, junto con los miembros del ayuntamiento, magistrados y la nobleza.

Las corridas de toros se prolongaban durante horas, por lo que a los invitados del rey se les ofrecía una suculenta merienda además de diversos obsequios para favorecer la comodidad y el disfrute: «[...] en cestas muy limpias, y con esa merienda, que consiste en frutas, dulces y helados, guantes, cintas, abanicos, jabones, medias de seda y ligas». La francesa añade: «De suerte que a menudo esas fiestas cuestan más de cien mil escudos».

Según la crónica, Carlos II llegó en carroza escoltado por un cortejo de guardias de corps y de pajes, todos ellos a pie. La carroza iba precedida por otras ocupadas por personal palatino. La que iba justo delante de la suya iba vacía y era conocida como «carroza de respeto».

La plaza desplegaba sus mejores galas. Los balcones, que se alquilaban a precios astronómicos, lucían engalanados con tapices y doseles. «Las damas [...] van adornadas con todas sus pedrerías y con lo mejor que tienen. No se ve más que telas magníficas, tapicerías, almohadones y alfombras ribeteadas de oro».

La escritora continúa subrayando que la lidia, protagonizada por nobles caballeros elegantemente vestidos y escoltados por lacayos, comenzaba con un complicado ceremonial:

> Cuando todas las cosas están ya dispuestas, los capitanes de los guardias y los otros oficiales entran en la plaza montados sobre hermosísimos caballos y seguidos de las guardias española, alemana y borgoñona. Van vestidos de terciopelo o de raso amarillo, que es el color de las libreas del rey, con galones aterciopelados carmesí, oro y plata.

Según la condesa, «el embajador de Francia es el que llama más la atención, porque su séquito va todo vestido a la francesa, y es el único embajador que goza de este privilegio, porque los otros van vestidos a la española». Los rejoneadores vestían de negro:

[...] con trajes bordados en oro y plata, de seda o de azabaches. Llevaban plumas blancas mosqueadas de diferentes colores, que se alzaban en un lado del sombrero, con una rica escarapela de diamantes y un cordón de lo mismo. Lucían bandas, unas blancas, otras carmesí, azules y amarillas, bordadas en oro mate; algunos las llevaban en la cintura, otras puestas en tahalí y otros al brazo.

Pronto las cosas darían un vuelco radical para la fiesta taurina. Si bien los Austrias eran grandes aficionados a la tauromaquia, no así Felipe V. El primer Borbón, recién llegado de la refinada corte parisina, quedó horrorizado al ver estos espectáculos con los que la nobleza castellana quiso agasajarlo. Tras el primer festejo, no dudó en calificar lo que acababa de presenciar como una fiesta bárbara, cruel y de mal gusto, cuyo único objetivo era dar mal ejemplo al pueblo. Solo permitió cuatro corridas en la plaza Mayor: una en el año 1703, con motivo de su cumpleaños; otra en 1704, tras su regreso desde Portugal; otra en 1725, con motivo del regreso de la infanta María Ana Victoria (Marianina, de quien más adelante hablaremos); y la última en 1726, con ocasión del nacimiento de su hija, la infanta María Teresa. No hubo más toros en la plaza Mayor hasta 1746, con motivo de la subida al trono de Fernando VI.

Es más, Felipe V promulgó en 1723 una ley en la que prohibía el toreo a caballo por parte de cualquier cortesano. Esto, paradójicamente, favoreció el crecimiento de la tauromaquia entre la plebe, donde se popularizó el toreo a pie, debido al alto coste de recurrir a caballos. Es decir, el toreo evolucionó hacia un espectáculo de masas y no como exhibición de una nobleza que debía demostrar sus habilidades y valor ante los súbditos.

Pero el Borbón no fue el primer monarca antitaurino. No nos engañemos. Lo cierto es que Alfonso X, el Rey Sabio, ya había calificado de despreciable y ruin a todo aquel que lidiara con res brava por dinero. E Isabel la Católica, por su parte, horrorizada por las muertes de toreros y toros, trató de reducir peligros ordenando embolar las astas de las bestias.

La Iglesia también se pronunció en contra durante el reinado de Felipe II. En 1567 el papa Pío V promulgó la bula *De Salutis Gregis Dominici*, pidiendo la abolición de las corridas, calificadas de espectáculos «cruentos y vergonzosos» y «propios del demonio» en todos los reinos cristianos, amenazando con la excomunión a quienes las apoyaban. Añadía, además, que, si alguien moría durante la lidia, no recibiría sepultura eclesiástica. Su sucesor Gregorio XIII emitió la bula *Nuper Siquidem*, con la que anulaba la emitida por su predecesor. En 1585, Sixto V volvió a poner en vigor la condenación, que a su vez fue cancelada en 1596 por Clemente VIII. El rey español justificó que la afición por los toros estaba muy consolidada en nuestro país y que era una temeridad exponer su reino a trifulcas. Al final las prohibiciones quedaron reservadas al clero. Pero los curas taurófilos se disfrazaban para entrar en las plazas. En *Toros en Madrid*, Pascual Millán señala que el propio Felipe II descubrió al cardenal Barberini disfrazado en uno de estos festejos y le dijo: «Bien disfrazado vais, señor Cardenal, pero no tanto que no se os conozca»[83].

Volvamos a los Borbones. Coincidiendo con la llegada al trono de Carlos III, se celebraron otros dos festejos en la plaza Mayor. También hubo corridas en 1765 con motivo de la boda de Carlos IV y con su proclamación en 1789. Con ocasión de la primera boda de Fernando VII, en 1803, se volvió a celebrar una corrida de toros y en 1833, con motivo de la jura de Isabel II como princesa heredera.

Carlos III se convirtió en el primer rey en prohibir las corridas de toros por completo, aunque la ley no acabó de cumplirse del todo. Lo cierto es que ni siquiera los monarcas tenían las cosas claras. Por ejemplo, su hijo, Carlos IV, celebró su proclamación con una corrida y, tras el festejo, volvió a prohibirlas. En 1805, otro real decreto de Carlos IV reiteraba la abolición de las corridas, pero permitía excepcionalmente que se celebraran algunas con fines benéficos. Fernando VII, gran aficionado, también las prohibió a su regreso del exilio y luego las restableció. Su tercera mujer, María Josefa Amalia de Sajonia, fue clara al respecto en una carta a su futuro marido: «Debo confesarte que me hace una impresión desagradable el ver a esta pobre gente, que no es útil a nada en el mundo y que por nada, por un juego, expone su vida y su eterna salud»[84].

Pero la plaza Mayor no solo era escenario de corridas de toros.

---

83   Millán, P. (1987). *Los toros en Madrid. Estudio histórico.* Asociación de Libreros de Lance de Madrid.

84   La Parra, E. (2018). *Fernando VII. Un rey deseado y detestado*, pp. 387-388. Tusquets.

También se celebraron allí muchos otros eventos y espectáculos, como obras de teatro, torneos, juegos de cañas, fiestas de carnaval o mascaradas y pasos de romería, como la dedicada a san Marcos, que se celebraba el 25 de abril. Los romeros solían acudir vestidos con harapos, por lo que fue conocida popularmente como la del trapillo (de trapo). De ahí proviene la expresión «ir de trapillo» para referirnos a una manera de vestir sencilla y casera. Además, la plaza Mayor era uno de los principales escenarios por donde transcurría la procesión del Corpus Christi. En el Madrid del siglo XVII iba precedida por la tarasca, un dragón que simbolizaba el mal, acompañado por personajes grotescos y diablos. La plaza también era el punto de paso (estación) de procesiones de Semana Santa. Para ello, se construían en altares, cada vez más lujosos. Y en la plaza Mayor se proclamó rey a Felipe IV, en 1621.

Hay que ver cómo nos gusta un sarao en Madrid. En cuanto había un espectáculo, los madrileños se asomaban a sus balcones, si los propietarios lo toleraban, claro, porque existía la conocida como «servidumbre de espectáculo», que obligaba a los inquilinos de las viviendas de la plaza a desalojar los balcones y cederlos a los propietarios para que pudieran disfrutar del evento o vender la correspondiente entrada.

Lo cierto es que no todo eran espectáculos con carácter festivo. En la plaza Mayor también tenían lugar ejecuciones. Si el ejecutado era noble, le correspondía ser degollado en un tablado delante de la Real Casa de la Panadería. Si el preso había sido condenado a garrote vil, la ejecución se hacía delante del Portal de Paños. Si el sentenciado iba a morir en la horca, el acto tenía lugar delante de la carnicería. Una de las ejecuciones más relevantes llevada a cabo en la plaza Mayor de Madrid fue la de Rodrigo Calderón, marqués de las Siete Iglesias, hombre de confianza del duque de Lerma, valido de Felipe III, condenado a muerte en 1621 por un escándalo de corrupción. Fue degollado enfrente de la Casa de la Panadería, desde donde la familia real presidía el acto. Las ejecuciones públicas se trasladaron de la plaza Mayor a la plaza de la Cebada en 1805; durante la ocupación francesa, regresaron a la primera.

Ana de Francia, en el ala derecha del tríptico de la Virgen en
la Gloria de la catedral de Moulins, Maestro de Moulins.

ANA DE FRANCIA, LA REINA DE *LOS TRES MOSQUETEROS* QUE NACIÓ EN VALLADOLID

La reina Ana de Francia, cuyo honor defendieron *Los tres mosqueteros*[85] de Alejandro Dumas, era en realidad la infanta española Ana Mauricia de Austria, hija de Felipe III y la reina Margarita, y, por tanto, hermana de Felipe IV.

Ana nació en Valladolid el 22 de septiembre de 1601; lo que no está tan claro es si fue en el Palacio Real (en la actual plaza de San Pablo) o en el palacio de los Condes de Benavente (en la plaza de la Trinidad) porque es posible que el primero se encontrara en obras en aquella fecha.

Lo que sí sabemos es que fue bautizada en la iglesia de San Pablo y que el evento fue todo un acontecimiento social, como relata el cronista Luis Cabrera de Córdoba en *Relaciones de las cosas sucedidas en la corte de España desde 1599 hasta 1614*[86]. Cardenales tan importantes como el de Toledo, nobles como el duque de Parma, el marqués de Velada o el conde de Alba, señores como Pedro de Médici y diplomáticos como el embajador de Venecia acudieron a Valladolid. Como era costumbre, se construyó un pasadizo de madera para que la infanta y su comitiva llegaran al templo. El suelo de la capilla fue cubierto de ricas almohadas. Aquella noche hubo luminarias en las calles de Valladolid.

Ana era la mayor de los ocho hijos que tuvieron Felipe III y la reina Margarita. Su madre murió cuando ella tenía diez años, tras el nacimiento de su octavo hijo. La infanta se había criado en un entorno familiar lleno de afecto, lo que contrastaría con el trato frío y distante que recibiría al llegar a la corte francesa con tan solo catorce años por parte de su suegra, María de Médici, quien había educado a sus hijos en la más estricta etiqueta y ceremonial.

¿Cómo se convirtió nuestra infanta en reina de Francia? Pues mediante un matrimonio concertado por los reyes de los respectivos países, como era habitual. Y, además, se trató de una negociación doble. Isabel de Francia se casó con el hermano de Ana, futuro

---

85   Dumas, A. (2002). *Los tres mosqueteros*. Juventud.

86   Cabrera de Córdoba, L. (1857). *Relaciones de las cosas sucedidas en la corte de España desde 1599 hasta 1614*. Imprenta de J. Martín Alegría.

Felipe IV; y ella contrajo matrimonio con Luis XIII de Francia. En noviembre de 1615, ambas cruzaban la frontera en sentido inverso. Los dos enlaces se habían celebrado por poderes. El de Isabel y Felipe en Burdeos y el de Ana y Luis en Burgos.

Según relata Bárbara Rosillo[87], Carlos Arellano describe el vestido de la infanta española en una carta al duque de Lerma: «Era de terciopelo morado, bordado con flor de lises, y un manto real de lo mismo forrado de armiños con más de cinco a seis varas de falda». Y añade: «Llevaba la reina una corona muy pesada, y tanto, que se le caía y le deshacía el tocado». La flor de lis era el símbolo de la familia real francesa desde la Edad Media. El manto de la coronación era del color azul de la Orden del Espíritu Santo, creada por Enrique III en 1578, y aparecía bordado con la citada flor. Su ajuar estaba formado básicamente por joyas, orfebrería, lencería y vestidos. El valor de las joyas entregadas en San Sebastián al duque de Monteleón el 7 de noviembre de 1615 ascendía a 71.221 ducados, según la tasación de Hernando de Espejo, guardajoyas del rey[88].

La infanta Ana aportaba, además, piezas de plata de todo tipo, algunas con el escudo de armas real: bacías, campanilla, atril, palmatoria, tarros, salvillas, azafates, espumadera, cucharón, bandejas, braseros, fuentes, platos, candeleros, un perol para hacer conservas y una cantimplora grande.

La lencería estaba compuesta por sábanas, toallas, almohadas, paños de dientes, paños para sangrías y peinadores. Todas las piezas, con sus medidas, algo común en las cartas de dote e inventarios. La unidad de medida era la vara castellana, que equivalía a 0,83 metros; por ejemplo, las sábanas medían cuatro varas de largo por tres de ancho (3,32 m x 2,50 m aproximadamente). La infanta llevaba nada menos que treinta y seis valonas (cuellos) y seis docenas de pares de puños guarnecidos de randas (encaje de bolillos) de Flandes.

La noche de bodas tuvo lugar en el palacio arzobispal de Burdeos. El matrimonio fue infeliz desde el principio. María de Médici, reina

---

87   Rosillo, B. (24 de mayo de 2019). «El ajuar de Ana de Austria, infanta de España». Barbara Rosillo. Recuperado el 31 de agosto de 2021. https://barbara-rosillo.com/2019/05/24/el-ajuar-de-ana-de-austria-infanta-de-espana/

88   Rosillo, B. (24 de mayo de 2019). «El ajuar de Ana de Austria, infanta de España». Barbara Rosillo. Recuperado el 31 de agosto de 2021. https://barbara-rosillo.com/2019/05/24/el-ajuar-de-ana-de-austria-infanta-de-espana/

de Francia tras enviudar de Enrique IV, que había fallecido tras un brutal apuñalamiento, no quería que Ana tuviera ningún poder en la corte ni que perjudicara la influencia que ejercía sobre su hijo. Así que, ayudada por el cardenal Richelieu, limitó los encuentros de la pareja a la necesaria unión para conseguir un heredero. Según las habladurías de la época, a la influencia materna se unía la repugnancia patológica que Luis XIII tenía al sexo.

Ante esta situación hostil no es de extrañar que fuera complicado que los reyes concibieran un heredero. En 1622, siete años después de su boda, Ana consiguió por fin quedarse embarazada. Pero perdió el bebé y Luis se distanció todavía más de su esposa, culpándola de la pérdida de su hijo. Ana tendría que esperar muchos años hasta ser madre, tiempo en el que la amenaza de repudio estuvo siempre presente.

Al margen de sus problemas conyugales y los desencuentros con su suegra, probablemente, el asunto más grave al que tuvo que enfrentarse Ana fue el conocido como «Cartas españolas». En 1635 España y Francia habían entrado en guerra. La relación epistolar que Ana mantuvo con su hermano, el cardenal infante gobernador de los Países Bajos, puso a la reina en el punto de mira. Se la acusó de conspirar contra Francia para favorecer a los intereses españoles. Luis, a pesar de castigar a su esposa públicamente, renunció a abandonarla. Su fuerte religiosidad se lo impedía, así como un hecho práctico: si se volvía a casar y tampoco tenía hijos, entonces sería él el culpable de la infertilidad de la pareja.

Por fin, Ana concibió al esperado heredero cuando tenía casi cuarenta años, edad muy elevada para la época. Poco después llegaría el segundo, Felipe. Años después, en 1643, moriría el rey. Luis XIII intentó limitar en su testamento los derechos como regente de su mujer disponiendo un consejo de regencia; pero Ana logró convencer al Parlamento para que anulase los deseos póstumos del rey y hacerse con las riendas de Francia hasta la mayoría de edad de Luis XIV, el Rey Sol. Todos los ministros nombrados por Luis fueron despedidos, excepto el cardenal Mazarino, padrino de bautismo del delfín, al que Ana nombró primer ministro.

En 1660, con la boda de su hijo Luis (XIV) con María Teresa de Austria, hija de su hermano Felipe IV, Ana culminó dos de sus sueños: el matrimonio de su hijo con una infanta española y la ansiada paz (Paz de los Pirineos) entre sus dos países.

Tras el ascenso de su hijo al trono en 1651 y la muerte de Mazarino, la reina Ana se retiró a vivir al castillo de Val-de-Grâce. En invierno de 1666 falleció víctima de un cáncer de mama, uno de los primeros casos de esta enfermedad documentados en la historia. Fue enterrada en la basílica de Saint-Denis, al lado de los grandes monarcas de Francia. Durante la Revolución francesa, los radicales profanaron su sepultura y arrojaron sus restos a un vertedero. La *liberté*.

CUANDO LA PROSTITUCIÓN ERA LEGAL: LAS ORDENANZAS DE MANCEBÍA

En el siglo XVII, Siglo de Oro español, se crearon burdeles públicos, conocidos como mancebías. Felipe II expidió las correspondientes pragmáticas para que todas las ciudades importantes, especialmente las universitarias y las cercanas a un puerto, tuvieran al menos una. Durante el reinado de Felipe III, su hijo, había tres mancebías en Madrid; durante el reinado de Felipe IV, su nieto, la cifra ascendía a más de ochocientas, tal y como recoge José Deleito y Piñuela en el libro *La mala vida en la España de Felipe IV*[89].

Las mancebías madrileñas durante su reinado se distribuían también por zonas y público. Por ejemplo, en la calle Francos (hoy calle Cervantes) se encontraba Las Soleras, burdel dirigido a las altas esferas de la sociedad. En las calles Luzón y Montera, se encontraban los burdeles más frecuentados por comerciantes y burgueses; y los más humildes estaban en la Morería, en la plaza del Alamillo y en las conocidas como «barranquillas de Lavapiés». Hasta había una calle de la Mancebía, nombre más que intuitivo, ubicada entre la calle Toledo y la ronda del mismo nombre. El conde duque de Olivares intentó unificarlos todos sin éxito en la calle Mayor. Ante esta multiplicación de prostíbulos, la Iglesia pidió a Felipe IV que pusiera fin a estos excesos, aunque ciertamente era difícil de controlar.

Para dedicarse a este oficio, las jóvenes debían cumplir por ley cuatro requisitos: ser mayores de doce años, haber perdido la virginidad, ser huérfanas (o abandonadas por su familia) y no pertene-

---

89   Deleito y Piñuela, J. (2020). *La mala vida en la España de Felipe IV*, pp. 71-74. Alianza Editorial.

cer a una familia noble. Además, debían contar con una autorización por escrito de un juez que asegurara el cumplimiento de tales condiciones.

Los burdeles recibían visitas periódicas de un médico que certificaba la salud de las jóvenes y comprobaba los posibles riesgos de infecciones para prohibir ejercer el oficio a aquellas que estuvieran enfermas. Sobre todo, se controlaba la propagación de la sífilis.

Los dueños y dueñas de las mancebías se denominaban «padres» y «madres» y tenían completa autoridad sobre las mujeres que habitaban y trabajaban en sus «casas», y cuidaban de su manutención. Ellas, a cambio, como es lógico, debían entregarles una suma de dinero previamente acordada. Lo curioso es que eran respetados y considerados «hombres de bien», como si hicieran un favor a la sociedad por contribuir a labrar un futuro para jóvenes sin porvenir.

Cuenta José Deleito y Piñuela que «los ingresos de las pupilas de burdel guapas y bien vestidas solían ser de cuatro a cinco ducados diarios, mientras que las feas, ajadas y de mal aspecto solo ganaban de cincuenta a sesenta cuartos»[90].

Las Ordenanzas de Mancebía disponían también cómo debían vestir las prostitutas para que pudieran ser fácilmente identificadas. El «*dresscode* oficial» era un medio manto negro o mantilla, en contraposición del manto completo que lucían las mujeres «honradas»: por ello, recibieron el nombre de «damas de medio manto». También proviene de aquí la expresión «irse de picos pardos», para aludir a juergas o fiestas, porque los picos de los mantos que llevaban solían ser de este color. Las prostitutas se maquillaban de forma exagerada para resultar más llamativas y también para disimular posibles marcas de viruela o enfermedades venéreas.

Era frecuente que estas trabajadoras asistieran a procesiones y oficios religiosos. Se popularizó tanto la costumbre que Felipe II tuvo que prohibir su presencia en dichos actos al comprobar que las mujeres «decentes» dejaron de acudir para no ser confundidas con las «pecadoras».

Hablando de pecados… El arzobispo Pedro de Castro hizo levantar un altar con un crucifijo en la puerta del burdel más famoso de

---

90   Deleito y Piñuela, J. (2020). *La mala vida en la España de Felipe IV*, p. 69. Alianza Editorial.

Sevilla (el Compás) con la intención de intimidar y ahuyentar a los devotos. Y poco a poco fue consiguiendo su objetivo. Primero logró que se cerrara en días de precepto, sábados y fiestas de la Virgen y que no trabajara en la mancebía ninguna prostituta de nombre María. Finalmente, el burdel se clausuró por completo.

Es curiosa también una pragmática fechada en 1639 que prohibía expresamente el uso de escotes y guardainfantes (estructura de aros de metal o mimbre que se colocaba sobre las enaguas para aportar volumen a las faldas o basquiñas y que recibe ese nombre, precisamente, por su capacidad para ocultar, disimular o proteger posibles embarazos) a todas las mujeres, excepto a las prostitutas con licencia para ejercer su oficio.

La cortesana de Jacob Adriaensz Backer, 1640.
[Museu Nacional de Arte Antiga]

Efectivamente, el guardainfantes estaba formado por un cuerpo o sayo muy entallado, lo cual parece ser que resultaba pecaminoso. Más tarde, como sabemos, se convertiría en un complemento imprescindible para las damas de la corte. La propia Mariana de Austria, segunda esposa de Felipe IV, lo usaría muy exagerado hasta el fallecimiento del rey, momento a partir del cual vestiría de luto hasta el final de sus días. María Luisa de Saboya, primera mujer de Felipe V, por el contrario, se negó a llevar estas faldas tan armadas. La negativa de la primera reina Borbón hizo que la prenda cayera en desuso y pasara de moda. Lo que yo digo, que los monarcas eran los *infuencers* del momento.

Por cierto, en el momento en el que estas enormes faldas estructuradas se convirtieron en el atuendo propio de infantas y damas de la aristocracia, cambiaron también la moda de los peinados, ya que era necesario que el tamaño de la cabeza fuera proporcional al del vestido. Por ello, comenzaron a lucir grandes pelucas y postizos adornados de flores, plumas y joyas. Y también por el mismo motivo buscaron ampliar significativamente su altura utilizando chapines o zuecos de plataforma donde introducían sus pies ya calzados. Además, los vestidos eran tan aparatosos que las damas apenas podían acceder por las puertas... Debían entrar a las salas de una en una y de lado. Incluso, fue necesaria la modificación de las puertas de carruajes y sillas de manos.

Retomando las mancebías, como comentábamos, los clientes eran de todo rango social, aunque su consideración no era la misma. Mientras que los excesos del pueblo estaban mal vistos y podían ser castigados, para un joven noble era casi imprescindible tener una amante o manceba. A estas prostitutas queridas de reyes, infantes y nobles se las denominaba popularmente «tusonas» o «damas del Tusón», en referencia a la condecoración del toisón de oro que ya conocemos.

Mientras que el adulterio era consentido en las altas esferas, era un delito en las clases sociales más humildes. Por ejemplo, si se comprobaba que el marido había incitado a su mujer a dedicarse a dicho oficio (es decir, había actuado de proxeneta, aunque este término es más bien reciente), ambos debían ser paseados montados en dos asnos: él delante de ella, con dos cuernos y sonajas; ella azotando a su marido. Y un verdugo azotando a la pareja para cerrar la comitiva[91]. La ley también permitía que un marido matara a su mujer y a su amante si los encontraba consumando una infidelidad. Incluso, si los descubría una autoridad, esta debía entregar a la pareja de adúlteros al marido para que este decidiera su castigo.

La prostitución estaba legalizada. El adulterio no. Y tampoco la figura de las alcachuetas o celestinas, mediadoras de encuentros sexuales entre parejas e incluso facilitadoras de abortos y «remiendos» de virgos. Su castigo podía ir desde azotes hasta destierros o castigos públicos con intenciones ejemplarizantes, como pasearlas desnudas bañadas en miel para atraer picaduras de insectos.

Los términos coloquiales para denominar a las prostitutas permitían distinguirlas en función de su especialidad o característica diferencial, por ejemplo, las prostitutas callejeras eran «andorras»; las dedicadas a los clérigos, recibían la denominación de «devotas» o «mulas del diablo»; las que acompañaban a la milicia, «maletas»; las que se prostituían por cuenta propia, «mujeres de manto tendido»; las de avanzada edad, «pandorgas»; las que iban a domicilio, «pitrolferas»; y las más jovencitas, «trotonas» o «truchas».

LA CALDERONA

Hablamos de María Inés Calderón, apodada la Calderona, actriz y la amante más famosa de Felipe IV. Incluso llegó a tener un palco de honor para asistir a espectáculos y fiestas en la plaza Mayor de Madrid; aunque, tras la intervención de la reina Isabel, acabó ocupando un lugar más discreto bautizado por el pueblo como «balcón de Marizápalos». La plebe y sus apodos.

El reinado de Felipe IV de Castilla, el Gordo, el Grande, el Rey Planeta (a pesar de que jamás salió de España), el Rey Pasmado (por la forma de su rostro) o el Donjuanesco fue el más largo de la casa de los Austria, pues duró cuarenta y cuatro años. El último de estos sobrenombres es el que más encaja con este relato.

El monarca se casó en 1615 con Isabel de Francia, la Deseada, con quien se había prometido en la infancia como hemos visto y

---

91   Deleito y Piñuela, J. (2020). *La mala vida en la España de Felipe IV*, p. 100. Alianza Editorial.

con la que tuvo siete hijos. Tras el fallecimiento de su primera mujer en 1644, se casó en segundas nupcias con Mariana de Austria, su sobrina de doce años, con la que tuvo cinco hijos. En realidad, ella estaba destinada a casarse con su hijo Baltasar Carlos, pero este falleció.

A pesar de ser hombre casado, se rumoreaba que frecuentaba teatros y tabernas disfrazado en busca de aventuras, y parece que tuvo numerosas relaciones extramatrimoniales de las cuales solo llegó a reconocer dos.

Tal y como relata José Deleito y Piñuela en *El rey se divierte*, el primer romance extramarital de Felipe IV fue la hija del conde de Chirel. Para facilitar la relación entre ambos jóvenes, se optó por alejar de la corte al padre de la adolescente. Parece que la madre sí fue conocedora del escarceo y cuentan que de la relación nació el primer «bastardo» del rey, Fernando Francisco, que falleció prematuramente. La madre de la criatura también murió y su casa (en la madrileña calle de Alcalá) fue convertida en convento y entregada por el rey a las religiosas Calatravas. Así rezaban unos versos de la época en relación con este hecho:

> Caminante, esta que ves
> Casa, no es quien solía ser
> Hízola el rey mancebía
> Para convento después[92]

En uno de los corrales populares de Madrid, conoció a su amante más conocida, que había debutado con dieciséis años. Cuentan que el rey sintió un flechazo y buscó la forma de reunirse con ella en privado con la excusa de felicitarla. En ese momento comenzó su relación.

Don Juan José de Austria fue fruto de este escarceo. El bastardo nació el 7 de abril de 1629 en la madrileña calle de Leganitos, en la casa de Ramiro Núñez, duque de Medina de las Torres, antiguo amante de la Calderona. A los pocos días fue apartado de su madre y entregado a una mujer de origen humilde que se trasladó con él a León, donde fue educado por el poeta Luis de Ulloa. El niño fue bautizado el 21 de abril como «hijo de la tierra», forma en la que

---

92   Deleito y Piñuela, J. (2019). *El rey se divierte*, pp. 24-25. Alianza Editorial.

eran inscritos los hijos de padres desconocidos, en la parroquia de los Santos Justo y Pastor. Los padrinos de bautismo fueron Melchor de Vera, ayudante de cámara del rey, y la comadrona Inés de Ayala.

Pero resulta que al mismo tiempo nació también Baltasar Carlos, el heredero legítimo. Y se corrió la leyenda (probablemente difundida por el entorno del mismo Juan José) de que ambos bebés fueron intercambiados, de forma que el superviviente Juan José, cuando falleció su hermanastro, podría ser el legítimo. Cómo hubiera cambiado la historia... Nunca lo sabremos.

Es posible que, ante las presiones por garantizar un heredero al trono, el rey reconociera a Juan José en 1642 y dispusiera las reglas de etiqueta oportunas. Otorgó a Juan José el tratamiento de serenidad, que más tarde derivaría en el de alteza, y determinó que la reina debía dirigirse a él como «hijo mío» y el príncipe Baltasar como «hermano» o «amigo mío». Ambos se negaron. Normal. Una cosa es asumir la infidelidad y otra cosa es otra cosa...

Alegoría de la vanidad, obra anónima del siglo XVII, supuesta representación de la Calderona. En el monasterio de las Descalzas Reales de Madrid. [Wikimedia Commons]

Instalaron al niño en el Real Sitio de la Zarzuela, pues su condición de bastardo le impedía el acceso a la corte. Allí contaría con una casa propia de un infante (aunque nunca llegaría a ostentar este título reservado a los hijos nacidos en el seno del matrimonio). Después, fue trasladado al palacio del Buen Retiro.

El 28 de marzo de 1647, a punto de cumplir los dieciocho años, su padre le otorgó el título de príncipe de la Mar, asociado al mando supremo de todas las flotas y armadas de la monarquía. Como general del ejército español, Juan José combatió en Nápoles, Cataluña, Flandes y Portugal.

Juan José fue primer ministro entre 1677 y 1679. Nunca se casó, pero fue padre de varias hijas naturales; una de ellas, Margarita, fruto de su relación con la hija del pintor José de Ribera, Ana Lucía. Para la madre de la criatura acordó un matrimonio de conveniencia y la niña acabó en un convento, en el de las Descalzas de Madrid. Cómo no. Allí falleció a la edad de treinta y seis años.

Juan José no se casó… pero lo intentó. Y no con cualquiera. Pretendió, incluso, a sus hermanastras. Cuenta José Deleito y Piñuela[93], que en la primavera de 1665 Juan José fue a visitar a su padre al palacio de Aranjuez. Y le obsequió con un cuadro pintado por él mismo en el que representaba al dios Saturno contemplando los amores incestuosos de sus hijos Juno y Júpiter. Una metáfora que el rey entendió a la primera y no permitió nunca más a Juan José comparecer ante su presencia. Pero él iba a lo suyo. Primero pretendió a la infanta María Teresa, pero cuando ella se desposó con Luis de Francia, comenzó a fijarse, sin éxito, en Margarita. Ambicioso era.

La Calderona, por su parte, ingresó en el monasterio benedictino de San Juan Bautista en Valfermoso de las Monjas en Guadalajara, donde llegó a ser abadesa entre 1643 y 1646. Pero parece ser que huyó del convento porque un documento del gremio de actores certifica su muerte en Madrid en 1678 y detalla las limosnas que le donaron para que pudiera sobrevivir.

Lo de las amantes que acababan su vida en conventos cuando el rey se «cansaba» de ellas era un asunto común. Cuentan que, en una ocasión, una dama a la que el soberano intentaba conquistar

---

93   Deleito y Piñuela, J. (2019). *El rey se divierte*, pp. 112-113. Alianza Editorial.

rechazó la oferta respondiéndole: «Majestad, yo no he nacido para ser monja».

Juan José de Austria es el más famoso de los hijos ilegítimos de Felipe IV y el único reconocido por el monarca, pero parece que hubo más. Ignacio Ruiz Rodríguez recoge la posibilidad de que fueran más de sesenta en su obra *Juan José de Austria. Un bastardo regio en el gobierno de un imperio*[94]. Qué barbaridad.

Además de La Calderona y María Chirel, en el listado de supuestas amantes del monarca figuran Constanza de Ribera y Orozco (dama de honor de la reina Isabel de Borbón), que tuvo a Alonso Henríquez de Santo Tomás; Mariana Pérez de Cuevas, madre de Alonso Antonio de San Martín; Ana María de Uribeondo, que tuvo a Fernando Valdés; Casilda Manrique de Luyando y Mendoza, madre de Carlos Fernando; Teresa Aldama, que tuvo a Juan Cosío; o Margarita del'Escala, de cuya relación nació Ana María, que llegaría a ser priora del real monasterio de la Encarnación de Madrid. Todos y todas presuntos y presuntas hijos, hijas y amantes.

Hay quien apunta también relaciones sacrílegas con alguna religiosa del convento de San Plácido (situado en la calle San Roque, esquina a la calle del Pez de Madrid), como sor Margarita de la Cruz. De hecho, corrió el rumor de que en una ocasión, el rey ordenó la perforación de un tabique del convento para acceder a escondidas a la habitación de la monja y que la priora, a sabiendas del plan, preparó una emboscada para que el monarca se encontrara a sor Margarita sobre un ataúd, con un crucifijo en el pecho e iluminada por cuatro velas, como si hubiera acabado de fallecer. La historia no me resulta demasiado convincente. Muy macabro todo para tratarse de religiosas, la verdad, pero quién sabe. Lo cierto es que le hubiera estado bien empleado.

En cualquier caso, aunque hubiera tenido muchos descendientes, la realidad es que Felipe solo dejó un heredero: Carlos II, el último rey de la dinastía. Paradojas de la vida.

---

94   Ruiz, I. (2005). *Juan José de Austria. Un bastardo regio en el gobierno de un imperio*, p. 54. Dykinson.

BUCAROFAGIA, EL TRASTORNO
ALIMENTICIO DEL SIGLO XVII

En su obsesión por lucir una tez ultrapálida como marcaban los cánones de belleza de la época, las damas cortesanas del siglo XVII masticaban constantemente pequeños trocitos de barro, un trastorno bautizado como «bucarofagia» por la historiadora del arte Natacha Seseña[95]. Algunos investigadores apuntan a que la costumbre es un legado árabe.

Al parecer, el barro resultaba adictivo por su efecto narcótico y arraigaba problemas graves de salud como obstrucciones intestinales y problemas de hígado, además de problemas dentales. De ahí su relación con la apariencia de un rostro más blanquecino. Además, retrasaba la menstruación, por lo que resultaba también un método anticonceptivo.

Estos son los síntomas de intoxicación por barro, que generaba opilación y clorosis. La primera producía la citada amenorrea, anemia ferropénica y disminución de glóbulos rojos; la segunda, un trastorno biliar que provocaba palidez.

Las damas compraban búcaros o «cacharritos» de barro rojo que ingerían en pequeños trocitos después de beber el líquido que contenían. Los más famosos de la época eran los búcaros fabricados en la localidad portuguesa de Estremoz o los de la comarca de Tierra de Barros en Badajoz. También era muy valorado el barro procedente de Tonalá, de México. Para que el «manjar» resultara más apetecible, los alfareros lo mezclaban con especias, perfumes y saborizantes.

Velázquez inmortalizó esta costumbre en sus *Meninas*. En la obra, María Agustina Sarmiento le ofrece un búcaro sobre bandeja de plata a la infanta Margarita de Austria, hija de Felipe IV.

También ha quedado reflejada en la literatura. Quevedo escribió un poema titulado «A una moza hermosa que comía barro», mientras que Lope de Vega, en un verso de *El acero de Madrid*[96], recitaba: «Niña de color quebrado, o tienes amor o comes barro». La obra hace referencia a la fuente del Acero, un manantial que atravesaba la Casa de Campo madrileña cuyas aguas eran consideradas medicinales por su alto com-

---

95   Seseña, N. (2009). *El vicio del barro*. Ediciones El Viso.
96   Lope de Vega, F. (2020). *El acero de Madrid*. Cátedra.

ponente en hierro y ayudaban a paliar los síntomas de la bucarofagia. Los médicos también recomendaban «tomar acero» o «agua acerada» en ayunas; agua en la que había sumergido una barra de hierro candente. Cervantes en *El Quijote* cuenta: «En resolución, él me aduló el entendimiento y me rindió la voluntad con no sé qué dijes y brincos...». Los brincos eran colgantes de barro usados principalmente como amuletos para proteger a los infantes del mal de ojo, aunque también tenían un uso ornamental.

Pero no se trataba de una costumbre exclusivamente cortesana. La religiosa sor Estefanía de la Encarnación, profesa en el monasterio de franciscanas de Nuestra Madre Santa Clara de la villa de Lerma, relató su adicción en su autobiografía manuscrita: «Como lo había visto comer dio en parecerme bien y en desear probarlo [...] un año entero me costó quitarme de ese vicio [...] durante ese tiempo fue cuando vi a Dios con más claridad»[97].

UN RETRATO DEL NOVIO PARA LA FUTURA CONSORTE

Francisco de Moura, hijo del marqués de Castel-Rodrigo, mayordomo mayor de Felipe IV, fue el encargado de entregar a la joven Mariana de Austria el regalo de bodas de su futuro esposo. La joya consistía en una miniatura con la cara del rey (el novio) sobre oro y brillantes. La miniatura iba acompañada de un retrato de cuerpo entero del monarca, también destinado a la nueva reina.

¿Quién realizó estos retratos? Efectivamente, el pintor de cámara, Diego de Velázquez. De hecho, el artista viajaría también a Italia para recibir a la futura reina en Trento. Y es que en las cortes de los siglos XVI, XVII y XVIII, el papel de los pintores de cámara era fundamental. Al no existir la fotografía, la única forma de describir visualmente a personas y a escenas era recurrir al talento de los pintores (y a sus licencias creativas «estratégicas», como ahora veremos). De hecho, igual que Velázquez pintó a Felipe IV, Carreño de Miranda fue el encargado de realizar la miniatura con la efigie de Carlos II

---

97   Barbeito, M. (1987). «Una madrileña polifacética en Santa Clara de Lerma: Estefanía de la Encarnación», pp. 151-163. Anales del Instituto de Estudios Madrileños, núm. 24.

para María Luisa de Orleans; y Ruiz de la Iglesia, en el mismo cargo, elaboró la de Felipe V para su primera mujer, María Luisa de Saboya.

Cuando empezaron a realizarse retratos en miniatura en el siglo XVI, estas «obritas» eran conocidas como iluminaciones (si se elaboraban con la técnica de los códices) o «retraticos» o naipes (si se pintaban al óleo). Se pusieron de moda, precisamente, porque eran fácilmente transportables para ser enviadas a otros países; y servían como primera toma de contacto para cerrar acuerdos matrimoniales. Así fue enviado de forma clandestina un pequeño retrato de Felipe II elaborado por Tiziano a María Tudor de Inglaterra, su segunda mujer, en 1553.

Aunque también se enviaban como obsequios a familiares y amigos como muestra de cortesía y gratitud. Por ejemplo, Francisco I de Francia regaló a Enrique VIII de Inglaterra los retratos en miniatura de sus hijos pintados por Jean Clouet. El inglés, por su parte, envió, años más tarde, a Francia una miniatura suya y otra de su hija María. Con motivo de la Conferencia de Somerset House (1604), que ponía fin a la guerra entre Inglaterra y España, se produjo un intercambio de regalos entre las respectivas cortes: Jacobo I de Inglaterra obsequió con miniaturas de Isaac Oliver y Felipe III envió a Inglaterra una cajita con su retrato y el de su esposa, llena de diamantes.

Las miniaturas también servían para comunicar la noticia de un fallecimiento. Cuando algún miembro de la familia fallecía, se les hacía retratar muertos, con el hábito religioso y una cruz.

En relación con el cierre de acuerdos matrimoniales, la impresión que causaran los retratos podía ser determinante. De hecho, muchos no llegaban a término. Eran el Tinder de la época.

Cuenta Carlos Fisas en *Historia de las reinas de España*[98], que Felipe II, interesado en casar a su heredero con una de las tres hijas del archiduque Carlos de Austria, solicitó un retrato de cada una. Catalina, Gregoria y Margarita fueron retratadas con una joya colocada en el cabello con la inicial de su nombre, para que no hubiera confusiones. Al recibir los retratos en la corte y viendo la indecisión del príncipe, la infanta Isabel Clara Eugenia, su hermanastra, le propuso echarlo a suertes. «Ganó» la «M» de la princesa Margarita, pero

---

98   Fisas, C. (1989). *Historia de las reinas de España: la casa de Austria*, cap. 7. Planeta.

se optó finalmente por elegir a la mayor de las hermanas, un criterio aparentemente más objetivo. El caso es que Catalina falleció y se dispuso el enlace con Gregoria, pero la mediana también murió. Claramente, la suerte estaba del lado de Margarita.

Analicemos ahora el complejo caso de Mariana de Austria, segunda mujer de Felipe IV.

Por entender su perfil y simplificando mucho su vida, podemos decir que Mariana desempeñó tres roles en relación con la corte española: primero, como candidata a ser la esposa de Baltasar Carlos, primogénito del rey Felipe; después, tras el fallecimiento del príncipe, como futura esposa del mismo rey y reina consorte de España; y, por último, como regente, tras la muerte de su marido y hasta la mayoría de edad de Carlos II. Puesto que su papel en estas tres etapas era distinto, su imagen también debía serlo. Y los retratistas eran los encargados de construir dicha imagen para comunicar estratégicamente los mensajes deseados.

Mariana de Austria, sobrina y segunda esposa
de Felipe IV. [Rijksmuseum]

Comencemos por el principio. Las dos ramas de la casa de Habsburgo (la española y la austriaca) siempre mantuvieron una relación política y familiar a través del envío constante de retratos. Margarita de Austria y Felipe III enviaron a Viena varios retratos de sus hijos para que su familia pudiera seguir su crecimiento. En el caso de su cuarta hija, la infanta María Ana (no confunda el lector a esta María Ana, hermana de Felipe IV, con la que sería su sobrina y futura esposa), los retratos adquirieron una nueva finalidad a partir de 1617, cuando sor Margarita de la Cruz propuso que la prometieran a su primo, el archiduque Juan Carlos. Con este fin la retrató Bartolomé González a los once años. Sin embargo, el «novio» murió en 1619 y finalmente ella se acabó casando con su hermano, el futuro Fernando III de Austria.

Ya en la corte austriaca, la infanta española siguió enviando retratos a sus padres. En el primero de ellos, realizado por Frans Luyckx, en conmemoración de su coronación como emperatriz, en febrero de 1637, aparece junto a la corona imperial y con un reloj que marca las tres menos cuarto, probablemente la hora exacta de su coronación. Cuando se quedó embarazada, sor Margarita de la Cruz le envió dos hábitos con los que envolver al recién nacido, franciscano si era niño y concepcionista si era niña. Así podía continuar la tradición de su madre Margarita de Austria, que vistió así a sus hijos, «a lo divino». Con motivo del nacimiento de su primogénito Fernando, encargó un retrato en el que aparece junto a su hijo para dar la noticia a la corte española. Y lo mismo cuando nació Mariana, su segunda hija (la futura reina de España y protagonista de este relato). María Ana, la madre. Mariana, la hija. No se complicaban los reyes eligiendo nombres, pero nos complican a nosotros… Felipe IV correspondió a su hermana con otro retrato suyo, otro de la reina Isabel (su primera mujer) y otro de Baltasar Carlos, su heredero y ahijado de su tía. Probablemente, se estaban dando ya los primeros pasos para negociar el enlace de los primos Baltasar y Mariana; aunque, oficialmente, seguían vigentes los intentos de acuerdos matrimoniales entre España e Inglaterra.

Tras la muerte de María Ana (la hermana de Felipe IV) el 13 de mayo de 1646 se iniciaron formalmente las negociaciones para el matrimonio de Baltasar Carlos y su prima. Con motivo de tal compromiso, la corte española había solicitado un informe y un retrato de la niña. En dicho documento, se indicó que era igualita a su madre y que estaba familiarizada con las costumbres y la lengua castellanas. Para afianzar la alianza entre ambas cortes, también se acordó el enlace de María Teresa (hija de Felipe IV) con Fernando IV de Hungría (hijo de la fallecida María Ana), aunque ninguna de las negociaciones prosperó.

La muerte de Baltasar Carlos el 9 de octubre de 1646 obligaba a Felipe IV a casarse de nuevo. Y su sobrina Mariana, la destinada a ser su nuera, se presentaba como una candidata perfecta, aunque tenía muchos detractores debido a su corta edad (doce años). Los médicos de la época consideraban que un embarazo prematuro podría suponer deformaciones en el feto y poner en riesgo su vida. Si aquella juventud era el principal inconveniente, desde la corte de Viena había que hacer lo posible por corregir el «defecto» engañando con las proporciones del cuerpo de la niña. Dicho y hecho. Si hasta octubre de 1646 Mariana había sido presentada como una jovencita frágil perfecta para desposarse con el adolescente Baltasar Carlos, a partir de esta fecha la niña crecería «de repente» en los retratos para resultar la candidata idónea para el padre «cuarentón». Obviamente, los «retoques» no pasaron inadvertidos en la corte española, pero los intereses políticos eran más fuertes y en enero de 1647 Felipe IV decretó la resolución de casarse con su sobrina. El matrimonio se celebró el 7 de octubre de 1649.

Curiosamente, parece ser que Mariana llegó a confesarle años después a madame d'Aulnoy que cuando llegó a España no se reconocía en el retrato que su esposo tenía colgado en su habitación. Por cierto, gracias a este testimonio, sabemos que era habitual colgar los retratos de los contrayentes en las cámaras personales. De hecho, es posible que uno de los retratos de Mariana enviados desde Alemania fuera utilizado en la representación *El nuevo Olimpo*, obra teatral organizada con motivo del decimocuarto cumpleaños de la nueva reina, antes de que ella llegara a la corte española. En un momento de la obra, las «diosas» hablan de un retrato pintado por Diana. Hablaremos de estas celebraciones en un próximo capítulo.

Una vez Mariana se instaló en Madrid como reina consorte, su padre, el emperador Fernando III, pidió al rey que le enviara retratos de su hija. Y volvió a hacerlo cuando conoció la noticia del nacimiento de su nieta Margarita en 1652. En ambos retratos, Velázquez introdujo dos nuevos elementos propios de la estética de los retratos alemanes. En el de Mariana, un reloj de torre; y en el de Margarita, un florero. Parece lógico pensar que en la corte española le dieran este gusto a la reina, a la que ni siquiera se le había concedido la posibilidad de vestir a la alemana (no como su madre, que visitó siempre a la española en la corte austriaca). Resulta curioso que en la copia del retrato de Margarita que se quedó en Madrid, ahora en el palacio de Liria, no aparezca el florero. Años después, para que el abuelo comprobara cuánto había crecido la infanta, se le envió otro retrato. La historia se repite cuando los retratos de Margarita enviados a Viena dejaron de estar destinados a informar sobre el estado y la salud de la niña para convertirse en retratos con vistas al enlace con su tío, Leopoldo, hermano de Mariana.

Siguiendo la costumbre, Leopoldo pidió que le enviaran una imagen de su prometida y en respuesta recibió, en 1664, el retrato de Margarita de Martínez del Mazo, hoy en el Kunsthistorisches Museum, de Viena. De nuevo, la pintura se adaptó a los gustos de su destinatario, y por ello la infanta luce una joya en forma de águila imperial. Sin embargo, no debió de agradar a Leopoldo, pues este mandó a su pintor, Gerard Du Château, para que la retratase de nuevo. Cuando Margarita partió hacia la corte imperial, su madre también debió de pedir retratos suyos. Posteriormente, tras la muerte de Margarita, Leopoldo no dejó de enviar a su hermana retratos de sus hijos.

Tras el fallecimiento de Felipe IV en 1665, Mariana de Austria pasaría de reina consorte a reina regente hasta la mayoría de edad de su hijo Carlos, que todavía no había cumplido los cuatro años. Se trataba de la primera regencia desde principios del siglo XVI. Lo cierto es que, dada la diferencia de edad entre la pareja, esta posibilidad ya estaba presente en 1646, antes del matrimonio.

Comenzó entonces una lucha entre los que apoyaban a la regente y los partidarios de Juan José de Austria, el hijo ilegítimo (aunque reconocido) de Felipe IV. La reina tenía que «defenderse» diseñando una nueva imagen más acorde a su nuevo rol de gobernadora. Así, Martínez del Mazo retrató a la reina sentada en el salón de los Espejos del Alcázar en un sillón con el hábito franciscano propio de las reinas viudas de la casa de los Habsburgo, con un perro (símbolo de fidelidad) a sus pies y sosteniendo un documento en su mano derecha. Al fondo del lienzo, aparece su hijo Carlos junto a su aya, la marquesa de los Vélez, subrayando la minoría de edad del rey y la necesidad, por tanto, de alguien que velara por él y por sus derechos dinásticos. Precisamente, para defender esta legitimidad, el pintor Herrera Barnuevo retrató al niño Carlos rodeado de símbolos dinásticos como el león, el águila y el collar de la Orden del Toisón de Oro.

Juan Carreño de Miranda también retrató a Mariana en esta época de regente. La reina aparece de nuevo sentada en el salón de los Espejos, con su mano derecha sobre unos documentos, junto a los cuales se encuentra una pluma, como si estuviera a punto de firmarlos. Al fondo, se observan varios lienzos de la colección real. Entre ellos, destaca *Judith y Holofernes*, de Tintoretto, una obra que actualmente se encuentra en el Museo del Prado y describe la escena bíblica en la que Judith, tras dar muerte a Holofernes, cubre su cadáver. Se trata de una metáfora en la que el pintor compara a la reina con esta «heroína» que salvó a su pueblo del ejército asirio engañando y degollando al general invasor. Mariana también vencería a sus enemigos.

Si la legitimidad de una regente y de un menor de edad era cuestionada y había que reforzarla a través de los retratos, más necesario era consolidar la imagen de un soberano de una nueva dinastía que se enfrentaba a una guerra de sucesión. Felipe V no lo tuvo nada fácil... Hyacinthe Rigaud fue el encargado de pintar su primer retrato como rey de España antes de su llegada a Madrid. Y lo hizo tomando como referencia la estética española, más austera que la francesa. Felipe aparece de negro, con el collar de la Orden del Toisón de Oro y con la cruz de la Orden del Espíritu Santo. De la misma forma, Antonio Palomino retrató al nuevo monarca con elementos propios de los retratos reales de la dinastía anterior para representar el parentesco de Felipe de Anjou con los Austrias. No olvidemos que era nieto de María Teresa, hija de Felipe IV y bisnieto de Ana de Austria, hija de Felipe III. La cosa es que pareciera «menos francés» para resultar «más español», porque ya se sabe que una cosa es incompatible con la otra...

LA REAL PILA BAUTISMAL DE SANTO DOMINGO DE GUZMÁN

Desde Felipe IV todos los reyes de España han recibido el sacramento del bautismo en la misma pila bautismal, la de santo Domingo de Guzmán. Todos, excepto José Bonaparte, Amadeo de

Saboya, Carlos IV, Felipe V y Juan Carlos I. O sea, casi todos. Este último nació en el exilio en Roma y fue bautizado en la capilla de los Caballeros de la Orden de Malta.

Se trata de una pieza románica de piedra blanca guarnecida en plata, con relieves dorados sobre los que aparecen labradas las armas reales y los escudos de la Orden de Santo Domingo. De hecho, la tradición afirma que se trata de la pila donde fue bautizado el mismo santo Domingo de Guzmán en 1170.

Por orden de Felipe III, la pila fue solicitada en 1605 a la parroquia de Caleruega, en Burgos, para bautizar al futuro Felipe IV en el convento dominico de San Pablo en Valladolid. Tras el bautizo, la pila fue trasladada al antiguo monasterio de Santo Domingo el Real, construido en 1218 en la actual plaza de Santo Domingo de Madrid y fundado por el propio santo. Sin embargo, el edificio sufrió las consecuencias de la ley de desamortización de bienes eclesiásticos aprobada por el gobierno de Mendizábal en el siglo XIX, y años más tarde fue demolido.

Actualmente, la pila se encuentra en el nuevo monasterio, en la calle Claudio Coello, inaugurado en 1882. De allí, solo «sale» para bautizos reales. Por protocolo, cada vez que va a celebrarse esta ceremonia, se solicita la pila al convento con el compromiso de devolverla en un plazo máximo de treinta días.

Esta pila bautismal está reservada para los bautizos de príncipes (o princesas) de Asturias e infantes (o infantas) de España, no para cualquier miembro de la familia real. Es decir, exclusivamente para hijos de reyes. Por ello, los hijos de las infantas Elena y Cristina no han sido bautizados en ella, a diferencia de sus primas Leonor y Sofía. El resto de los miembros de la familia real no infantes son bautizados en una palangana de plata sobredorada elaborada en la Real Fábrica de Platería. Eso sí, todos los hijos y nietos de don Juan Carlos y doña Sofía han sido bautizados en el palacio de la Zarzuela.

Como dato curioso, cabe destacar que, en 1927, por privilegio especial, la pila se trasladó a la capilla del Palacio Real para bautizar a Cayetana Fitz James Stuart, duquesa de Alba, que fue apadrinada por los reyes Alfonso XIII y Victoria Eugenia.

Otra tradición que se mantiene en los bautizos reales desde el nacimiento del primogénito de Alfonso XII es la utilización de agua del río Jordán. En concreto, para esta ceremonia se solicitaron dos botellas de agua y también la santa Cinta de Tortosa, el báculo de santo Domingo de Silos y el bastón de plata dorada de santa Isabel de Hungría.

Además, desde el bautizo de Juan Carlos de Borbón en Roma, el 26 de enero de 1938, los nuevos miembros de la familia real española llevan el mismo faldón de encaje bordado a mano. Así se bautizó a la infanta Elena en 1963, a la infanta Cristina en 1965 y al actual rey Felipe VI en 1968. Del mismo modo, lo han llevado los ocho nietos de don Juan Carlos y doña Sofía en la ceremonia de su bautizo.

La elección de los padrinos a lo largo de la historia de la familia real española también es significativa. Alfonso XII y Alfonso XIII tuvieron por padrinos a los papas Pío IX y León XIII, respectivamente. A don Juan Carlos lo apadrinó la reina Victoria Eugenia junto con su abuelo materno, el infante don Carlos. La ceremonia fue oficiada por el secretario de Estado, el cardenal Pacelli que, al año siguiente, sería elegido papa con el nombre de Pío XII. Felipe VI también fue apadrinado por su bisabuela Ena y por su abuelo, el conde de Barcelona.

Sabemos cómo se han celebrado los bautizos desde Felipe IV; pero ¿cómo eran estas ceremonias hasta entonces? Probablemente por el carácter itinerante de la corte, las ceremonias de bautismo de los príncipes e infantes de Castilla no parecen tener un ritual establecido más allá de una procesión, una misa de acción de gracias y un sencillo rito de presentación. En el *Discurso genealógico de los Ortices de Sevilla*[99], escrito por Diego Ortiz de Zúñiga, se recoge la noticia del bautismo del príncipe Juan, primogénito de los Reyes Católicos, que nació en los Reales Alcázares de Sevilla el 30 de junio de 1478. Su bautismo se celebró diez días más tarde en la capilla de la Catedral, que fue decorada con paños de brocado. Sus padrinos fueron los dos miembros de la más alta jerarquía eclesiástica presentes en la corte y tres miembros de la alta nobleza. El niño fue llevado en procesión desde los alcázares hasta la catedral bajo un palio de rico paño de brocado portado por los regidores de la ciudad y en brazos de su aya. Don Pedro de Zúñiga, consejero real y mariscal de Castilla, fue el encargado de llevar las insignias: el plato con la candela o vela, el capillo y la ofrenda.

---

99   Ortiz de Zúñiga, D. (1928). *Discurso genealógico de los Ortices de Sevilla*. Imprenta de la Ciudad Linese.

El bautizo de Carlos I fue el punto de inflexión entre los sencillos bautizos medievales y el ritual borgoñón. Había nacido el 24 de febrero de 1500 en Gante y quince días después fue bautizado en la catedral de San Bavón, que fue decorada con una pasarela jalonada con cuarenta arcos triunfales simbolizando cada uno los futuros estados del recién nacido. Además, se construyó un tablado en la iglesia y se organizó una comitiva rigurosamente jerarquizada. La iglesia se adornó con paños de oro y seda. Sus padrinos fueron Margarita de York, Charles de Croy, príncipe de Chimay, el príncipe de Berghes y su tía Margarita de Austria. Protocolariamente, podemos decir que este bautismo funcionó a la manera de una coronación.

El bautizo de Felipe II (nombre elegido en honor a su abuelo, Felipe el Hermoso) fue más moderado que el de su padre. Se celebró en Valladolid el 5 de junio de 1527, y del mismo modo se construyó una pasarela desde el palacio donde residía su madre, la emperatriz Isabel de Portugal, hasta el altar mayor de la iglesia de San Pablo. Se levantaron cinco pequeños arcos triunfales. También se adornó el crucero con una plataforma donde se colgó un cielo de cama y una pila de cristal guarnecida de plata y piedras preciosas. Además, se colocó un aparador con unas cortinas para desvestir al príncipe. La madrina fue su tía Leonor de Austria, hermana mayor de Carlos y reina de Francia, y el padrino y porteador, el condestable don Íñigo Fernández de Velasco, asistido por el duque de Alba y el duque de Béjar. Las insignias fueron llevadas también por grandes de España.

La etiqueta vigente señalaba que los bautizos de príncipes e infantes se celebrasen en la parroquia de palacio (es decir, la iglesia más cercana al mismo). En el caso del bautizo de Felipe II, las más cercanas al palacio de don Bernardino Pimentel eran la iglesia de San Andrés o la de San Martín. Sin embargo, la familia real deseaba que la ceremonia tuviera lugar en la de San Pablo. Por ello, según cuentan, decidieron romper una de las rejas de la ventana más próxima a San Pablo y sacar al niño por la ventana.

Esta etiqueta, que sería reformada en 1617 por el mismo Felipe II, fijaba también por entonces la construcción de un pasadizo de madera de una anchura de veintidós pies y una altura de siete desde el palacio hasta la parroquia y de un tablado de doce pies cuadrados en la capilla mayor del templo. En el tablado se debía colocar una cama y la pila bautismal. Desde el salón partía el acompañamiento, que quedaba aislado por la protección de verjas. Se entablaba también la iglesia para que quedara a la altura de la pasarela, se adornaba con tapicerías y se colocaban dos doseles, uno a la salida del salón y otro en la entrada de la iglesia. El día de la celebración también se adornaban las calles y se organizaban luminarias por la noche.

En caso de que la corte estuviera de luto, algo muy frecuente en la época, el desfile se reducía a salir desde el salón a la capilla real por las tribunas donde el rey oía la misa.

El archivo real de palacio conserva un dibujo de 1601 muy esquemático de la situación de los elementos en la capilla mayor de San Pablo de Valladolid para el bautismo de la infanta Ana, futura reina de Francia e hija de Felipe III, la reina de *Los tres mosqueteros* de la que hemos hablado. En este caso actuó como padrino el duque de Parma y llevó a la infanta en brazos el duque de Lerma. La iglesia se adornó con tapicerías y en las vestiduras de la niña se colgaron las indulgencias y jubileos concedidos por el pontífice.

La Junta de Etiqueta entregaba a Felipe IV en febrero de 1651 las «Etiquetas Generales de Palacio», donde además de las funciones de los cargos, se especificaban las ceremonias y actos públicos donde participaban el monarca o su familia. En estas etiquetas se fijaba de nuevo el ritual del «bautismo de príncipe e infantas, con la planta de acompañamiento y la de la iglesia de San Juan de Madrid para los bautismos». En lo esencial se recogía lo establecido en el siglo anterior con respecto a los adornos y la organización del acompañamiento.

El mayordomo mayor era el encargado de organizar el acto. Él se ocupaba de avisar al resto de mayordomos para que informaran a los grandes de que habían sido nombrados para llevar las insignias e indicaran a todos los invitados cuál sería su lugar asignado en el espacio de celebración. El encargado de realizar el oficio debía ser el cardenal o nuncio apostólico elegido por el monarca.

Las etiquetas también fijaban la decoración y la iluminación del espacio. En el lado del Evangelio se debía colocar un aparador con cuatro fuentes y dos aguamaniles de oro para las ofrendas, así como tres bufetes frente a la tarima con sobremesas para poner en ellos las fuentes de las seis insignias. En el lado de la epístola, sobre otro aparador, otras piezas de plata para el servicio y una cama colgada con cortinas para desnudar al bebé. En la parte central de la capilla, iba otra cama sin cortinas bajo la que se situaba la pila.

Las insignias se situaban previamente al inicio del ceremonial sobre tres bufetes en la antecámara del monarca. Se trataba del capillo (vestidura blanca para la cabeza del bebé), la vela, el aguamanil (palangana), el mazapán de bautismo, el salero y la toalla.

El monarca podía señalar a un grande o persona real para que llevase al bebé en brazos mediante una banda de tafetán carmesí colgada del cuello. Si no, la tarea de portar al bebé era cometido de su aya. Los monarcas no formaban parte de este acompañamiento y asistían al bautismo en secreto, observándolo desde alguna tribuna, celosía o balcón de la iglesia.

Una vez situados todos en sus lugares, sonaban las chirimías y cantaban los ministriles para recibir al prelado que oficiaba la ceremonia, junto con sus asistentes. El aya era la encargada de desnudar a la criatura en la cama. A continuación, los grandes ponían las insignias encima de los bufetes, se procedía a la entrega de presentes (joyas, relicarios y bolsas de doblones) para infantes, padrinos y criados más cercanos. Tras la ceremonia, el acompañamiento regresaba al palacio.

Por lo general ejercían como padrinos los familiares. Su función consistía en llevar al bebé hasta la pila una vez desvestido y cubierto con una sábana.

Las insignias bautismales y los elementos decorativos empleados desvelaban la riqueza en la corte de los Austrias. Las más valiosas eran custodiadas por el guardajoyas, como consta en los inventarios, hasta la invasión napoleónica. En 1817, tras el regreso de Fernando VII, Ignacio Pérez, quien ocupaba dicho cargo en ese momento, elaboró un informe dirigido al mayordomo mayor del rey explicando que las alhajas de los bautizos habían sido expoliadas por los franceses. Qué raro…

Además de la pila bautismal ya descrita, otras piezas de platería eran fundamentales en el ritual: dos jarros de plata sobredorados, un acetre rico de plata sobredorada con el asa cincelada, dos fuentes grandes sobredoradas y cinceladas y otras cuatro fuentes de plata. También se usaba una concha de oro con el cabo esmaltado, que servía para echar el agua sobre el recién nacido.

En cuanto a las insignias, el orden de colocación marcaba la calidad de los personajes que las portaban: salero, capillo, vela, aguamanil, toalla y mazapán.

El salero era de ágata labrado, esmaltado de colores y guarnecido de oro, piedras y perlas. En cuanto al aguamanil, parece que había dos: uno en forma de tarro con cuerpo de ágata con el pie y la tapa de plata; y otro de plata sobredorada cincelado a la romana. Las insignias textiles (toalla y capillo) se renovaban con cierta frecuencia. Ambas, de ricas telas y a veces labradas con hilo de oro o plata.

La vela solía estar adornada con las armas del príncipe o infante sostenidas por ángeles. En el caso de las infantas, las armas estaban «preparadas» para alojar el escudo del futuro marido; es decir, en su caso, se dejaba en blanco el primer cuartel.

El mazapán era un dulce de grandes proporciones preparado por el confitero del rey. Su forma podía ser muy variada y, tras la ceremonia, era troceado y repartido entre los asistentes. Por ejemplo, para los infantes Fernando, Diego y María, hijos de Felipe II, y para las infantas Margarita María y María Eugenia, hijas de Felipe IV, los mazapanes fueron de alfeñique con forma de corona, mientras que el mazapán del bautismo de Felipe IV tuvo forma de una ciudad en cuyos muros se mostraban figuras sosteniendo los escudos de los reinos de España y en su interior, otro escudo con águilas reales y una corona gigante.

Hablemos ahora del mobiliario indispensable en los bautizos reales. Resulta interesante la «silla de cristal», una silla de manos formada por ocho planchas de cristal de roca con un tejadillo de tela de terciopelo carmesí con galones de oro. Por las referencias documentales, parece que fue realizada para el bautizo de Baltasar Carlos y que se usó al menos hasta Luis I en 1707.

Como comentábamos, también tenían gran protagonismo en estas ceremonias las dos camas. La dinastía de los Austrias empleaba una formada por cuatro columnas de plata recubiertas por un dosel de terciopelo carmesí, tela verde o brocado blanco. El mismo tejido era empleado para cubrir la cama donde se desnudaba al bebé. En relación con el bautizo de Carlos I, en el inventario realizado a la muerte de Juana I de Castilla, se menciona una cama de terciopelo de raso de color verde, «que se hizo para el nascimiento del emperador mi señor».

También hay que destacar el uso de tapices para decorar pasillos y salas. Carlos I, de hecho, encargaría importantes series de tapices y Felipe II amplió la colección que había heredado.

El ceremonial de los bautizos adquiere todavía mayor boato con la llegada de los Borbones. Para dejar constancia de los reales nacimientos, se inscribían todos los datos en un libro de registros denominado Parroquia Ministerial (más adelante, Real Parroquia de Palacio). En estos documentos se anotaban los nombres del niño bautizado, el lugar donde se había celebrado, la fecha, el nombre del oficiante y el de los distintos nobles que habían participado.

Con la nueva dinastía, el rey ya sí era el encargado de llevar al recién nacido ante la pila bautismal, acompañado de una serie de nobles. Los bautizos comenzaron a celebrarse en los sitios reales (como San Lorenzo de El Escorial, Aranjuez o La Granja de San Ildefonso). También podían bautizarse allí algunos hijos de las grandes familias nobles de España e, incluso, algunos hijos de los empleados de los palacios. Eso sí, los rituales eran distintos según la categoría del bebé.

En las nuevas «Etiquetas» se explicaba que el día del bautizo eran elegidos los ocho gentilhombres más antiguos del rey para que llevaran las insignias del bautismo. El primero llevaba el salero, el segundo el capillo, el tercero la vela, el cuarto el aguamanil, el quinto la toalla, el sexto el mazapán, el séptimo el toisón y el octavo la banda de la Real Orden de Carlos III (obviamente, desde que este la creó). Para el bautizo de infantas solo se elegían seis gentilhombres, ya que no se imponían el toisón y la banda, privilegio reservado a los varones.

Precisamente, esta era la razón por la que el rey tenía que asistir a la ceremonia del bautizo: para imponer al bebé, después de la ceremonia, las citadas condecoraciones. Estas piezas permanecían colocadas en la real capilla al lado derecho del rey. Una vez terminada la ceremonia religiosa, el padrino tomaba en brazos al niño y se lo presentaba al rey, arrodillándose. Este le imponía el toisón y la banda y lo besaba. Después, el padrino se lo entregaba a la madrina.

EL NUEVO OLIMPO

El nuevo Olimpo, una comedia ideada en 1648 por Gabriel Bocángel (bibliotecario del cardenal infante Fernando de Austria, hermano de Felipe IV) que se llevó a cabo en el Salón Dorado del Alcázar de Madrid el 22 de diciembre de 1648. Se considera a este autor precursor de la zarzuela.

El motivo de esta representación fue el decimocuarto cumpleaños de la nueva reina Mariana de Austria. Aunque su llegada a España todavía no se produciría hasta 1649, se había desposado por poderes con Felipe IV el 8 de noviembre de 1648. Y había que celebrarlo.

En realidad, el título del evento completo rezaba así: *El nuevo Olimpo: representación real y festiva máscara que a los felicissimos años de la Reyna Nuestra Señora celebraron, la Atención Amante del Rey Nuestro Señor y el obsequio y cariño de la Sereníssima Señora, Infante, Damas, y Meninas del Real Palacio*[100].

El texto de la obra es una metáfora en la que se compara España con un nuevo Olimpo de la mitología homérica al que acuden los dioses para homenajear a la reina. La infanta María Teresa actuó como protagonista de la representación, encarnando a la Mente Divina de Júpiter, identificada con Felipe IV. Como «actriz» principal, iba vestida con un manto de tela blanca de plata y una tunicela de velo bordada de oro y diamantes.

Después de aparecer María Teresa y recitar un homenaje a su nueva «madrastra», aparecían en escena la Justicia Divina y la ninfa Dorida a coronar un águila, metáfora de la reina Mariana. La coronaban con catorce (edad de la nueva reina) espigas de oro, símbolo de fecundidad. Después, Apolo presentaba los dones a la reina, ofrecidos por María Teresa y sus damas, en el rol de deidades y otros personajes mitológicos: Diana, Flora, Venus, Juno, Cupido, la Fama, las Tres Gracias…

El nuevo Olimpo es testimonio del interés y la importancia del teatro y las festividades celebradas en la corte de Felipe IV por diversos motivos; desde fiestas señaladas en el calendario a alegrías por la recuperación de una enfermedad de algún miembro de la familia real o al nacimiento de algún infante, como Felipe Próspero.

Peter Burke, en su libro *La fabricación de Luis XIV*[101], compara brevemente el ejemplo del rey francés con el de Felipe IV. El autor utiliza el término «Estado-espectáculo», en el que el rey apenas se ocupa de las tareas de gobierno y concede más importancia a la ceremonia

---

100   Bocángel, G. (2018). *El nuevo Olimpo: representación real y festiva máscara que a los felicissimos años de la Reyna Nuestra Señora celebraron, la Atención Amante del Rey Nuestro Señor y el obsequio y cariño de la Sereníssima Señora, Infante, Damas, y Meninas del Real Palacio*. Forgotten books.

101   Burke, P. (1995). *La fabricación de Luis XIV*. Nerea.

y a la cultura. Desde luego, esa es la perfecta descripción de nuestro Felipe IV: un rey espectáculo (o un espectáculo de rey, como se quiera).

El nuevo Olimpo significaba también la importancia de la sucesión, al tratarse de una fiesta de agasajo a la nueva esposa, cuya misión principal era ofrecer un heredero a la Corona. Tras la muerte del príncipe Baltasar Carlos (hijo de la primera mujer de Felipe) en 1646, solo quedaba María Teresa como heredera universal. Recordemos que Felipe IV tenía otros hijos naturales (presuntamente), pero sin derechos sucesorios.

En 1651 nacía Margarita Teresa, primogénita del nuevo matrimonio. La relación entre las hermanastras siempre estuvo marcada por los celos, las envidias y las preocupaciones en torno a la herencia del trono, como ahora veremos.

De hecho, *El nuevo Olimpo* era una reflexión sobre el clima político que se vivía entonces, con alusiones al momento que estaba viviendo la monarquía hispánica. Bocángel describía en su obra a un ave fénix que resurgía de sus cenizas e identificaba ese Olimpo con España, que superaría todos los obstáculos gracias a este enlace entre las dos ramas de la casa de Austria. Luis XIV de Francia sería el dios Marte, el tercero en discordia, celoso de este casamiento. Poco le duró el «berrinche» porque ambas coronas, la española y la francesa, volverían a firmar la paz precisamente gracias a su matrimonio con la infanta María Teresa en 1659. Calderón de la Barca, dramaturgo de cámara, escribiría entonces *La púrpura de la rosa*, que se estrenaría el 17 de enero del año siguiente.

El rey francés también quiso ensalzar el amor a su mujer. Para ello, el cardenal Mazarino encargó la ópera *Ercole Amante* a Francesco Cavalli. La obra, inspirada en una parte de *La metamorfosis* de Ovidio y en *Las traquinias* de Sófocles, contaba la historia del amor entre Hércules (Luis) y la Belleza (María Teresa). El espectáculo se estrenó el 7 de febrero de 1662 en la sala de máquinas del palacio de las Tullerías. Para asegurarse de que fuera la obra más grande y fastuosa representada hasta entonces, Luis XIV encargó que se realizaran las tramoyas más espectaculares.

María Teresa participó activamente haciendo de sí misma. El conde de Saint-Aignan, por su parte, interpretó el papel de la casa de Francia.

La nueva reina de Francia volvería a «actuar» en 1664, en *Los amores disfrazados*, dando vida a Proserpina. La obra giraba en torno a una lucha entre Atenea y Venus. Mercurio proponía a las diosas que el rey intercediera entre ellas en calidad de árbitro; y Venus le mostraría a Mercurio los diferentes disfraces detrás de los que se podía ocultar el amor. Había que leer siempre entre líneas en estas obras cargadas de simbología e, incluso, ironía.

En mayo de 1664, Luis XIV volvería a superarse a sí mismo, poniendo en marcha el mayor espectáculo celebrado hasta entonces en Versalles. Hablamos de *Los placeres de la isla encantada*, una gran fiesta en honor de la reina María Teresa y de la reina madre Ana de Austria, ambas de origen español.

Hasta aquí todo controlado. España y Francia eran países amigos. Pero los celos de Austria no tardaron en llegar. Leopoldo I, casado con la otra hija de Felipe IV, Margarita Teresa, entendió tanto espectáculo como una provocación y se puso manos a la obra.

En octubre de 1666, en un acto con motivo de las celebraciones tras el enlace entre Leopoldo y Margarita Teresa, los recién casados se disfrazaron de Acis y Galatea para representar un *ballet*. La historia, basada en el «Libro X» de *La metamorfosis* de Ovidio, cuenta que el pastor Acis se enamora de la bella nereida Galatea, de quien también está enamorado el cíclope Polifemo. Este, celoso, lo mata aplastándolo con una roca. Galatea, entonces, con la ayuda de Poseidón, transforma a Acis en río para que viva eternamente. La metáfora es clara: gracias a la emperatriz y a su descendencia, la estela del emperador perdurará.

En ambas cortes (austriaca y francesa) continuaron representándose obras cargadas de fuerza simbólica hasta que en mayo de 1667, Luis invadió los Países Bajos, reclamando unos derechos de devolución a su esposa María Teresa. Comenzaría la conocida como guerra de Devolución. La regente española, Mariana de Austria, pidió ayuda al Imperio austriaco, pero Leopoldo optó por mantenerse neutral. Es posible que dicha neutralidad se debiera a la intención de firmar un tratado secreto en el que Luis y Leopoldo se repartían la herencia de la monarquía hispánica si fallecía el heredero al trono, Carlos. Qué astutos ambos.

Tras el fin de la guerra de Devolución en febrero de 1668, Leopoldo recurrió de nuevo a sus espectáculos de homenaje y amor hacia Margarita para intentar recuperar la confianza de su suegra en España. Por ello, aprovechó el cumpleaños de su esposa, el 12 de julio de ese mismo año. Era el momento perfecto para inaugurar el Theater auf der Cortina, recién terminado. La representación elegida para celebrar esta fecha señalada fue *Il Pomo d'Oro*(«La manzana de oro»). El libreto se editó también en castellano para mandarlo a la corte de Madrid. Durante la representación, con objeto de atraer todas las miradas, los emperadores ocupaban un podio levantado en el centro del patio de butacas.

La obra recreaba el conocido mito del juicio de París, pero en esta versión las tres protagonistas (Juno, Venus y Atenea) renunciaban a la victoria para cedérsela a Margarita Teresa, la emperatriz que reúne las virtudes que diferenciaban a cada una de las diosas: grandeza de sangre, hermosura e ingenio.

Por su parte, en Francia también celebraron la victoria en la guerra de Devolución. El 18 de julio de 1668, apenas una semana después de la gran celebración que acabamos de describir en Viena, se llevó a cabo el Grand Divertissement Royal en los jardines del palacio de Versalles. La descripción de la fiesta también fue traducida al castellano y remitida a la corte española. La celebración incluía comedia, una lujosa cena, arquitecturas efímeras y fuegos artificiales.

En realidad, lo que estaba sucediendo era una «guerra fría» disfrazada de espectáculos entre las dos hijas de Felipe IV, que no estaban dispuestas a renunciar al trono de España en el caso de que Carlos, su hermano, falleciera prematuramente. La reina María Teresa de Francia y la emperatriz Margarita Teresa de Austria pusieron en práctica en sus respectivas cortes lo que habían aprendido durante su infancia en España. Celos de niñas, conflictos diplomáticos de adultas.

LA PERDIZ

María Josefa Gertrudis Bohl von Guttenberg, baronesa y condesa viuda de Berlepsch o Berlips, dama de compañía de María Ana de Neoburgo, segunda esposa de Carlos II. Para los españoles, la Perdiz, que era más fácil de pronunciar. Lo nuestro con los idiomas viene de hace siglos. Igual que el sentido del humor. Así se escuchaban cantos satíricos en la villa:

A la Berlips otros dicen
es la cantina alemana
que bebe vinos del Rhin
más que sorbetes y horchatas[102].

Ea.

Parece ser que su estrecha relación de amistad con la reina la convirtió en un personaje clave en el entramado político de la época, protagonizado por el problema sucesorio de la Corona española. Recordemos que Carlos II fue el último rey español de la casa de los Austrias al morir sin descendencia.

De hecho, cuentan que uno de sus principales objetivos era, precisamente, hacer creer al rey que la reina le iba a dar un heredero. Para ello, pactaban cómo aparentar continuos embarazos (dicen que hasta once) y de esta forma consolidar el reconocimiento de la soberana en la corte. Tanto «aborto» acabó por cansar al rey.

La pobre reina Mariana fue obligada a someterse a unos cuantos remedios de purgas y sangrías varias. Los cantos populares sobre la incapacidad del rey para dejar embarazada a su mujer no se hicieron esperar, tal y como recuerda Alonso-Fernández en *Felipe V, el rey fantasma*:

Tres vírgenes hay en Madrid
la Almudena,
la de Atocha
y la Reina Nuestra Señora[103].

Cómo no iba a estar harto si había pasado por lo mismo con su primera esposa, María Luisa. No por los «abortos», sino por la falta de concepción de un heredero. Hago un inciso para recordar la coplilla popular que cantaba el pueblo en relación con la francesa:

Parid, bella flor de lis
Que en aflicción tan extraña
Si parís, parís a España
Y si no parís, a París.

---

102   Zorita, M. (2010). *Breve historia del Siglo de Oro*, p. 173. Nowtilus.
103   Alonso-Fernández, F. (2020). *Felipe V. El rey fantasma. Biografía histórica y psiquiátrica de la figura del primer rey Borbón*, p. 34. Almuzara.

Tal era la obsesión del matrimonio respecto a este asunto que cuentan una anécdota muy divertida. María Luisa había llevado a la corte dos loros parisinos que hablaban exclusivamente francés. La duquesa de Terranova, responsable de la etiqueta cortesana, pensó que los pájaros la insultaban y decidió envenenarlos. La reina la descubrió y le dio dos bofetadas. Hala. Como era de esperar, la víctima se quejó ante el rey. En su defensa, María Luisa alegó que su reacción fue fruto de un antojo. Y para Carlos era más importante el embarazo de su mujer que la muerte de los loros. Dónde va a parar.

Hablando de loros, volvamos a la Perdiz, protagonista de este relato. Había nacido en el seno de una familia noble en el principado alemán de Hesse. Su marido, Wilhelm Ludwig von Berlepsch, militar al servicio del emperador Leopoldo I, murió prematuramente dejándola embarazada y con otro hijo pequeño. Entró al servicio de la princesa Isabel Amalia de Hesse-Darmstadt, segunda esposa de Felipe Guillermo de Neoburgo, padres de la futura reina de España, Mariana: y como decíamos, formó parte del séquito que acompañó a la nueva reina española en 1690 para contraer matrimonio con Carlos II.

En la corte española, el puesto oficial de dama de la reina (o camarera mayor) fue desempeñado por la duquesa de Alburquerque; pero, de forma oficiosa, la Perdiz ejerció mucha influencia sobre Mariana. Para ello, se sirvió de dos «aliados»: Enrique Javier Wiser, secretario, apodado el Cojo, hijo del barón Godofredo von Wiser; y Juan de Angulo, apodado el Mulo, secretario de Estado. La Perdiz, el Cojo y el Mulo. Así estamos. ¿Qué podía salir mal?

Además de las intrigas que comentábamos en relación con los embarazos, la dama se vio envuelta en muchas tramas. Fue acusada de cómplice de robo, prevaricación, tráfico de influencias y desviación de fondos públicos. Parece que la condesa procuraba tratos de favor hacia miembros de su familia. Y lo conseguía ejerciendo influencia en Mariana para que esta a su vez influyera en el rey. Efectivamente, el rápido ascenso social, económico y político de sus parientes no pasó desapercibido, ni para la aristocracia alemana, ni para la española, lo que perjudicó a los intereses imperiales en su lucha por hacerse con la sucesión de Carlos II.

Porque la condesa todo lo hacía a lo grande. Gestionó, ente otras cosas, el envío a su tierra de cuadros de Velázquez y del Greco, vajillas de plata y de porcelana, armaduras, esculturas y otros objetos valiosos en concepto de regalos del rey de España a su nueva familia política. Entre los franceses y los alemanes, nos expoliaron pero bien. Culpa nuestra, que nos dejamos.

Eso sí, la Perdiz tenía respuesta para todo. En una carta dirigida a Juan Guillermo de Neoburgo, hermano de la reina, la condesa le informaba de que, para compensar la irregularidad del cobro de sus servicios como dama, había pedido a Carlos II la concesión de una merced en Nápoles. Sin embargo, y aunque el Consejo de Italia había acordado una contraprestación de 10.800 ducados anuales, la condesa no los disfrutaba porque el virrey duque de Medinaceli había olvidado remitir las patentes necesarias para la toma de posesión. Y claro, ella se quejaba porque se veía obligada a vender los feudos para la obtención de *cash* para adquirir un señorío en los límites del Sacro Imperio.

Cuando ya consideró imprudente seguir por este camino, antes de que las denuncias y el control de la situación se le fuera de las manos, la Perdiz decidió marcharse de España, no sin antes cubrirse las espaldas y asegurar su futuro y el de su familia. Puso como condición que el dinero acordado llegara antes a su país, no fuera a ser que, una vez hubiera regresado a su tierra, la corte española no cumpliera con lo prometido. Se cree el ladrón... Se envió un voluminoso equipaje, una letra por valor de 200.000 escudos, una renta anual de 7000 doblones sobre el condado de Güeldres, una dote de 15.000 doblones para su sobrina Maria Katharina von Cram, incluyendo un collar del toisón para quien la desposara, y la misma cantidad para los posibles gastos que pudieran surgir durante el viaje. Recopilar estas cantidades llevó unos tres meses (exactamente de diciembre de 1699 a marzo de 1700). Había logrado también el archimandritazgo de Mesina para su hijo segundo, un puesto en el Consejo Áulico del emperador en Viena (1698), otro del Consejo de Flandes para el mayor (1699) junto con el título condal, un hábito de Álcantara y la encomienda de Belvís y Navarra (1694) y un oficio de dama de honor de la emperatriz en Viena. Cuando salió de Madrid iba acompañada de cuatro carrozas y treinta caballerías cargadas.

Se dirigió a Westafalia donde ocupó el señorío de Mylendonk. Más tarde, se volvió a introducir en los círculos del poder político de Viena, donde fue acusada también de conspiración. Genio y figura...

EL HECHIZO DEL CHOCOLATE A LA TAZA

Como sabemos, el cacao llegó a España tras la conquista de México. Hernán Cortés lo mencionaba en las *Cartas de relación*[104] que le enviaba a Carlos I. El rey emperador lo degustó por primera vez en Toledo. Pero hubo que adaptarlo al gusto español. Más adelante, el manjar llegó a nuestro país vecino de la mano de las reinas francesas de origen español, especialmente de Ana de Austria, hija de Felipe III y esposa de Luis XIII de Francia.

En 1502, durante su cuarto viaje al Nuevo Mundo, Cristóbal Colón interceptó una embarcación cargada de una especie de almendras a las que no concedió importancia. No podría imaginar lo importante que era el cacao para aquella civilización, hasta el punto de que lo utilizaban como moneda. Los aztecas preparaban el chocolate moliendo las habas del cacao hasta reducirlas a polvo, al que añadían también maíz. Luego lo mezclaban con agua fría y removían hasta que subía la espuma. El resultado era amargo y a los españoles no les acababa de convencer este sabor, así como el aspecto y las manchas que dejaba en los labios tras ingerirlo.

Así que los monjes se pusieron manos a la obra en sus monasterios para poner solución al asunto. Los cistercienses fueron los que lograron mayor fama de chocolateros. Por el contrario, los jesuitas creían que el chocolate era contrario a los preceptos cristianos de austeridad y pobreza. Pronto se abrió un debate entre los defensores y los detractores del nuevo manjar. En el siglo XVII la Iglesia finalmente zanjó la polémica aceptando el consumo del chocolate bebido incluso en periodos de ayuno.

Cada mañana y cada tarde el chocolate era servido en las residencias de la nobleza en mancerinas (bandejas) de plata o porcelana china. Y ya era costumbre «mojar» en las jícaras de chocolate panes dulces. Por cierto, las «mancerinas» deben su nombre a Pedro Álvarez de Toledo y Leiva, primer marqués de Mancera e «inventor» del utensilio. En las meriendas invernales era habitual tomarlo sobre los estrados (cojines) de las salas de estar, al calor de los braseros. En las tardes veraniegas, solía servirse junto a un búcaro de nieve

---

104   Cortés, H., edición de Delgado, A. (2016). *Cartas de relación*. Castalia.

o vaso de helado. Hasta aquí, nada llamativo. Pero resulta que a las damas de la nobleza les «chiflaba» tanto «la bebida que procedía de las Indias» (así se anunciaba el chocolate en las confiterías del siglo XVII) que lo degustaban también en misa, durante el sermón, para hacerlo más llevadero. Y, claro, la Iglesia tuvo que poner orden y prohibir esta costumbre.

Mujer tomando un chocolate caliente de Raimundo de Madrazo y Garreta. [Rlbberlin / Wikimedia Commons]

Carlos II, el último rey de los Austrias, también era adicto al chocolate. Al pobre le gustaba tanto que creyó (o mejor dicho, le hicieron creer) que había sido víctima de un maleficio por consumirlo en exceso. Su confesor (cómo no), el dominico Froilán Díaz, acudió al rescate. Resulta que un antiguo compañero de estudios, Antonio Álvarez de Argüelles, capellán del convento de Nuestra Señora de la Encarnación, en Cangas del Narcea (Asturias), estaba trabajando en el exorcismo de tres monjas de este monasterio que estaban poseídas por el demonio. El confesor, ayudado por el inquisidor general Juan Tomás de Rocaberti, le pidió a su amigo que escribiera los nombres del rey y de la reina en un papel, lo pusiera sobre el pecho de las monjas asturianas y preguntara al demonio si alguno de los implicados sufría maleficio. Y, según el experto, el demonio sentenció que el rey había sido hechizado con chocolate a la edad de catorce años. Ea.

Y no fue una respuesta monosilábica. Qué va. El diablo fue muy exacto en su veredicto. Concretó que el hechizo tuvo lugar exactamente el 3 de abril de 1675 a través de una taza de chocolate en la que se habían puesto restos de un hombre muerto: «Sesos para quitarle el don de gobierno, entrañas para que perdiera la salud y riñones para corromperle el semen e impedirle la generación». Y también señaló que volvió a ser hechizado en 1694 por orden de alguien que se podía identificar con la reina Mariana. Carlos II, muy piadoso, se lo creyó todo y se vio sometido a purgas, dietas y exorcismos varios para expulsar la maldición. Pero no dejó de tomar chocolate. Era piadoso, pero goloso. De hecho, murió creyéndose víctima de su mayor placer. Y de ahí viene el apodo de el Hechizado; nada que ver con su aspecto, ni su genética, como muchos creen.

El chocolate se convirtió también en el desayuno preferido de los primeros Borbones. Tanto que Carlos III solía enviar chocolate como regalo a diferentes casas de Europa, así como al mismísimo papa.

De hecho, los cronistas de Carlos III lo definieron como «chocoadicto». El rey tomaba cada mañana para desayunar una taza de chocolate e incluso, solía repetir. Hasta tenía su propia taza en la que solo podía beber él. Se trataba, en concreto, de una pieza de porcelana blanca que le regaló un hermano de María Amalia, su esposa.

Sobre el desayuno real, escribe Fernán Núñez en *Vida de Carlos III*:

> A las seis entraba a despertarle su ayuda de cámara favorito, don Almerico Pini [...]. Se vestía, lavaba y tomaba chocolate, y cuando había acabado la espuma, entraba en puntillas con la chocolatera un repostero antiguo, llamado Silvestre, que había traído de Nápoles, y, como si viniera a hacer algún contrabando, le llenaba de nuevo la jícara, y siempre hablaba S. M. algo con este criado antiguo. Al tiempo de vestirse y del chocolate, asistían los médi-

cos, cirujanos y boticario, según costumbre, y con ellos tenía conversación[105].

Después de su taza de chocolate, tomaba el tradicional vaso de agua fresca, con una curiosa excepción que anota su biógrafo: «Después del chocolate bebía un gran vaso de agua; pero no el día que salía por la mañana, por no verse precisado a bajar del coche»[106]. El ritual del chocolate formaba parte de la vida diaria del rey.

Nuestro cuarto Borbón era un monarca de costumbres, maniático, excesivamente puntual y nada improvisador. Como recuerda José María Zavala[107], el 7 o el 8 de octubre de cada año salía del Real Sitio de San Ildelfonso para ir al de San Lorenzo, donde permanecía hasta el 30 de noviembre o el 2 de diciembre. En esta fecha, se trasladaba a Madrid. El 7 de enero iba hacia el Pardo, desde donde regresaba a la capital el domingo anterior al Domingo de Ramos. El miércoles después de Semana Santa, a las siete de la mañana, se trasladaba a Aranjuez, donde permanecía hasta finales de junio. Pasaba las dos primeras semanas de julio en Madrid y el 17 o el 18 de julio iba a El Escorial. A la mañana siguiente se desplazaba a La Granja hasta el 7 o el 8 de octubre. Y vuelta a empezar. Así con todo y cada año. Un rey organizado.

En el siglo XVIII, el chocolate que se servía en España era de calidad homogénea e independiente de la clase social que lo tomara; lo que diferenciaba a las clases sociales era la jícara sobre la que se servía: el clero y la nobleza lo degustaban en jícaras de plata o de porcelana, y el pueblo llano en jícaras de barro. Durante el reinado de Carlos III, la corte de Madrid llegó a consumir cerca de doce millones de libras de chocolate al año. Y es que en este periodo se inauguró la primera fábrica de chocolate de España, en 1777.

La chocolatera de palacio, de cobre y con capacidad para hacer más de veinticinco litros de chocolate a la taza, era uno de los objetos más preciados. No tomó esta costumbre de su padre, Felipe V, que

105 Núñez, F. (1988). *Vida de Carlos III*, pp. 53-54. Fundación Universitaria Española.
106 Núñez, F. (1988). *Vida de Carlos III*, p. 49. Fundación Universitaria Española.
107 Zavala, J. (2020). *La maldición de los Borbones. De la locura de Felipe V a la encrucijada de Felipe VI*, pp. 79-70. Penguin Random House.

desayunaba, tal y como relata Alfonso Danvila[108], una bebida preparada con leche, vino, dos yemas de huevo, azúcar, canela y clavo. Si es que Felipe no era nada español.

EL VERDADERO ORIGEN NO INDEPENDENTISTA DE LA DIADA DE CATALUÑA

Como sabemos, Carlos II, último rey de la casa de Austria, murió sin descendencia en 1700. No tuvo hijos ni con su primera esposa, María Luisa de Orleans, ni con la segunda, Mariana de Neoburgo, elegida precisamente por la alta fertilidad de su madre, que había dado a luz a diecisiete hijos. Probablemente, su incapacidad para tener descendencia fue una consecuencia de los numerosos genes recesivos fruto de la endogamia de una dinastía que buscaba la «pureza de sangre» como garantía de sucesión. Qué paradoja. Según el estudio «The Role of Imbreeding in the Extinction of a European Royal Dynasty»[109], Carlos II tenía el mayor coeficiente de endogamia de la dinastía, un 0,254; la misma cifra presente en los matrimonios entre padres e hijas o entre hermanos.

Lo cierto es que el niño presentó siempre problemas de salud desde su nacimiento: constantes catarros, problemas gastrointestinales debidos a las dificultades de masticación que le ocasionaba su prognatismo y ataques epilépticos. Además, su crecimiento no se desarrolló con normalidad. Según Francisco Alonso-Hernández, en *Felipe V, el rey fantasma*, su periodo de lactancia se prolongó hasta casi los cuatro años, hasta los seis no comenzó a andar y hasta los diez a hablar de forma inteligible. Cuenta el autor que su aya y las doncellas de la corte recurrían a unos cordones para mantenerlo en pie cuando todavía no podía hacerlo por sí mismo[110].

108   Danvila, A. (1997). *Luis I y Luisa Isabel de Orleans. El reinado relámpago*. Alderabán.

109   Álvarez, G., Ceballos, F. C. y Quinteiro, C. (2009). «The Role of Imbreeding in the Exthinction of a European Royan Dynasty. Plos ONE 4(4): e5174. https://doi.org/10.1371/journal.pone.0005174

110   Alonso-Fernández, F. (2020). *Felipe V. El rey fantasma. Biografía histórica y psiquiátrica de la figura del primer rey Borbón*, pp. 30-33. Almuzara.

En su testamento nombró heredero al príncipe Felipe, duque de Anjou, Borbón, nieto de Luis XIV, el Rey Sol y sobrino nieto del propio Carlos II, lo que originó un descontento entre los partidarios de la sucesión del archiduque Carlos de Austria, que desembocó en la guerra de Sucesión.

Así reza el testamento[111] del último Austria español fechado el 3 de octubre de 1700:

> Reconociendo, conforme a diversas consultas de ministro de Estado y Justicia, que la razón en que se funda la renuncia de las señoras doña Ana y doña María Teresa, reinas de Francia, mi tía y mi hermana, a la sucesión de estos reinos, fue evitar el perjuicio de unirse a la Corona de Francia; y reconociendo que, viniendo a cesar este motivo fundamental, subsiste el derecho de la sucesión en el pariente más inmediato, conforme a las leyes de estos Reinos, y que hoy se verifica este caso en el hijo segundo del delfín de Francia: por tanto, arreglándome a dichas leyes, declaro ser mi sucesor, en caso de que Dios me lleve sin dejar hijos, al Duque de Anjou, hijo segundo del delfín, y como tal le llamo a la sucesión de todos mis Reinos y dominios, sin excepción de ninguna parte de ellos. Y mando y ordeno a todos mis súbditos y vasallos de todos mis Reinos y señoríos que en el caso referido de que Dios me lleve sin sucesión legítima le tengan y reconozcan por su rey y señor natural, y se le dé luego, y sin la menor dilación, la posesión actual, precediendo el juramento que debe hacer de observar las leyes, fueros y costumbres de dichos mis Reinos y señoríos.

Es decir, el español justificaba su decisión en su parentesco con el francés, nieto y bisnieto de españolas por su abuela María Teresa y su bisabuela Ana de Austria. Y, además, ponía como condición a su heredero el mantenimiento y la conservación de la integridad de España para evitar cualquier posible repartición de sus reinos. Con razón muchos dicen que lo mejor que hizo el último Austria en su reinado fue su testamento en pro de la unidad de España.

La decisión de Carlos II no era fácil. Hasta 1699, dos eran sus principales candidatos: el citado Felipe de Anjou y otro sobrino nieto

---

111   Danvila, A. (1957). *El testamento de Carlos II*. Espasa Calpe. Colección las Luchas Fratricidas de España, núm. 1.

del monarca español, José Fernando de Baviera, hijo del emperador de Austria, Leopoldo I. En el testamento que firmó en 1698 se había decantado por José Fernando, pero este falleció un año después con tan solo siete años. Los defensores de la continuidad de la casa de Habsburgo propusieron entonces al archiduque Carlos Francisco de Austria, hermano de José Fernando. Este nuevo candidato fue educado por maestros jesuitas y hablaba perfectamente español, a diferencia del Borbón. Los austracistas alegaban que Felipe IV había excluido de la línea sucesoria a su hija María Teresa (esposa del Rey Sol) precisamente para evitar una alianza de las monarquías francesa y española; y había reconocido los derechos de su otra hija, Margarita Teresa, esposa del emperador Leopoldo de Austria.

Sin embargo, parece que Carlos II se dejó entonces influir por el embajador de Francia en Madrid, el duque de Harcourt, que consiguió «reclutar» en la corte a defensores del francés, como el cardenal Portocarrero, a quien Carlos II se dirigía como «padre». Finalmente, ganó la causa francesa. Pero aquí no acabaría todo.

Efectivamente, tras la muerte del monarca, las potencias europeas se disputaban el trono de España. De un lado Francia; de otro, la coalición integrada por Austria, Inglaterra, Holanda, Saboya, Prusia y Portugal. Luis XIV aceptó las últimas voluntades de Carlos II para que su nieto reinara en España, pero era consciente de que esta decisión iba a desembocar en una inevitable guerra europea. Con Austria, por razones obvias al haber desplazado a su candidato. Con el resto de países mencionados, porque podrían temer el aumento de la hegemonía del Rey Sol. Y a todo esto, España dividida. Porque los antiguos territorios de la Corona de Aragón (Aragón, Valencia, Cataluña y Mallorca) decidieron apoyar al archiduque Carlos. La razón era que este se había comprometido a respetar la autonomía de Cataluña; y, por el contrario, el Borbón representaba el centralismo absolutista.

Así que el futuro rey no lo tenía nada fácil a pesar de que, a sus recién cumplidos diecisiete años, su aspecto joven y bien parecido generaba confianza en comparación con la apariencia enfermiza de su predecesor, Carlos II. Felipe de Anjou había nacido en Versalles y, por tanto, había crecido en un rígido ceremonial en torno a la figura de su abuelo, el Rey Sol. Su madre, María Ana Cristina de Baviera, había fallecido cuando él tenía seis años y las tres figuras clave en su educación durante su infancia fueron Isabel Carlota de Baviera, la duquesa de Orleans, su tía abuela; la marquesa de Maintenon, la nueva esposa (morganática) del rey y, por tanto, su «abuelastra»; y Fénelon, el apodo como era conocido el teólogo François de Salignac, que fue designado tutor del joven príncipe.

El 4 de diciembre de 1700, Felipe V abandonó Versalles. Llegó a Madrid el 22 de enero de 1701. En la corte configuró su Consejo en torno a dos figuras políticas: el cardenal Portocarrero y el duque de Harcourt.

La guerra de Sucesión fue compleja. Tras muchas batallas, en el verano de 1705 el archiduque Carlos se hizo con la ciudad de Barcelona. Las Cortes de la ciudad, que habían jurado obediencia a Felipe V, proclamaron al archiduque como legítimo rey español con el nombre de Carlos III. Mientras, Castilla seguía aglutinada en torno a Felipe V.

En 1713, mediante la firma del Tratado de Utrech, Felipe de Anjou fue reconocido como rey de España y de las Indias, renunciando al trono de Francia en favor de su hermano (el duque de Berry) y de su tío (el duque de Orleans), y a las posesiones españolas en Flandes e Italia en favor del emperador Carlos. Un año antes, el Borbón había dejado por escrito su intención de anteponer España sobre la monarquía francesa:

> No solo preferiré España a todas las monarquías del mundo, sino que me contentaría con la parte menor de este reino antes que abandonar a un pueblo tan fiel. [...] declaro que renuncio, de mi propia voluntad, en nombre mío y en el de todos mis descendientes, a mis derechos con relación a la corona de Francia.

El nuevo monarca español suprimió los fueros de los territorios que no lo habían apoyado. Y Cataluña se negó a reconocer a Felipe V como su soberano a pesar de que el archiduque Carlos había renunciado también al trono de España para ser coronado como emperador en Viena en 1711. Aunque, ciertamente, dejó a su esposa Isabel Cristina de Brunswick encargada del gobierno en Cataluña. Inglaterra, por su parte, había decidido también retirar sus tropas de Cataluña en 1712. Y la emperatriz marchó también en marzo de 1713. Hablaremos más adelante de ella.

El 11 de septiembre de 1714 Felipe V ordenó el asalto a Barcelona del ejército encabezado por James Fitz-James, duque de Berwick. Al día siguiente, Barcelona capituló. El conseller Rafael Casanova, partidario de la negociación por conservar las instituciones y fueros catalanes, fue herido en el asalto y posteriormente recibió la amnistía. A pesar de que su figura se utiliza habitualmente como símbolo de resistencia catalana, su discurso poco tenía de afán independentista:

> Hoy es el día en que se han de acordar del valor y gloriosas acciones que en todos tiempos ha ejecutado nuestra nación. No diga la malicia o la envidia que no somos dignos de ser catalanes e hijos legítimos de nuestros mayores. Por nosotros y por la nación española peleamos. Hoy es el día de morir o vencer. Y no será la primera vez que con gloria inmortal fuera poblada de nuevo esta ciudad defendiendo su rey, la fe de su religión y sus privilegios[112].

Recuperada Barcelona, ya solo quedaba a los borbónicos ocupar Mallorca en 1715.

La victoria borbónica supuso represalias contra los derrotados austracistas. Felipe V aprobó los Decretos de Nueva Planta, que conllevaron la supresión de la Generalitat y de las Cortes. Además, el castellano pasó a ser lengua oficial en detrimento del catalán, aunque no se llegó a prohibir su uso. Ante la situación, muchos catalanes huyeron y fundaron la ciudad de Nueva Barcelona en los Balcanes, pero la peste y el avance del Imperio otomano provocaron su desaparición.

ASPIRANTE A REINA

Isabel Cristina de Brunswick-Wolfenbüttel, princesa de Brunswick-Wolfenbüttel, emperatriz consorte del Sacro Imperio Romano Germánico, reina consorte de Hungría y Bohemia y «aspirante a reina» del trono de España. Veamos.

Con tan solo trece años fue prometida con el archiduque de Austria, Carlos. Se trataba de un matrimonio de conveniencia planificado por

---

112 Santamarta del Pozo, J. (2021). Fake news *del Imperio español. Embustes y patrañas negrolegendaria*. La Esfera de los Libros.

su abuelo, Antonio Ulrich, duque de Brunswick-Wolfenbüttel, y la cuñada de Carlos, la emperatriz Guillermina Amalia. La novia, que era protestante, se opuso inicialmente al matrimonio, ya que este significaba su conversión al catolicismo; pero finalmente accedió y el 1 de mayo de 1707 se convirtió en la ciudad de Bamberg.

Isabel Cristina de Brunswick-Wolfenbüttel (1691-1750).

En aquel momento, como hemos visto, Carlos luchaba desde Barcelona por sus derechos al trono español contra Felipe de Anjou. Isabel Cristina llegó a la ciudad española en julio de 1708 y contrajo matrimonio con Carlos el 1 de agosto en la iglesia de Santa María del Mar de la ciudad condal. Como anécdota curiosa, con motivo del enlace se representó al día siguiente, 2 de agosto, la primera ópera italiana en Cataluña (*Il più bel nome* [«El más bello nombre»], del compositor veneciano Antonio Caldarade) en el palacio de la Llotja de Mar.

Cuando el archiduque Carlos regresó a Viena para tomar posesión de la corona imperial en 1711 tras la muerte de su hermano José I, dejó a su mujer en Barcelona bajo el cargo de gobernadora general de Cataluña durante su ausencia. Dos años después, en 1713, Isabel tuvo que dejar definitivamente España.

En Viena, el papel político que había desempeñado en Barcelona no fue considerado y nunca más se le permitió entrometerse en asuntos de gobierno, ni siquiera cuando su hija María Teresa accedió al trono. Solo tenía que preocuparse de engendrar herederos sanos. Tras el fallecimiento prematuro de su primogénito Leopoldo, la emperatriz dio a luz a tres princesas (María Teresa, María Ana y María Amalia), de las cuales solo dos llegarían a la edad adulta. Pero faltaba el ansiado varón. Como tratamiento para favorecer la fertilidad, la obligaron a ingerir grandes cantidades de vino tinto a diario, lo que la acabó convirtiendo en una mujer obesa y alcohólica.

Hablemos ahora de otra «aspirante a reina de España»: la mujer de Carlos María Isidro (hijo de Carlos IV), María Teresa de Braganza, princesa de Beira. La hija primogénita de la infanta española, Carlota Joaquina y del entonces heredero de la corona portuguesa, Juan de Braganza, nació en el palacio real de Queluz (Portugal) en 1793. Era, pues, nieta, por parte de padre, de Pedro III de Portugal y de María I de Portugal; y por línea materna de Carlos IV de España y de María Luisa de Parma. Casada en primeras nupcias con Pedro Carlos de Borbón, contrajo un segundo matrimonio con su tío y cuñado, Carlos María Isidro de Borbón, viudo de su hermana María Francisca. Desde ese momento se convirtió en abanderada de la causa carlista de la que más adelante hablaremos en profundidad.

Con catorce años, María Teresa embarcó junto con su familia en Belem rumbo a Brasil, a las colonias, antes de que las tropas napoleónicas invadieran Portugal. En Río comenzó su relación con su primo, el infante Pedro Carlos, hijo del infante Gabriel y, por tanto, nieto también de Carlos III, con el que contraería matrimonio en 1810. De esta unión nacería Sebastián Gabriel, que recibió el título de infante de Portugal cuando nació, pero tuvo que esperar a que Fernando VII le concediera el de infante de España en 1824. Sebastián se casaría primero con María Amalia de las Dos Sicilias, con quien no tendría descendencia; y, más tarde, con la «infanta boba» (María Cristina de Borbón y Borbón-Dos Sicilias, hija de Francisco de Paula, hijo menor de Carlos IV, y de su primera esposa y sobrina Luisa Carlota). María Cristina era también hermana de Francisco de Asís, esposo de la reina Isabel. Es un lío, lo sé.

En 1812 fallecía el infante Pedro Carlos y María Teresa quedaba viuda con diecinueve años.

Mientras la familia regresaba a España, se acordó la boda doble de las infantas portuguesas María Isabel y María Francisca (hermanas de María Teresa) con el rey español Fernando VII y su hermano menor Carlos María Isidro, respectivamente. Las nupcias se celebraron en 1816.

Pronto surgieron dos facciones en palacio en relación con la sucesión del trono: la cristina (o isabelina) y la carlista. María Teresa, muy conservadora, apoyaba a su cuñado Carlos. Por ello, tras la muerte de Fernando VII en 1833 y el comienzo de la regencia de María Cristina, María Teresa y los demás partidarios carlistas fueron expulsados de España.

Exiliada a Portugal tras los conocidos como «sucesos de La Granja» (intento fallido de los partidarios de Carlos María Isidro para anular la Pragmática Sanción de 1789 que Fernando VII acababa de hacer pública el 31 de marzo de 1830), llegó a un país en guerra civil entre los partidarios de don Pedro y los de su hermano Miguel. María Teresa se posicionó del lado de la causa miguelista, la «perdedora», y la familia tuvo que huir de nuevo y refugiarse en Gran Bretaña. La «comitiva carlista» llegaba a Portsmouth el 26 de junio de 1834. Semanas después, fallecía María Francisca, hermana de María Teresa y esposa de Carlos María Isidro.

El pretendiente carlista quedaba viudo y con tres hijos: Carlos Luis, Juan Carlos y Fernando, de dieciséis, doce y nueve años de edad, respectivamente. En 1839, María Teresa se casó con su cuñado, con el que no tendría descendencia. El pretendiente al trono «Carlos V» falleció en 1855 en Trieste.

Sebastián, hijo de María Teresa, se había alistado al principio en el ejército carlista, por lo que había perdido también sus títulos. Pero más adelante escribió a su prima, la reina Isabel, para rogar su permiso para instalarse de nuevo en Madrid. El 12 de junio de 1859, ante Salvador Bermúdez de Castro, ministro de España en Nápoles, su ciudad de residencia, juró fidelidad a Isabel II, hecho que María Teresa nunca le perdonó a su hijo.

La princesa de Beira, reina sin corona, falleció en 1874. Fue sepultada junto a su marido en el «Escorial carlista», del que hablaremos más adelante. Su hijo falleció en 1875. Fue sepultado en el Panteón de Infantes del monasterio de San Lorenzo de El Escorial. Diferencias.

Felipe V. Grabado de Juan Bernabé Palomino, 1748. [BNE]

Los primeros Borbones.
Felipe V, padre de tres reyes

LUNARES Y PELUCAS

Los lunares estaban de moda en los siglos XVII y XVIII. Las damas de la corte francesa, al maquillarse, se colocaban *mouches* (moscas) o pegatinas en distintas zonas del rostro.

Pero esta costumbre no surgió como simple coquetería; su objetivo inicial era disimular las marcas producidas por la viruela, enfermedad que devastó Europa en el Barroco. Por eso, aunque en menor medida, también la utilizaban algunos hombres. Incluso el origen se sitúa muchos siglos atrás.

El primer indicio lo encontramos en la antigua Roma, en los *esplenia lunata* o lunares de tela que adornaban los rostros de las patricias y también permitían disimular imperfecciones como cicatrices, granos o verrugas. Incluso, el poeta Marcial habla de los lunares en forma de estrella que algunos antiguos esclavos se colocaban en la frente para tapar la huella de hierro con la que habían sido marcados en el pasado. En China, durante la dinastía Tang, que reinó desde el siglo VII al V, las mujeres se maquillaban la frente de color amarillo, las cejas de color verde y se pintaban dos lunares, uno en la parte inferior de las mejillas y otro en la comisura de los labios.

Las cinco órdenes de pelucas Perriwigs de William Hogarth, 1761. Grabado satírico sobre el uso y la moda de las pelucas.

En el siglo XVII, se creó todo un universo simbólico del coqueteo alrededor de los lunares, similar al más conocido lenguaje de los abanicos o al de las sombrillas. En función de la zona del rostro en que fueran colocados, la dama ofrecía un mensaje a los caballeros. Por ejemplo, un lunar junto a la boca significaba una intención de coquetear; uno en la mejilla derecha indicaba que estaba casada; y uno en la izquierda que estaba prometida. También solían colocárselos en el cuello y en el escote.

Los lunares se vendían y guardaban en pequeñas cajitas con espejo, que podemos considerar predecesoras de las actuales polveras. Generalmente, estaban hechos de seda o de terciopelo negro. Las cortesanas portaban las cajitas para ir retocándose y modificar la posición de sus lunares en función del momento y de la necesidad de emitir los mensajes deseados que comentábamos.

Tal era su simbolismo para el cortejo que no era tolerable que las damas asistieran a oficios religiosos con lunares postizos.

Podemos ver estos lunares en varios retratos de la época. Isabel de Farnesio, segunda esposa de Felipe V, era gran aficionada a su utilización tal y como recoge el pintor Miguel Jacinto Meléndez. Tras la Revolución francesa, el uso de los lunares quedó relegado a entornos patibularios; de hecho, recuperando su funcionalidad inicial, las prostitutas los emplearon para disimular marcas de enfermedades venéreas.

Hablemos ahora del otro complemento «estrella» de la nueva dinastía: las pelucas.

Luis XIV, el Rey Sol, abuelo de nuestro Felipe V, fue todo un icono de la moda a finales del siglo XVII en Francia, su país, y en toda Europa. Tal vez su estética hoy en día resultaría algo femenina, pero en la época era símbolo de masculinidad. Puso de moda los tacones para disimular su baja estatura, las casacas decoradas con encajes venecianos y las maxipelucas. Pero más allá de las razones estéticas, todo tenía un porqué funcional.

El rey había sufrido varicela de niño y su cuero cabelludo se había llenado de costras. Por ello, los médicos decidieron raparlo y él se habituó a usar una peluca. Años después, el monarca padeció unas fuertes fiebres que le provocaron alopecia como consecuencia de un tratamiento con antimonio. Con el objetivo de ofrecer una imagen saludable coherente con el poder que ostentaba, comenzó a usar de nuevo peluca. Una muy larga y rizada en sintonía con el estilo rococó predominante. De paso, el volumen de la peluca también le ayudaba a parecer más alto y esbelto. Todo eran ventajas.

La primera mujer de su nieto Felipe V, María Luisa Gabriela de Saboya, padecía frecuentes migrañas. Para aliviarlas se le administraba quinina y se aplicaba sobre el cuero cabelludo sangre de pichón. Si el lector está pensando que «menuda guarrería», probablemente sea porque no padezca de este mal, porque los migrañosos somos capaces de recurrir a cualquier invento milagroso que nos prometa acabar con esta tortura. El caso es que, como consecuencia de estos tratamientos, la reina se quedó calva y tuvo que llevar peluca el resto de su vida. Pero como estaban de moda, tampoco fue un problema.

En 1680, en la corte de Versalles había cuarenta peluqueros que diseñaban y elaboraban las pelucas del Rey Sol. Se calcula que llegó a disponer de más de mil pelucas, que guardaba en una estancia de palacio conocida como «el Gabinete de las Pelucas». El Sr. Quentin se encargaba de peinar personalmente al monarca cada mañana, tras la ceremonia conocida como *le petit lever* (el despertar). Todo un ritual. De hecho, la profesión de «peluquero» viene de «peluca».

Y lo que suele pasar en estos casos. Toda la corte comenzó a imitar al monarca en el uso de las pelucas. Los que sufrían alopecia y los que no. Porque ya no se trataba de un complemento para disimular un defecto, sino de un accesorio de moda.

Las pelucas fueron evolucionando, siguiendo las tendencias y necesidades del momento. Elaboradas con cabello humano, crines de caballo o pelo de cabra, al principio eran de colores naturales, pero en la primera década del siglo XVIII comenzaron a triunfar las pelucas blancas y las grises. Además de la cuestión estética, hay de nuevo una razón funcional. Las pelucas no se lavaban y se acaban convirtiendo en un foco de infección y nido de piojos (incluso se inventaron unos rascadores para poder aliviar los picores correspondientes), por lo que se empezaron a fabricar composiciones químicas para desinfectarlas. La más habitual era un polvo blanco elaborado con huesos de ternera y oveja triturados, serrín, almidón de arroz, talco y antimonio. Estos polvos (bastante tóxicos, por cierto) «teñían» las pelucas de tonos blancos y grises. En paralelo, para contrarrestar el olor de la composición y disimular el producido por la falta de higiene, también se empezó a extender la costumbre de perfumar las pelucas.

A partir de 1770, las mujeres también se sumaron a esta moda. Si las masculinas solían ser blancas, las femeninas acostumbraban a ser de colores pasteles (rosa, azul o violeta). Eso sí, cuanta mayor ornamentación, tamaño y altura, mejor posición social. Y es que los peinados femeninos ya habían empezado a crecer y complicarse con vistosos adornos como flores, cintas y plumas. Cuentan que la condesa de Matignon remuneraba a su peluquero Baulard con 24.000 libras anuales para que diseñara un nuevo modelo cada día.

Muchas resultaban tan incómodas que las damas debían agachar la cabeza dentro de los carruajes o al pasar por las puertas. Así le sucedió a María Antonieta, cuando salía de su calabozo de camino a la guillotina, que tuvo que inclinar la cabeza y el acto fue (mal)interpretado como una reverencia a la guardia republicana. *Ups*.

A medida que las pelucas femeninas «crecían», las masculinas se fueron simplificando por razones de comodidad; especialmente para perfiles que no residían en la corte, como los militares. A mediados del siglo XVIII, los hombres apenas lucían unos pequeños rizos a los lados de la cabeza recogiendo el postizo con un lazo en coleta o trenza.

Si el Sr. Quentin era el peluquero de Luis XIV, el Sr. Lestage era su zapatero. Del mismo modo que en el caso de las pelucas, las damas comenzaron a utilizar tacones para imitar a los hombres.

Esta moda francesa de pelucas y tacones se extendió primero a Inglaterra a través de la figura del rey Carlos II (el inglés, no nuestro Hechizado, obviamente, que estuvo exiliado en Francia) y en España a través de Felipe V, nieto de Luis XIV.

EL TESORO DEL DELFÍN

Hablamos de un conjunto de orfebrería elaborado con metales nobles y piedras preciosas pertenecientes a Luis de Francia, el gran delfín y padre de Felipe V, que se encuentra en el Museo del Prado de Madrid. Las pocas piezas que se conservan, claro. La otra parte del tesoro original se halla en el Museo del Louvre de París.

Luis de Francia falleció durante una epidemia de viruela el 14 de abril de 1711 sin haber llegado a reinar. Felipe V renunció a la parte de la herencia que le correspondía de su padre en beneficio de sus hermanos (los duques de Borgoña y de Berry), pero el rey Luis XIV decidió que se repartieran a partes iguales las pertenencias que quedaran de su hijo tras la venta de lo que fuera necesario para pagar las deudas acumuladas. En el reparto, Felipe V prefirió los muebles y las piezas decorativas a las joyas.

En 1715 Luis D'Aubigni se encargó de gestionar el traslado de la herencia desde París a la corte española. Cuando llegaron a Madrid, Felipe no tenía decidido dónde colocarlas y, por ello, fueron enviadas a La Granja. Allí permanecieron guardadas en sus estuches hasta la muerte del monarca. Por esta razón, se salvaron del fuego que acabó con el Real Alcázar de Madrid en la Nochebuena de 1734.

La mayor parte de las piezas datan de los siglos XVI y XVII y fueron elaboradas en talleres franceses e italianos, aunque también hay algunas procedentes de la antigua Roma, el Imperio bizantino, el Imperio persa o el chino.

En la relación de las joyas heredadas del delfín, según la memoria remitida por el marqués de Grimaldi[113], aparecen: una caja negra de zapa que contenía un aderezo formado por un broche de tres piezas; ocho alamares (cuatro formando dos parejas e integrados por cinco piezas y otros cuatro iguales y de tres piezas); dos piezas de cotilla, una mayor que la otra y dos arracadas formadas por un copete; y tres colgantes con ocho engastes. Todas las piezas referidas hasta aquí eran de oro y plata, estaban esmaltadas por el reverso y guarnecidas con diamantes rosas y zafiros. Además, dos sortijas de oro talladas y esmaltadas, una con un diamante grande brillante y otra, igual que la anterior, pero de color rosa. En una caja forrada de chamelote anteado se guardaba una guarnición de casaca y chupa formada por ocho docenas de botones de oro, con un diamante rosa y seis docenas de botones también de oro labrados y más pequeños con un diamante rosa cada uno.

En otra caja negra se encontraban tres joyeles de oro: uno, con el retrato de Luis XIV, adornado con cuatro diamantes rosas brillantes que fue tasado en 400 libras; otro, con el retrato de la reina de Francia (María Teresa), decorado con veintidós diamantes que se

113   Aranda, A. (2002). *La joyería en la corte durante el reinado de Felipe V e Isabel de Farnesio*, p. 43. Tesis doctoral. Universidad Complutense de Madrid. Facultad de Geografía e Historia. Departamento de Historia del Arte II.

valoró en 150 libras; y el último, otro retrato en miniatura de Luis XIV, realizado en su infancia, que se tasó en 450 libras.

Aparte de estas joyas, se mencionan: una cruz de la Orden del Espíritu Santo con sesenta y cuatro diamantes y nueve topacios; una hebilla de sombrero con cuatro brillantes y cuatro topacios, y otra con cuatro brillantes y cuatro esmeraldas; y dos espadas, una con diamantes y otra con diamantes y rubíes. Estas últimas joyas fueron denunciadas como desaparecidas. El resto permanecían en el guardajoyas del rey cuando se realizó el inventario de sus bienes en 1747, tras su fallecimiento.

La colección se integró en 1839 en el Museo del Prado, entonces Real Museo de Pinturas, por decisión de Isabel II, que consideró que su valor artístico primaba sobre su interés científico. Previamente, Carlos III en 1776 había dispuesto su conservación en el Real Gabinete de Historia Natural. En aquel momento era director del museo el pintor José Madrazo, que pocos años más tarde fue acusado en el diario *El Eco del Comercio* de vender parte de las joyas para su beneficio personal, aunque nunca se comprobó la veracidad de estas acusaciones. Sin embargo, en 1918 sí se descubrió un expolio confirmado, realizado por un empleado del propio museo, Rafael Coba. La mayoría de las piezas pudieron recuperarse, salvo once, aunque treinta y cinco de ellas sin sus piedras preciosas…

En 1867, el tesoro se expuso en la galería central del Museo del Prado, en dos vitrinas, una para las piezas de cristal de roca y otra para las realizadas en piedra de color. Entre 1989 y 2018 la colección permaneció en un sótano conocido como «cámara acorazada»; pero, finalmente, se dispusieron en otro espacio más adecuado debido a que las humedades y vibraciones generadas como consecuencia del cercano túnel de tren podían dañar estos materiales tan delicados.

De las seiscientas noventa y ocho piezas contabilizadas en 1689, tras varios expolios y robos, se conservan actualmente ciento veinte: cuarenta y nueve realizadas en cristal de roca y setenta y una en piedras semipreciosas como ágata, lapislázuli, calcedonia, jaspe, jade, serpentina o alabastro. Las guarniciones son generalmente de oro, aunque también hay algunas de plata; y frecuentemente están realizadas con esmaltes, perlas y piedras finas, como turquesas y amatistas; o preciosas, como diamantes, zafiros, esmeraldas y rubíes. Están decoradas con motivos iconográficos variados, como pasajes del Antiguo Testamento o escenas inspiradas en *La metamorfosis* de Ovidio.

Actualmente, se muestran también algunos de los estuches, la mayoría de cuero y desmontables, con el interior forrado de paño, gamuza, seda o terciopelo rojo. La forma de cada estuche reproduce la de la pieza correspondiente para que pudieran ser identificadas sin necesidad de abrirlos, lo que facilitaba también su recuento en los sucesivos inventarios. La mayoría están decorados con motivos dorados, principalmente lises y delfines y, en algunos casos, incorporan los collares de las órdenes francesas de San Miguel y del Espíritu Santo.

En 1937 el tesoro se envió a Ginebra junto con grandes obras de pintura del Prado. Al terminar la Guerra Civil, regresaron las piezas. Toditas (las que quedaban). Menos mal.

LA PRINCESA DE LOS URSINOS

Con el objetivo de consolidar la lealtad a Francia del reino de Saboya, Luis XIV, el Rey Sol, pactó el matrimonio de María Luisa Gabriela de Saboya, de trece años, con su nieto Felipe (el futuro Felipe V de España), cinco años mayor que ella. Madame de Maintenon, amante del rey, le sugirió que la pareja estuviera asesorada por una mujer de probada lealtad a Francia que garantizara la alianza en Europa de las dos ramas de los Borbones, la francesa y la española.

La elegida fue Marie-Anne de La Tremoille, conocida en nuestro país como la princesa de los Ursinos, la españolización del apellido italiano «Orsini» de su segundo marido. Marie-Anne fue nombrada camarera mayor de la nueva reina de España. Pero María Luisa de Saboya (conocida cariñosamente como la Saboyana) falleció el 14 de febrero de 1714, con tan solo veinticinco años, debido, probablemente, a una tuberculosis pulmonar. Cuentan que atendió sus obligaciones como soberana hasta el último momento, intentando disimular su enfermedad. Relata Alfonso Danvila que «se hacía peinar caprichosamente y ponía rojo en sus mejillas, sosteniéndose de pie algunos instantes por un esfuerzo sobrehumano». Según relata el autor, hubo que recurrir a una nodriza para alimentar a la reina en sus últimos días de vida[114].

Tras el fallecimiento de la reina, la princesa de los Ursinos (ahora en el papel de gobernanta de los infantes Luis y Fernando) negoció la boda del rey viudo con Isabel de Farnesio, segunda hija de Eduardo de Farnesio, heredero del ducado de Parma y de Dorotea Sofía de Neoburgo, hermana de Mariana, la ultima reina española de la casa de los Austrias. Tomó su decisión considerando los informes favorables que había recibido del cardenal Alberoni, arzobispo de Málaga, y sin consultar con Versalles, lo que molestó a Luis XIV y a madame de Maintenon.

Hablemos un poquito de Isabel antes de continuar con la princesa de los Ursinos. El padre de la parmesana murió cuando ella tenía un año. Por ello, se crió bajo la tutela de su abuelo, el duque Ranuccio II, y después de su tío Francisco, duque de Parma, que acabó convirtiéndose en su padrastro al contraer matrimonio con su madre. Las muertes de su hermano mayor y de su padre la colocaron en el tercer puesto de la línea sucesoria del ducado de Parma. Tras el fallecimiento de su tío, el de su padrastro y el de Antonio Farnesio, se convirtió en la única heredera de los estados de los Farnesio y de los Médici.

En la negociación del matrimonio entre Felipe e Isabel, el duque de Parma, tío y padrastro de la princesa, ofreció como dote cien mil doblones de Italia de dos escudos de oro cada uno, que deberían pagarse en diez años en cuatro pagos. El representante del rey de España, el cardenal Acquaviva, prometió que la Corona española aseguraba la dote, joyas, gastos de recámara y otros adornos sobre los bienes y rentas de las ciudades de Medina del Campo, Arévalo y Olmedo. Las mismas condiciones que se dispusieron cuando el rey se casó con María Luisa de Saboya.

El 13 de septiembre de 1714 se celebró la boda por poderes en Parma. Tras el acto, la joven se puso en marcha hacia su nueva patria. Estaba previsto que el matrimonio se consumase en Guadalajara. Durante el viaje hacia la corte española, al sur de Francia (en Saint-Jean de Pied de Port), se encontró con su tía, la reina viuda Mariana

---

114   Danvila, A. (1997). *Luis I y Luisa Isabel de Orleans. El reinado relámpago*, p. 57. Alderabán.

do Neoburgo (segunda mujer de Carlos II), que vivía en Bayona. Ella le puso en antecedentes sobre la situación que iba a encontrarse cuando llegara a Madrid. Y parece que la previno sobre la influencia que en la corte tenía la princesa de los Ursinos, aconsejándola que la alejara del rey.

En su viaje hacia Madrid, Isabel pasó por Pamplona, donde la esperaba el cardenal Alberoni. Allí recibió la joya que Felipe le regaló, realizada a partir de las piezas pertenecientes a la difunta reina María Luisa.

María Ana de La Trémoille, princesa de los Ursinos,
grabado de 1840.

Conocedora de que el cortejo de la nueva reina se acercaba, la princesa de los Ursinos partió a su encuentro. Llegó a la localidad de Jadraque y se instaló en la Casa de las Cadenas a esperar a la nueva reina, que llegó con retraso a causa de una tremenda nevada. Por lo visto, la anciana princesa recibió con «excesiva» familiaridad a la parmesana y no le hizo la reverencia protocolaria correspondiente. Incluso, parece que se tomó la libertad de hacer algún comentario desafortunado sobre su silueta obesa. Cuentan que Isabel la abofeteó por su insolencia y ordenó al capitán de la Guardia Real que se llevase inmediatamente de su presencia a la princesa de los Ursinos y que la dejara en la frontera francesa. El oficial reclamó que el mandato se pusiera por escrito y que lo firmase la propia reina. Así se hizo. Esa misma noche, en medio de la nevada, la princesa de los Ursinos partió hacia el exilio.

Al día siguiente, Isabel entró sola en Guadalajara e informó a su esposo de que había desterrado a su camarera mayor. Este no pudo hacer más que enviarle a la exiliada una carta de despedida. Ya se intuía quién iba a «mandar» en la pareja.

Un día después, los reyes refrendaron el enlace en el palacio del Infantado y consumaron el matrimonio. Para los desposorios y velaciones se emplearon dos fuentes de plata, dos anillos de oro, trece monedas de oro, cuatro varas de velo de seda blanco, cuatro varas de cinta carmesí, dos velas de una libra y un sitial con cuatro almohadas para la iglesia. Todo ello había sido facilitado por el maestro de ceremonias, Juan Antonio de Cisneros, al grefier, el 18 de diciembre de 1714. El rey decidió celebrar la ceremonia de las velaciones después de la festividad de Reyes.

Isabel pronto se posicionó como mano derecha del rey en la toma de decisiones políticas. Tanto que en los documentos y cartas firmaban como «el Rey y yo». Incluso, se ha llegado a calificar a Felipe de «rey consorte» o «rey fantasma».

El aumento de protagonismo en la corte de la nueva reina vino determinado (o incluso, forzado) por la creciente inestabilidad psíquica de Felipe V, que su mujer controlaba con «chantajes» de carácter sexual porque, por lo visto, el sexo era la debilidad del Borbón. Y, dada su extrema religiosidad, no concebía relaciones extraconyugales, por lo que Isabel tenía el poder absoluto sobre su marido. Según revela Alonso-Fernández, Felipe, a pesar de su afición, veía algo pecaminoso en el sexo y tenía la necesidad de confesarse tras cada encuentro. Aunque esto no le sucedía con su primera mujer, solo con Isabel. Por ello, dispuso que su confesor, el padre jesuita Daubenton, durmiera en la misma habitación conyugal, separado del matrimonio mediante unas cortinas. Así, podía solicitar su perdón de forma inmediata. A Felipe no parecía importarle demasiado su intimidad… El mismo autor señala que hacía hasta las deposiciones fecales al lado de su mujer, sentados cada uno en dos sillas-retretes juntas diseñadas a tal efecto[115]. Para gustos…

Su hijo Fernando VI (el segundo de los hijos que el monarca había tenido con su primera mujer) heredaría alguno de estos trastornos y manías. Cuentan que, tras el fallecimiento de su esposa Bárbara de Braganza, entró en depresión hasta el punto de que se encerraba y se negaba a asearse; y que, en momentos de lucidez, llamaba a su confesor para solicitar su absolución, pero cuando este se acercaba a su cama, le arrojaba los excrementos que guardaba entre las sábanas. No tenía ya edad el rey para estas travesuras tan «cochinas», lo que efectivamente demostraba su estado mental. Desde luego, los confesores tenían el cielo ganado.

Sigamos. Tras el fallecimiento de Felipe V, el nuevo rey Fernando VI ordenó a su madrastra que abandonara el palacio real del Buen Retiro, eso sí, con una generosa pensión. Isabel se instaló primero en una casa propiedad de los Osuna, situada en la plazuela de los Afligidos (desde luego, un nombre de lo más oportuno y simbólico). Más adelante, el nuevo rey dispuso su destierro en el palacio de La Granja. Ante esta decisión, Isabel escribió una carta a su hijastro, recogida por José Luis Gómez Urdáñez en *Fernando VI y la España indiscreta*: «He visto con sumo dolor mío lo que me participa. Yo estoy pronta a hacer lo que fuese de su agrado, pero desearía saber si he faltado en algo para enmendarlo». Fernando VI respondió de forma clara y contundente: «Lo que yo determino en mis reinos no admite consulta de nadie»[116]. Chimpún.

En La Granja la exreina entró en depresión y su ansiedad favoreció su obesidad. Sin embargo, la prematura muerte de Fernando en 1759 cambió la situación de Isabel porque el siguiente en la línea sucesoria era Carlos, su hijo mayor. Y eso la convertía en nueva reina madre, gobernadora por decisión de su hijo hasta su llegada a Madrid desde Nápoles.

115 Alonso-Fernández, F. (2020). *Felipe V. El rey fantasma. Biografía histórica y psiquiátrica de la figura del primer rey Borbón*, pp. 81-87. Almuzara.

116 Gómez, J. L. (2009). *Fernando VI y la España indiscreta*, p. 89. Punto de Vista Editores.

Por su parte, la princesa de los Ursinos, tras salir de España, se instaló en París en casa de su hermano, Antoine-François de La Trémoille, duque de Royan. En marzo de 1715 visitó en Versalles a Luis XIV, quien le concedió una pensión vitalicia. Pero el fallecimiento del Rey Sol al año siguiente y el ascenso al poder ejecutivo de su «enemigo», el duque de Orleans, propició su exilio y periplo por varias cortes europeas. Murió en su palacio de Roma a los ochenta y dos años.

TÚ A FRANCIA Y YO A ESPAÑA: INTERCAMBIO DE INFANTAS

Cuando tenía tan solo tres añitos, Felipe V e Isabel de Farnesio acordaron el compromiso de su hija Mariana Victoria con el futuro Luis XV de Francia. Se trataba en realidad de un intercambio, que tuvo lugar en la isla de los Faisanes, un islote fluvial ubicado cerca de la desembocadura del río Bidasoa y que, aún hoy en día, compartimos con nuestros vecinos franceses. De hecho, se trata del condominio o territorio de soberanía compartida más pequeño del mundo.

Marianina, como llamaban cariñosamente a la pequeña infanta, sería enviada a Versalles, y la hija del regente de Francia vendría a la corte española para casarse con Luis, hijo de Felipe V y su primera esposa, María Luisa Gabriela de Saboya. En realidad, era inicialmente un «2x1» (dos francesas a cambio de una española) porque también se acordó el enlace de *mademoiselle* de Beaujolais con el príncipe Carlos. Pero solo se celebró uno de los tres matrimonios. ¿Cuál? Ahora lo vemos.

Marianina era la tercera hija de Felipe V y su segunda esposa, Isabel de Farnesio, aunque solo convivió durante un breve periodo de tiempo con su hermano mayor, el futuro rey Carlos III.

En Versalles, la infanta española quedó a cargo de madame de Ventadour y otras damas de palacio. Madame de Orleans llegó a definirla como «la cosita más dulce y bonita». En una de las cartas que la infanta envió a su hermano Luis le decía: «Las muñecas no me faltan, en efecto, quisiera que pudierais ver su guardarropa y sus preciosos muebles». Efectivamente, las «infantitas» están para jugar con muñecas, no para casarse.

Tan solo tres años después del intercambio en la isla de los Faisanes, ambas hicieron el camino inverso. Desde Versalles enviaron a la infanta española con la excusa de ir a saludar a su hermano Carlos porque ya tenían otro destino matrimonial para su hijo, sin esperar el mínimo plazo de ocho años necesario para que la infanta española pudiera casarse y tener descendencia. Luis XV tenía ya quince años y si esperaba a su prometida, no podría desposarse hasta los veintitrés. Mucha espera para la época. Así que sus padres lo casaron con la princesa polaca, María Carlota Leczinska. La pobre Marianina descubrió el engaño al llegar a Madrid. Su regreso molestó tanto a los reyes de España que decidieron responder «devolviendo» a la francesa, que ya había quedado viuda de Luis I de España.

La infanta Mariana Victoria permaneció unos años en Madrid hasta que sus padres encontraron para ella un nuevo marido, el príncipe del Brasil y futuro rey José I de Portugal. De nuevo, se trataba de otro intercambio; esta vez, una española por una portuguesa. El ya príncipe de Asturias Fernando, tras la muerte de su hermano Luis, se desposaría con la princesa Bárbara de Braganza, futura reina de España. Marianina tuvo ocho hijos, de los cuales sobrevivieron cuatro infantas, entre ellas, la reina María I de Portugal.

Hablemos ahora de Luisa Isabel, la francesa. Fue una de las siete hijas de Felipe II de Orleans y Francisca María de Borbón. Su madre era hija legitimada de Luis XIV de Francia y madame de Montespan, su amante, con la que había tenido siete hijos. Permítame el lector un pequeño inciso sobre esta madame, abuela de nuestra protagonista.

Luis Henri, marqués de Montespan, descubrió la infidelidad de su mujer con el Rey Sol y la hizo pública, por lo que fue acusado de lesa majestad y desacato a la autoridad. Cuando fue liberado, tapizó sus carrozas con paños fúnebres y celebró en su casa un funeral por su esposa, a la que declaró muerta para él. A Luis XIV le importaba bien poco el escándalo. De hecho, no se trataba de una relación clandestina puesto que su amante ya ocupaba veinte habitaciones de los apartamentos reales, mientras que la reina solo contaba con once. Los de la «titular» en el segundo piso; los de la amante, en el primero. Este descaro no podía durar eternamente. El «caso de los venenos» puso fin a la historia. Venenos, sí.

Resulta que la madame era cliente de la pitonisa Marie Bosse (efectivamente, faltaba una pitonisa en esta historia para dar emoción al asunto). Además de echar las cartas, ofrecía «remedios» para librarse de «maridos molestos». Y eran remedios infalibles... Nada de recetas mágicas; vendía frasquitos de arsénico. Resultados garantizados. En la investigación se descubrió, además, que ella, junto con sus cómplices, madame de Vigoureux y madame de Voisin, practicaban abortos ilegales y sacrificaban niños menores de un año. El caso llegó a oídos del rey, que ordenó la convocatoria de una «Cámara Ardiente», fórmula destinada a casos excepcionales que recibía su nombre porque se celebraba en sesiones nocturnas a la luz de las antorchas. Treinta y seis personas fueron condenadas a muerte. Después de que madame Voilin muriera en la hoguera, su hija señaló a la propia madame de Montespan como una de las principales clientas de su madre, quien habría solicitado sus conjuros para conseguir que el Rey Sol detestara a madame de La Vallière, otra de sus amantes. Para entonces, Luis XIV ya había sustituido a Montespan por madame de Maintenon. No perdía el tiempo el francés.

Volvamos a Luisa Isabel, nieta de madame Montespan y del Rey Sol. La «pobre» no tuvo nombre hasta que se casó con nuestro Luis I. Antes de su boda se la conocía como mademoiselle de Montpensier. Sus padres esperaban un niño, puesto que tenían ya cuatro hijas, así que apenas se preocuparon de ella y no se molestaron ni siquiera en bautizarla. Ya es dejadez. Cuando se fue a casar con el heredero al trono español, su padre (el de Luis) y entonces rey, Felipe V, ordenó bautizarla, darle la comunión y confirmarla. Eso que se llevó cuando regresó. El 22 de cctubre de 1721 fue bautizada en el Palais Royal, con el nombre de Luisa Isabel, el que ella misma eligió. El padrino fue Luis XV; el 31 de octubre hizo la comunión y el 16 de noviembre la confirmación. El 20 de enero de 1722 se casó en Lerma en una ceremonia oficiada por el cardenal Francisco de Borja.

La niña había vivido durante cinco años en el Palais Royal de París junto a su nodriza, madame de Endroit; después fue trasladada al convento de Saint- Paul-les-Beauvais, al norte de París. Durante su estancia allí no recibió ninguna educación. De hecho, llegó a España sin saber leer ni escribir, formación que recibió ya cuando se iba a casar. Curiosamente, se descubrió su analfabetismo a través de las cartas que escribía a la corte española, en las que se podían apreciar trazos en lápiz bajo la tinta, señal de que no escribía ella directamente, sino que se limitaba a calcar los borradores escritos por alguna de las personas de su servicio.

Tras formalizar el compromiso, al margen de las habituales joyas de regalo, resulta curioso que el príncipe encargara la fabricación de dos escopetas para su futura esposa, asumiendo que la futura reina de España sería tan aficionada a la caza como su predecesora, Isabel de Farnesio. Pero se equivocó y el regalo se quedó sin estrenar. Como en la época no existían los *tickets* regalo...

Cuando se casaron, Luisa tenía doce años y el príncipe de Asturias catorce. Puesto que eran demasiado pequeños, debían esperar al menos un año para consumar el matrimonio; pero era preciso celebrar una ceremonia que simbolizara la consumación para que el enlace no fuera declarado nulo. Para ello, tumbaron en el mismo lecho a los contrayentes durante un rato ante la atenta mirada de los reyes, embajadores y miembros de la corte.

Luisa Isabel se convirtió en reina consorte de España dos años después de su matrimonio tras la abdicación de su suegro, Felipe V, en enero de 1724. Tras renunciar a la Corona, Felipe e Isabel se retiraron al palacio real de La Granja de San Idelfonso. El 9 de febrero de 1724 Luis I fue proclamado rey, cuatro semanas después de la renuncia de su padre. En el mismo decreto de abdicación, Felipe V especificaba que si Luis moría sin descendencia, el reino pasaría a su hermano Fernando y que, en el caso de que este fuera menor de edad, se crearía un consejo de regencia. Pero esto no se cumplió, ya que tras el fallecimiento de Luis, Felipe V regresó al trono de nuevo. ¿Por qué no cumplió con su palabra? Pues porque se optó por respetar las últimas voluntades de Luis I, que dispuso en su testamento el retorno de su padre al trono. Por eso y, probablemente, porque la Parmesana ejercería su influencia, aburrida de su «destierro» en La Granja.

Regresemos a la reina Luisa Isabel. En la corte pronto se ganó el apelativo de la Reina Loca. Lo cierto es que Luisa Isabel sufría trastorno límite de la personalidad y bulimia, lo que hacía que su comportamiento fuese inapropiado: se paseaba sin ropa, eructaba en público, se presentaba sucia y maloliente en la corte... Además, le encantaba la cerveza y el vino, por lo que acostumbraba a emborracharse. Sus excentricidades, como es lógico, no pasaban desapercibidas. Cuentan que la propia Isabel de Farnesio llegó a afirmar:

«Hemos hecho una terrible adquisición»[117]. Como si se tratara de la compra de un mueble o de un objeto de decoración.

Hasta su propia abuela paterna, madame de Orleans, escribió sobre ella, tal y como recoge Alfonso Danvila citando a Brunet:

> No puede decirse que mademoiselle de Montpensier sea fea; tiene los ojos bonitos, la piel blanca y fina, la nariz bien formada y la boca muy pequeña. Sin embargo, a pesar de todo esto, es la persona más desagradable que he visto en mi vida; en todas sus acciones, bien hable, bien coma, bien beba, os impacienta[118].

Y eso que era su abuela...

En una ocasión, la reina se subió con poca ropa en una escalera que estaba apoyada sobre un árbol. El mariscal Tessé relató en un informe para el rey de Francia la escena:

> Estaba subida en lo alto de una escalera y nos mostraba su trasero por no decir otra cosa. Creyó caerse y pidió ayuda; Magni, el mayordomo, la ayudó a bajar delante de todas las damas, pero, a menos de estar ciego, es evidente que vio lo que no buscaba ver y que ella tiene por costumbre mostrar libremente.

La reina acusó al mayordomo de haberla violado[119].

Como relata Alejandra Vallejo-Nágera en *Locos de la historia*, el colmo fue cuando, tras una recepción pública, la soberana se desnudó y empleó su vestido para limpiar los cristales del salón. El rey Luis escribió a su padre: «No veo otro remedio que encerrarla lo más pronto posible, pues su desarreglo va en aumento»[120]. Parece ser que el encierro de esos días hizo recapacitar a la joven, que envió varias cartas a su marido pidiéndole perdón.

Pocos meses después de acceder al trono, Luis enfermó de

117   Danvila, A. (1997). *Luis I y Luisa Isabel de Orleans. El reinado relámpago*, p. 120. Alderabán.

118   Danvila, A. (1997). *Luis I y Luisa Isabel de Orleans. El reinado relámpago*, p. 37. Alderabán.

119   Danvila, A. (1997). *Luis I y Luisa Isabel de Orleans. El reinado relámpago*, cap. XII. p. 117-124. Alderabán.

120   Vallejo- Nágera, A. (2006). *Locos de la historia*, pp. 444-445. La Esfera de los Libros.

viruela y Luisa Isabel cuidó y permaneció junto a su esposo hasta su muerte, el 31 de agosto de 1724. Ella también enfermó, pero se recuperó. No tuvieron descendencia. Luis I (el Breve) tenía diecisiete años y había reinado durante doscientos veintinueve días.

El 1 de septiembre el rey fallecido fue embalsamado y expuesto al público en el salón de Reinos del palacio del Buen Retiro. Según figura en el acta del archivo de palacio, el cadáver fue vestido de gala, con casaca y calzones de raso y con el collar del toisón de oro. El ataúd era de madera, forrado en el interior de tafetán blanco y por fuera de terciopelo carmesí con flores de plata. Así permaneció hasta el día 3, fecha en la que fue trasladado a El Escorial.

Como señalábamos, la reina pasó los primeros días de viuda recuperándose, aislada, de viruela. Y despúes, se ordenó su regreso a Francia por voluntad de Isabel de Farnesio. A la parmesana le parecía que ya había suficientes personas «desequilibradas» en la corte. El duque de Saint-Simon fue quien la condujo hasta la frontera para que regresara a su país.

Luisa Isabel se estableció en París con la pensión que le asignó la Corona española y las joyas recibidas durante su matrimonio. Y se le asignó el tratamiento de «segunda reina viuda» para distinguirla de la primera, Mariana de Neoburgo, la esposa de Carlos II, que todavía vivía. A tal efecto, se le asignó una casa real con el siguiente personal de servicio resumido por Alfonso Danvila[121]: cuatro damas de compañía, un caballerizo mayor, un primer caballerizo, dos mayordomos, cuatro tenientes, un alférez, un confesor, dos capellanes de altar, un sacristán, tres médicos, dos cirujanos y un boticario, un guardarropa mayor, una azafata, siete camaristas, diez ayudas de cámara, un sastre, dos cocineros, ocho oficiales de cocina, dos oficiales para guarda de la plata, veintidós oficiales más de distintas clases, dos brigadiers de guardia de corps, dos subrigadieres, un criado de sala, veinticuatro guardias, veinticinco esguízaros y setenta oficiales de la caballeriza. Todo, por el precio justo de trescientas cuarenta mil quinientas cincuenta y ocho libras. Desatendida no iba a estar, desde luego.

Pero Luisa Isabel no estaba contenta. Vaya por Dios. Despidió a

---

121 Danvila, A. (1997). *Luis I y Luisa Isabel de Orleans. El reinado relámpago.* Alderabán.

su camarera mayor, la princesa de Berghes, y solicitó a sus suegros que nombraran en su lugar a la duquesa de Montellano. Esta declinó la oferta y, finalmente, fue nombrada la duquesa de Sforzia. El caso es que la joven volvió a comportarse como acostumbraba en España y empezó a quejarse de su personal de servicio, incluso, despidió a varias personas. Ante el miedo a un nuevo escándalo, España retiró la ayuda y ordenó su ingreso en el convento de carmelitas en el que había pasado su infancia. Tras unos meses en el convento, se trasladó al palacio de Luxemburgo de París donde residió el resto de su vida, con la renta de doscientas mil libras asignadas por el gobierno francés.

Falleció el 16 de junio de 1742, con treinta y dos años, en la capital francesa. Fue enterrada en la iglesia del Santo Suplicio a la espera de que Felipe V diera la orden de trasladar el cadáver al monasterio de El Escorial como correspondía a su condición de reina consorte de España. Sin embargo, la orden jamás llegó. Ni Versalles ni Madrid se hicieron cargo del funeral, así que su familia pagó el entierro. Eso sí, la corte española guardó seis meses de luto. Una cosa no quita la otra.

DOTE PARA UNA INFANTA CASADERA

Los Borbones españoles encargaban los dibujos de joyas y los artículos para los ajuares de sus hijas a París, centro de la moda durante el siglo XVIII. Pero a la hora de realizar las piezas, como los plateros franceses eran muy caros, solían recurrir a sus plateros de cámara. Es decir, el diseño era francés, pero la producción española.

Además de las joyas para las infantas, era habitual realizar regalos a las personas que integraban la casa y acompañaban a la novia hasta la frontera. Generalmente, se trataba de sortijas, joyeles con retratos de los soberanos y espadines.

Como ya hemos comentado, Felipe V propuso una alianza matrimonial doble con Francia entre una de las hijas del regente francés, Luisa Isabel de Orleans, con el príncipe Luis, su primogénito; y entre Luis XV y la infanta Mariana Victoria. El duque de Osuna, José Téllez Girón, fue el encargado de representar al rey ante la corte francesa. El 16 de noviembre se firmó el contrato en las Tullerías. Luego, hubo fuegos artificiales, luminarias, un espectáculo y un baile de ópera. El 18 de ese mismo mes, dos días después de la firma, la novia partió hacia la frontera.

Saint-Simon fue el representante del rey francés para pedir en Madrid la mano de la infanta Mariana Victoria. El 23 de octubre partió de París. Tras parar en Bayona el 8 de noviembre para visitar a la reina Mariana de Neoburgo, llegó el 24 de noviembre a Madrid, donde se firmó el contrato matrimonial. Al día siguiente tuvo lugar la solemne petición de mano. El 14 de diciembre la infanta, de tres añitos, se dirigió hacia la frontera.

María Ana Victoria, Reina consorte de José I, Rey de Portugal. Grabado de 1733. [BNE]

En los artículos matrimoniales de ambos enlaces se acordó que tanto Felipe V como Luis XV ofrecerían a la princesa y a la infanta (respectivamente) 500.000 escudos de oro como dote. El duque de Orleans, padre de Luisa Isabel, le entregaría en la frontera joyas por valor de 40.000 escudos, y el rey de España y el príncipe de Asturias le regalarían joyas por valor de 50.000 escudos. Por su parte, el rey de Francia regalaría a la infanta, cuando llegara a Francia, joyas por valor de 50.000 escudos y, cuando se celebrara el matrimonio, bienes valorados en 300.000 libras, descontando los 50.000 escudos anteriores. Las joyas, en ambos casos, tendrían naturaleza de propiedad y herencia.

Además, se destinó un aumento de dote a favor de la princesa Luisa Isabel en caso de viudedad, según costumbre de la casa real española, de 166.666 escudos. En buena hora…

Como comentábamos, las familias que acompañaron a ambas novias recibieron regalos. Para ello, se solicitó a los embajadores de cada reino la lista de las personas que integrarían cada comitiva. Luis XV ofreció un joyel guarnecido con diamantes con su retrato a Grimaldi y un anillo a Sebastián de la Cuadra. Por su parte, Robin recibió dos anillos de los soberanos españoles y Maulévrier dos joyeles con diamantes con los retratos de los reyes españoles. La infanta recibió de su padre un gran broche en forma de corazón con brillantes. El rey de Francia le regaló cuatro broches para el pecho: el primero, adornado con brillantes y doce diamantes rosas; el segundo, con quince brillantes y nueve diamantes rosas; el tercero, con ocho brillantes y cuatro rosas; y el cuarto, con seis brillantes y dos rosas. También le envió unos pendientes, un penacho con veintidós diamantes, doce botones con ocho diamantes, rosas y brillantes y dieciocho alamares. Pierde una la cuenta… Los Rondé, plateros del rey francés, tasaron la totalidad del conjunto en 155.439 libras. La hija del francés traía joyas regaladas por su padre por valor de 121.375 libras y otras de su propiedad valoradas en 151.862 libras (también tasadas por los Rondé)[122].

Además, la dote incluía vestidos, guantes, medias y un tocador de granate, guardados en varias arcas que no se abrirían hasta la llegada.

El marqués de Santa Cruz envió una carta al marqués de Grimaldi el 3 de enero de 1722 notificándole que la dote acordada partiría con el correo del día escoltada por Lorenzo de Mazmahon, teniente del regi-

---

122 Aranda, A. (2002). *La joyería en la corte durante el reinado de Felipe V e Isabel de Farnesio*, pp. 56-61. Tesis doctoral. Universidad Complutense de Madrid. Facultad de Geografía e Historia. Departamento de Historia del Arte II.

miento de la caballería de Santiago. Al día siguiente, el marqués llegó a Oyarzun llevando consigo dos listados: uno, de las personas que acompañaban a la princesa; y otro, con la relación de joyas que debían entregarse a la infanta y a su acompañamiento de parte de los reyes.

Claudio de la Rocha, secretario real, se ocuparía del reparto del dinero entre el resto de la familia y las personas que participaron en el acto. Como al mismo tiempo se iba a llevar a cabo la entrega de la infanta Mariana Victoria, las joyas que debían entregarle los reyes de España se depositaron en poder de doña María de las Nieves Angulo, camarista de la infanta.

Antes de la entrega de las princesas, se entrevistaron en la isla de los Faisanes el marqués de Santa Cruz y el príncipe de Rohan, que acompañaba a la princesa Luisa Isabel con los respectivos secretarios, Claudio de la Rocha y monsieur de Boys. Ambos presentaron los documentos enviados por cada soberano. Acordaron, además, celebrar las capitulaciones al día siguiente. Ese día, Marianina, acompañada de su familia y guardias de corps, se dirigió a Irún, mientras que por la zona de Francia llegó la princesa acompañada de su comitiva. El marqués de Santa Cruz tomó a la infanta española en brazos y atravesó el puente dejándola en el suelo para que recorriera a pie el resto del camino. Lo mismo hizo el príncipe de Rohan con la princesa Luisa Isabel (en su caso, sin cogerla en brazos, porque —aunque era joven para casarse— ya era mayorcita para caminar sin ayuda).

Después, el marqués presentó las cartas de los reyes de España a la princesa y el príncipe de Rohan hizo lo propio con la infanta, entregándole además el aderezo de diamantes que le regalaba Luis XV. La infanta se quitó la joya que llevaba puesta y se colocó la nueva.

A continuación, se reunieron todos en la gran sala. En un lado, acompañando a la infanta española, estaba la duquesa de Montellano, la camarera mayor, María de las Nieves Angulo y el marqués de Santa Cruz; y del otro, junto a la princesa francesa, la duquesa de Ventadour, la princesa de Soubisse, la condesa de Cheverni y el príncipe de Rohan. En la cabecera de la mesa se colocaron Claudio de la Rocha, secretario real, y monsieur Dubois, secretario del gabinete. Se leyeron las actas de la entrega y se intercambiaron los lugares ocupados por las novias.

Cuando se certificó la identidad de ambas, se presentaron sobre una mesa las joyas y memorias de cada dote y se firmaron las certificaciones. La princesa se dirigió hacia Oyarzun y la infanta hacia San Juan de Luz. Al día siguiente, la princesa acudió a un *Te Deum* para dar gracias por su llegada a España. Mademoiselle de Montpensier llegó a Lerma el 20 de enero de 1722 y su matrimonio con el príncipe de Asturias fue celebrado ese mismo día por el patriarca de las Indias, el cardenal Borja.

De regreso a la corte, se celebraron grandes fiestas, luminarias, máscaras, mojigangas y fuegos artificiales. El día 17 los reyes y los príncipes se dirigieron al santuario de Atocha y por la noche se iluminó la plaza Mayor.

Después de la función, se entregaron las joyas a la familia que venía acompañando a las novias. El marqués de Santa Cruz entregó las joyas al príncipe de Rohan, a la duquesa de Ventadour, a la princesa de Soubisse y a la condesa de Cheverni. Claudio de la Rocha se encargó de distribuir las demás. El príncipe de Rohan regaló al marqués una sortija con un diamante. Los reyes decidieron que se entregara al príncipe de Rohan un espadín de diamantes; a la duquesa de Ventadour, una joya de diamantes con el retrato del rey; a la princesa de Soubisse, unos pendientes de diamantes; a la condesa de Cheverni, otra joya similar a la de la duquesa; al secretario del gabinete, al maestro de ceremonias, a dos subgobernantas de la reina y a la subgobernanta de la princesa, una sortija a cada uno; a la primera mujer de cámara de la reina, a las cuatro mujeres de cámara de la princesa y a las siete camaristas de la reina, un reloj de diamantes a cada una; al limosnero del rey, una sortija; al capellán, al boticario y al cirujano una caja a cada uno; al médico, un reloj; al teniente de los guardias, una sortija; a dos exentos, un espadín; al caballero del rey, al *maitre d'hostel* de la casa del rey y a los seis pajes, un reloj de plata a cada uno; y a los dos gentilhombres, una caja y un estuche. Todos los demás (lavanderas, costureras, guardias de corps, un brigadier, un subbrigadier, la guardia suiza, los oficiales de los oficios de boca, el personal de escalera abajo y de la caballeriza) recibieron el dinero establecido por el marqués de Santa Cruz y Claudio de la Rocha.

Cuando la infanta Mariana Victoria regresó a España en mayo de 1725 se decidió que solo se tenían que aceptar las joyas que había llevado como dote y devolver todas las regaladas por el rey francés. Este agravio supuso la ruptura de las relaciones entre Madrid y Versalles. Otra vez…

Hablando de dotes… En 1715 la parmesana Isabel de Farnesio, segunda esposa de Felipe V, recibió como regalo de bodas un diamante azul de 6,16 quilates tallado en forma de pera.

Recordemos que en aquel momento España estaba empobrecida como consecuencia de la guerra de Sucesión. Por ello, se ordenó a todas las colonias que enviaran obsequios, (especialmente joyas) para la nueva reina.

Desde Cuba partió una flota formada por doce embarcaciones cargadas de oro, esmeraldas y otras piedras preciosas. Pero la mala suerte del destino hizo que todos los barcos naufragaran debido a un huracán en el golfo de Florida. Todos, excepto uno; el que transportaba el diamante Azul Farnesio.

Se trataba de una joya enviada por el gobernador de Filipinas. La placa original que aparecía en el interior de su estuche decía lo siguiente: «Remarcable brillante de color azul. Esta piedra histórica fue un obsequio de las Islas Filipinas a Isabel de Farnesio, reina de España, esposa de Felipe V, bisabuelo del conde de Villafranca, actual propietario de esta piedra». Isabel legaría el diamante a su segundo hijo varón, Felipe I de Parma, por lo que fue heredado por sus descendientes y no permaneció en la Corona española.

La piedra preciosa había sido descubierta en las minas indias de Golconda, mismo origen que otras joyas relevantes como el diamante Hope, también conocido como «piedra maldita» o el «diamante de la esperanza»; probablemente, el diamante azul más famoso de la historia (o, al menos, el de mayor tamaño). Esta pieza, de 45 quilates, perteneció a la Corona francesa y se conserva actualmente en el Museo Nacional de Historia Natural del Instituto Smithsonian, de Washington. Su color, azul marino, se debe a la presencia de átomos de boro en su composición.

Conozcamos un poquito mejor su historia. Su origen se encuentra en el diamante Tavernier Blue, de forma triangular y 115 quilates de peso. Tavernier es el apellido del comerciante francés que adquirió la piedra entre 1660 y 1661. En 1668 lo vendió a Luis XIV de Francia y el joyero de la corte, Sieur Pitau, lo cortó dando forma a una nueva pieza de 67 quilates conocida como el «Diamante Azul de la Corona» o «Azul Francés». Parece ser que el rey galo solía lucirlo en algunas ceremonias prendido en un lazo de cuello.

Luis XV heredó la joya de su padre. Y luego Luis XVI, quien se la regaló a su mujer, María Antonieta. La joya perteneció a la Corona francesa hasta 1792, año en que fue robada mientras los soberanos eran prisioneros de la Revolución francesa. El ladrón se lo llevó a la ciudad de El Havre y después a Londres para venderlo. Fue encarcelado a los cuatro años.

Veinte años después del hurto, plazo establecido por la legislación francesa para recuperar bienes robados, el diamante fue ofrecido en Londres por un joyero a Daniel Eliason, traficante de diamantes, que cortó de nuevo la pieza. Hay quien apunta que fue adquirida por Jorge IV de Reino Unido, pero no consta en los archivos de la Corona británica.

En 1824 sí tenemos pruebas de que el diamante formó parte de la colección de gemas de Henry Philip Hope (de ahí su nombre) porque su cuñada, Louisa Beresford, esposa de su hermano Henry Thomas, solía lucirlo en bailes. Tras la muerte de Henry Philip en 1839, la heredó su sobrino Thomas. Toda la colección Hope fue expuesta en la Gran Exposición de Londres de 1851 y en la Exposición Universal de París de 1855.

La joya siguió en manos de la familia Hope, pasando de heredero en heredero. En 1901, Francis Hope, en quiebra, vendió el diamante por 29.000 libras al joyero Adolf Weil. Este lo vendería más tarde al coleccionista estadounidense Simon Frankel. En 1908, el nuevo propietario lo vendería al francés Salomon Habib por 400.000 dólares. En 1909 fue adquirido en subasta por el comerciante francés Rosenau por 80.000 dólares. En 1910, este se lo vendió al joyero Pierre Cartier por 550.000 francos. Lo adquirió al año siguiente el marido de la multimillonaria Evalyn Walsh McLean por 189.000 dólares. Cuando ella murió, en 1947, lo heredaron sus nietos; pero, según el testamento, la herencia tenía que hacerse efectiva cuando el mayor de ellos cumpliera veinticinco años y todavía faltaban veinte años para ello. Por eso, fue a parar a manos de unos beneficiarios que lo vendieron para saldar deudas. En 1949, el comerciante estadounidense Harry Winston compró la pieza, y años después la donaría al museo donde se exhibe actualmente.

Como decíamos, también se le conoce por el nombre de «piedra maldita» por la sucesión de desgracias sufridas por sus distintos propietarios. Veamos alguna a modo de ejemplo porque sería imposible relatar todas.

Después de vender el diamante original a Luis XIV, Tavernier, su primer propietario, cayó en quiebra y huyó a Rusia, donde fue hallado muerto. La amante de Luis XIV, madame de Montespan, tras recibir la joya como regalo, cayó en desgracia y murió en 1707. Luis XIV murió en 1715 repentinamente de gangrena. De la suerte que corrieron Luis XVI y María Antonieta no es necesario especificar mucho... Además, ella se lo había prestado a la princesa de Lamballe, María Teresa Luisa de Saboya-Carignano, que fue brutalmente asesinada en 1792. Jorge IV de Inglaterra, presunto nuevo dueño del diamante, también murió. Vincent McLean fue atropellado, Evalyn Walsh McLean sufrió de morfinomanía (adicción a la morfina) y Harry Winston fue víctima de un ataque al corazón. La verdad es que la pieza en el museo está bien, tranquilita.

Otro diamante azul con historia y misma procedencia que el Azul Farnesio y el diamante Hope es el Wittelsbach, una pieza azul grisácea de 35,36 quilates que Felipe IV regaló a su hija, la infanta Margarita Teresa (la protagonista de *Las meninas*, de Velázquez) con motivo de su compromiso matrimonial en 1664 con Leopoldo I de Austria, emperador del Sacro Imperio Romano Germánico.

A la muerte de Margarita Teresa, en 1673, a causa del parto de su cuarta hija, su viudo, el emperador Leopoldo, se quedó con la dote y el diamante pasó a sus herederos. En 1722, la piedra llegó a la familia Wittelsbach con motivo del matrimonio de la archiduquesa María Amalia de Austria con el príncipe heredero de Baviera, Carlos Alberto. El diamante perteneció a los sucesivos monarcas bávaros hasta la abdicación, en 1918, del rey Luis III de Baviera. Actualmente, la pieza pertenece a una colección privada.

LA ROJIGUALDA

A finales del siglo XVIII la casa de Borbón reinaba en Francia, España, Nápoles, Toscana, Parma y Sicilia, por lo que todas sus banderas eran iguales y solo se distinguían en su escudo. Esto generaba muchas confusiones en el mar. Por ello, en 1785 Carlos III tomo la decisión de instaurar una bandera fácilmente distinguible para los buques españoles. Aquí nació la bandera nacional actual, la rojigualda.

El Real Decreto de 28 de mayo de 1785 por el que se aprobó lo explicaba así:

> Para evitar los inconvenientes y perjuicios que ha hecho ver la experiencia puede ocasionar la bandera nacional de que usa mi Armada Naval y demás embarcaciones españolas, equivocándose a largas distancias o con vientos calmosos con las de otras naciones, he resuelto que en adelante usen mis buques de guerra de bandera dividida a lo largo en tres listas, de las cuales la alta y la baja sean encarnadas y del ancho cada una de la cuarta parte del total, y la de en medio amarilla...[123].

El rey había solicitado a su ministro de Marina, Antonio Valdés y Fernández Bazán, el diseño de una bandera y este le propuso hasta doce bocetos distintos. De ellas, Carlos III escogió dos: una para la Marina Mercante y otra para la Marina de Guerra. La segunda es la bandera actual. La primera era de cinco bandas alternas, tres amarillas y dos rojas.

Carlos IV, su hijo, implantaría la bandera rojigualda en el Ejército de Tierra y la nieta de este, Isabel II, la declararía oficialmente «bandera nacional española» en otro Real Decreto de 13 de octubre de 1843:

> Las banderas y estandartes de todos los cuerpos e institutos que componen el Ejército, la Armada y la Milicia Nacional usarán iguales en colores a la bandera de guerra española, y colocados estos por el mismo orden que lo están en ella[124].

Desde este momento los colores de la bandera española se han mantenido invariables excepto durante la Segunda República (1931-1939).

¿Y la Primera República? Pues utilizó también la bandera rojigualda. En el siglo XIX habían surgido círculos republicanos que identificaban esta bandera como símbolo monárquico y empezaron

---

123 Real Decreto de 28 de mayo de 1785. Texto recuperado de la página oficial del Gobierno de España el 1 de septiembre de 2021. https://www.lamoncloa.gob.es/espana/simbolosdelestado/paginas/legislacion/BanderaRD28mayo1785.aspx

124 Real Decreto de 13 de octubre de 1843. https://www.boe.es/datos/pdfs/BOE/1843/3313/A00001-00001.pdf

a promover una nueva enseña alternativa tricolor. Al rojo y amarillo añadieron el color morado, considerado (erróneamente) como el color del pendón de Castilla. Pero esta iniciativa no prosperó cuando se proclamó la Primera República.

Por tanto, la bandera tricolor solo fue enseña oficial durante la Segunda. Trece días después de su proclamación, el 14 de abril de 1931, el nuevo gobierno provisional promulgó un decreto que determinaba en su primer artículo la adopción de la bandera tricolor como bandera nacional. La descripción era la siguiente: «Tres bandas horizontales de igual ancho, siendo la roja la superior, amarilla la central y morada oscura la inferior»[125]. Esta disposición fue ratificada por la nueva Constitución.

Retrato de Antonio Valdés atribuido a Goya. [BNE]

---

125   Decreto de 27 de abril de 1931. https://www.boe.es/datos/pdfs/BOE/1931/118/ A00359-00360.pdf

El franquismo, en 1939, restauró de nuevo la rojigualda. Y la Constitución de 1978 también. Así queda reflejado en el artículo cuarto de la actual Constitución española: «La bandera de España está formada por tres franjas horizontales, roja, amarilla y roja; siendo la amarilla de doble anchura que cada una de las rojas»[126]. Misma descripción que el Real Decreto de 1785.

De los bocetos presentados para este primer diseño de 1785, cuatro combinaban el rojo y el amarillo, los antiguos colores de la Corona de Aragón; otros cuatro combinaban el blanco (color dinástico) y el rojo; y otros cuatro estaban inspirados en los modelos escandinavos. Tal vez, Carlos III optó por los colores de Aragón como muestra de reconciliación y unificación, un guiño a los territorios que habían luchado en el bando austracista en la guerra de Sucesión contra su padre, Felipe V.

Pero ¿qué banderas han estado vigentes en España a lo largo de su historia? Parece que fueron los árabes quienes introdujeron en la península el concepto de bandera tal y como hoy lo entendemos (como pieza de tela fijada a una asta). Durante la Reconquista, los cristianos «copiaron» la idea de sus enemigos, colocando las figuras y colores que empleaban en sus escudos (castillos, leones, cadenas… ya sabemos).

En el siglo XIII, ante el gran número de banderas que ondeaban, Alfonso X el Sabio reglamentó su uso en *Las siete partidas*. Y Alfonso XI instituyó la Orden de Caballería de la Banda iniciando el uso de guion o pendón como enseña personal. De esta forma, se empezaba a diferenciar la enseña del monarca de la enseña del reino. Sus sucesores continuaron con esta costumbre. De hecho, actualmente sigue vigente la diferencia entre el escudo nacional de España y el guion personal de Felipe VI.

Desde 1492 a 1506, se utilizó en todo el territorio el estandarte (guion) de los Reyes Católicos y no las enseñas pertenecientes a las distintas Coronas. Pero no podemos hablar en realidad de bandera nacional; entre otras cosas, porque tampoco existía el concepto de nación tal y como ahora lo entendemos.

Durante el reinado de Carlos I, se comenzaron a utilizar banderas

---

126   Constitución Española. *BOE* núm. 311, de 29 de diciembre de 1978.

blancas con la cruz de Borgoña, lugar de procedencia del rey emperador, formada por dos troncos de árbol en rojo colocados en forma de aspa (X).

Desde entonces, se emplearon banderas de color blanco; unas veces con la Cruz de Borgoña, otras con el escudo real, hasta que Carlos III «puso orden» con la rojigualda. La actual. La de siempre, exceptuando aquellos ocho años.

EL ALMANAQUE DE GOTHA

Con motivo del enlace de su hermano Luis Antonio con Teresa de Vallabriga, hija de Luis de Vallabriga, mayordomo del rey, Carlos III promulgó el 23 de febrero de 1776 una pragmática sobre matrimonios morganáticos o desiguales, es decir, aquellos que no cumplieran con el precepto de casarse entre casas soberanas.

Aunque pudiera parecerlo, no se trataba de un síntoma de discriminación social, sino más bien una medida para evitar futuros favoritismos y agravios comparativos como consecuencia de encumbrar a categoría regia a determinadas familias nobles o plebeyas.

El rey estableció:

> No permitiendo las circunstancias actuales el proporcionar matrimonio al Infante don Luis mi hermano con persona igual a su alta esfera [...], vengo a concederle permiso para que pueda contraer matrimonio de conciencia, esto es, con persona desigual, según él me lo ha pedido[127].

El rey le concedía, por tanto, permiso para casarse a cambio de que abandonara la corte y aceptara que los hijos fruto de este matrimonio quedasen exentos de honores y distinciones llevando exclusivamente el apellido de su madre (y no el apellido Borbón). Por tanto, los descendientes de Luis, entre ellos la que se convertiría en primera esposa de Manuel de Godoy (luego hablaremos de ella), fueron apartados del orden sucesorio en aplicación de la ley mencionada.

---

127   Laina, J. M. (1993). «Licencia paterna y real permiso en la pragmática sanción de 1776». En *Revista de Derecho Privado*, año núm. 77, mes 4, pp. 355-378.

Un inciso: no confunda el lector a este Luis (Antonio), hermano de padre y madre de Carlos III, con Luis I, su hermanastro e hijo de la primera mujer de Felipe V.

La historia de Luis Antonio no tiene desperdicio. Cuando tenía ocho años sus padres acordaron para él el arzobispado de Toledo. El nombramiento se hizo en calidad de administrador de los bienes temporales de la diócesis toledana, ya que el Concilio de Trento impedía el ordenamiento de sacerdotes niños. En 1741, una vez ordenado, el papado le otorgó también el arzobispado de Sevilla. Luis Antonio no tenía ninguna vocación religiosa (¿qué vocación iba a tener con ocho años?). Por ello, en 1754, ya con veintisiete, comunicó su deseo de renuncia a su hermano, el rey Fernando VI. Este accedió y el papa aceptó la solicitud. En 1761 Luis compró el condado de Chinchón a su hermano Felipe.

Luis Antonio y Teresa contrajeron matrimonio en la capilla del palacio de los duques de Fernandina, en Olías del Rey (Toledo) el 27 de junio de 1776. Fueron padres de tres hijos, Luis María, María Teresa y María Luisa, que nunca tuvieron derechos sucesorios. De la segunda, María Teresa, hablaremos más adelante.

Para cumplir con este precepto de matrimonios entre iguales (entre miembros de casas soberanas), existía el almanaque de Gotha, un directorio publicado anualmente en el que se encontraban los nombres de todos los príncipes y familias de la realeza y la gran nobleza europea.

El listado se estructuraba en tres partes: las casas soberanas europeas (o de origen europeo como la imperial de Brasil); familias reales o principescas no reinantes; y otras casas de la alta aristocracia. Sin embargo, desde 1876 la segunda parte comenzó a incluir también familias aristocráticas de origen alemán que habían pertenecido a dinastías de príncipes del Sacro Imperio. De esta forma, la aristocracia alemana del Sacro Imperio era igualada con familias de exmonarcas o príncipes, pese a no tener tal rango originalmente, colocándolas en un rango superior a antiguas familias aristocráticas de Europa, como los Alba.

En cualquier caso, el almanaque no contemplaba miembros de la pequeña nobleza, por lo que aparecer en esta base de datos era un reconocimiento de la condición aristocrática y, por tanto, un honor para sus integrantes. De hecho, era habitual que la nobleza europea empleara el almanaque para concertar matrimonios y asegurarse de emparentar con familias de similar origen y prestigio aristocrático.

El directorio fue publicado por primera vez en 1763 en Gotha (de ahí su nombre) en el seno de la corte de Federico III, duque de Sajonia. En un principio se editaba en dos idiomas, francés y alemán. Desde esta fecha y hasta 1944 se publicó de forma continuada, anualmente y sin interrupciones, pero la ciudad de Gotha fue tomada por el ejército soviético al final de la Segunda Guerra Mundial y sus archivos fueron totalmente destruidos. Volvió a reeditarse en Londres a finales del siglo XX por iniciativa de Juan Carlos I de España y Miguel I de Rumanía.

A lo largo de su historia, la publicación, que comenzó con tan solo veinte páginas, ha llegado a tener mil doscientas veinticinco, repartidas en dos tomos.

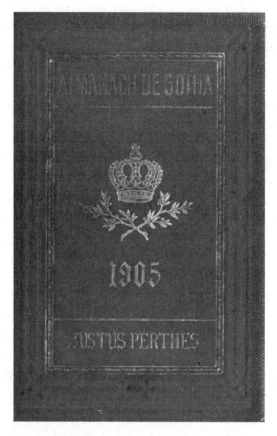

Portada del *Almanaque de Gotha* 1905.

En España, tenemos también en la misma línea de este directorio el Elenco de Grandezas y Títulos Nobiliarios Españoles y el Directorio de la Diputación de la Grandeza. La Diputación Permanente y Consejo de la Grandeza de España y Títulos del Reino (antes llamada Diputación Permanente y Consejo de la Grandeza de España), creada en 1815, es el organismo que agrupa a los grandes de España y a quienes ostentan títulos del reino. También asesora a la Administración pública y al rey en relación con honores, distinciones, sucesiones y rehabilitación de títulos nobiliarios. Su gobierno se estructura a través de asambleas ordinarias y extraordinarias y de una diputación permanente y consejo compuesto por el decano y dieciséis diputados. El decano y ocho de los diputados son elegidos entre los grandes, y los otros restantes entre los poseedores de un título sin grandeza. El desempeño de los cargos es por cuatro años y sus titulares son reelegibles.

Podríamos decir que los preceptos de la Pragmática de Carlos III inspiraron de alguna forma el artículo 57.4 de la actual Constitución española: «Aquellas personas que teniendo derecho a la sucesión en el trono contrajeran matrimonio con la expresa prohibición del Rey y de las Cortes Generales quedarán excluidas en la sucesión a la Corona por sí y sus descendientes»[128]. Como se aprecia, el precepto constitucional no hace referencia solamente al heredero de la Corona (príncipe o princesa de Asturias), sino a todas aquellas con derecho al trono. Por este motivo, durante su boda, la infanta Cristina se dirigió a su padre, el rey Juan Carlos, para recibir su aprobación, antes de dar el consentimiento matrimonial. A la infanta Elena, su hermana, sin embargo, se le olvidó el gesto, aunque se interpretó la sonrisa de Juan Carlos como una aprobación al matrimonio de su hija.

LA INFANTA ESPAÑOLA QUE HEREDÓ LAS JOYAS DE MARÍA ANTONIETA

En 2018 la casa Sotheby's subastaba diez joyas que habían pertenecido a la reina francesa. Las piezas, tasadas en tres millones de dólares, se vendieron finalmente por treinta y ocho millones de euros. La

---

128 Constitución Española. *BOE* núm. 311, de 29 de diciembre de 1978.

joya más valiosa del lote era un colgante de una perla natural de 26 x 18 milímetros. El joyero incluía también un anillo de diamantes con un mechón del cabello de María Antonieta. Parte de estas joyas estaban en manos de Alicia de Borbón, tía de Juan Carlos I. ¿Cómo llegaron a su poder? Veamos.

Dos años antes de morir, en 1791, María Antonieta mandó sacar de contrabando un cofre de madera con sus joyas envueltas en algodones. Madame Campan, su primera doncella de cámara, contó en sus memoria[129] cómo pasó una noche entera en el palacio de las Tullerías embalando con la reina sus joyas. Poco después, la familia real francesa fue detenida. Las joyas fueron «salvadas» y llevadas a Viena por el conde de Mercy-Argenteau. Allí reinaba su hermana, María Cristina de Habsburgo-Lorena, archiduquesa de Austria.

Cuando María Teresa Capeto (conocida como madame Royale), hija de Luis XVI y María Antonieta, y única superviviente de la guillotina, fue liberada en 1795 por los revolucionarios franceses, se refugió en Viena donde el emperador Francisco II le entregó las joyas de su madre.

Madame Royale se casó con su primo Luis Antonio de Francia, duque de Angulema. La pareja no tuvo hijos, pero adoptó a su sobrina Luisa María Teresa de Artois, que se casaría con Carlos III de Parma. María Teresa dividió sus joyas en partes iguales para dicha sobrina; su otro sobrino, el conde de Chambord; y la esposa de este, María Teresa de Austria-Este.

El hijo de Luisa, Roberto de Borbón, último duque de Parma, heredó la parte de las joyas que le correspondieron a su madre. Luego, pasaron a su hijo, Elías de Borbón-Parma y a la mujer de este, María Ana de Austria (sobrina, por cierto, de la reina María Cristina de España, esposa de Alfonso XIII). Elías y María Ana tuvieron ocho hijos. Todos fallecieron solteros y sin descendencia excepto Alicia, que contrajo matrimonio con Alfonso de Borbón-Dos Sicilias y Borbón, sobrino de Alfonso XIII y hermano de Mercedes de Borbón, condesa de Barcelona y madre del rey Juan Carlos.

Al principio, la pareja se instaló cerca de Blois, en Francia, pero ante el auge del Frente Popular se mudó a Suiza, donde nacieron

---

129   Campan, M. (2018). *Mémoires Sur La Vie Privée De Marie – Antoniette, Reine de France et de Navarre*. Wentworth Press.

sus tres hijos y, finalmente, a España, puesto que ambos tenían la nacionalidad española. Alicia la había recibido de Alfonso XIII en 1918, junto con el título de princesa de la casa de Borbón y el tratamiento de alteza real. En 1941, los infantes adquirieron la finca La Toledana, en Ciudad Real.

En la boda de los actuales reyes de España en 2004, Alicia lució un collar de tres vueltas de perlas naturales que había pertenecido a María Antonieta. La «heredera» de María Antonieta falleció en 2017 con noventa y nueve años, siendo la infanta más longeva en la historia de España (por ahora).

Hablemos ahora un poquito de la reina de Francia.

María Antonieta se ganó muchas antipatías por su estilo de vida caprichoso y derrochador. De hecho, uno de los acontecimientos que desencadenaron la Revolución francesa en 1789, en palabras del propio Napoleón, fue el llamado «asunto del collar», en referencia a una pieza de seiscientos cuarenta y siete diamantes y dos mil ochocientos quilates. No puedo evitar resumir este fascinante suceso de 1784.

La historia tiene dos protagonistas principales. Por un lado, Louis René Édouard de Rohan, cardenal de Francia, que intentaba sin éxito hacerse un hueco en la corte de Versalles. Su mayor obstáculo era la madre de la reina, María Teresa de Austria, que le había impedido el acceso al círculo de amistades más cercano a María Antonieta. Por otro lado, Jeanne de Valois-Saint-Rémy, que se autodenominaba «condesa de La Motte» (título que ella misma se inventó), perteneciente a una familia noble venida a menos.

Louis y Jeanne mantuvieron una relación amorosa. Durante sus encuentros, la condesa le mintió sobre su posición en la corte, presumiendo de ser íntima amiga de la soberana (e incluso de ser su amante). Rohan le confesó que su sueño era conocer en persona a María Antonieta y ella vio en esta confesión la oportunidad perfecta para solucionar sus problemas económicos a través de un tergiversado plan protagonizado por un collar.

El joyero Charles Boehmer le había pedido a Jeanne que intermediara con la reina para que esta adquiriera el espectacular collar de diamantes que le había encargado Luis XV (el suegro de María Antonieta) para su amante, madame du Barry. Como el rey murió antes de recibir su encargo en 1774, el joyero se había quedado «tirado».

Retrato de María Antonieta de Austria de Jean-Baptiste André
Gautier-Dagoty, 1775. [Colección Palacio de Versalles]

La condesa le dio la vuelta a la historia y le contó a Rohan que la reina deseaba comprar de forma secreta dicho collar y que, para ello, necesitaba un intermediario (testaferro) de confianza. El 29 de enero de 1785, Rohan compró la joya por 1.600.000 libras, pagaderas a dos años en cuatro plazos. Dos días después, en presencia de Jeanne, se lo facilitó a un presunto lacayo (Marc Rétaux de Villette) para que lo entregara a la reina. Sin embargo, la condesa se lo daría a su marido para que lo vendiera en Londres. Para no levantar sospechas y tratar de rentabilizar al máximo la operación, lo fragmentaron con la intención de vender los diamantes por separado. En febrero de ese mismo año, un joyero llamado Adam denunció que un tal Rétaux de Villette le había pretendido vender unos diamantes que aseguraba que pertenecían a la condesa Valois de La Motte a un precio excesivamente bajo, lo que le hacía sospechar que podían ser robados. Sin embargo, el caso no prosperó porque la citada condesa no había interpuesto denuncia. Jeanne se «fugó» con los diamantes y se retiró a una mansión en Barsur-Aube. Pero el vencimiento del primer plazo, como era de suponer, cambiaría sus planes.

Mientras, Rohan recibía innumerables cartas supuestamente escritas por la reina (manuscritas, en realidad, por la condesa) en las que María Antonieta le prometía recompensarle en breve por su ayuda. Sin embargo, el paso del tiempo hizo que Rohan se impacientara y comenzara a sospechar y le pidió a la condesa una prueba fehaciente del interés de la reina por su persona. Entonces, a la condesa de La Motte no se le ocurrió otra solución que buscar a una doble de la reina (por lo visto, recurrió a una prostituta) y organizar un encuentro nocturno entre ambos en los jardines de Versalles.

Por su parte, el joyero Boehmer también comenzaba a impacientarse por la tardanza del pago del collar y finalmente decidió enviar la factura directamente a Versalles. Ante la sorpresa, la reina lo citó en palacio para pedirle explicaciones. Él le informó de que Rohan había sido el intermediario en la compra. María Antonieta entonces ordenó la inmediata detención del cardenal y su enjuiciamiento acusado de lesa majestad y de insulto a la dignidad de la reina. El proceso comenzó el 29 de mayo de 1786.

Rohan alegó que se había reunido con la reina en Versalles y la condesa de La Motte afirmó que el collar estaba en manos de la soberana. Ambas declaraciones perjudicaron la reputación de María Antonieta que, en realidad, era la víctima de esta historia.

Rohan se libró de la cárcel gracias a sus contactos, aunque tuvo que indemnizar al joyero y retirarse a la abadía de La Chaise-Dieu. Un año después se le levantó el castigo y pudo reincorporarse a su sede de Estrasburgo. La condesa de La Motte corrió peor suerte, ya que fue condenada a cadena perpetua en La Salpêtrière, a recibir cien latigazos y a ser marcada con la V de *voleuse* («ladrona») en el hombro con un hierro candente.

Meses después, Jeanne escapó de su celda junto a otra reclusa, ambas disfrazadas de hombre. Huyó a Londres. Allí escribiría sus memorias, en las que cargaría contra la reina, lo que propició que creciera su popularidad en Francia. Tanto que, tras la caída de la monarquía, los revolucionarios invitaron a la condesa, renombrada como «ciudadana La Motte», a regresar a su país con todos los honores, como víctima de la reina de Francia. Pero Jeanne, en pánico ante una posible nueva detención, se suicidó tirándose por la ventana de su domicilio londinense en 1791. Otros investigadores, sin embargo, apuntan a que falleció en un «accidente», tal vez promovido por grupos monárquicos franceses instalados en Londres.

A pesar de que el asunto del collar fue toda una conspiración, lo cierto es que a María Antonieta le encantaban las joyas. La reina representaba el ideal del rococó. Su atractivo era innato; incluso algunos de los que tanto la difamaron quedaron prendados al conocerla. Adoraba el baile y el juego, trasnochaba y se sentía oprimida por la rígida etiqueta que debía seguir en la corte de Versalles. Por el contrario, Luis XVI era la antítesis de su mujer. Era un hombre algo obeso y poco atractivo, ordenado, tímido y amante de la lectura y de la caza. A pesar de no ser derrochador, no le negaba ningún capricho a su mujer.

La boda entre ambos tuvo lugar en el palacio de Versalles el 16 de mayo de 1770. A sus catorce años, la reina ya deslumbró con su espectacular vestido de novia decorado con diamantes (a pesar del pequeño percance de que el diseñador había calculado mal las medidas de la futura reina y el vestido no le cerraba).

Cuentan que, cada mañana, María Antonieta dedicaba más de tres horas a su aseo personal. La camarera mayor le presentaba un libro de muestras con las telas de sus vestidos prendidas con alfileres.

Dependiendo de sus actividades de la jornada se decidía por uno u otro. Jamás repetía un *outfit*, y si se veía obligada a hacerlo de forma excepcional, solicitaba previamente algún retoque.

Stefan Zweig[130] explica que para cada estación se confeccionaban para la reina doce trajes de gala, doce vestidos de fantasía y otros doce de ceremonia. Para veladas o cenas íntimas, la reina recurría a los «vestidos bata», con una sobrefalda abierta por delante y unos amplios pliegues sujetos al escote de la espalda que se abrían a modo de capa y formaban una pequeña cola. También reservaba para la tarde los llamados *à la polonaise*, algo más cortos, de cuerpo ceñido y falda abullonada. Los trajes de corte eran más incómodos debido a sus *paniers* (armazones atados a la cintura). Por otro lado, María Antonieta solía llevar en sus juegos pastoriles en el Petit Trianon los llamados *à l'anglaise* o *en chemise*, de una sola pieza y elaborados con tejidos ligeros y vaporosos.

Tras cada aparición pública de María Antonieta, las damas de la corte (de todas las cortes europeas) copiaban sus *looks*, porque, como apunta su biógrafa Hélène Delalex, «la reina no seguía la moda; era la moda»[131]. Era tan innovadora que su madre, la emperatriz María Teresa de Austria, llegó a decirle: «Recuerda que eres una reina, no una comediante».

Para crear tendencia, María Antonieta necesitaba a la mejor modista: Rose Bertin, una costurera de origen humilde cuyo nombre de pila era, en realidad, Marie-Jeanne. Con dieciséis años, Rose se había trasladado a París para formarse en la moda y con veintinueve abrió su propio taller, una tiendecita en la rue Saint-Honoré llamada Au Grand Mogol, lugar que pronto colgó el letrero de «Proveedora de la corte». Y es que la reina se refería a Rose como «ministra de la moda». Qué maravilla un ministerio así.

Dos veces a la semana, Rose se reunía a solas con la soberana en sus habitaciones privadas para planear y decidir los nuevos modelos, cada vez más complejos y extravagantes. Eran los *jour fixe* («días de prueba»).

Como ya hemos visto, la modista vestía muñecas con sus diseños para enviarlas a otras cortes europeas y generar tendencia y

---

130   Zweig, S. (2012). *María Antonieta*. Acantilado.
131   Delalex, H. (2015). *Un jour avec Marie – Antoniette*. Flammarion.

demanda. Y también sabemos que esto ya lo hacía nuestra Isabel la Católica (sin duda, nos falta *marketing…*). Eso sí, Rose se ocupaba de que estas muñecas se enviaran al menos unas semanas después de que la reina hubiera lucido el modelo original, para dejar bien clarito quién marcaba la moda y quién la copiaba.

Una partida importante del presupuesto de gasto de vestuario de la reina iba destinada a las impresionantes pelucas que confeccionaba su peluquero, monsieur Léonard. Algunas de ellas, adornadas con plumas, lazos, perlas o piedras preciosas, llegaron a alcanzar el metro de altura. Las plumas se convirtieron en una auténtica obsesión para la reina, tanto que prohibió que las damas de la corte llevaran más plumas que ella y estipuló que podrían lucir un máximo de diez. Estos postizos recibían el nombre de *poufs* y se elaboraban sobre un armazón con rellenos de crin u otros materiales. También se denominaban *coiffure au sentiment*, puesto que su ornamentación debía tener un significado especial para su portadora.

Con tanto «modelito» y tanto *pouf* aparatoso, no es de extrañar que, a ojos del pueblo, la reina tuviera imagen de derrochadora. Incluso se ganó el apodo de madame Déficit y de la Poule Autrichienne («la Gallina Austriaca»). Efectivamente, el reconocimiento de la libertad de prensa «desprotegió» a la soberana.

En la primavera de 1789, Rose instaló su salón de moda en la rue de Richelieu. En octubre, la familia real francesa fue obligada a trasladarse de Versalles a París. Rose siguió recibiendo encargos y visitas hasta que, en febrero de 1793, puso rumbo al exilio ante el miedo de que los revolucionarios expropiaran su negocio. En Londres, la modista continuó trabajando de manera más modesta hasta que pudo regresar. El 16 de octubre de ese mismo año María Antonieta fue decapitada en París. Para su ejecución, lució un sencillo vestido blanco, una cofia de lino, medias negras y zapatos de seda color ciruela. Fue enterrada en el cementerio de la Madeleine con la cabeza entre las piernas. Un final muy rococó, desde luego. Pobre.

SE ARMÓ EL BELÉN EN PALACIO

Carlos III de España fue, antes de llegar a nuestro país, Carlos VII de Nápoles, donde reinó durante veinticinco años. Desde allí llegó a España en 1759, tras el fallecimiento de su hermano (de padre) Fernando VI, trayendo alguna de las tradiciones italianas, como la de los belenes navideños.

En realidad, la más aficionada a esta costumbre era su mujer, María Amalia de Sajonia, hija de Augusto III de Polonia, quien llevó al palacio real del Buen Retiro de Madrid (ya que el actual no estaba aún finalizado) su belén de unas siete mil figuras. La alta nobleza no dudó en copiar la idea y comenzó a montar también belenes en sus domicilios. Para ello, encargaban las piezas a prestigiosos artesanos napolitanos (y más adelante, a españoles). Habitualmente se trataba de figuras de terracota policromada con ropajes de terciopelo o raso.

La reina solo pasó una Navidad en Madrid, ya que falleció de tuberculosis al año siguiente de instalarse, con apenas treinta y cinco años. En honor a ella, para recordarla, el rey instaló cada año el belén en el Palacio Real abierto al público, lo que popularizó la costumbre de los belenes entre las clases más humildes. Por aquel entonces, el belén permanecía montado hasta el 2 de febrero, Día de la Candelaria.

Años más tarde, el rey encargó a los talleres reales la fabricación del llamado «belén del príncipe» para su hijo, el futuro Carlos IV. Muchas de sus piezas no sobrevivieron a la guerra de la Independencia ni a otros conflictos, pero este, formado por figuras de estilo napolitano, genovés y español, sigue siendo uno de los más importantes del siglo XVIII. Y todavía hoy, cada Navidad, puede verse en el Palacio Real de Madrid. Siguiendo la tradición napolitana, todos los años se modifica la colocación de las figuras y cada cierto tiempo se introducen nuevas piezas.

Aunque la edad de oro de los belenes napolitanos es el siglo XVII con los reconocidos *pesepri*, que recreaban las escenas con todo lujo de detalles, su origen se remonta al siglo X. En Italia se popularizó la costumbre de representar en las iglesias escenas del nacimiento de Jesús con actores reales. En 1207 el papa Inocencio III prohibió dichas representaciones por considerar que habían evolucionado de tal forma que su fin religioso había sido desplazado por el lúdico. Parece que la tradición degeneró en fiestas con demasiado alcohol...

En su lugar, se optó por recurrir a figuras en lugar de actores. Se dice que el primer belén de la historia fue el que montó san Francisco de Asís en la Toscana en 1223. A partir de este momento, la tradición comenzó a extenderse a través de conventos franciscanos y de claricac. Y de ahí, a domicilios particulares. Los belenes más antiguos del mundo actualmente conservados se encuentran en el monasterio de Flussen y en la catedral de Florencia, ambos del siglo XIII. Los belenes de piezas sueltas, tal y como los conocemos actualmente, se empezaron a fabricar en el siglo XV.

La tradición del árbol de Navidad, sin embargo, es un poquito más moderna y llegaría a España en 1870, de la mano de la princesa rusa, Sofía Troubetzkoy. Todo un personaje. Aunque oficialmente era hija de un oficial ruso de caballería, el príncipe Sergio Troubetzkoy, todo el mundo daba por hecho que su verdadero padre era el mísmisimo zar Nicolás I. La madre, Carlota de Prusia, era la misma en las dos versiones.

En 1865 la princesa enviudó de su primer marido, Carlos Augusto de Morny, hermanastro de Napoléon III y embajador de Francia en San Petersburgo. Cuentan que el día del entierro cortó y depositó sus bucles como ofrenda sobre el ataúd de su difunto esposo y que sufrió tanto que puso en práctica un luto exagerado como gesto de respeto y recuerdo a él. Pero parece ser que un día la princesa encontró unas cartas perfumadas que demostraban que su marido la había sido infiel. Entonces, su vida austera dio un giro de ciento ochenta grados.

En la ciudad francesa de Deauville conoció a Pepe (José Osorio), su segundo marido, un aristócrata y reconocido político que contribuyó a la restauración borbónica en la figura de Alfonso XII, tras el breve reinado de Amadeo I de Saboya (lo veremos más adelante). Pepe era duque de Alburquerque, duque de Sesto, duque de Algete, marqués de Alcañices, marqués de Cuéllar, marqués de Cadreita, marqués de Montaos, marqués de los Balbases, marqués de Cullera, conde de Huelma, conde de Ledesma, conde de Fuensaldaña, conde de Grajal, conde de la Torre de Perafán, conde de Villanueva de Cañedo, conde de Villaumbrosa y cuatro veces grande de España. Casi nada.

El caso es que el nuevo matrimonio acostumbraba a organizar reuniones, fiestas y tertulias culturales en su palacio de Alcañices, hoy desaparecido, en la calle Alcalá de Madrid, junto a la fuente de la diosa Cibeles. Uno de los fines de estos encuentros era recaudar fondos para la causa alfonsina.

Durante la primera Navidad en su nuevo hogar, la princesa dispuso en el palacio un gran abeto decorado, tal y como era costumbre en su Rusia natal. Y decidió abrir las puertas de su residencia para que los madrileños pudieran admirarlo. Desde entonces, el árbol de Navidad se puso de moda, al igual que los belenes, primero en Madrid y luego en el resto de España.

ROYAL GIFT, EL BURRO QUE CARLOS III REGALÓ A GEORGE WASHINGTON

George Washington quería comprar un garañón o semental (*jack ass*) de raza española, puesto que necesitaba mulas para su plantación de Mount Vernon, en Virginia. Por lo visto, las mulas, cruce de burro y yegua, son más dóciles que los asnos y tienen una vida laboral más longeva. Y resulta que los garañones españoles eran los más valorados. Obviamente, al general no le valía un burro cualquiera. Deseaba el mejor garañón con una capacidad reproductiva garantizada.

El americano hizo hasta cuatro intentos para adquirir el ejemplar. Veamos un «miniresumen» de la investigación realizada por José Emilio Yanes en *El regalo de Carlos III a George Washington*[132].

El primero fue un encargo a Juan de Miralles Trayllon, observador y representante de España en Estados Unidos, tras la independencia de 1776. Juan se había presentado ante George con una carta credencial redactada por el gobernador de Cuba y comenzaron a entablar una relación de amistad. El general le encargó la adquisición del garañón español, pero Miralles falleció antes de poder hacer efectivo su compromiso.

Tras este intento fallido, George recurrió a Francisco Redón, exsecretario de Miralles, pero tampoco dio resultados.

Como no hay dos sin tres, lo intentó de nuevo a través de la compañía comercial Harrison & Hooe que hacía negocios de mercancías en Cádiz.

Al ver que estos trámites no avanzaban, hizo un último encargo a Lafayette, su amigo francés con contactos suficientes para realizar la gestión; aunque este le recomendaría recurrir a un ejemplar de Malta en lugar de a uno español. Por lo visto, Lafayette adquirió

---

132   Yanes, J. E. (2019). *El regalo de Carlos III a George Whashington. El periplo de Royal Gift*. Ediciones Doce Calles.

dos sementales: uno en Malta y otro en Cádiz. Y el garañón español murió en el trayecto.

Paralelamente a estos intentos, la noticia del interés de Washington en adquirir un semental español llegó a Carlos III. ¿Cómo puede ser? Pues porque era el rey y los reyes se enteraban de todo. Harrison (el del tercer encargo) había realizado las gestiones oportunas para obtener el permiso correspondiente para sacar al burro del país. Resulta que en España estaba prohibido sacar ganado sin el consentimiento expreso (prerrogativa de excepción) de Su Majestad. Por eso, Harrison recurrió a Carmichael, diplomático representante de su país en España. Este envió una carta al ministro Floridablanca exponiéndole la situación y solicitándole dicha autorización.

Floridablanca le informó de que el rey, además de concederla, había ordenado que se pusieran a su disposición dos de los mejores ejemplares. ¿Por qué dos burros si el general solo quería uno? Pues por si uno de los dos fallecía en el larguísimo camino. Rey precavido vale por dos. Desde este momento, el encargo se convirtió en regalo. ¿Por qué Carlos III decidió regalar y no cobrar los animales? Pues por la sencilla de razón de que había un interés mutuo de aliarse frente a Inglaterra. Además, muchas de las colonias españolas en América lindaban con las del futuro país. Y, aunque todavía no había un jefe de Estado formal en los nuevos territorios independientes, el general George Washington era la personalidad más notable. Por tanto, el regalo era un gesto de cortesía que probaba la buena voluntad de España de establecer una relación amistosa con las antiguas colonias británicas.

Floridablanca ordenó al director general de la renta de Correos y miembro del Consejo Real de Hacienda, Julián López de la Torre Ayllón, que adquiriera los dos garañones y los enviara por separado al mismo destino. Para ello, debía contemplar una partida de gastos imprevista que sería abonada por la Secretaría de Estado. La partida no solo incluiría la compra de los animales, sino también los gastos de manutención (dietas y alojamiento) de estos y de los mozos correspondientes hasta la llegada a destino, así como el jornal de los cuidadores y una pensión a sus mujeres durante el tiempo que sus maridos permanecieran fuera de casa. Todas estas cuentas, que ascendieron a la considerable cifra de 20.189 reales de vellón, se encuentran en el Archivo Histórico Nacional.

Sigamos. La orden llegó al administrador de la estafeta de Zamora, Vicente Valbuena. Este sería el responsable de buscar los mejores garañones, adquirirlos, mantenerlos y disponer su traslado cuando recibiera la orden oportuna del director general de Correos al puerto de Bilbao, desde donde partirían a Estados Unidos. Además, era necesario contar con la ayuda de mozos que llevaran a los animales desde su lugar de procedencia. Valbuena contrató a tres: Francisco Royo, que acompañaría a los mozos que iban con cada animal; Cristóbal Perandones, cuidador hasta Bilbao del primer garañón; y Pedro Téllez, cuidador del segundo hasta Virginia.

Se consideró que era suficiente con que uno de los mozos llegara al destino final porque la misma persona podía cuidar de los dos animales. Era también una forma de abaratar costes. Pero, como se había dispuesto que los sementales no iban a viajar en el mismo barco, se decidió que uno de ellos iría solo y el otro acompañado por un mozo; y que llegara primero a Estados Unidos el acompañado para que el mozo pudiera esperar al que viajaba solo y encargarse de los dos para conducirlos a su destino final en Mount Vernon. ¿Qué pasó? Pues que el burro que viajaba solo falleció en el trayecto; tal vez, por no recibir la atención oportuna durante el viaje. Así que el mozo Téllez solo debía encargarse finalmente de uno, aquel con el que había viajado desde Zamora.

El remitente de los *jack asses* fue identificado como HCM («His Catholic Majesty»), unas siglas solo reconocibles para quien interesara. Había que ser discretos. Por ahora.

Pedro Téllez llegó con el garañón al puerto de Gloucester (Massachusetts). El plan era esperar allí al otro garañón que iba a desembarcar en Beverly, pero, como decíamos, este murió en la travesía.

A Boston, capital del estado de Massachusetts, llegaría John Fairfax, el enviado de George Washington para recoger su regalo. El general le hizo saber su interés en contratar al mozo español para cuidar al garañón si esto fuera posible.

Puesto que Téllez explicó que el burro debía ir andando desde Boston a Virginia y que él debía caminar a su lado para conducirlo, Fairfax compró una yegua para poder acompañarlos subido en ella. A todo esto, el americano y el zamorano se entendieron gracias a un intérprete porque cada uno hablaba exclusivamente su lengua materna. Caminaron unos 800 km, que se dice pronto. Y no olvidemos que Téllez y el asno llevaban a sus espaldas los kilómetros desde Zamora a Bilbao. Casi nada.

Al día siguiente de su llegada a Mount Vernon, hubo un desfile para ir a ver la novedad. El general tuvo también el detalle de ordenar la compra de unas botas para Téllez, que llevaba el calzado destrozado después de tantos kilómetros. Pobre. También le ofreció una compensación económica, pero la rechazó explicando que estaba contratado por el rey. Viendo su honradez, a George le hubiera encantado que el español se hubiera quedado en su granja, pero Pedro le indicó que debía regresar, que tenía mujer e hijos. Lo que sí le pidió el mozo fue una carta de recomendación para poder presentarla a Carlos III a su regreso y conseguir un buen puesto de trabajo. El general no se atrevió a tanto, pero redactó un certificado explicando que el español había desempeñado muy bien su labor. Más que suficiente.

Tras unas semanas de descanso, Pedro emprendió el viaje de regreso con la «carta» de George Washington. Además, el general le entregó un salvoconducto manuscrito para facilitarle el viaje:

> El portador de este, Pedro Téllez, es el español que fue enviado desde Bilbao en España con uno de los *jack asses* con que me obsequió Su Católica Majestad y va de viaje a Nueva York a ver al ministro de España con el fin de regresar a su país desde allí. Al no ser capaz de hablar otro idioma más que el de su lengua materna, se pide como favor de la buena gente en el camino para ayudar y dirigirlo correctamente, lo que será considerado como un favor concedido.

El general entendía que los gastos de este viaje de regreso correrían por cuenta del rey de España, puesto que él había sido quien había enviado al mozo por su cuenta y riesgo. Por ello, Washington solo asumió el coste del viaje de Téllez en caravana desde Mount Vernon hasta Nueva York. Ya en Manhattan, Pedro se presentó directamente en la residencia del encargado de negocios de España. Allí permaneció un mes hasta que emprendió de nuevo su viaje de regreso a España. Floridablanca estaba informado de su regreso.

Otro mes y medio navegando. Llegó a Santander y decidió partir hacia Madrid, en lugar de regresar directamente a Zamora. En la capital le informaron de que la corte se encontraba en Aranjuez, así que decidió andar otros 45 km. Qué importancia tenía esta distancia para alguien que acababa de recorrer el mundo. Su intención era mostrarle a Floridablanca el certificado que le había redactado el general Washington, así como cobrar el salario pendiente por todo el trabajo realizado. En el real sitio el pobre esperó otros quince días hasta ser recibido. Qué importancia tenían quince días para alguien que llevaba ya casi un año de aventura.

Caricatura del burro demócrata, de *Harper's Weekly*,
19 de enero de 1870, de Tomas Nast.

Una vez lo recibieron en la Secretaría de Estado, Pedro expuso todo lo acontecido y tras varias gestiones, pudo cobrar el dinero que le debían; haciendo un total de 2939 reales de vellón por los servicios prestados. No recibió nada por su viaje desde Santander hasta Aranjuez, porque se consideró un viaje a título personal. Ni que fueran vacaciones… Como recompensa a la realización de su trabajo de forma profesional y honrada, Floridablanca autorizó que se le concediera una plaza de guarda de las rentas provinciales de Zamora. Así, el mozo consiguió ser guarda de a pie. Entre sus nuevas funciones estaba velar por los intereses de la real hacienda y perseguir el contrabando. Ya podía regresar orgulloso y feliz a Zamora, a su casa, donde lo esperaban su mujer, su hija y su hijastro. Otro paseíto de 293 km. Habían transcurrido trescientos veintiocho días desde su partida, doscientos veintisiete de ellos fuera de España.

La fama del semental español, bautizado como Royal Gift, en Estados Unidos fue tan grande que en 1870 *Harper's Weekly* publicó una caricatura del burro realizada por Thomas Nast para representar al Partido Demócrata y un elefante para simbolizar al Partido Republicano. En este sentido, en política el asno sería utilizado como símbolo de «duro trabajo» y con una clara referencia al «padre de la patria», George Washington (a pesar de que este no pertenecía a ningún partido). Actualmente, el emblema del Partido Demócrata sigue siendo un *jack* bicolor: azul (con estrellas blancas) en la parte superior; y rojo en la inferior. Ya sabemos por qué.

LA REAL ORDEN DEDICADA A LA INMACULADA CONCEPCIÓN Y EL ORIGEN DE LA BANDERA DE ARGENTINA

El infante Carlos Clemente nació en El Escorial el 19 de septiembre de 1771. Ese mismo día fue bautizado con una gran cantidad de nombres, además, pues era necesario contar con la protección de todos los santos posibles dada la alta mortalidad de recién nacidos en la época: Carlos, Clemente de Padua, Genaro, Pascual José, Francisco de Asís, Francisco de Paula, Vicente Ferrer y Rafael. Le apadrinaron su abuelo, el rey, y el papa Clemente XIV.

El sentimiento de alegría provocado por el nacimiento de este infante hizo que el rey creara una nueva orden de caballería: la Real y Muy Distinguida Orden Española de Carlos III (que para eso la idea había sido suya). El real decreto de creación se fechó el día del nacimiento del infante, aunque no se publicó hasta el 29 de octubre, día en que la princesa María Luisa salió a la «misa de parida» o misa de purificación, la primera misa a la que asistía después del parto y suponía su reincorporación a la vida pública y con el bebé en brazos. Por cierto, esta tradición tiene su origen en el Levítico, que establecía que toda mujer que hubiera dado a luz debía esperar al menos treinta y tres días después del parto a espera de ser purificada[133].

El 7 de marzo de 1774 moría el infante Carlos Clemente, pero quedó la Real Orden[134].

Carlos III fundó la orden con el objetivo de premiar a las personalidades con virtudes y méritos alcanzados en el servicio a la Corona. El fundador se autonombró gran maestre de la orden y estableció el mismo tratamiento y cargo para quien ostentase sucesivamente el título de rey de España, es decir, se trata de una orden ligada a la Corona española, a diferencia de la del Toisón de Oro, condecoración ligada a la dinastía. Por ello, fue abolida durante las dos repúblicas, años en los que España dejó de ser un reino.

El juramento que debían realizar los condecorados era:

> Vivir y morir en la fe católica, no emplearse jamás contra la persona del Rey, su casa y sus dominios, servir fielmente al Rey, reconocerlo como único jefe y soberano de la orden y cumplir con las constituciones y estatutos, en que se comprende la defensa del Misterio de la Inmaculada Concepción.

¿Por qué la Inmaculada Concepción?

El futuro rey, entonces príncipe de Asturias, Carlos IV, llevaba cinco años casado pero todavía no tenía descendencia. Y eso implicaba que la sucesión del trono estaba en peligro. Por ello, cuando nació el primer infante (Carlos Clemente), su abuelo quiso dejar

---

133 Biblia, Levítico 12:4.
134 La Real y Muy Distinguida Orden de Carlos III está regulada actualmente por el Real Decreto 1051/2002, de 11 de octubre. https://www.boe.es/buscar/doc.php?id=BOE-A-2002-19803

constancia de su gratitud a Dios, y en especial a la Virgen María en su advocación de Inmaculada Concepción, de quien se declaraba devoto y a quien se había encomendado para rogarle un nieto.

Conozcamos el origen de este dogma. Se trata de una opinión originada en la Iglesia griega que llegó a la cristiandad occidental en el siglo XII. Los católicos se dividieron entonces en los que profesaban este dogma (franciscanos y jesuitas) y los que no (dominicos). Tanto Carlos I como Felipe II decidieron mantenerse al margen de esta creencia, aunque estaban más posicionados a favor que en contra. Sin embargo, durante el reinado de Felipe III, la cuestión se convirtió en un asunto de vital importancia. La «culpa» fue del arzobispo de Sevilla, Pedro de Castro y Quiñones, quien promovió la definición dogmática en Roma. Felipe III dispuso la creación de la Junta de la Inmaculada Concepción, encargada de promover este reconocimiento en la Santa Sede, así como la expansión del culto por todos los reinos. Estas gestiones continuaron durante el reinado de Felipe IV.

En diciembre de 1695, Carlos II escribió al cardenal Luis Fernández de Portocarrero, arzobispo de Toledo y presidente de la Junta de la Inmaculada Concepción, tal y como refleja Antonio Álvarez-Osorio en el trabajo realizado por el Centro de Estudios Europa Hispánica en torno a la figura de Carlos II:

> Deseando continuar el fervoroso celo con que los señores Reyes mi Padre y Abuelo (que están en gloria) solicitaron el mayor culto de la Purísima Concepción de Nuestra Señora, para obligar por medio de su auxilio a que su hijo Santísimo mire con piedad las presentes necesidades de esta Monarquía, ordeno a la Junta de la Concepción me informe del estado que actualmente tiene este Soberano misterio y de los medios de que se podrá usar para adelantarle hasta su última definición, esperando que no omitirá reflexión ni diligencia que conduzca a fin tan importante y de mi primera devoción[135].

En 1696 la Congregación de los Ritos aprobó la aplicación del título de «Inmaculada» a la Concepción de la Virgen.

El posicionamiento de los monarcas europeos ante este nuevo dogma fue diverso. Mientras que el rey de Polonia y el emperador

---

135   Álvarez-Osorio, A. (2009). «La piedad de Carlos II». En Ribot, L., *Carlos II. El rey y su entorno cortesano*, pp. 141-163. Centro de Estudios Europa Hispánica.

del Sacro Imperio se manifestaron a favor, el francés Luis XIV optó por mantenerse al margen alegando que era una decisión que exclusivamente correspondía a la Iglesia. Tanto Felipe IV como su hijo Carlos II se acordaron de la Inmaculada en su testamento, subrayando que los herederos de la monarquía española recibían un legado de fe en este misterio.

Carlos III recogió el guante de la mejor forma posible.

Puesto que la nueva orden está dedicada a la Inmaculada Concepción, los colores elegidos para su banda e insignia fueron el blanco y el azul celeste. Las insignias han variado a lo largo del tiempo, pero han mantenido rasgos originales: banda de seda azul con ribetes blancos, cruz de ocho puntas de oro con la imagen de la Inmaculada Concepción, cuatro flores de lis, la leyenda «*Virtuti et Merito*» («A la virtud y al mérito», en latín) y la cifra del rey fundador.

En 1771 se establecieron dos clases: las «grandes cruces» y las «pensionadas». La concesión de unas u otras quedaba en manos del rey, aunque se limitó a sesenta las primeras y a doscientas las segundas. En 1783 se ampliaron a tres, añadiendo la de «caballeros supernumerarios», cuya importancia se situaba entre las dos anteriores. En este momento se establecieron más obligaciones y requisitos. Los titulares debían tener «pureza y nobleza de sangre» hasta sus bisabuelos, conforme regulaba el fuero viejo de Castilla.

Los condecorados debían jurar fidelidad a la persona del rey, a su familia, a la protección de los bienes de la casa real, reconocerle como gran maestre, vivir y morir en la fe católica, aceptando como indubitado el misterio de la Inmaculada Concepción y asistir al menos una vez al año a una misa completa y comulgar.

El papa Clemente XIV reconoció la orden mediante bula el 21 de febrero de 1772, concediendo al gran maestre toda la capacidad para disponer en materia religiosa sobre los miembros, incluso la absolución y la bendición apostólica.

En 1847, durante el reinado de Isabel II, la orden se convirtió en orden civil. Este nuevo real decreto configuró cuatro grados: caballero de la gran cruz, comendador de número, comendador y caballero. A partir de ese momento, serían los méritos (y no la relación con la Corona) los que determinaran el acceso. En 1878 Alfonso XII añadió un grado más: el de caballero del collar. Esta última distinción, la más importante, quedaría reservada a las más altas dignidades y a quienes hubieran poseído durante tres años la gran cruz de la orden.

Retrato del rey Carlos III de Españavestido con el hábito de la Orden
de Carlos III, creada por el mismo monarca en 1771. Mariano
Salvador Maella, c. 1783-1784. [Palacio Real de Madrid]

En 1985 Juan Carlos I hizo extensiva su concesión a mujeres. Hasta entonces solo la habían ostentado Isabel II, que fue su soberana, y la reina Sofía, que, por excepción especialísima, recibió las insignias de la gran cruz con motivo de su matrimonio con Juan Carlos.

Como decíamos, el rey de España es el gran maestre de la orden y en su nombre se realizan los nombramientos y se otorgan las distinciones. El gran canciller es el presidente del Gobierno; el ministro general de la orden recae en la Secretaría General de la Presidencia del Gobierno; y el ministro maestro de ceremonias es el director del Departamento de Protocolo de la Secretaría General de la Presidencia del Gobierno.

El número de ciudadanos que, con excepción de la familia real, pueden recibir el collar está restringido a veinticinco. El número máximo de grandes cruces está limitado a cien, sin contar las concedidas a los ministros. Queda reservada a quienes han sido presidentes del Congreso, del Senado, del Tribunal Constitucional, del Consejo General del Poder Judicial, del Tribunal Supremo, ministros u otras altas autoridades del Estado, además de aquellos que posean otra gran cruz civil o militar española durante, al menos, tres años.

La encomienda de número se concede a los ciudadanos que tengan la encomienda con más de tres años de antigüedad o reúnan los requisitos exigidos para la gran cruz pero no hayan ostentado ninguno de los cargo anteriores. Su número está limitado a doscientas.

Por su parte, la cruz constituye el modo habitual de entrada en la orden, siempre que los recompensados hayan prestado notables servicios a España y no sean acreedores de otra distinción civil o militar española por los mismos méritos. El número de cruces no está limitado.

El collar está formado por los siguientes eslabones: la cifra en oro del monarca que da nombre a la Real Orden, orlada de palma y laurel esmaltados en verde y rojo; seguida, a ambos lados, por dos leones de oro y la cifra del fundador; acompañados, cada uno, por un castillo, también de oro y un trofeo de guerra, compuesto por un casco de caballero de oro y dos banderas en aspa. A esta secuencia le sigue otra de castillo, león, cifra, león, castillo, trofeo, hasta completar el total de cuarenta y un eslabones que forman el collar. El total suma catorce torres, catorce leones, siete medallones con la inscripción «C. III» (Carlos III) y seis trofeos militares. De la cifra central pende la venera de la orden, una cruz de oro de brazos iguales y esmaltada de azul con los bordes blancos y cuatro flores de lis de oro con una imagen de la Purísima Concepción en un óvalo de oro orlado de esmalte azul y una corona de laurel de oro, anudada por un lazo azul. En el reverso, el óvalo lleva la cifra del monarca fundador y la leyenda *«Virtuti et merito»*.

El tratamiento recibido por los titulares del collar es el de «excelentísimo» y el tratamiento para los condecorados con la gran cruz, la encomienda de número y la cruz es el de «ilustrísimo». Los herederos de los galardonados con el collar están obligados a su restitución al Estado tras el fallecimiento del titular. El resto de categorías no están obligadas a devolver la condecoración tras la muerte del titular, pero sí deben comunicar el fallecimiento a la cancillería de la orden.

Curiosamente esta Real Orden y sus colores son el origen de la bandera argentina, blanca y celeste, como sabemos. Veamos.

La invasión francesa en el siglo XIX provocó que ostentaran el gobierno de la orden dos instituciones: el rey José I (hermano de Napoléon) y la Junta Suprema Central, en representación de Fernando VII. Las otorgadas por el francés fueron abolidas por él mismo, puesto que suprimió todas las órdenes, excepto la del Toisón de Oro. Entonces, los colores de la banda fueron adoptados por algunos miembros de la primera junta argentina para significar primero su adhesión a Fernando y después, para representar el movimiento independentista.

El 27 de febrero de 1812 Manuel Belgrano, jefe de regimiento de Patricios, izó por primera vez la bandera argentina en Rosario. El documento que escribió en relación con este hecho se encuentra en el Archivo General de la Nación y reza así: «Siendo preciso enarbolar bandera y no teniéndola, la mandé a hacer blanca y celeste».

Por tanto, los colores de la bandera argentina no tienen origen heráldico, sino que se relacionan con lo religioso y, más concretamente, con el culto mariano y el dogma de la Inmaculada Concepción de la Virgen.

Carlos IV, Fernando VII
y los franceses

PRÍNCIPE DE LA PAZ

El 4 de septiembre de 1795, por real decreto, Carlos IV nombró a su primer ministro, Manuel de Godoy y Álvarez de Faria, príncipe de la Paz, título nobiliario que le otorgó con carácter hereditario, es decir, sus hijos y descendientes también podrían firmar como tales.

El motivo fue el Tratado de Basilea, firmado el 22 de julio de ese mismo año entre España y la ya República francesa, para poner fin a la guerra de la Convención. Además, el monarca le concedió en propiedad, y también de forma hereditaria, el Soto de Roma.

El nuevo título de «príncipe de la paz con preferencia y antelación al de duques de la Alcudia y de cualquiera que pueda recaer en sus personas» era excepcional en España, puesto que el título de príncipe (de Asturias) estaba reservado, desde las *Siete partidas*, al primogénito de los reyes. La monarquía española no reconocía más príncipes, salvo los extranjeros, principalmente, alemanes e italianos. En la historia de España encontramos otra excepción. Se trata del Principado de Vergara, otorgado por Amadeo de Saboya en 1872 a favor del general Espartero. Sin embargo, en esta ocasión, el título sería concedido de forma vitalicia, no hereditaria, por lo que desaparecería tras el fallecimiento del titular. No contemplamos como dignidad nobiliaria el título de príncipe de la Mar que Felipe IV concedió a su hijo bastardo, Juan José de Austria, puesto que en aquella ocasión se trataba más de un cargo, el equivalente al de almirante de todas las armadas o almirante jefe del Estado Mayor de la Armada.

Manuel Godoy de Agustín Esteve y Marqués. [Legado de Joseph Winterbotham/ Art Institute de Chicago]

En 1808 Fernando VII, hijo de Carlos IV, anuló todos los títulos de Godoy y confiscó sus bienes. Años después, en 1847, la reina Isabel II restableció todos exceptuando el de príncipe de la Paz. En el Consejo de Ministros, Benavides pronunció, según recoge Vicente de Cadenas en el *Tratado de genealogía, heráldica y derecho nobiliario*:

> Príncipe no; es un Título que no debe prevalecer por nuestras leyes y nuestras tradiciones; en España no hay más Príncipe que el de Asturias; aquel dictado fue hijo de un favoritismo que España entera reprueba y suena mal en los oídos de todo buen patriota. Llamémosle solo Capitán General del Ejército y Duque de la Alcudia[136].

Carlos IV también otorgó otros tres títulos nobiliarios, igualmente de carácter hereditario, vigentes en la actualidad, a Manuel Godoy: el de duque de Alcudia, el de duque de Sueca y el de barón de Mascalbó. Además, el primer ministro obtuvo el título pontificio de príncipe de Bassano al adquirir el feudo italiano de Bassano de Sutri.

Días después de recibir el título de príncipe de la Paz, se le concedió a Godoy, tal y como cita Emilio La Parra, el derecho de agregar a sus armas:

> Un Jano o imagen de dos rostros, para dar a entender la singular Prudencia (a cuya virtud es simbólica) con que se ha conducido en las presentes circunstancias, por cuanto el Hombre prudente debe tener como dos rostros, de modo que miradas las cosas pretéritas y futuras con innata sagacidad, y reflexionando con consejo del entendimiento conozca los principios y causas de las cosas, vea los progresos, perciba sus antecedentes, se proponga semejanzas, saque las consecuencias, antevea lo venidero y con sutil comprensión ligue los tiempos y enlace los hechos, introduciéndose por continuos actos reflejos en lo más impenetrable de los secretos políticos, entendiendo lo obscuro, penetrando lo desconocido, buscando finalmente lo más remoto del común sentido para la felicidad de los Pueblos con que está contraída su atención. Y siendo la mentada Deidad de Jano el verdadero jeroglífico de Tutelar de la Paz, Quiero y es mi Real Voluntad se indi-

---

136   Cadenas, V. (1961). *Tratado de genealogía, heráldica y derecho nobiliario*, p. 66. Ediciones Hidalguía.

que en dicho Busto el título que le tengo conferido de príncipe de la paz[137].

¿Por qué esta simbología? Según la mitología romana, el dios Jano recibió de Saturno el don de la doble ciencia, la del pasado y la del futuro, por lo que era quien protegía en periodos de guerra y velaba por la paz. La leyenda cuenta que Jano liberó a la ciudad de Roma impidiendo que los sabinos ocuparan el capitolio tras la traición de Tarpeya, la hija del gobernador. El templo permanecería abierto para permitir el regreso de los guerreros en tiempos de guerra y quedaría cerrado para que Tarpeya no pudiera escapar durante los días de paz. Jano también era venerado como el dios del comienzo; de hecho, da nombre al primer mes del año (*januarius*).

Sigamos con Godoy. Tanto «favoritismo» por parte del rey no podía sentar bien a la aristocracia de la época, que se vio «obligada» a buscar una explicación convincente al rápido ascenso económico, político y social de Manuel. ¿Qué tal dar por hecho y difundir que fuera amante de la reina? Los rumores fueron imparables.

Un apunte antes de conocer un poquito más el origen y la trayectoria del príncipe de la Paz para comprender mejor ese malestar y desconcierto de la nobleza. En 1773, Carlos III había promulgado una real orden por la cual exigía méritos para conceder títulos, es decir, no bastaba el origen histórico de una familia o el peso de un apellido. El servicio a la Corona se imponía, por tanto, a la nobleza de sangre, por lo que el esfuerzo personal podía abrir muchas puertas a cualquier hidalgo como Manuel Godoy.

Si bien es cierto que la posición económica de la familia de Godoy era desahogada ya que pertenecía a la nobleza extremeña, no disponía de títulos, por lo que Manuel podía, simplemente, aspirar a un puesto digno en la milicia, en la Iglesia o en la burocracia estatal. Su padre, previsor, se ocupó de que recibiera instrucción militar y se formara en la práctica de ejercicio físico, equitación y manejo de armas. Si destacaba en esta faceta, podía llegar a conseguir algún título por parte del monarca. Con esa intención abandonó su provincia natal para servir al rey.

---

137   La Parra, E. (2002). *Manuel Godoy. La aventura del poder*, pp. 148-149. Tusquets Editores.

Cuando llegó a Madrid, contaba con la recomendación de su hermano Luis, que había ingresado años antes en el cuerpo de guardias de corps, la escolta ordinaria de Su Majestad. Pero para entrar a dicho cuerpo, era preciso que hubiera una vacante. La oportunidad llegó en 1784; Manuel, con diecisiete años, ingresaba en la primera brigada de la compañía española de corps. Durante los primeros cinco años viviría en el cuartel, por lo que era fácil que sus superiores recurrieran a él para encargarle servicios extraordinarios. Estaba «a mano».

Cuatro años después, el 12 de septiembre de 1788, cambió su suerte. Tal y como recoge Emilio La Parra, su hermano Luis escribió la siguiente carta a sus padres:

> Manuel, en el camino de La Granja a Segovia, tuvo una caída del caballo que montaba. Lleno de coraje lo dominó y volvió a cabalgarlo. Ha estado dos o tres días molesto, quejándose de una pierna, aunque sin dejar de hacer su vida ordinaria. Como iba en la escolta de la Serenísima Princesa de Asturias, tanto esta como el príncipe se han interesado vivamente por lo ocurrido. El señor Brigadier Trejo me ha dicho hoy que será llamado a Palacio, pues desea conocerle don Carlos[138].

Así conoció a los príncipes de Asturias. Desde este momento, Godoy fue habitual en las reuniones o tertulias organizadas por Carlos y María Luisa a las que acudían nobles, diplomáticos y personal de servicio destacado.

Manuel cayó en gracia y comenzó su espectacular carrera militar, acompañada de los correspondientes honores cortesanos. No ascendió por motivos de antigüedad o méritos de guerra, sino por intervención directa del monarca, algo que podía suscitar envidias, pero que se ajustaba perfectamente a la normativa vigente. El 30 de diciembre de 1788 fue nombrado cadete supernumerario con el cargo de garzón, categoría inmediatamente superior a la de guardia. A los dos meses, pasó a ser cadete en propiedad. El 28 de mayo de

---

138   La Parra, E. (2002). *Manuel Godoy. La aventura del poder*, p. 68. Tusquets Editores.

1789 fue nombrado «exento supernumerario» de su compañía con el grado de coronel de caballería en ejercicio.

El 29 de noviembre Carlos IV le otorgó el hábito de caballero de la Orden de Santiago, aunque su incorporación definitiva tendría lugar tras ser armado caballero el 5 de enero de 1790. El 25 de agosto de 1790 obtuvo la encomienda de Valencia del Ventoso, esto es, el derecho a gobernar en este lugar y a percibir sus rentas. Así quedaba convertido en un hidalgo rentista. El 16 de enero de 1791 recibió el doble nombramiento de ayudante general de la compañía española de corps y brigadier de caballería. En menos de un mes después, ascendió a mariscal de campo.

El 1 de marzo de 1791, Carlos IV lo nombró gentilhombre de cámara en ejercicio, por lo que tendría a su disposición la «llave dorada» de la que hablábamos páginas atrás. En julio de ese mismo año se convirtió en el jefe del Estado Mayor del cuerpo de guardias de corps, al recibir el nombramiento de sargento mayor.

En agosto de 1791 accedió a la Orden de Carlos III en calidad de caballero de la gran cruz. Ya tenía el tratamiento de excelencia y el derecho de libre entrada en palacio. De hecho, como sargento mayor de corps, tenía el privilegio de residir en la parte baja del edificio del Palacio Real. Así lo hizo.

El 10 de abril de 1792, Carlos IV le hizo donación perpetua para sí y sus herederos de los noventa y nueve millares pertenecientes a la Corona en la dehesa de la Alcudia, con los derechos, frutos, rentas y regalías correspondientes. Once días más tarde fue nombrado grande de España con el título de duque de la Alcudia. El 15 de julio fue nombrado miembro del Consejo de Estado. El 31 de agosto de 1792, sin haber desempeñado ningún servicio de armas destacable, fue nombrado subdelegado personal del monarca. Se había convertido en la persona de confianza de Su Majestad, en su mano derecha.

El 15 de noviembre ascendió a primer secretario de Estado y del Despacho. El 16 de noviembre recibió el collar de la Orden del Toisón de Oro. Al año siguiente consiguió la condición de capitán general del ejército. El 17 de febrero de 1793 fue nombrado secretario de la reina, dignidad creada por Carlos IV un año antes; y unos días después se le concedió el privilegio de utilizar el tren de la real caballeriza con igual número de tiros que para el servicio real y a que sus criados vistieran la librea de la casa real, todo un honor. En junio de 1800 el rey le concedió el privilegio de disponer de guardia personal.

El 4 de octubre de 1801 fue nombrado generalísimo de los ejércitos, lo que le situaría directamente después de los infantes de España en precedencias. Además, Carlos IV le concedió el tratamiento de alteza serenísima, una incoherencia puesto que el tratamiento de los infantes era (simplemente) el de alteza. No es de extrañar, en este sentido, el recelo del «otro» príncipe, el de Asturias. Además, en 1807 la estructura de la casa de Godoy era casi paralela a la del monarca. Al frente estaba el secretario general, un contador-tesorero, un secretario particular y un mayordomo. Un segundo nivel estaba formado por los oficiales auxiliares de los anteriores, el ayuda de cámara, dos encargados de la guardarropía y los caballerizos. Faltaría añadir los de más bajo nivel; y las damas de compañía y servicio de la condesa de Chinchón, primera mujer de Godoy, y de su hija.

Godoy decoró el palacio de Grimaldi, su residencia, con todo lujo: objetos de oro, relojes, porcelanas, espejos con figuras de bronce, tapices, techos pintados al fresco, sedas en las paredes, mármoles, puertas y ventanas de madera noble, libros encuadernados, cuadros de los mejores artistas (Goya, Murillo, Zurbarán, Tiziano, Rubens…). De hecho, su colección pictórica fue una de las más importantes del momento. Dos de las obras más importantes eran la *Maja desnuda*, encargo expreso del príncipe a Goya; y la *Venus del espejo*, de Velázquez, «regalo» de la duquesa de Alba. Por cierto, el palacio de Grimaldi es actualmente la sede del Senado español.

Las mujeres de Godoy también recibieron honores. Su primera esposa, María Teresa de Borbón y Vallabriga, condesa de Chinchón, recibió el título de condesa de Boadilla del Monte, elevado a marquesado en 1853 por la reina Isabel II a favor de su hija Carlota Luisa. María Teresa era hija de Luis Antonio de Borbón y Farnesio, hijo de Felipe V y hermano de Carlos III. Efectivamente, aquel por el cual Carlos III se vio «obligado» a sancionar una pragmática en contra de los matrimonios desiguales o morganáticos. Pepita Tudó, su segunda esposa, recibió los títulos de condesa de Castillo Fiel y vizcondesa de Rocafuerte.

Profundicemos un poquito más en la historia de María Teresa, la primera mujer de Godoy. Nació en el palacio de los Condes de Altamira, en Velada (Toledo), y fue bautizada en la parroquia de la localidad con el apellido Vallabriga, el de su madre, al igual que sus dos hermanos. Como sabemos, a pesar de ser hijo de Felipe V, su padre había sido «apartado» de la familia real y de cualquier honor o derecho sucesorio por parte de su hermano Carlos III, lo que implicaba también renunciar al apellido Borbón para sus hijos. Pero ella lo recuperaría, aunque su «sacrificio» le costó. Veamos.

A la muerte de su padre en 1785, fue trasladada junto con su hermana María Luisa al convento de San Clemente, también en Toledo, en el que permaneció encerrada durante doce años hasta que los reyes dispusieron en 1797 su enlace con Manuel Godoy. Puesto que a este lo que más le interesaba era emparentar con la familia Borbón, luchó para que su mujer (y sus hermanos) recuperaran el apellido paterno. En agosto de 1799 Carlos IV hizo una dispensa personal a favor de los tres hijos de su tío Luis para concederles la grandeza de España de primera clase, el uso del apellido Borbón y el escudo de armas de la familia. Hubo quien afirmó que este enlace llevó a Godoy a sentirse con derechos a una hipotética sucesión al trono de España, en calidad de «consorte» de una Borbón. Ambicioso era don Manuel, de eso no hay duda, pero no creo que llegara a aspirar a tanto.

Las cosas se hicieron «como Dios manda». Se mandó una real orden al obispo de Ávila, para que remitiese las partidas de bautismo originales de los tres hijos del infante Luis Antonio donde solo figuraba el apellido de la madre, al tiempo que se ordenaba que se corrigieran, incluyendo en primer lugar el apellido Borbón.

El rey también resarció a la madre de María Teresa permitiéndole usar el título de infanta y otorgándole, al igual que a sus dos hijas, la condecoración de la Real Orden de Damas Nobles de la Reina María Luisa, de la que hablaremos a continuación.

Además, se concedieron dos pensiones a las hijas de don Luis: la primera de trescientos sesenta reales anuales, en 1797; y la segunda, de doscientos reales en 1802. El hermano mayor de María Teresa fue nombrado arzobispo de Toledo y después, arzobispo de Sevilla.

La boda entre Manuel y María Teresa se celebró en El Escorial el 2 de octubre de 1797. Cuando ella quedó embarazada, la reina María Luisa, siempre protectora, los invitó a instalarse en el Palacio Real. Tras dos abortos, el 7 de octubre de 1800 nació la única hija de la pareja, Carlota Luisa, en honor a sus padrinos de bautismo:

Carlos IV y María Luisa de Parma. Pero parece ser que ni siquiera la llegada de su hija la hizo feliz. Godoy se lamentaba, en sus cartas a la reina, del mal carácter de su esposa e, incluso, del poco caso que hacía a la niña, a la que él llamaba cariñosamente «la mona» y por la que sentía debilidad.

Después del Motín de Aranjuez, en el que Godoy fue detenido y encarcelado, María Teresa huyó a Toledo junto con su hermano, abandonando para siempre a su esposo y dejando a su hija al cuidado de los reyes, sus padrinos, que la llevarían consigo al exilio.

Con la invasión de los franceses, ella y su hermana dejaron de percibir la renta que se les había asignado y tuvieron que vender sus joyas para subsistir. María Teresa viviría con su hermano Luis, que fue nombrado presidente de la Regencia en 1809 y aprobó la Constitución de Cádiz en 1812. Por ello, cuando regresó Fernando VII, fue confinado en Toledo, acompañado de su hermana. Cuando el cardenal murió, María Teresa no tuvo más remedio que exiliarse a París, debido a sus ideas liberales. Allí se reunió con su hermana María Luisa. Murió en 1828 víctima de un cáncer. Al poco tiempo, su viudo se casó con la que había sido su amante durante casi cuarenta años, Pepita Tudó, y con la que había tenido dos hijos: Manuel Luis y Luis Carlos.

LA REAL ORDEN DE LAS DAMAS NOBLES DE LA REINA MARÍA LUISA

El 21 de abril de 1792, tras el nacimiento del infante Felipe, Carlos IV creó la Real Orden de las Damas Nobles de la Reina María Luisa, definida como una institución premial estrictamente femenina gobernada por la reina cuyo objetivo era recompensar a las mujeres de la nobleza que destacaran por sus servicios o cualidades. En palabras del rey: «Para que la Reina, mi muy amada esposa, tenga un modo más de mostrar su benevolencia a las personas nobles de su sexo que se distinguieren por sus servicios, prendas y calidades». Solo podía haber treinta titulares, sin contar con la reina. La admisión de nuevas damas se haría tras la baja de otra.

Otras soberanas europeas ya habían sido madrinas de una orden, como la emperatriz Leonor, en 1768, de la Orden de la Cruz Estrellada. También en 1801, Juan VI de Portugal fundaría la Orden de Santa Isabel en honor de su esposa, Carlota Joaquina, hija de Carlos IV y María Luisa.

La reina María Luisa firmó los primeros estatutos de la orden el 15 de marzo de 1794, tras haber rechazado varios borradores y coincidiendo con el nacimiento del infante Francisco de Paula. En 1796 el rey elevó la orden a dignidad nobiliaria, por lo que el tratamiento correspondiente a las beneficiarias (y a sus cónyuges) era el de excelencia, por tanto, el de «excelentísima señora».

La orden reafirmaba el rol de la reina como ideal femenino de la época. De hecho, las dos reuniones anuales estipuladas y las ceremonias de admisión de nuevas integrantes eran actos de vasallaje a María Luisa. En los estatutos se describe minuciosamente la ceremonia de admisión:

> Se celebrará en uno de los Salones de mi Cámara, tomarán asiento las Damas en dos filas a la derecha e izquierda de mi Silla [...]. Destinada por mí una Dama para que sirva de Madrina, saldrá a buscarla y la introducirá llevándola a su derecha, haciendo ambas tres cortesías, al entrar, al medio de la sala, y al acercárseme pondrá la rodilla en tierra; y le preguntaré: «¿Deseáis ser recibida en mi Orden de Damas Nobles?». Responderá: «Sí, deseo». Volveré a preguntarle: «¿Estáis enterada de sus Estatutos y en cumplirlos?». Responderá: «Sí, lo estoy». Y pasándola Yo la Banda le diré: «Pues yo os recibo y os encargo que tengáis siempre el honor que debéis a la Orden». Entonces me besará la mano y a las demás personas Reales que se hallaran presentes: abrazará a las otras Damas, empezando por las de la derecha y tomará el último asiento, acompañándola a todo la Madrina; y restituida esta a su puesto se terminará el acto[139].

Las mujeres agraciadas con esta distinción la recibían en una ceremonia de investidura oficial descrita en los estatutos, que transcurría en las habitaciones privadas de la reina en el Palacio Real. También se contemplaba que, en casos de enfermedad o impedimento grave, podían recibirla en sus propios domicilios, entregada por algún representante de la reina.

---

139 Estatutos de la Real Orden de la Reina María Luisa (1816), disposición XI, pp. 19-21. Imprenta Real.

Ingresaron en la orden las nobles más prestigiosas, como la condesa de Aranda, la duquesa de Osuna, la marquesa de Villena, la duquesa de Medinaceli, la condesa de Montijo y la princesa de la Paz. Todas menos una: la duquesa de Alba. Luego veremos por qué. También se extendió a extranjeras, como la emperatriz Josefina, esposa de Napoleón.

En la fiesta anual de la «Junta de Damas», la dama elegida leía un «elogio» a Su Majestad subrayando sus virtudes benéficas y religiosas, así como sus cualidades como madre de familia y esposa. Los «elogios a la reina» imitaban a los «elogios al rey», que hacían sus homólogos masculinos.

Así recuerda Antonio Calvo Maturana el «elogio» leído por la marquesa de Ariza:

> Alaben, pues, en nuestra Reina, unos las prendas naturales, que la hacen amable en el trato; otros las calidades, que la acreditan vigilante Soberana; que yo la alabaré como prudente y cuidadosa Madre, en lo cual creo abrazar todos los elogios.

Y también el leído por la marquesa de Sonora:

> En el carácter mismo de nuestra Reina abundan prendas dignas de un elogio más amplio y elocuente que el que vais a oír, sin que sea necesario entrar en el estrecho círculo de sus virtudes domésticas, delineadas con tanta verdad y gracia en los años precedentes; porque si las costumbres modernas dispensan al bello sexo la falta de heroísmo, la historia nos recuerda que la naturaleza no les ha rehusado estos dones, de que comúnmente les despoja la educación mal dirigida[140].

José Bonaparte firmó un decreto el 18 de septiembre de 1809 por el que disolvía todas las órdenes militares, incluida la femenina de María Luisa, exceptuando la Insigne Orden del Toisón de Oro. Ya recordábamos en un capítulo anterior que se autoproclamó gran maestre de esta orden y otorgó la condecoración a su hermano Napoléon.

---

140 Calvo, A. (2020). *María Luisa de Parma. Reina de España, esclava del mito*, pp. 66-80. Universidad de Granada.

Fernando VII restituyó todas las órdenes eliminadas, incluyendo la de su madre; pero redactando unos nuevos estatutos para que la cabeza de la orden fuera la reina vigente. De esta forma, las reinas sucesoras mantuvieron el cargo de gobernadoras de la orden sin modificar su nombre original.

En un real decreto de 28 de octubre de 1851 se establecieron unos requisitos fiscales asociados a esta condecoración, consistentes en el pago de unos derechos de ingreso de 3.000 reales con un plazo de tres meses para abonarlos o renunciar a la concesión. También se incluyó en el protocolo de concesión la preceptiva autorización del Consejo de Ministros y su publicación en la *Gaceta de Madrid* (el equivalente al actual *BOE*). En 1869, tras la destitución de Isabel II, el general Serrano, en calidad de regente, modificó la denominación de la orden por la de «Damas Nobles de España».

Su insignia se describe en el segundo artículo de sus estatutos, y consiste en una banda de tres franjas verticales: la central blanca y las dos laterales moradas. Su anchura es la mitad que la de las bandas de las órdenes masculinas. Se coloca desde el hombro derecho hasta el costado izquierdo, y de ella pende una cruz de ocho puntas de oro, en cuyo centro se sitúa, dentro de un óvalo, la imagen de san Fernando (Fernando III de Castilla) esmaltada. La imagen de este rey es de cuerpo entero, coronado y con el manto correspondiente, con una espada en su mano derecha y un globo u orbe real en la izquierda. El exergo del óvalo central y los bordes de los brazos de la cruz están decorados con esmalte morado y el interior de esmalte blanco. En los espacios entre los brazos de la cruz aparecen dos leones y dos castillos contrapuestos, unidos entre sí por una cadena. El conjunto de la cruz pende de una corona de laurel, dorada o verde. En el reverso, la cifra de María Luisa y, rodeándola, la leyenda «Real Orden de la Reyna María Luisa».

Alfonso XII, por Real Decreto de 28 de noviembre de 1878, declaró que las Damas Nobles podrían usar, sobre el lado izquierdo del pecho, la cruz de la orden pendiente de un lazo de cinta igual a la banda, siempre que el acto no requiriera por su importancia el uso de la banda en la forma prescrita en los estatutos.

Tanto las insignias como la banda eran propiedad de la orden, que las otorgaba en usufructo y las recuperaba al fallecimiento de la agraciada, aunque hay constancia de que después del destronamiento de Isabel II en 1868, las familias de las Damas Nobles se negaron a devolver las insignias a las nuevas autoridades por lealtad a la Corona.

Por el decreto republicano de 24 de julio de 1931, la orden quedó abolida como institución oficial.

Alfonso XIII y su hijo Juan de Borbón otorgaron algunas bandas a princesas de su familia; este último a sus hijas las infantas Pilar y Margarita, hermanas del rey Juan Carlos, para conmemorar sus dieciocho años. También le fue concedida a Sofía de Grecia en 1962, quien la lució en la ceremonia de proclamación de su esposo el 22 de noviembre de 1975.

En la actualidad se conserva una única categoría (la de dama noble) y el número permanece limitado a treinta titulares, salvo voluntad expresa de los reyes. Sin embargo, después de la renuncia oficial de Juan de Borbón a sus derechos dinásticos el 14 de mayo de 1977, no se han producido nuevos nombramientos.

REINA Y DUQUESA, ENEMIGAS ÍNTIMAS

Hablamos de la reina María Luisa de Parma (cómo no) y de la contemporánea que ostentaba entonces el ducado de Alba, María del Pilar Teresa Cayetana de Silva, casada con su primo José Álvarez de Toledo, duque de Medina-Sidonia.

María Luisa de Parma, nieta de Felipe V y de Luis XV de Francia, había llegado a España en 1765, ya como princesa de Asturias tras haberse casado por poderes con Carlos de Borbón, primogénito de Carlos III y heredero al trono. Era, por tanto, el primer puesto femenino en la Corte española puesto que la madre de su marido, la reina María Amalia de Sajonia, ya había fallecido. Y la reina madre, Isabel de Farnesio, no tardaría en hacerlo, al año siguiente.

Por su parte, María del Pilar Teresa Cayetana de Silva Álvarez de Toledo, conocida como María Teresa, era la única hija de Francisco de Paula de Silva y Álvarez de Toledo, duque de Huéscar, y de María del Pilar Ana de Silva-Bazán, hija de los marqueses de Santa Cruz de Mudela. Su padre murió cuando ella tenía ocho años, momento en el que heredó todos sus títulos y propiedades, convirtiéndose en la segunda mujer de la saga en ostentar el ducado por derecho propio.

Cinco años después de la muerte de su padre, su madre se prometió con José María Pignatelli, duque de Solferino, pero este falleció de forma repentina y finalmente contrajo matrimonio con su padre (el del duque), Joaquín Anastasio Pignatetlli, conde de Fuente. Al año siguiente enviudó de nuevo, y dos años después se casaría una tercera vez con Antonio Ponce de León, duque de Arcos.

Retrato de María Luisa de Borbón. Grabado de Antonio Carmona.

Con el fin de mantener unidos los dos ducados españoles más importantes, el de Alba y el de Medina Sidonia, se acordó el matrimonio de María Teresa a los doce años con su primo José Álvarez de Toledo. De la casa de Alba recibió treinta y un títulos nobiliarios y de la casa de su marido otros veinticinco, lo que hacían un total de cincuenta y seis y la convertían en la aristócrata española con más títulos del siglo XIX.

La familia vivió entre sus dos propiedades madrileñas, el palacio de la Moncloa y el de Buenavista; y el palacio de los duques de Alba, situado en Piedrahita.

Tiempo después, el «favorito» de la reina, Manuel Godoy, incautó parte del patrimonio de la duquesa porque su marido había apoyado al brigadier de la Real Armada Alejandro Malaspina en una conspiración contra su persona. La expropiación afectaba al citado palacio de Buenavista y también a un gran número de joyas y obras pictóricas (como la *Venus del espejo* de Velázquez o *La educación de Cupido* de Correggio, ambos exhibidos ahora en la National Gallery de Londres). Este palacio es actualmente la sede del cuartel general del Ejército. Por su parte, el palacio de la Moncloa fue adquirido por Carlos IV y actualmente es la residencia oficial del presidente del Gobierno de España.

La duquesa enviudó en 1796 sin descendencia. Por ello, después de su fallecimiento, los títulos de su marido recayeron en su hermano, Francisco de Borja Álvarez de Toledo; y los suyos en Carlos Miguel Fitz-James Stuart, sobrino bisnieto de su abuelo, Fernando de Silva y Álvarez de Toledo, duque de Alba de Tormes. Desde este momento, la casa de Alba tuvo como residencia madrileña el palacio de Liria, perteneciente a los Berwick, esta rama de la familia.

Respecto a sus bienes libres, tal y como expresaba en sus últimas voluntades conservadas en el archivo de la casa de Alba, recayeron en sus herederos: Carlos de Pignatelli (hijo del segundo marido de su madre), María de la Luz (la niña que adoptó), Javier de Goya (hijo del conocido pintor) y parte de su personal de servicio.

Ambas, María Luisa y María Teresa, tenían mucho en común y acostumbraban a coincidir en tertulias y fiestas de damas de la aristocracia. De hecho, rivalizaban por sorprender con sus exclusivos *outfits* adquiridos en París. Aunque es justo decir que María Luisa de Parma confiaba en la moda española. Acostumbraba a lucir tejidos valencianos, encajes de Almagro y abanicos madrileños. Lo cierto es que era muy coqueta y, consciente de que uno de sus (pocos) atractivos eran sus estilizados brazos, cuentan que prohibió el uso de guantes en las ceremonias de la corte para poder lucirlos.

Tal era la competencia entre las damas que incluso parece ser que las dos compartían atracción por Juan Pignatelli, el otro hijo del segundo marido de la madre de María Teresa, con fama de donjuán.

En una ocasión, María Luisa regaló (presuntamente) a Juan una cajita de diamantes y él se la regaló a la duquesa. Esta, indignada, devolvió el presente con el regalo de una sortija adornada con un brillante y Pignatelli le regaló este anillo a la princesa, quien, consciente de su procedencia, lo lució en un besamanos sabiendo que la duquesa tenía que realizar el correspondiente saludo. Práctico era el tal Pignatelli. Y ahorrador.

La venganza se veía venir. Cuentan que María Luisa recibió tiempo después como regalo de María Antonieta, reina de Francia, una cadena de oro. La de Alba, conocedora del obsequio, encargó decenas de cadenas idénticas y las repartió entre su servidumbre y la de María Luisa con la intención de que el personal de servicio luciera la misma joya que la princesa. Una humillación de lo más ocurrente. Suponiendo que sea cierta, claro.

Y como la historia es caprichosa y se repite, siglos después otra reina y otra duquesa se convirtieron también en «enemigas íntimas» y también por culpa de un hombre, cómo no. Hablo de Victoria de Battenberg, esposa de Alfonso XIII y Sol Fitz James Stuart Falcó Portocarrero y Osorio, duquesa de Santoña y hermana del duque de Alba.

Ena y Sol se conocían desde la infancia, ya que la primera era ahijada de la emperatriz Eugenia de Montijo, tía de la segunda. Se rumoreaba que Sol y Alfonso se entendían «demasiado» bien. Y la reina tenía sus sospechas, aunque ambas mantuvieron siempre las formas, como damas de alta sociedad que eran. Faltaría más. Peor suerte corrió Beatriz de Sajonia Coburgo, prima hermana de la reina Victoria Eugenia, casada con Alfonso de Orleans, primo del rey. Ante los evidentes coqueteos entre Alfonso y Beatriz, María Cristina, madre del rey, se ocupó de alejar de la corte de Madrid a la pareja. Por si acaso. Menuda era Doña Virtudes, una suegra como Dios Manda. Ya hablaremos de ella.

María Luisa de Parma estuvo embarazada en veintitrés ocasiones. De ellas, diez abortos, trece partos y catorce hijos porque uno de ellos fue un parto gemelar. Efectivamente, el 5 de septiembre de 1783 la reina dio a luz a los únicos gemelos de la dinastía Borbón en España en La Granja de San Ildefonso, en Segovia. Recibieron los nombres de Carlos Francisco y Felipe Francisco. Para presentar a los pequeños se les colocó en la misma cuna. Pero los bebés tuvieron una vida corta: el 18 de octubre de 1784 falleció Felipe Francisco y un mes más tarde, el 11 de noviembre, su hermano. De hecho, tan solo siete de los hijos de María Luisa llegaron a la edad adulta. A los cuarenta y siete años daba a luz al último, Francisco Antonio, futuro duque de Cádiz.

Tanto embarazo deterioró físicamente a la reina, sobre todo su dentadura. Había perdido casi todos sus dientes y los que le quedaban estaban negros. Por ello, se había ganado el apodo de «la de los dientes de madera». La pobre reina acostumbraba a comer sola, después del rey, porque al carecer de dientes, tenían que prepararle una comida especial.

A modo de dentífrico, empleaba una mezcla recogida en los libros recetarios de la real oficina:

> Se tomará de raíz de Serpentaria Virginiana y de Ancusa; de cada una, media onza; Zarzaparrilla, onza y media; corteza de pino, dos onzas; cortezas de granadas, dos dragmas; se quebrantarán y se infuncen en dos libras de los Espíritus de Coclearia, Becabunga y Berros en un matraz por tiempo de 48 horas a un calor lento; después, se cuela en otor, en el cual se habrá infundido dos onzas de goma de palo Santo, una de Goma laca y otra de Bálsamo Perubiano en una libra de los dichos Espíritus; y últimamente, las dos materias juntas se filtrarán y guardarán para el uso[141].

Consciente del rechazo que causaba su dentadura ennegrecida, la reina encargó una postiza de porcelana a medida. Y la cuidaba a conciencia; de hecho, contaba con tres operarios para tal fin.

Cuentan que el emperador francés, Napoléon Bonaparte, y su

---

141   A.P.R. Farmacia. *Libro de asiento de recetas despachadas a las personas Rs* (1783-1808). F.º 24 v.º

esposa, Josefina, tuvieron ocasión de ver de cerca la nueva dentadura de la reina de España en una cena celebrada en el castillo de Marrac, en Bayona, en 1808. La española escandalizó a la francesa al quitarse la dentadura para comer. Qué tiquismiquis han sido siempre los franceses, de verdad.

Y envidiosos. Porque Josefina también compartía el problema bucal con nuestra soberana. Padecía tanto que consumía opio para calmar el dolor y lo hacía disuelto en una mezcla de láudano que siempre llevaba en su neceser de viaje. Por el contrario, su marido Napoléon mantuvo siempre su dentadura en perfecto estado. Según uno de sus biógrafos, Frederic Mason, primero utilizaba unos palillos de dientes, y a continuación, los cepillaba con una solución de opiáceos, se enjuagaba con un colutorio de *brandy* mezclado con agua y limpiaba su lengua con un raspador de plata. Qué coqueto.

El caso de María Luisa no es único. Veamos algunas curiosidades «dentales» de otros reyes y reinas españoles.

Javier Sanz, académico de la Real Academia Nacional de Medicina, en su obra *De reyes y dentistas* señala que los Reyes Católicos fueron los primeros en legislar en el año 1500 sobre el oficio de «aquellos que decidiesen ganarse la vida con la extracción de dientes»[142] (denominados en aquel momento barberos, sangradores o sacamuelas). El Tribunal del Probarberato, integrado por los principales barberos al servicio de los reyes, era el encargado de examinar a los aspirantes. Cualquiera que se arriesgara a practicar el oficio sin la correspondiente licencia sería inhabilitado de por vida.

Lo cierto es que se llamaba al sacamuelas cuando el dolor era ya insoportable. Por ello, para buscar más fuentes de ingresos, además de extraer dientes, estos «dentistas» del siglo XVI ofrecían el servicio de limpieza bucal. A tal efecto, empleaban instrumentos de hierro que encargaban en talleres de herreros, plateros y orfebres. También solían vender unos rudimentarios dentífricos y colutorios con aroma a canela, menta o hierbabuena.

Debido al prognatismo congénito, los reyes españoles de la casa de Austria tenían muchas enfermedades bucodentales, además de dificultades para vocalizar y problemas gastrointestinales como con-

---

142   Sanz, J. (2020). *De reyes y dentistas. La odontología y la casa real española. De Carlos V a Felipe VI*, pp. 9-12. Editorial Renacimiento.

secuencia de la incorrecta masticación de alimentos, especialmente de carne. Cuenta Javier Sanz, parafraseando a Ríos Mascarelle, que en una ocasión un mozo le llegó a decir al mismísimo Carlos I: «Mi señor, cerrad la boca, que las moscas de este reino son traviesas»[143]. Pues eso.

La emperatriz Isabel, esposa de Carlos I, también sufrió un horrible dolor de muelas durante una estancia en Barcelona. Tanto que llegaron a administrarle la extremaunción. La desesperación llevó incluso a organizar una procesión al monasterio de Montesión donde se encontraban las reliquias de santa Apolonia, patrona de los dentistas. Apolonia fue una cristiana martirizada en el siglo III por el Imperio romano en la ciudad de Alejandría. Era una diaconisa, mujer soltera y virgen de familia noble y acomodada que, a partir de cierta edad, servía de guía a jóvenes. La historia eclesiástica cuenta que la detuvieron y la amenazaron con quemarla viva si no repetía a gritos ciertas blasfemias. Ante su negativa, la torturaron rompiéndole con piedras todos los dientes. Finalmente, la santa, al no soportar el dolor, acabó corriendo directamente hacia el fuego y murió abrasada. En el siglo XIII se empezó a popularizar su culto hasta que fue canonizada en 1634. No sabemos si santa Apolonia intercedió; el caso es que, sea por el motivo que fuere, la reina emperatriz se recuperó.

El capellán Francisco Martínez de Castrillo fue dentista de Felipe II. Por ejercer tal honor, el profesional ingresaba la importante cifra de 60.000 maravedís de salario al año, tal y como figura en los archivos de la casa real. Presisamente, fue Martínez quien publicó en 1557 el primer libro de odontología escrito en el mundo: *Coloquio breve y compendioso. Sobre la materia de la dentadura y maravillosa obra de la boca. Con muchos remedios y avisos necesarios. Y la orden de curar y aderezar los dientes*[144]. El coloquio sería breve, pero el título no tanto. El prestigioso dentista acabó con la leyenda del «gusano de la caries». En la época se creía que esta enfermedad procedía de un gusano que se introducía en el diente hasta corroerlo; y los sacamuelas se ocupaban de matar al gusano.

143 Sanz, J. (2020). *De reyes y dentistas. La odontología y la casa real española. De Carlos V a Felipe VI*, p. 140. Editorial Renacimiento.
144 Martínez de Castrillo, F. (1557, edición de 2001). *Coloquio breve y compendioso. Sobre la materia de la dentadura y maravillosa obra de la boca. Con muchos remedios y avisos necesarios. Y la orden de curar y aderezar los dientes*. KRK Ediciones.

El tema de los dientes no solo es cosa de salud, también lo es de imagen y protocolo. Juan Lorenzo Palminero, en su obra *El estudioso de la aldea*[145], publicada en 1568, escribió normas de etiqueta relacionadas:

> Si algo tienes apegado a ellos, de la comida pasada, no lo quites con el cuchillo, ni con manteles, ni con las uñas como hacen los gatos, sino con un palillo de lentisco o pluma o huesecillos de pie de gallina.

También recomendaba no limpiar los dientes con «meados» (orines) y enjuagar «con un manojo de flores y otro de hojas de romero bullido en vino blanco con un poco de mirra, cinamomo o canela» para combatir la halitosis. Suponemos que la especificación de no emplear orines tendría algún fundamento y que se basaba en una práctica habitual. No he querido investigar más al respecto. Por pudor y eso.

Con la llegada de los Borbones, la corte se llenó de profesionales franceses. Así decía una copla de la época:

> Todo charlatán que quiera
> ser dentista de primor
> diga que es francés y cuelgue
> muchas muelas del balcón[146].

De hecho, era habitual exhibir las muelas sacadas a modo de trofeos para demostrar la experiencia en esta tarea y ofrecer garantías a los pacientes.

En el siglo XVIII también comenzaron a hacerse trasplantes dentales. Había quien vendía sus piezas y había quien pagaba por ellas, lo que propició también la difusión de muchas enfermedades.

El caso más divertido (dolor de muelas aparte) es el episodio protagonizado por Luis Antonio de Becerra, una especie de curandero que en 1858 se atrevió a sacar una muela a Isabel II en el mesón de Herbón de la aldea de As Nogais durante uno de los viajes de la

---

145 Palminero, L. (1568). *El estudioso de la aldea*. Imprenta Ioan Mey, Valencia.
146 Sanz, J. (2020). *De reyes y dentistas. La odontología y la casa real española. De Carlos V a Felipe VI*, p. 86. Editorial Renacimiento.

soberana por Galicia. La reina tenía un insoportable dolor de muelas y mandó a un miembro de su séquito a buscar al curandero para que aliviara su dolor, tal y como relata Adolfo de Abel Vilela en su libro *Personajes reales en Lugo*[147]. Lo curioso es que en la comitiva real había tres médicos, dos boticarios y un sangrador, pero debe ser que Su Majestad no acababa de confiar en ellos porque recurrió a Becerra. Este había cursado algún estudio relacionado con la medicina en Madrid y ejercía por aquel entonces el oficio de dentista en Viladicente, donde también preparaba y vendía ungüentos. El curandero relató a la soberana sus historietas cuando se alistó como voluntario para perseguir a los carlistas. Era un curandero «isabelino». ¿Cómo no iba a confiar en él? Como muestra de agradecimiento, Isabel le concedió la cruz de caballero de la Orden de Isabel la Católica, distinción que figura en el libro parroquial de defunciones y en la lápida de su tumba.

CUANDO FERNANDO VII USABA PALETÓ

Seguro que el lector recuerda la canción infantil *Cuando Fernando VII usaba paletó*. La «gracia» era cantarla exclusivamente utilizando una sola vocal; primero con la «a» («caanda Farnanda Sáptama asaba palatá»), luego con la «e», y así sucesivamente. Cosas que (misteriosamente) divierten cuando uno es niño. Pero, probablemente, muchos la hemos cantado sin tener idea de que es un paletó («palatá», «peleté», «pilití», «polotó» o «pulutú»). La Real Academia lo define como «gabán de paño grueso, largo y entallado». Es decir, sería algo así como una levita.

A principios del siglo XIX, el ambiente estaba de lo más tenso. Fernando se había aliado con Napoleón para derrocar a su padre, Carlos IV, y la canción alude irónicamente a esa etapa en la que el Deseado vivía en Francia «negociando» el trono de España. Fernando fue apresado por Napoleón, quien le «obligó» a devolver la Corona a su padre para que este se la entregara a José Bonaparte, hermano del emperador francés. Ahora profundizamos bien en esto.

---

147   Abel, A. (1983). *Personajes reales en Lugo*. Do Castro.

El *paletot*, término de origen francés, era el atuendo masculino habitual en Francia. Es decir, la canción podría traducirse como «Cuando Fernando VII estaba del lado de los franceses».

Pero ¿qué fue de Fernando en esta etapa mientras el pueblo español luchaba por la independencia contra Francia?

El 20 de abril de 1808 Fernando VII llegó a Bayona. Iba al encuentro de Napoleón, pero fue apresado por las tropas imperiales. Al cruzar la frontera, se había elevado un arco del triunfo con el siguiente texto: «Quien hace y deshace reyes es más que rey». Parecían claras las intenciones del francés...

Fernando fue instalado en el edificio de la intendencia donde ya lo esperaba su hermano, Carlos María Isidro. Allí les comunicaron que el emperador francés había decidido que no reinara la dinastía Borbón en España. Un jarro de agua fría. Hasta este momento, la mayor preocupación del «inocente» Fernando era que Napoléon apoyara el regreso al trono de Carlos IV. Por eso, su propósito era hacerle cambiar de opinión alegando que su padre ya había abdicado a su favor el 19 de marzo. De hecho, así había sido. Carlos IV había presentado a su Gobierno un decreto oficial de abdicación que decía lo siguiente:

> Como los achaques de que adolezco no me permiten soportar por más tiempo el grave peso del Gobierno de mis reinos [...] he determinado, después de la más seria deliberación, abdicar mi corona en mi heredero y muy caro hijo el Príncipe de Asturias. Por tanto, es mi real voluntad que sea reconocido y obedecido como rey y señor natural de todos mis reinos y dominios[148].

Pero ¿qué le importaba al francés si Carlos había abdicado de forma espontánea o forzada si su intención era «colocar» a su hermano Pepe en el trono de España?

Lo cierto es que el padre no era más «espabilado» que el hijo... Conocedor de que Napoleón no reconocía a Fernando como rey, Carlos IV pensaba que el francés estaba de su parte. Si cuando dicen que «de tal palo...».

---

148   Real Decreto de 19 de marzo de 1808. Pedro Ceballos, secretario de Estado, comunica al gobernador interino del Consejo la abdicación que Carlos IV ha hecho en su hijo, Fernando VII.

Napoleón le propuso a Fernando que renunciara en su nombre y en el de sus herederos al trono de España. A cambio le concedería la Corona de Etruria. Los mismos pasos seguiría su hermano Carlos María Isidro, en calidad de sucesor del anterior si este no tuviera descendencia. Pero como Fernando temía más la restitución del trono a su padre que el destronamiento de su propia dinastía, no le contó a Carlos IV nada de lo que había conversado con Napoléon. De lo contrario, tal vez, el padre se hubiera estado quietecito en España. O no. Porque razonaban por el estilo.

El caso es que Carlos IV y María Luisa llegaron a Bayona el 30 de abril. Ya estamos todos. Sus hijos, Fernando y Carlos, fueron a recibirlos. De hecho, el maquiavélico Napoléon, que tenía muy bien aprendido aquello de «divide y vencerás», recibió al padre con todos los honores con los que no había recibido al hijo diez días antes. Sabía cómo herir el frágil ego de Fernando.

El 2 de mayo, tas las revueltas en Madrid, Napoléon le dio un ultimátum a Fernando, tal y como recoge Emilio La Parra: «Si de aquí a media noche no habéis reconocido a vuestro Padre por vuestro Rey legítimo y no lo hacéis saber a Madrid, seréis tratado como un rebelde»[149]. Y en paralelo, en privado con Carlos IV, el emperador francés se ofreció a ocuparse de España y a darle asilo en sus territorios. De esta forma, consiguió la renuncia de ambos: el hijo a favor del padre; y el padre a favor de su persona. El emperador les asignaba también a todos una considerable pensión alimenticia. Habían vendido la Corona de España a Francia. Ay, si los Reyes Católicos hubieran levantado la cabeza…

Fernando, Carlos y su tío Antonio se instalaron en el palacio de Valençay el 11 de mayo. Eran los invitados del emperador; por ello, fueron atendidos con todas las comodidades y honores. Nadie podía presentarse ante ellos sin el correspondiente permiso y sin la vestimenta adecuada. Tal y como relata Emilio La Parra:

> Se levantaban a las nueve y pasaban aproximadamente una hora en vestirse, desayunar y en una corta oración en el lugar del palacio habilitado como capilla. Todos los días hacían quince minutos de ejercicios espirituales y a las once asistían a misa; con frecuen-

---

149   La Parra, E. (2018). *Fernando VII. Un rey deseado y detestado*, p. 177. Tusquets.

cia, Fernando hizo de monaguillo. A continuación, se retiraban en la estancia habilitada como secretaría para leer los periódicos y la correspondencia [...]. A la una de la tarde comían juntos los tres príncipes, acompañados del gentilhombre de guardia y de Ostolaza, confesor del rey. Tras la siesta, Fernando tocaba el pianoforte y pasaba algún tiempo escuchando nuevas lecturas. En caso de buen tiempo, daba luego un paseo en coche o a caballo y, si no, jugaba a la pelota, al billar, al tresillo o al *loto dauphin*, juego de mesa muy apreciado por la aristocracia francesa [...]. A las seis se retiraba a su cuarto con don Carlos y Ostolaza para escuchar durante una hora la lectura de las obras de Saavedra Fajardo. Tras un refresco, pasaba al oratorio para el rezo [...]. De las ocho a las diez de la noche Fernando y Carlos jugaban en presencia del gobernador del palacio, los gentilhombres de cámara, el chambelán, Ostolaza y Ayerbe a la lotería [...]. Luego, la cena y rezo del rosario en comunidad hasta la hora de retirarse cada uno a su aposento[150].

Ni tan mal.

Los príncipes habían llegado con un séquito de unas cincuenta personas. En la primavera de 1809 se ordenó que todos aquellos que no fueran imprescindibles debían ser deportados a España.

Durante su exilio (al que más bien podríamos llamar «vacaciones»), los infantes españoles asistieron a dos acontecimientos sociales de carácter festivo cargados de simbolismo: la boda de Napoléon con la archiduquesa María Luisa de Austria (hija de Francisco II, tío abuelo de la reina María Cristina de Habsburgo, segunda mujer de Alfonso XII) y la solemne fiesta del 9 de junio de 1811 con motivo del nacimiento del rey de Roma, el heredero del emperador francés.

En cuanto al enlace de Napoléon, resaltemos que hubo recepción de las autoridades francesas en el palacio, parada militar, un espléndido banquete, espectáculos teatrales, fuegos artificiales, luminarias... Pero lo más llamativo fue que en el frontispicio del palacio se colocó la siguiente inscripción: «*À Sa Majesté L'Emperereur des Français, Roi d'Italie; à son Auguste Épouse Marie – Louise d'*

---

150   La Parra, E. (2018). *Fernando VII. Un rey deseado y detestado*, pp. 181-182. Tusquets.

Autriche, les princes d'Espagne Ferdinand, Charles, Antoine»[151]. No lo traduzco porque la sutileza del francés asusta menos que leer bien clarito este descarado homenaje de nuestras «altezas» al emperador del país vecino que tanto daño hizo a España.

En la primera carta que Fernando VII envió a Napoléon, utilizó el tratamiento de *mon cousin*, pero el francés enseguida le llamó la atención recordándole que no estaban al mismo nivel. Desde entonces, empezó a dispensarle el tratamiento de *sire* (equivalente a majestad en Francia). Tal era la pleitesía que Fernando le felicitó por el nombramiento de su hermano José como rey de España, en su nombre y en el de Carlos y Antonio, expresando que «No podemos a la cabeza de ella (España) un monarca más digno y más propio por sus virtudes»[152]. De hecho, comenzó a referirse a José Bonaparte con las siglas S.M.C., Su Majestad Católica. Su desfachatez no tenía límites. El «colmo de los colmos» fue cuando manifestó su deseo de que Napoleón lo aceptara como «hijo adoptivo» (palabras textuales). El francés, que siempre había hecho públicas todas las manifestaciones de sumisión realizadas por el español, no llegó a dar a conocer esta solicitud. Probablemente, a pesar de su constatada falta de escrúpulos, tenía más pudor que Ferdinand.

Hasta 1813, los príncipes solo recibieron visitas de las autoridades locales francesas por deferencias protocolaria, el párroco de Valençay y muchos comerciantes. Porque resulta que los príncipes eran excelentes compradores. En junio de 1811 habían adquirido estuches para pistolas, dos rifles y un sable para decorar sus aposentos. En diciembre de 1812 compraron joyas y otros objetos por valor de 40.000 francos, relojes por 12.000 y una vajilla de plata por 9.000. Tampoco faltó la compra de vino de Málaga, de Burdeos y de Borgoña. Y, como, por lo visto, les «sobraba» dinero, donaron cantidades al capellán del palacio de Gaillard y al cura de Valençay, así como a los necesitados (unos 300 francos al año)[153].

Al margen de las visitas protocolarias, recibieron también muchas propuestas de huida, pero los príncipes no tenían ninguna intención de escapar. Vivían mejor que nunca. Y mientras, el pueblo español

151   La Parra, E. (2018). *Fernando VII. Un rey deseado y detestado*, p. 189. Tusquets.
152   La Parra, E. (2018). *Fernando VII. Un rey deseado y detestado*, p. 205. Tusquets.
153   La Parra, E. (2018). *Fernando VII. Un rey deseado y detestado*, p. 191. Tusquets.

continuaba en guerra, defendiendo a su «rey deseado». Qué contraste entre la cobardía de un soberano y la heroicidad de toda una nación. No olvidemos que en la guerra de la Independencia doscientos cuarenta mil españoles perdieron su vida.

Ferdinand dejaría de usar «paletó» para regresar a España en 1814 y sería recibido con todos los honores y con la intención de perpetrar un golpe de Estado e instaurar una monarquía absoluta, a la antigua, basada en la imposición de un poder sin restricciones apoyado en el derecho divino. Con un par (permítame el lector la expresión).

LA REINA ESPAÑOLA QUE NUNCA PISÓ SUELO ESPAÑOL

Esta es la historia de Julia Clary, la esposa de José I Bonaparte, reina de España entre 1808 y 1813, apodada la Reina Ausente. Y es que la consorte nunca llegó a pisar España, como ya había sucedido con María Tudor, reina de Inglaterra y segunda esposa de Felipe II. Aquella tuvo peor suerte con el apodo...

Julia era la mayor de las hijas de una familia burguesa dedicada al comercio de sedas en Marsella. En plena Revolución francesa, Napoleón Bonaparte recaló en el puerto francés en compañía de su hermano mayor, el diplomático José. Ambos se fijaron en las hermanas Clary. El amor de Désirée (la hermana pequeña de Julia) y Napoleón no prosperó, probablemente, porque las aspiraciones de él eran mayores; pero José sí se comprometió con Julia. La ceremonia se celebró en La Provenza en 1794.

Según algunos testimonios, Julia era bajita, de tez pálida y ojos oscuros. Y muy prudente. Asistió junto al resto de la familia a la pomposa coronación de Napoleón en Notre Dame. En el «reparto de Europa», Luis Bonaparte reinaría en Holanda, Jerónimo en Westfalia y a José le tocaría el trono de Nápoles. Luciano quedaría fuera, penalizado por sus críticas al autoritarismo del nuevo emperador.

Julia acompañó a José a Italia. Pero un nuevo movimiento de fichas lo convirtió en rey de España en 1808, como ya hemos visto. Así se lo confirmó por carta el 11 de mayo diciéndole que el rey Carlos le había cedido todos sus derechos sobre la Corona de España y que el príncipe de Asturias había renunciado con anterioridad al trono, por lo que había decidido destinarle a él la Corona. También le subrayaba que España no era el reino de Nápoles, que tenía inmensas rentas y la posesión de las Américas. Le indicaba, además, que debía partir el día 20 y estar en España a primeros de junio. Por supuesto, se trataba de un nombramiento confidencial, de momento.

José fue nombrado José I de España el 6 junio de 1808. Ya desde su proclamación comenzaría a firmar como «Yo, el rey», siguiendo la costumbre de los reyes españoles. La entrada en Bayona fue espectacular. Las tropas le rindieron honores y en la plaza lo esperaban las autoridades.

El 7 de julio juró la «Nueva Constitución que ha de regir en España e Indias», aprobada el 30 de junio ante la Junta española reunida en Bayona y ante el arzobispo de Burgos sobre los Evangelios. A continuación, tras una misa pontifical celebrada por el arzobispo, todos los diputados juraron fidelidad al nuevo rey. Podemos decir que José fue el primer rey constitucional de España. La ceremonia de proclamación tuvo lugar el 25 de julio.

El nuevo rey francés llegó a Madrid, al Palacio Real, el 20 de julio, en plena guerra de la Independencia. Su carruaje pasó en silencio por las calles madrileñas. De hecho, un oficial francés llegó a decir que no solo no se engalanaron las casas para recibirlo, sino que el pueblo colgó de sus ventanas y balcones trapos sucios.

La mayor parte del tiempo que José permaneció en Madrid no salió del Palacio Real, mientras se preparaba la ceremonia de proclamación prevista para el 25 de julio de 1808, Día de Santiago, patrón de España. Aquel día, la comitiva, escoltada por tropas francesas y españolas, se dirigió a cuatro espacios emblemáticos de la capital: la plaza de Oriente, la plaza Mayor, la plaza de las Descalzas Reales y la plaza de la Villa, donde iban a celebrarse los actos. El corregidor de Madrid, Pedro de Mora y Lomas presidía el cortejo; y le acompañaba el conde de Campo Alange, Manuel José de Negrete, como portador del estandarte real. Con motivo de la celebración, se repartieron refrescos gratuitos y se distribuyó dinero y pan entre los pobres.

Poco le duró la alegría al francés. José tuvo que huir el 1 de agosto tras la derrota de las tropas francesas en la batalla de Bailén. Primero a Burgos, luego a Miranda de Ebro y finalmente a Vitoria, donde estableció su cuartel general durante tres meses. Gracias a la intervención del propio Napoleón pudo regresar a la capital.

Retrato de Julia Clary y sus hijas de Jean Baptiste
Joseph Wicar. [Palacio de Caserta]

Madrid capituló el 4 de diciembre de 1808. En sucesivos decretos
dictados por el emperador se castigaba a quienes violaban el juramento de fidelidad al rey. El 23 de diciembre tuvo lugar la ceremonia de jura en parroquias. Exactamente veinte mil seiscientos quince
vecinos de Madrid fueron reclamados como declarantes.

El 22 de enero de 1809 José I entró en Madrid por segunda vez, a
caballo. Esta vez sí hubo aplausos y vivas. Por la puerta de Atocha y el

paseo del Prado, la comitiva se dirigió a la iglesia de San Isidro para celebrar la ceremonia.

José organizó la servidumbre de palacio cubriendo las vacantes con personas de su confianza.

Ante tanta incertidumbre y clima convulso, Julia no acompañó a su marido a España como sí había hecho cuando fue enviado a Italia, sino que permaneció en Francia, instalada en el castillo de Mortefontaine junto con sus dos hijas, las (ya) infantas Zenaida y Carlota.

Por decreto de 18 de agosto de 1809 José I suprimió las grandezas y títulos que no hubieran sido concedidos por él mismo. Los poseedores de títulos podían solicitar una nueva concesión presentando sus antiguos nombramientos. Así serían confirmados muchos títulos, como los duques de Berwick en mayo de 1810 o los duques de Arión en julio de 1812.

José utilizó la propaganda para ganarse al pueblo (al menos para intentarlo). Uno de sus recursos fueron los púlpitos. A través de una orden fechada el 20 de junio de 1809 se obligaba a todos los párrocos a leer a sus feligreses, en las misas de los domingos, los artículos de la *Gaceta de Madrid* que el Gobierno determinara. También quiso atraer al público aboliendo la pragmática sanción por la que Carlos IV había abolido las corridas de toros en 1805. Pero todos sus esfuerzos fueron en vano... En España había «galofobia». El pueblo prefería a Fernando VII, el Deseado. Curiosamente, este sí lo reconocía como rey de España. De hecho, el 28 de noviembre de 1809 escribió a José para que intercediera con su hermano Napoleón para contraer matrimonio con su sobrina y también para que le concediera entrar en la nueva orden real que había creado. Así firmaba la carta, tal y como expone Manuel Moreno: «Deseo probar a vuestra Majestad la sinceridad de mis sentimientos y mi confianza en Vos. El devoto hermano de Vuestra Católica Majestad, Fernando»[154]. Es que no tiene perdón.

José I fue apodado Pepe Botella, en referencia a sus supuestos problemas con el alcohol, que no parecen contrastados. De hecho, el mote puede guardar más bien relación con un decreto publicado el

154   Moreno, M. (2008). *José Bonaparte. Un rey republicano en el trono de España*, p. 262. La Esfera de los Libros.

15 de febrero de 1809 que autorizaba la desgravación de licores y aguardientes. También era conocido como el Rey Plazuelas, en relación con la cantidad de plazas que se inauguraron durante su reinado en la capital, como la de Oriente, junto al Palacio Real.

Tras la derrota en la batalla de los Arapiles el 22 de julio de 1812, José abandonó Madrid para huir a Francia. Pero a su paso por Vitoria, fue alcanzado y derrotado por las tropas del duque de Wellington. Salió de nuestro país definitivamente el 13 de junio de 1813 (aunque oficialmente reinaría en España hasta el 11 de diciembre) y se refugió en Francia con su familia, donde permaneció hasta la caída de Napoleón en Waterloo en 1815. Entonces se exiliaría a Estados Unidos, ya sin la compañía de su mujer, pero con las joyas de la Corona de España (tenía que decirse y se dijo). Julia permaneció en Europa y falleció en Florencia en 1845. Sus restos descansan en la basílica de la Santa Croce, en la ciudad italiana.

¿Por qué su mujer no lo acompañó a Estados Unidos? Pues porque no era un matrimonio tan bien avenido. En América, José (que firmaría desde este momento como «conde de Survilliers», nombre prestado de la ciudad francesa en cuyo castillo había residido), estuvo acompañado de una amante estadounidense. No se trataba de su primera aventura. Parece ser que durante su primera huida de Madrid entabló una relación en Vitoria con María del Pilar Acedo y Sarriá, condesa del Vado y de Echauz, esposa del marqués de Montehermoso, Ortuño Aguirre del Corral. El matrimonio acompañó a José en su viaje a París en 1811 para asistir al bautizo de Napoleón II, pero Ortuño falleció en la capital francesa y ella permaneció junto a José hasta que perdió el trono. También mantuvo una relación amorosa con la condesa de Jaruco, María Teresa Montalvo y O'Farril, que se había casado muy joven en un matrimonio concertado. Lo normal en la época, vamos. José nombró a su marido conde de Merlín y lo mantuvo en proyectos fuera de Madrid. Y, claro, empezó a escucharse una coplilla popular:

> La señora condesa
> tiene un tintero
> donde moja la pluma
> José primero.

Sin comentarios.

Completan la lista de conquistas amorosas de Pepe, según los rumores de la época, la cantante italiana de ópera Fineschi, la francesa Nancy Derjeux y la baronesa Burke, esposa del embajador de Dinamarca.

José I murió finalmente en Florencia un año antes que su mujer, pero fue enterrado en Los Inválidos de París por orden de Napoleón III, a la derecha del que fuera emperador de los franceses.

CUATRO BODAS, TRES FUNERALES
Y NINGÚN HEREDERO

Fernando VII se casó en cuatro ocasiones, pero solo tuvo descendencia con su última mujer, con María Cristina. Dos hijas, ningún varón.

Pongámonos en antecedentes sin dilaciones. Fernando VII tenía una deformidad genital llamada macrosomía, lo que hacía que su pene tuviera un tamaño monstruoso, defecto que dificultaba sus relaciones maritales y tal vez, causa de algún desgarro y aborto. Los médicos encontraron una solución fabricando un cojín con un agujero que pudiera servirle de «tope» en dichos encuentros sexuales. Pobres María Antonia, María Isabel, María Josefa y María Cristina. La primera sería solo princesa y las siguientes reinas.

Conozcamos a las cuatro mujeres del Rey Felón.

La primera fue su prima María Antonia de Nápoles (Totó en la intimidad), con quien se desposó en Barcelona en 1802. Desde el 11 de septiembre hasta el 8 de noviembre, la ciudad condal se convirtió en corte. El buque que transportaba a la novia atracó en el puerto de Barcelona el 30 de septiembre. Allí la esperaban los reyes Carlos IV y María Luisa. María Antonia besó la mano del rey y este la llevó hasta la carroza donde estaba el novio. La napolitana escribió a su cuñado, el archiduque Fernando: «Bajo del coche y veo al príncipe. Creí desmayarme; en el retrato parecía más bien feo que guapo; pues bien, comparado con el original, es un Adonis»[155]. No hubo flechazo, pues. En otra ocasión relató: «El Príncipe está siempre encima de mí, no hace nada, ni lee, ni escribe, ni piensa»[156]. También le confesó a

155   La Parra, E. (2018). *Fernando VII. Un rey deseado y detestado*, p. 77. Tusquets.
156   La Parra, E. (2018). *Fernando VII. Un rey deseado y detestado*, p. 78. Tusquets.

su madre los «problemillas» sexuales de su marido. Según la reina de Nápoles, citando las confesiones de su hija, el matrimonio no se consumó hasta septiembre de 1803, es decir, casi un año después de la boda. Sabemos por qué.

La reina María Luisa y Godoy se dieron cuenta de la influencia de María Antonia en su esposo y, por extensión, la de su madre (la reina de Nápoles). Por ello, se preocuparon de controlar todos los movimientos de la princesa, que llegó a calificar la corte de «jaula». Napoléon también se dio cuenta de que Nápoles era un reino enemigo de Francia y ordenó su ocupación, la expulsión de los Borbones y el nombramiento de su hermano José como rey de Nápoles. Acto seguido, el embajador de Nápoles en España fue expulsado. Mientras, la princesa, sufría dos abortos. En relación con el primero, la reina María Luisa le relató lo sucedido a Godoy en esta carta recogida por José María Zavala:

> Esta tarde he presenciado el mal parto de mi nuera con algunos dolores y poca sangre pues toda ella no equivale a la mía mensual de un día: la bolsita muy chica y el feto más chico que un grano de anís chico y el cordón es como una hilacha de limón o abridero de esos filatosos con decirte que el Rey ha tenido que ponerse anteojos para poderlo ver[157].

Siempre tan elegante (a la par que sensible) María Luisa…

El 21 de mayo de 1806 la princesa murió de tuberculosis. Tenía veintiún años. Y surgieron los rumores de envenenamiento. ¿Quién podía maquinar tal magnicidio? Dos eran los sospechosos: la reina María Luisa y Godoy. ¿Quiénes si no?

En esta campaña de desprestigio participó activamente Fernando. Una de las acciones propagandísticas más llamativas consistió en el encargo de la elaboración de estampas (dos series de treinta dibujos cada una) para ridiculizar a sus «dos enemigos» presentados como amantes con versos y alusiones tan explícitas como «Sé cauta si no puedes ser casta» o, en relación con Manuel Godoy, «Que a España e Indias gobierna, por debajo de la pierna». Además, utili-

---

157   Zavala, J. (2020). *La maldición de los Borbones. De la locura de Felipe V a la encrucijada de Felipe VI*, p. 30. Penguin Random House.

zaban motes para burlarse de Godoy, a quien se referían como el Choricero, Príncipe de la Pasa, Duque de la Alcuza o Caballero de la Ordinariez. Destaca también Seguidillas del Ajipedobes («sebo de pija» leído al revés, en referencia a María Luisa).

Godoy interceptó las planchas y saboteó la campaña, pero se llegaron a distribuir copias manuales en círculos aristocráticos. En diciembre de 1806 Fernando repartió treinta láminas como regalo de Nochebuena a personalidades como los marqueses de Miraflores y Belebeite, los duques de Sotomayor, Cerbellón, Medina de Rioseco y la Yarsa y las duquesas de Alba, de los Llanos y de Lerma. Estos primeros destinatarios lo difundieron a través de su personal de servicio, que los repartieron por tabernas. Cinco criados de la máxima confianza del príncipe fueron imputados y condenados al destierro.

El rey permaneció diez años viudo en este ambiente de tensión e intrigas. En 1816 se casó con su sobrina, la portuguesa Isabel de Braganza, hija del rey Juan VI y de la infanta española Carlota Joaquina, la hija mayor de Carlos IV; al tiempo que su hermano Carlos María Isidro se casaba con la hermana de esta, María Francisca y, al quedarse viudo, con la tercera de las hermanas, la princesa de Beira. Ya lo hemos visto. Carlota Joaquina, madre de las portuguesas, fue quien movió los hilos. Así describía a sus hijas por carta a su hermano en 1814:

> La primera (María Teresa) cuenta veintiún años, es viuda con un niño y está enferma del pecho. La segunda (María Isabel) de diecisiete es gorda y blanca, pero hace cuatro años que tiene accidentes epilécticos muy fuertes y algo de obstrucción en el hígado. La tercera (María Francisca), de catorce años, esta sana y fuerte, es alta y muy bien hecha, no es fea y muy viva, con talento y mucha habilidad, es morena, con buenos ojos y picada de viruelas, pero sin defecto, dócil, sencilla y sin dobleces. Elige a la que quieras[158].

Fernando eligió a la segunda y Carlos a la tercera.

Las cartas de «amor» entre los novios no tienen desperdicio. Fernando se dirige a Isabel como «María Isabel de mis entrañas» o «querida pichoncita» y se despide como «tu tierno y amante esposo» o

---

158   La Parra, E. (2018). *Fernando VII. Un rey deseado y detestado*, pp. 329-330. Tusquets.

«tu enamorado». Ella, por su parte, le responde con «Fernandito de mi alma» o «tu esposa muy fiel y obligada». Incluso, la portuguesa llega a decirle, tras recibir un retrato del español en miniatura: «Hasta tu persona pintada la amo más que a mí». Me pregunto qué necesidad de tanta cursilada. A sus siguientes esposas también se dirigiría en los mismos términos. En otra ocasión, Fernando le advierte: «Te quiero decir que tengo el vicio de fumar y que tendrás la incomodidad de aguantarlo, pues si yo lo dejara podría hacerme daño» y ella le contestó que en el caso de que le incomodara tampoco se lo diría «pues tú no debes aguantar mis impertinencias y yo las tuyas siempre»[159]. Pues todo claro.

Con motivo de la boda entre Fernando e Isabel, algún gracioso colocó un cartel a las afueras del Palacio Real con el texto «Fea, pobre y portuguesa. Chúpate esa»[160]. Claro, como Fernando era tan atractivo… (nótese la ironía). Lo que sí es cierto es que la nueva reina llegó sin dote.

Isabel quedó embarazada, pero la niña murió antes de cumplir cinco meses. Durante este tiempo acostumbraba a llevarla en brazos ella misma; de hecho, en contra de la costumbre, le dio el pecho. Falleció en un segundo parto, a finales de 1818, víctima de una eclampsia, enfermedad que se caracteriza por convulsiones seguidas de un estado de coma. Se le práctico una cesárea de urgencia, pero tampoco fue posible salvar la vida de la segunda niña.

Y es que el destino de la portuguesa no era ser madre del futuro rey (o reina) de España, sino legarnos a todos los españoles el Real Museo de Pinturas, hoy Museo del Prado. En 1818, Isabel se encargó personalmente de promover las obras de restauración del palacio del Prado para albergar las principales obras pictóricas de nuestro patrimonio con el fin de que pudieran ser oportunamente conservadas y destinadas al estudio. El museo se inauguró el 19 de noviembre de 1819, casi un año después de la muerte de la reina, por lo que ella no pudo ver el resultado de su proyecto soñado.

La tercera esposa de Fernando fue María Josefa Amalia de Sajonia (Pepita para su marido), una adolescente prima segunda y sobrina segunda del monarca, con la que este se casó en 1819. Criatura...

159   La Parra, E. (2018). *Fernando VII. Un rey deseado y detestado*, pp. 336-337 Tusquets.
160   La Parra, E. (2018). *Fernando VII. Un rey deseado y detestado*, p. 340. Tusquets.

La princesa había nacido en Dresde en 1803 y tenía en el momento de la boda quince años. Había quedado huérfana de madre a los pocos meses de su nacimiento y su padre, Maximiliano de Sajonia, la envió a un monasterio del que era abadesa su tutora María Cunegunda, hermana de la emperatriz de Austria, María Teresa, y tía abuela de la niña.

María Josefa llegó a España en octubre de 1819. El matrimonio se celebró en Madrid el día 21 de ese mismo mes y esa noche Fernando, como es lógico, quiso intimar con su esposa. Gracias a la carta que el escritor francés Prosper Mérimée remitió a su amigo Stendhal conocemos la particular noche de bodas de los recién casados, aunque es importante matizar que puede haber exagerado en muchos detalles. Hay quien apunta a que pudiera haber sido María Francisca, esposa del infante Carlos María Isidro, la responsable de la difusión de esta historia para perjudicar a su cuñado. Sea como fuere y con las precauciones oportunas, conozcamos esta versión.

Dado que era habitual que muchos matrimonios se acordasen entre niños y adolescentes, era costumbre que otra dama de la corte ya casada instruyera a la novia justo antes de comenzar la noche de bodas. Para que la sorpresa no acabara siendo un susto. Ni la hermana de la anterior esposa del rey, ni la camarera mayor quisieron realizar esta tarea de instruir a la joven María Josefa. Parece que nadie sabía cómo advertir a la joven reina de lo que se iba a encontrar. Recordemos, por favor, la malformación del rey y el sufrimiento de sus anteriores esposas. Así que la recién casada se llevó la sorpresa en la recámara.

A su inocencia se añadía el hecho de que el matrimonio no podía apenas comunicarse porque ella hablaba alemán y él español. Al ver a la joven asustada y gritando, Fernando llamó a María Teresa y a la camarera mayor para que ejercieran la tarea de instruirla. Tras la charla, se produjo la consumación, pero el temor y los nervios de la ya reina eran tales que, durante el encuentro, no pudo evitar defecar sobre él. Descompuestita estaba.

Cuentan que, a lo largo de su matrimonio, María Josefa se negaba a intimar con su esposo, convencida de que era algo pecaminoso. Fernando culpaba a su confesor. Tanto que cuando ella falleció, el rey decretó prisión para él. Ni su médico personal, ni los capellanes, ni los religiosos de la corte la hicieron cambiar de idea y no hubo más remedio que comunicar al papa la situación, bien para que la hiciera entrar en razón, bien para que dispusiera anular el matrimonio. Finalmente, la reina accedió a consentir nuevos encuentros sexuales con su marido. Sin embargo, le pedía a Fernando, cada noche, que rezaran juntos el rosario antes de iniciar cualquier acercamiento. Eso dicen. Y yo no sé si creerlo...

Pese a ello, los hijos no llegaban. Fernando VII llevó a la reina en varias ocasiones a tomar las aguas de Sacedón y de Solán de Cabras, recomendadas por los médicos de la época para favorecer la fertilidad. Pero no hubo suerte.

En abril de 1829, encontrándose los reyes en Aranjuez, la joven enfermó. Conocemos la evolución de esta enfermedad gracias a las cartas que Fernando escribió a su secretario privado, Juan Manuel Grijalva. En un primer momento, parecía tratarse de un simple resfriado. Pero el estado de la reina fue empeorando y el doctor Castelló, médico de la corte, mandó consultar a otros tres colegas ante la sospecha de que sufriera una pulmonía. De nada sirvió. La reina falleció el 18 de mayo de 1829, con tan solo veinticinco años. Sus restos, al no haber dado hijos a la Corona, reposan en el Panteón de Infantes del monasterio de San Lorenzo de El Escorial, al igual que los de las dos primeras esposas del rey. Fernando VII se encontró una vez más viudo y sin descendencia. Y se casó de nuevo.

La «afortunada» fue María Cristina de Borbón-Dos Sicilias, otra sobrina, hija de su hermana María Isabel y hermana también de Luisa Carlota, la esposa de Francisco de Paula, el hermano pequeño de Fernando. Si al lector le parece un lío, imagine a Carlos IV, que se le casaban sus nietas con sus hijos, por lo que sus nietos eran también bisnietos. María Cristina entró en la capital el 11 de diciembre de 1829 luciendo un traje azul celeste, tono que empezó a conocerse como «azul Cristina».

Para este nuevo enlace ya estaba listo el «invento» de la almohada que comentábamos al principio del capítulo. La reina quedó embarazada a los pocos meses de la boda de la futura Isabel II. Poco después, nacería la infanta Luisa Fernanda. Fernando murió a los tres años de la boda, sin ningún heredero varón. El conflicto estaba servido.

EL PROTOCOLO DE LA PENA DE MUERTE: GARROTE NOBLE VS. GARROTE VIL

> Deseando conciliar el último e inevitable rigor de la justicia con la humanidad y la decencia en la ejecución de la pena capital y que el suplicio en que los reos expían sus delitos no les irrogue infamia cuando por ellos no la mereciesen, he querido señalar con este beneficio la grata memoria del feliz cumpleaños de la Reina mi muy amada esposa y vengo a abolir para siempre en todos mis dominios la pena de muerte por horca; mandando que en adelante se ejecute en garrote ordinario la que se imponga a personas de estado llano; en garrote vil la que castigue delitos infamantes sin distinción de clase; y que subsista, según las leyes vigentes, el garrote noble para los que correspondan a la de hijosdalgo[161].

Con estas palabras, felicitó Fernando VII a su esposa María Cristina por su cumpleaños, dedicándole la «humanización» de la pena de muerte como regalo. Desde luego, un obsequio original era. La real cédula que sustituía la horca por el garrote vil se firmó el 28 de abril de 1832.

El garrote como pena de muerte estuvo vigente en España desde esta fecha hasta 1978, año en el que se aprobó nuestra Constitución actual.

Se trataba de una herramienta de fácil construcción formada por una cuerda atada a un palo o argolla de hierro que terminaba con la vida de los condenados mediante la dislocación de la columna cervical. La muerte era, teóricamente, instantánea. Aunque en la mayoría de los casos se acababan produciendo lesiones en la laringe y la víctima acababa falleciendo por estrangulamiento. Todo dependía de la fuerza (o de la maña) con la que el verdugo girara el tornillo. El condenado podía estar sentado o de pie, pero siempre atado a un poste.

El garrote ya había sido usado por la Inquisición como forma de tortura o de ejecución antes de quemar en la hoguera al condenado.

Eso sí, aunque el fin era el mismo, también había «clases» para morir: los condenados a garrote noble iban en caballo ensillado y con la cabeza descubierta; los sentenciados a garrote ordinario, en

---

161   Romero, E. (2014). *Garrote vil*, cap. 1. Nowtilus.

mula; y las víctimas de garrote vil, en burro, sentados del revés y con la cabeza cubierta.

El adjetivo «vil» tiene su origen en las leyes medievales. Mientras que la decapitación con espada estaba reservada a la nobleza; los villanos (habitantes de las villas) eran ajusticiados con un «garrotazo» (garrote).

Ejecución de un sicario en Barcelona de Gustave Doré.
[Biblioteca Rector Machado y Nuñez]

Felipe V, bisabuelo de Fernando VII, ya había aprobado en 1734 el garrote en lugar de la horca para los nobles porque «morir sentado resultaba más digno que hacerlo suspendido en el aire». Además de que el nuevo invento ocasionaba la muerte de forma instantánea, como comentábamos. De esta manera, horca y garrote convivieron en España a lo largo del siglo XVIII como las dos penas capitales principales.

José Bonaparte fue el primero en establecer por decreto su uso como forma de ajusticiamiento única en España en 1809 «para todo reo de muerte, sin distinción alguna de clase, estado, calidad, sexo ni delito»[162], en la misma línea que ya había hecho Francia al sustituir la horca por la guillotina. En este decreto también se fijaba la duración del reo en capilla en veinticuatro horas y se establecía que si tuviera algún carácter o distinción eclesiástica, civil o militar se consideraría directamente degradado.

El 8 de febrero de 1809 fue aprobado oficialmente por el rey el proyecto de «una nueva máquina de garrote que haga menos cruel la ejecución de la pena capital»[163]. El pago de su coste, 4000 reales, debía corresponder al municipio de Madrid, según indicaba en una minuta el ministro de Justicia el 4 de abril de 1810. Sin embargo, sabemos que en la práctica también siguió aplicándose la pena de horca.

Las Cortes de Cádiz adoptaron la misma medida por un decreto de 24 de enero de 1812:

> [...] atendiendo a que ya tienen sancionado en la constitución política de la monarquía que ninguna pena ha de ser trascendente a la familia del que la sufre; y queriendo al mismo tiempo que el suplicio de los delincuentes no ofrezca un espectáculo demasiado repugnante a la humanidad y al carácter generoso de la Nación Española, han venido en decretar, como por el presente decretan: Que desde ahora quede abolida la pena de horca, substituyéndose la de garrote para los reos que sean condenados a muerte[164].

---

162 Decreto de José I del 19 de octubre de 1809, artículos 1 y 2, Prontuario de Leyes y Decretos del Rey Nuestro Señor Don José Napoleón I, tomo I, segunda edición, pp. 415-416.

163 Puyol, J. M. (2010). «La pena de garrote durante la guerra de la Independencia: los decretos de José Bonaparte y de las Cortes de Cádiz», p. 577. *Cuadernos de Historia del Derecho* 2010. Vol. Extraordinario.

164 Arroyo, L. A., Nieto, A., Schabas, W. y García, B. (2014). «Pena de muerte. Una

Sin embargo, con el retorno de Fernando VII y tras el decreto del 4 de mayo de 1814, se volvió a la pena de muerte anterior al decreto de las Cortes de 1812. Oficialmente, se restablecía la pena de horca y el garrote quedaba como pena aplicable, en principio, si el reo correspondía a la clase de los hijosdalgo.

El establecimiento definitivo de la pena de garrote como única pena capital no tuvo lugar hasta el decreto de 1832 que comentábamos. Anteriormente solo estuvo vigente durante el Trienio Liberal, cuando se incluyó en el Código Penal de 1822.

Como decíamos, la decisión del rey de establecer el garrote y suprimir la horca se debió, fundamentalmente, al carácter inhumano de esta. Pero no quiso eliminar la consideración de la condición social del reo, estableciendo tres tipos de garrote: garrote ordinario para personas del estado llano; garrote vil para los delitos infamantes sin distinción de clase; y garrote noble para los hijosdalgo.

A partir de ese momento, el garrote sería la pena capital única en nuestro ordenamiento jurídico y seguiría estando complementada con el arcabuceamiento o fusilamiento en la jurisdicción militar. La pena del garrote se aplicó también en algunos territorios de América.

Con motivo de la aplicación de una sentencia de pena de muerte, se invitaba a los vecinos de la localidad correspondiente a presenciarla con la intención de que resultaran actos ejemplarizantes. El oficio del verdugo era por obra y servicio, es decir, eran contratados para cada ejecución. Puesto que era considerado deshonroso, habitualmente usaban capuchones para proteger su identidad.

El garrote fue utilizado por última vez el 2 de marzo de 1974 para la ejecución de Salvador Puig Antich, en Barcelona, condenado por el tiroteo de un policía durante un robo el año anterior y Heinz Chez, en Tarragona, por el asesinato de un teniente de la Guardia Civil.

Por un Real Decreto de 21 de diciembre de 1978 se modificó el Código de Justicia Militar, la Ley Penal y Procesal de la Navegación Aérea y la Ley Penal y Disciplinaria Mercante, sustituyendo la pena de muerte por la de treinta años de prisión, salvo en tiempos de guerra. Finalmente, por una Ley Orgánica de 27 de noviembre de 1995,

pena cruel e inhumana y no especialmente disuasoria», p. 224. Ediciones de la UCLM.

la pena de muerte quedó abolida en nuestra actual legislación en todos los casos, también en tiempos de guerra.

JOYAS PARA JURAR

Tras la muerte de Fernando VII, se instauró la ceremonia de jura de la Constitución y de las Cortes. Su hija, Isabel II, fue la primera en participar en este acto cuando fue proclamada mayor de edad en 1843.

Para representar a la monarquía y simbolizar su autoridad, se recurrió a tres elementos: una corona, un cetro (más bien, bastón de mando) y una cruz de plata. Estas mismas piezas han presidido las juras de los siguientes monarcas (a excepción del crucifijo, que no estuvo presente en la jura de nuestro rey actual): Alfonso XIII en 1902, Juan Carlos I en 1975 y Felipe VI en 2014. Subrayemos que el rey Juan Carlos juró ante las Cortes su proclamación como jefe del Estado, pero la Constitución vigente tardaría tres añitos más en ser aprobada.

Por circunstancias que desconocemos, estas joyas no estuvieron presentes en la jura de Alfonso XII, pero sí en la de su viuda, que juraría en calidad de regente. En este acto, las piezas se situaron a la izquierda del trono para subrayar protocolariamente que la reina María Cristina juraba en calidad de regente y no de titular.

La corona empleada para las juras había sido elaborada en 1775 por el platero de cámara de la real casa, Fernando Velasco, por orden de Carlos III. Aunque en una de las diademas figura la fecha de 1788, por lo que parece que fue modificada o restaurada. Sus grandes dimensiones (39 centímetros de alto, 18,5 centímetros de diámetro de aro y 40 centímetros de diámetro máximo) y su peso (aproximadamente 1 kilogramo) nos indican que fue confeccionada con carácter simbólico; es decir, ha estado presente en las ceremonias, pero nunca ha sido colocada sobre la cabeza de ningún monarca, sino expuesta sobre un cojín. De hecho, precisamente por ello, en España hablamos de ceremonia de proclamación y no de coronación.

La corona es de estilo neoclásico y está elaborada en plata fundida, cincelada y dorada con forro de terciopelo rojo. Consta de un aro decorado con ramos encadenados y los emblemas heráldicos de los reinos de Castilla, León, Granada, Parma y Tirol, además de la flor de lis de los Borbones, coronados por ramas de laurel, símbolo de abundancia. De ellos parten ocho imperiales con diseño de ramas entrelazadas y sobre ellos, la bola del mundo (poder terrenal) y una cruz (poder divino y emblema del catolicismo). Recordemos que el rey de España ostenta el título honorífico de rey católico. El valor de esta pieza es más bien histórico y simbólico, puesto que su valor monetario podría tasarse, según Rayón y Sampedro, en, apenas, unos 1200 euros[165].

Antes de la ceremonia de proclamación de Felipe VI, las dos últimas veces que había sido expuesta fue el 19 de enero de 1980 con motivo del traslado a España, desde Roma, de los restos de Alfonso XIII y el 24 de abril de 1985 con motivo del traslado de los restos de su esposa, Victoria Eugenia, para su entierro en El Escorial. En la ceremonia del funeral de Alfonso XIII, la corona real fue colocada sobre el féretro, dispuesto frente al altar de la iglesia del monasterio.

El cetro, fabricado a mediados del siglo XVII, acompaña a la corona tanto en la proclamación y jura del nuevo monarca como en las ceremonias fúnebres. Está realizado en plata, cristal de roca, esmalte y granates. Mide 68 centímetros de largo y está formado por un bastón con tres cañones de plata sobredorada recubiertos por filigrana vegetal y esmalte verde y azulado. Los cañones se juntan por cuatro anillos de granates y tiene un remate de una bola de cristal de roca tallada a rombos y perforada. Responde a los modelos de bastones que se utilizaban como elementos distintivos de la realeza y de la nobleza centroeuropea. De hecho, en el Museo de la Armería del Kremlin de Moscú se conserva un bastón prácticamente idéntico (cien milímetros más corto) al presente en Madrid.

El cetro figura en el inventario realizado en 1701 tras el fallecimiento de Carlos II, pero no aparece en ningún retrato oficial de los monarcas hasta el siglo XIX. En concreto, Isabel II posa con él en varios retratos oficiales ubicados en el Banco de España, en el Museo de Bellas Artes de Sevilla y en el Museo del Romanticismo de Madrid.

Hasta el 19 de junio de 2014, fecha de proclamación y jura del actual rey, la corona y el cetro se custodiaron en la sala blindada del

---

165   Rayón, F. y Sampedro, J. L. (2004). *Las joyas de las reinas de España*, p. 171. Planeta.

Palacio Real. Ese año se trasladaron para ser expuestos de forma permanente en la nueva Sala de la Corona, ubicada en la antigua Cámara de María Cristina del Palacio Real.

BOINAS Y MARGARITAS

El 29 de marzo de 1830 Fernando VII publicó la pragmática sanción por la cual dio respaldo legal al acuerdo de las Cortes de 1789 que derogaba la ley sálica introducida en España por Felipe V, su bisabuelo, en 1713, que impedía la subida al trono de una mujer mientras hubiera posibles herederos varones. Fernando restablecía así la antigua legislación castellana sobre sucesión según la cual, en el mismo grado y línea tenían precedencia los varones sobre las mujeres; pero estas tenían precedencia sobre varones de grado posterior. Así se rige también la Constitución de 1978.

El 18 de septiembre de 1832, en el palacio de La Granja, el rey derogó la pragmática, probablemente, por no estar en plenas condiciones debido a su grave estado de salud en aquel momento; pero el 31 de diciembre la restableció de nuevo y de forma definitiva. La reina María Cristina se sintió víctima de una traición en La Granja. Tanto que, tal y como recoge Emilio La Parra, escribió a su hermano, Fernando II de Nápoles, para pedirle la destitución del embajador Antonini alegando lo siguiente:

> Cuando vio que mi marido estaba muriéndose, me dijo que los jefes de la tropa eran favorables a Carlos, que se iba a derramar mucha sangre y quizá la de mis hijas, en lugar de decirme que sabía que muchos estaban prontos a defenderme, que los mismos jefes del Ejército le habían encargado decirme que no tenía nada que temer[166].

Por ello, Isabel II, su hija, pudo acceder al trono tras la muerte de su padre. Fernando VII, en su primer testamento, contemplaba que su hija pudiera casarse con alguno de los hijos de su hermano Carlos María Isidro o de su otro hermano, Francisco de Paula, para unir su

---

166   La Parra, E. (2018). *Fernando VII. Un rey deseado y detestado*, p. 589. Tusquets.

rama de la familia con los descendientes de alguno de sus hermanos varones. Y, por supuesto, si la nueva reina moría sin descendencia, la Corona pasaría a Carlos y a sus descendientes.

Como era de esperar, Carlos María Isidro, hermano de Fernando VII, no iba a conformarse con ser padre de un consorte o, en el mejor de los casos, padre de rey. Por eso, nunca aceptó la pragmática sanción, alegando que el monarca no convocó Cortes para tomar su decisión. De hecho, no asistió a la sesión del Consejo de Estado en la que se leyó la pragmática, ni tampoco aceptó hacer los correspondientes honores a la princesa de Asturias, Isabel, según estaba estipulado en el decreto del 13 de octubre de 1830.

Puesto que la tradición contemplaba que los primeros en prestar juramento al heredero o heredera a la Corona debían ser los miembros varones de la familia real, Carlos buscó una coartada para no acudir a la ceremonia de jura, que tendría lugar el 20 de junio de 1833 en la iglesia de los Jerónimos de Madrid. ¿Cuál fue su excusa? Pues acompañar a la princesa de Beira, su cuñada, a la corte de Portugal. Esta negativa rompió definitivamente las relaciones entre los dos hermanos. Fernando VII falleció el 29 de septiembre de 1833; por cierto, sin recibir el último sacramento, algo totalmente incoherente para un rey católico. Hay quien apunta que María Cristina tenía miedo de que el rey se quedara a solas con su confesor y se produjera una nueva retractación de la pragmática. Podría ser...

El caso es que Carlos no reconocería la legitimidad de su sobrina y lucharía por sus derechos dinásticos en las guerras civiles conocidas como carlistas, en honor a su nombre como pretendiente al trono.

La primera guerra carlista se decidió a favor de la causa isabelina (por Isabel II), pero provocó la expulsión de la regente María Cristina en 1840 y su sucesión en la figura del general Espartero hasta que se optó por adelantar la mayoría de edad de Isabel a los trece años. En 1843, Isabel II accedió al trono.

Por cierto, hablando de María Cristina. Los carlistas denominaron a los partidarios de la regente «cristinos» o *«guiristinos»*, término en euskera. El apócope «guiri» con el que ahora nos referimos en España a un turista, hacía referencia en el siglo XIX a los simpatizantes de este bando, aunque más tarde empezó a utilizarse para aludir a todos los liberales.

Los carlistas crearon toda una simbología para defender su causa. Bajo el lema «Dios, patria, rey», la bandera con el escudo real por un lado y la imagen de la Virgen de los Dolores bordada por la esposa de Carlos María Isidro, por el otro. Más adelante, a partir de la tercera guerra carlista, su bandera sería la rojigualda con el eslogan «Dios, patria, rey» o un bordado del Sagrado Corazón de Jesús. A finales del siglo XIX, también mostraron banderas con la flor de lis (símbolo de los Borbones) y desde 1935, la cruz de Borgoña (la de san Andrés) en rojo sobre fondo blanco.

El lema «Dios, patria, rey» refleja la defensa de una monarquía católica y tradicional y recuerda a la expresión «Trono y altar» utilizada por las fuerzas contrarrevolucionarias de la Restauración europea (Santa Alianza) de principios del siglo XIX. Más adelante, se reformularía en «Dios, patria, rey y jueces» y, por último, en «Dios, patria, fueros y rey» para mostrar la defensa carlista de los derechos históricos de las regiones vasca, navarra, aragonesa y catalana.

Además de su enseña o bandera, los carlistas también tenían himno. Durante los primeros años del siglo XX, la *Entrada de don Carlos* y a partir de 1930, la *Marcha de Oriamendi*. Asimismo, en sus actos era habitual escuchar la *Marcha real* (el himno de España), el *Himno a los mártires de la bandera tradicional* y el himno regional *Gernikako arbola*, en conmemoración de la victoria en la batalla que tuvo lugar en el monte homónimo durante la primera guerra carlista. Será por himnos.

La letra de la *Marcha de Oriamendi*, cuya letra original está escrita en euskera, comienza con el lema carlista antes citado: «Por Dios, por la patria y el rey». La leyenda cuenta que los carlistas, tras derrotar al ejército cristino, entraron en su campamento para robar armas y uniformes; y que allí encontraron también la partitura de una marcha militar compuesta por un músico inglés, sin letra. La tomaron prestada y escribieron:

Viva Dios queridísimo
tengámoslo todos por dueño.
Vivan España y la Vasconia
y el rey legítimo.
Amamos la Vasconia
Amamos sus viejos Fueros
A esta idea están orientadas

siempre las fuerzas carlistas,
¡Vida Dios inmortal!
¡Viva el vasco,
que tiene bien
el mismo rey de España!

Más adelante, la letra escrita por Ignacio Baleztena se convirtió en su versión más famosa:

Por Dios, por la patria y el rey
Carlistas con banderas
Por Dios, por la patria y el rey
Carlistas aurrerá.
Lucharemos todos juntos
todos juntos en unión
defendiendo la bandera
de la Santa Tradición.
Cueste lo que cueste
se ha de conseguir
Venga el rey de España
a la corte de Madrid
Por Dios, por la patria y el rey
lucharon nuestros padres.
Por Dios, por la patria y el rey
lucharemos nosotros también.

La *Marcha de Oriamendi* fue uno de los himnos de combate del Requeté durante la Guerra Civil; por lo que fue aprobado por Franco como canto nacional junto al *Cara al sol* falangista; además de la *Marcha real*, por supuesto. La nueva versión se adaptó cambiando los versos «Venga el rey de España a la corte de Madrid», por «Que los boinas rojas entren en Madrid».

Hablemos, pues, de boinas, el complemento más representativo de los carlistas. Se desconoce el origen exacto de la utilización de este accesorio, aunque se sabe que procede del antiguo reino de Navarra. De hecho, empezó a denominarse boina durante la Guerra Civil, ya que, hasta ese momento, su nombre había sido «chapela».

¿Por qué boinas? Por la sencilla razón de que resultaban más cómodas que el complemento militar tradicional, demasiado pesado e inestable en escenarios montañosos. Además, la boina protegía del frío, del agua y del sol. Era una prenda barata que podía fabricar el mismo soldado y permitía diferenciarse fácilmente del enemigo. Todo eran ventajas.

Pero no siempre fueron rojas. Por ejemplo, la infantería solía llevarlas en azul claro y los generales en blanco. Durante la tercera guerra carlista, este bando empleó boinas blancas y rojas, ya de fabricación industrial, siendo las rojas las más extendidas entre los batallones del norte. De ahí que fuera distintiva de las juventudes del Requeté.

El 18 de julio de 1909 murió el pretendiente «Carlos VII» y le sucedió su hijo Jaime. Y los carlistas pasaron a llamarse «jaimistas» (aunque también se utilizaron los términos «tradicionalistas» o «legitimistas»). Por lo visto, Jaime había mantenido conversaciones con Alfonso XIII en un intento de reunificar las dos ramas de los Borbones. La propuesta era que Jaime ocupara la jefatura de la casa de Borbón y don Juan, hijo de Alfonso XIII, heredara el trono de España. Pero Jaime murió en 1931 y le sucedió en la causa carlista su tío octogenario Alfonso Carlos, hermano de su padre. Finalmente, no se llegó a ningún acuerdo y los integristas retomaron su lucha como movimiento opuesto a la república, ya proclamada.

Años después, como decíamos, el Requeté se unió al levantamiento militar del 18 de julio de 1936 junto a las milicias falangistas y combatió en la Guerra Civil bajo el mando del general Mola.

En 1937, por el Decreto de Unificación, la Falange y la Comunión Tradicionalista se unieron en un único partido: Falange Española Tradicionalista de las JONS, posteriormente Movimiento Nacional.

En estos años de principios y mediados del siglo XX, el carlismo no paró de crecer y hasta se crearon secciones femeninas, conocidas como las «Margaritas». ¿Por qué este nombre? Pues en homenaje a Margarita de Borbón-Parma, esposa del pretendiente «Carlos VII». En su honor se creó la Asociación de Margaritas de Navarra, formada por mujeres, con la finalidad de realizar labores de asistencia en domicilios, instituciones benéficas y hospitales. Para ingresar, cada aspirante debía contar con el aval de dos socias y ser aceptada por la junta.

Se popularizó, incluso, una canción:

Mira, cuando vas al campo...
no pises las Margaritas
que es la flor más estimada
que tenemos los Carlistas.
Si vas al monte Oriamendi
no pises las Margaritas
que están regadas con sangre
de los Requetés Carlistas.
Qué guapa eres
que bien te está
la boina blanca
la colorá.

En febrero de 1936, cuando el levantamiento militar se veía venir, el Secretariado Nacional de Margaritas envió desde Madrid una circular a la delegación de Navarra en la que se ordenaba la organización de cursillos clandestinos de enfermería y primeros auxilios.

El diario carlista[167] definía así a una «margarita»: «No es soldado, porque es mujer, y por temperamento y por vocación no aspira a herir, sino a curar, no a disparar el fusil como una miliciana, sino a orar y a trabajar como una cristiana». Pues eso.

EL ESCORIAL CARLISTA

«*Carolus V, Hispaniarum Rex*», es decir, «Carlos V, rey de las Españas» en latín. Así reza una tumba en la catedral de Trieste, en Italia. Podría tratarse de Carlos I de España y V de Alemania, pero en el epígrafe indica bien clarito «Españas». Y si la numeración hiciera referencia al emperador, no diría «rey». Además, nuestro Carlos I está enterrado en el monasterio de San Lorenzo de El Escorial, tal y como dispuso su hijo Felipe II. Entonces, ¿quién es este Carlos V de las Españas?

Efectivamente, el primer pretendiente carlista. El infante Carlos María Isidro, hijo de Carlos IV y hermano de Fernando VII. Si se hubiera cumplido la ley sálica introducida en España por el primer

---

167   *La Lealtad Navarra: Diario Carlista* (1888-1897).

Borbón (Felipe V), Isabel II no hubiera sido reina por ser mujer y en su lugar hubiera reinado Carlos María, su tío, con el nombre de Carlos V. Aunque perdió en la primera guerra carlista ante los cristinos o isabelinos, siguió autoproclamándose rey de España y reivindicando sus derechos hasta su fallecimiento en la localidad italiana de Trieste, donde está enterrado.

En el siglo XVIII Trieste pasó a formar parte del imperio de los Habsburgo, dinastía que le concedió el estatus de puerto libre hasta que en el XIX fue ocupado por las tropas napoleónicas. Tras caer Napoléon Bonaparte, el Imperio austrohúngaro recuperó su posesión, pero volvió a perderla en la Primera Guerra Mundial.

En la basílica catedral de San Giusto Martire se ubica el panteón de esa rama de la familia. En un mausoleo de la capilla de San Carlos Borromeo, compuesto por tumbas de losas negras con letras doradas, descansan los restos de Carlos; los de su primera esposa, María Francisca de Portugal y los de la segunda, María Teresa de Braganza (princesa de Beira, la «aspirante a reina» de quien ya hemos hablado); su hijo, el conde de Montemolín, y la mujer de este, la princesa María Carolina de Borbón-Dos Sicilias; el otro hijo, Juan Carlos, conde de Montizón, autodenominado Juan III; Fernando, el tercer hermano; y el nieto, a quien denominan Carlos VII. El resto de familiares fueron inhumados en el cementerio local de Santa Ana, que la princesa de Beira había comprado en 1868. Por ello, popularmente se conoce a este lugar como «El Escorial carlista», por su carácter funerario dinástico, no por su valor monumental, incomparable a El Escorial «de verdad».

Carlos María Isidro, segundo hijo de Carlos IV y María Luisa, nació en Aranjuez en 1788. Pasó en Francia los seis años que duró la guerra de la Independencia. Tras ella, el Tratado de Valençay permitió al primogénito Fernando regresar a España para ocupar el trono y Carlos lo acompañó, mientras sus progenitores, Carlos IV y María Luisa de Parma, se establecían definitivamente en Roma.

En 1816, se acordó la boda de Fernando VII con su sobrina Isabel de Braganza, hija del rey Juan VI de Portugal; un enlace estratégico que tenía como objetivo contar con Brasil como base para controlar los territorios americanos. En paralelo, la hermana menor de la novia, María Francisca, se casó con Carlos. Mientras que Isabel murió sin dejar descendencia, sus cuñados tendrían varios hijos en los años siguientes a la boda.

Al problema sucesorio se añadió otro en 1820: el golpe del general Riego, que estableció un gobierno liberal y restableció la Constitución de 1812. La Santa Alianza, coalición de Prusia, Austria y Rusia que propugnaba una Europa conservadora, atendió los ruegos de Fernando VII y así Francia, siguiendo lo acordado en el Congreso de Verona, y tras un ultimátum al Gobierno español, envió un ejército de intervención conocido como los Cien Mil Hijos de San Luis (en alusión al rey francés Luis XVIII). De esta forma, en 1823 Fernando volvía a ser rey absoluto. Los aliados europeos exigieron que la Inquisición no fuera restaurada, pero Fernando permitió que se organizaran unas Juntas de Fe.

El absolutismo radical buscó liderazgo en Carlos, lo que llevó a Fernando a desconfiar de su hermano. En 1824 fundó una milicia absolutista bautizada como Los Voluntarios Realistas, destinada a combatir tanto a liberales como a integristas. En 1826, el sector más extremista hizo público un manifiesto pidiendo la sustitución del monarca. Al año siguiente se alzaron en Cataluña los llamados Soldados de la Fe y la sociedad secreta El Ángel Exterminador, en lo que se conoce como guerra de los Agraviats o guera de los Malcontents, cuyo lema era «Religión, rey e Inquisición».

Como sabemos, el rey se casó por cuarta vez con otra sobrina, María Cristina de Nápoles, y por fin nació una heredera, Isabel. Carlos María Isidro se opuso a que la niña fuera la heredera al trono alegando la vigencia de la ley sálica. Y llevaba razón porque, aunque Carlos IV había redactado una pragmática sanción para derogarla, nunca llegó a sancionarla, tal vez para evitar convocar Cortes en un contexto convulso.

Por ello, Carlos se negó a asistir a la proclamación de su sobrina Isabel. Fernando falleció el 29 de septiembre de 1833 y tres días después de su entierro se hizo público un manifiesto de Carlos reclamando la Corona. En Navarra convocó a sus partidarios iniciando la primera guerra carlista. Su fuerza se situó fundamentalmente en el mundo rural, mientras que la mayoría de las ciudades permanecieron fieles a María Cristina.

La balanza se fue inclinando del lado liberal (o cristino) y los carlistas se dividieron entre los llamados «brutos» (partidarios de seguir hasta el final) y los «transaccionistas» (que abogaban por pactar la paz). Se impusieron los segundos. Decepcionado, Carlos emprendió el camino del exilio hacia la localidad francesa de Bourges. Otros veintiocho mil carlistas se fueron a Inglaterra.

Después, el primer carlista se trasladó a Turín, donde vivían sus hijos pequeños. En 1845 «abdicó» en el mayor y desde entonces se hizo llamar «conde de Molina», aunque sin renunciar a ser considerado Carlos V. De hecho, mantenía una corte que estableció en Venecia hasta que la guerra de independencia italiana, en 1848, le obligó a buscar un sitio más seguro recurriendo a la ayuda de los Habsburgo y a su familia política. Fue entonces cuando María Carolina de Nápoles, duquesa de Berry, les cedió la planta de un edificio en Trieste. Carlos murió en 1855. Su segunda esposa, la princesa de Beira, diecinueve años después.

EL HIMNO REPUBLICANO QUE ERA MONÁRQUICO

Tanto la Primera República (1873) como la Segunda (1931) emplearon un himno distintivo en contraposición al himno nacional o Marcha Granadera. Se trata del conocido como *Himno de Riego*. Sin embargo, su origen no tenía ninguna connotación republicana o antimonárquica. Más bien al contrario.

El 7 de abril de 1822, durante el conocido como Trienio Liberal, Fernando VII firmó un decreto por el que reconocía el *Himno de Riego* como himno oficial de la monarquía constitucional española. El primer artículo de dicho decreto, publicado en la *Gaceta de Madrid* el 14 de abril (qué casualidad), rezaba lo siguiente: «Se tendrá por marcha nacional de ordenanza la música militar del himno de Riego que entonaba la columna volante del ejército de San Fernando mandada por este caudillo».

Efectivamente, Riego fue un general liberal que se alzó contra el absolutismo el 1 de enero de 1820 en la localidad sevillana de Las Cabezas de San Juan con el objetivo de instaurar un nuevo régimen monárquico constitucional fundamentado en la Constitución de 1812, «La Pepa».

La letra oficial de este himno era la siguiente:

Soldados, la patria
nos llama a la lid,
juremos por ella
vencer o prefiero morir.
Serenos, alegres,
valientes, osados,
cantemos, soldados
el himno a la lid.
Y a nuestros acentos
el orbe se admite
y en nosotros mire
los hijos del Cid
Soldados, la patria,
nos llama a la lid.
Juremos por ella,
vencer, vencer o morir.
Blandamos el hierro
que el tímido esclavo
del fuerte, del bravo
la faz no osa a ver;
sus huestes cual humo
veréis disipadas,
y a nuestras espadas
fugaces correr.
Soldados, la patria [...]
El mundo vio nunca
más noble osadía
ni vio nunca un día
más grande en valor,
que aquel que inflamados
nos vimos del fuego
que excitara en Riego
de Patria el amor
Soldados, la patria [...]
Su voz fue seguida,
su voz fue escuchada,
tuvimos en nada
soldados morir
y osados quisimos
romper la cadena
que de afrenta llena
del bravo el vivir

Soldados, la patria [...]
Rompímosla, amigos,
que el vil que la lleva
insano se atreva
su frente mostrar.
Nosotros ya libres
en hombres tornados
sabremos, soldados
su audacia humillar.
Soldados, la patria [...]
Al arma ya tocan,
las armas tan solo
el crimen, el dolo
sabrán abatir.
Que tiemblen, que tiemblen,
que tiemble el malvado
al ver del soldado
la lanza esgrimir.
Soldados, la patria [...]
La trompa guerrera
sus ecos da al viento
horror al sediento
ya ruge el cañón
y a Marte sañudo
la audacia provoca
y el genio invoca
de nuestra nación.
Soldados, la patria [...]
Se muestran, volemos
volemos, soldados
¿los veis aterrados
su frente bajar?
Volemos, que el libre
por siempre ha sabido
del siervo vendido
la audacia humillar».
Soldados, la patria [...].

El himno fue prohibido durante la Década Ominosa y posteriormente fue restituido durante el reinado de Isabel II. Como anécdota,
fue el profesor de piano de esta reina, el músico Pedro Albéniz, quien

realizó una de las versiones del himno más reconocidas. De hecho, la propia Isabel II llegó a cantarlo y a interpretarlo al piano. Durante esta época, el himno se convirtió en un símbolo liberal. Más adelante fue de nuevo prohibido y restaurado con la Primera República.

Si bien asociamos este himno a los periodos republicanos, nunca fue oficialmente reconocido ni en la Primera ni en la Segunda República. Incluso los intelectuales de la época, como el escritor Pío Baroja, llegaron a decir que lo consideraban demasiado callejero e impropio.

El *Himno de Riego* fue finalmente prohibido durante el franquismo y ya nunca volvió a emplearse en España, salvo por nostálgicos, en ocasiones mal documentados.

De la primera María Cristina a la Primera República

LA REINA QUE TUVO QUE RENUNCIAR A LA CUSTODIA DE SUS HIJAS

Veinticinco días después del fallecimiento de Fernando VII, el 24 de octubre de 1833, se suspendió el luto para proclamar oficialmente a la nueva reina de España, su hija Isabel II. Puesto que la soberana tenía tan solo tres años, su madre, María Cristina de Borbón-Dos Sicilias, ejerció la función de reina gobernadora hasta su mayoría de edad.

Meses después de enviudar, el 28 de diciembre de 1833, María Cristina se casó en secreto con Agustín Fernando Muñoz, guardia de corps. Parece ser que la reina había conocido al suboficial unos diez días antes del enlace, cuando este desempeñaba la tarea de escolta en uno de sus viajes a La Granja. Durante el trayecto, María Cristina tuvo una hemorragia nasal y Muñoz, atento, le prestó su pañuelo. Al devolvérselo, este lo acercó a sus labios. Y eso a ella, según dicen, la enamoró. Para gustos... El sacerdote Marcos Aniano González, amigo del novio, fue el encargado de oficiar este enlace secreto gracias al cual ascendió a capellán de palacio y a confesor personal de la reina gobernadora.

Fruto de este matrimonio nacieron ocho hijos. ¿Por qué se casó en secreto? Pues para evitar un escándalo público, porque la nueva pareja de la reina no pertenecía a su mismo rango social. Es decir, se trataba de un matrimonio morganático que la inhabilitaba para gobernar en nombre de su hija. Y, además, acababa de enviudar. No era de recibo.

La boda secreta no pudo evitar los rumores ni las habladurías. En 1840 se «destapó» el asunto gracias a un texto titulado *Casamiento de doña María Cristina con don Fernando Muñoz*[168] firmado por el exdiputado progresista Fermín Caballero y Morgáez. A partir de aquí, Muñoz recibió el apodo popular de Fernando VIII por su presunta participación en los asuntos políticos y de Estado. Desde luego, el pueblo no daba puntada sin hilo.

María Cristina de Borbón-Dos Sicilias.

168   García, J. C. (2015). *Montpensier. Biografía de una obsesión. La vida de Antonio de Orleans, el hombre que quiso ser rey*, p. 51. Almuzara.

Mientras la relación no podía hacerse pública, los niños del matrimonio eran entregados de forma secreta a una nodriza y llevados a París al cuidado de personas de confianza de la reina. Esta los visitaba bajo el seudónimo de Condesa de la Isabela. Cuatro de los ocho hijos de la pareja nacieron durante la regencia, en clandestinidad. ¿Cómo ocultaba los embarazos? Pues con vestidos anchos. La moda de la época facilitaba las cosas.

El 12 de octubre de 1840, a las ocho de la tarde, en el salón principal del palacio de Cervelló, en Valencia, María Cristina leía un discurso en el que renunciaba a la guarda y custodia de las dos hijas que había tenido con su primer marido, el rey Fernando VII: la futura reina Isabel II y la infanta Luisa Fernanda. Ambas quedaban a partir de entonces bajo la custodia del Gobierno de España.

Cinco días después, María Cristina se despidió de las niñas para embarcar con su segundo esposo y sus hijos en común en el barco Mercurio, rumbo a Marsella para instalarse en París, en el antiguo palacio de la Malmaison que había pertenecido a Josefina Bonaparte, esposa de Napoleón. El matrimonio visitó al papa Gregorio XVI para que bendijese su unión secreta, que, obviamente, ya había dejado de serlo.

Se trataba de una ruptura familiar sin precedentes en la historia de la monarquía española. Veamos cómo se fueron desencadenando los hechos.

¿Acaso era necesario este exilio? Para los progresistas sí. La reina era un obstáculo para el general Espartero. Recordemos que en el norte de España todavía quedaban focos carlistas y el Gobierno veía necesario que el matrimonio se alejara del país para calmar el ambiente. De hecho, la reina «casada en secreto y embarazada en público» había popularizado entre los soldados carlistas unos conocidos versos que irónicamente aludían a la hipocresía de la familia real:

Clamaban los liberales
que la reina no paría
y ha parido más «muñoces»
que liberales había.

La «guasa» llegó incluso a Cuba, donde los exiliados españoles hicieron popular una melodía conocida por todos. Aunque lo cierto es que no está claro si la cantaban los liberales para burlarse de los carlistas o a la inversa o la cantaban todos para reírse del segundo marido de la reina:

María Cristina me quiere gobernar,
y yo le sigo, le sigo la corriente
porque no quiero que diga la gente
que María Cristina me quiere gobernar.

En este contexto, el exilio de la reina se empezó a planificar en el verano de ese mismo año de 1840. El duque de Morella, general en jefe del ejército, forzó un cambio en la situación política al dimitir de su cargo. Su decisión no fue aceptada por María Cristina, quien, al no contar con influencia sobre las tropas, desde el palacio de Cervello en Valencia, solicitó ayuda al general Espartero. Este, desde Barcelona, respondió negándose a asumir dicha responsabilidad y se trasladó a Madrid para reunirse con los amotinados. Ellos le expresaron su deseo de que diera un golpe institucional asumiendo la regencia y suprimiendo el Senado, cámara dominada por los liberales moderados.

El general se presentó en Valencia el 9 de octubre para negociar con la reina y proponerle una lista de los ministros que deseaba nombrar para el gobierno que iba a presidir. María Cristina no tuvo más remedio que aprobar su propuesta. Pero, además, el general le planteó una nueva exigencia: la renuncia a la regencia y a la custodia de sus hijas en favor del presidente del Consejo de Ministros (vamos, de él mismo). Tres días después la regente pronunciaba en el palacio de Cervellón el histórico discurso de renuncia que mencionábamos, dejando a sus hijas a cargo de Espartero.

En los meses siguientes se celebraron elecciones y todos los miembros de las Cortes elegidos (excepto tres) pertenecían al mismo partido, al de los liberales progresistas de Espartero. Una mayoría electoral sospechosamente abrumadora. El 10 de mayo de 1841 Espartero juró el cargo de presidente del Consejo de Ministros.

Sin embargo, la ya exreina insistió en que los nombramientos del personal que debía permanecer junto a sus hijas era una cuestión doméstica, no de Estado, y que, por tanto, ella, como madre, debía ser la encargada de designarlos. María Cristina cedió en el nombramiento de Manuel José Quintana como ayo instructor. A cambio, consiguió que se mantuvieran en sus cargos el conde de Santa

Coloma como mayordomo mayor, el duque de Híjar como sumiller de corps, el marqués de Malpica como caballerizo mayor y Joaquina Téllez-Girón, marquesa de Santa Cruz, como aya y camarera mayor.

María Cristina, a través de correspondencia constante con sus hijas y con Joaquina, conseguía supervisar todo lo acontecido en palacio y mantener su autoridad (al menos en lo que respectaba a las niñas). Es decir, su objetivo era evitar que se inculcase a Isabel y a Luisa Fernanda un ideario liberal. Por ello, ordenó que la marquesa de Santa Cruz fuera la única que tuviera acceso a estas cartas y que las niñas las escribieran personalmente.

Isabel y Luisa Fernanda debían escribir una carta semanal a su madre dándole cuenta de todas sus actividades. Isabel Burdiel, en su biografía sobre Isabel II, recopila este texto escrito por María Cristina para su primogénita:

> Espero que siempre me escribas todo, todo lo que haces y lo que quieras pues sabes que con tu Mamá no debes tener ninguna reserva ni flaqueza pues ninguna persona puede ser más amiga que ella [...]. Dirás esto a la hermanita[169].

Además, la exreina dio instrucciones claras de que las niñas no fueran vistas en público con Espartero; pero no era tarea fácil para la marquesa de Santa Cruz. Esta le relata a María Cristina que no fue capaz de evitar que Isabel saludara al lado del nuevo regente desde un balcón de palacio cuando Espartero fue a visitarla tras ser confirmado en su cargo por las Cortes: «Aunque hice varias reflexiones sobre el calor y el sol que haría en el balcón, vi que no había modo de evitarlo»[170].

En realidad, los nombramientos del personal de servicio de las niñas no era una cuestión doméstica, sino política. El Gobierno afirmó que María Cristina, al no aceptar someterse a la voluntad de la nación, había desamparado a sus hijas y el Ejecutivo se veía obligado a velar por ellas, puesto que ambas (una en calidad de reina y otra en calidad de sucesora de la hermana) pertenecían al pueblo.

---

169   Burdiel, I. (2010). *Isabel II. Una biografía (1830-1904)*, pp. 87-88. Penguin Random House.
170   Burdiel, I. (2010). *Isabel II. Una biografía (1830-1904)*, p. 89. Penguin Random House.

Por ello, se optó finalmente por designar a Agustín Argüelles como tutor de la reina y a Juana de la Vega, condesa de Espoz y Mina, como aya, para que proporcionasen a Isabel una educación liberal como la primera «reina constitucional» española que era.

Por su parte, la marquesa de Santa Cruz, que todavía conservaba su cargo de camarera mayor, manifestó su deseo de abandonar palacio tras la llegada de Juana. Pero María Cristina le pidió que continuara en su puesto: «Ahora más que nunca necesito de tu vigilancia [...]. Ten por Dios con ellas (mis hijas) el cuidado más exquisito y alimenta en su corazón continuamente el amor que deben a su Madre». La marquesa respondió:

> Yo ahora de nada puedo servir a las augustas Hijas de Vuestra Majestad [...] Las Señoras mismas me preguntarían por qué no voy a su cuarto y al paseo y podrían afligirse y esto, aun a costa de mi vida, quiero evitarlo [...] Recibir orden de otro que de Vuestra Majestad me es intolerable[171].

María Cristina volvió a responder a Joaquina:

> Arrancadas (mis hijas) de la persona en quien tenía puesta toda mi confianza [...] esto atormenta mi corazón de una manera inexplicable [...] Conozco que has tenido sobrados motivos para renunciar al cargo de Camarera Mayor; yo tal vez en tu caso habría hecho lo mismo, pero sin embargo ponte en mi lugar. [...] ¡Cuánto te hubiera agradecido este último sacrificio![172].

A la marquesa de Santa Cruz le siguieron en su decisión de renuncia el resto de las antiguas damas de palacio. Y esto ya sí que María Cristina no lo toleró:

> ¡Con que el encontrarse algo lastimada en su amor propio es un motivo suficiente para abandonar a su Reyna y a una Reyna Niña

---

171 Burdiel, I. (2010). *Isabel II. Una biografía (1830-1904)*, pp. 92-93. Penguin Random House.
172 Burdiel, I. (2010). *Isabel II. Una biografía (1830-1904)*, pp. 93-94. Penguin Random House.

que ningún desaire puede hacerles y más hallándose en circunstancias tan delicadas y extraordinarias como las presentes![173].

Echando un poquito más de leña al fuego, Juana, la nueva aya, llegó a manifestar que Isabel le había dicho que la quería «más que a la otra» y que ni una sola vez vio a las niñas tristes con la idea de no volver a ver a su madre. La exreina había perdido el control sobre sus hijas. Aun así, cada viernes, las niñas recibían carta de París y ese mismo día respondían a su madre. Pero la relación era cada vez más fría y había que tomar riendas en el asunto.

En octubre de 1841 se desencandenó la «conspiración» para «rescatar» a Isabel y Luisa Fernanda de las «garras» de sus nuevos cuidadores liberales. El plan, coordinado por Muñoz, consistía en promover una serie de alzamientos militares en las principales ciudades españolas y terminar en Madrid. Para esto último, era necesario el control de palacio y trasladar a las niñas a Vitoria (o a la frontera francesa). Pero los «rebeldes» fueron descubiertos por el Gobierno y el «secuestro» no se llegó a consumar. La marquesa de Santa Cruz fue detenida y acusada de cómplice.

Sin embargo, a María Cristina le quedaba otra «cómplice» (incluso podemos llamarla espía) en palacio. Se trata de la camarista Amparo Sorrondegui, quien informaba a la exreina de todo lo acontecido. En una de sus cartas, le confesaba a María Cristina que Isabel cada día la echaba menos en falta como consecuencia de que ya no se hablaba de ella en palacio: «Al principio jamás recibía una carta suya sin regarla con sus lágrimas, pero después todo ha ido mudando, hasta el punto de recibir carta muchas veces antes de salir a paseo y guardarla sin abrir hasta estar de vuelta». Por ello, la madre tenía que ingeniárselas para que Amparo le hiciera entrega de cartas secretas. La niña podía leerlas dos veces y luego debía devolvérselas a la camarista para que no cayeran en otras manos.

Las niñas fueron las grandes víctimas en este contexto de conspiraciones, acosos e intrigas entre dos bandos. De hecho, su educación se vio gravemente afectada. Al partir al exilio, María Cristina le había dejado por escrito a Joaquina unas instrucciones detalladas.

173   Burdiel, I. (2010). *Isabel II. Una biografía (1830-1904)*, p. 95. Penguin Random House.

Isabel y Luisa Fernanda debían levantarse todos los días (excepto los domingos) a las seis y media para practicar equitación durante una hora. A continuación, oirían misa y almorzarían. Después, atenderían a las lecciones de letras, aritmética, geografía, danza, piano, aguja (costura), francés, dibujo e historia sagrada. De cinco a siete, tendrían tiempo libre para paseo o diversión. A las nueve y media debían acostarse, a excepción de los domingos, que podrían hacerlo un poquito más tarde. Cuando llegó a palacio la nueva aya, aquel horario ya no se cumplía. Las niñas se levantaban a las nueve, tardaban otra hora en arreglarse antes de oír misa y otra hora en almorzar[174]. Tranquilas, sin prisa. Por ello, iban «flojitas» en ortografía y en aritmética, las materias que requieren más esfuerzo y atención.

María Cristina pudo regresar a España cuando Isabel II accedió al trono con trece años. Su madre se instaló en Madrid junto a su esposo en el palacio de las Rejas. El 12 de febrero de 1844 Muñoz fue nombrado por la reina (su hijastra) duque de Riánsares (título de nueva creación) y grande de España. Donoso Cortés propuso que González Bravo le llevara a Isabel el decreto de concesión del título entre otros muchos papeles:

> Cuando la tenga cansada y si es posible somnolienta y a la hora de la noche [...] y que el título no diga don Fernando Muñoz, sino don Agustín Fernando Muñoz y Sánchez para ver si cree que es otra persona[175].

La pareja pudo casarse de nuevo con expreso consentimiento de la reina Isabel II el 13 de octubre de 1844, que firmó un decreto que decía:

> Atendiendo a las poderosas razones que me ha expuesto mi augusta madre, doña María Cristina de Borbón, he venido en autorizarla, después de oído mi Consejo de Ministros, para que contraiga matrimonio con Don Fernando Muñoz, duque de Riánsares. Y declaro que por el hecho de contraer este matrimonio de conciencias, o sea con persona desigual, no decae de mi

---

174 Burdiel, I. (2010). *Isabel II. Una biografía (1830-1904)*, pp. 104-105. Penguin Random House.
175 Burdiel, I. (2010). *Isabel II. Una biografía (1830-1904)*, pp. 153-154. Penguin Random House.

gracia y cariño, y que debe quedar con todos los honores, prerrogativas y distinciones que por su clase le competen, conservando sus armas y apellido, y que los hijos de este matrimonio quedarán sujetos a lo que dispone el artículo 12 de la ley 9.ª, título II, libro 10, de la Novísima recopilación, pudiendo heredar los bienes libres de sus padres, con arreglo a lo que disponen las leyes[176].

Al día siguiente de la boda oficial, Agustín fue nombrado teniente general y senador vitalicio. Isabel II le concedió también el grado de caballero de la Insigne Orden del Toisón de Oro y la cruz de Carlos III. Él adquirió el título de I marqués de San Agustín.

Sin embargo, el matrimonio tuvo que exiliarse de nuevo a París en 1854 víctima de un incendio provocado en su residencia por revolucionarios en un acto conocido como La Vicalvarada. Ya en el exilio, Luis Felipe I de Francia lo nombró I duque de Montmorot Par y le concedió la gran cruz de la Orden Nacional de la Legión de Honor. Muñoz falleció en su casa de Le Havre en 1873. En su testamento, depositado en el Archivo Histórico de Protocolos de Madrid, quedaba reflejada una interesante fortuna, según recuerda José María Zavala: «Dinero en metálico (404.133 reales), valores y derechos negociados en Bolsa y otros mercados (44.038.289 reales), bienes inmuebles (18.740.205 reales) y bienes muebles (7.019.016 reales)»[177].

María Cristina murió cinco años después en Sainte-Adresse, en Normandía. Había dispuesto que sus restos mortales y los de su marido descansaran juntos en dos sepulcros contiguos en el santuario de Nuestra Señora de Riánsares, en Tarancón; pero el protocolo no lo permitía porque ella, como reina, debía ser enterrada en el panteón del monasterio de San Lorenzo de El Escorial, junto a su primer esposo. No obstante, decidió dejar constancia de sus intenciones esculpiendo la siguiente inscripción en el sepulcro: «Su inconsolable viuda mandó erigir este monumento al lado suyo para que la unión de los esposos en la vida terrena suceda y reemplace la unión en el sepulcro, mientras llega la mejor y suprema vida inmortal»[178].

176 Burdiel, I. (2010). *Isabel II. Una biografía (1830-1904)*, p. 158. Penguin Random House.

177 Zavala, J. M. (2017). *Pasiones regias. De los Saboya a los Borbones, las intrigas palaciegas más desconocidas y escandalosas de la historia*, p. 225. Plaza & Janés.

178 Zavala, J.M. (2017). *Pasiones regias. De los Saboya a los Borbones, las intrigas*

DUELO A MUERTE ENTRE UN BORBÓN REPUBLICANO Y UN ORLEANS MONÁRQUICO

Los protagonistas de esta historia son los dos cuñados de la reina: Enrique María de Borbón, hermano del consorte Francisco de Asís, esposo de Isabel II; y Antonio de Orleans, marido de la infanta Luisa Fernanda, hermana de Su Majestad.

Enrique María de Borbón era una «oveja negra» de la familia. Era el cuarto hijo de Francisco de Paula y de su primera esposa, Luisa Carlota, sobrina de su marido y hermana de la reina María Cristina, esposa de Fernando VII. Por tanto, era nieto de Carlos IV por parte de padre y bisnieto de Carlos IV por parte de madre. Nació en el Real Alcázar de Sevilla, ciudad en la que el Gobierno había trasladado la corte ante el avance de los Cien Mil Hijos de San Luis, de los que ya hemos hablado. Por ello, Fernando VII le concedió el título de duque de Sevilla y el tratamiento de infante de España, a pesar de no ser hijo de rey. En buena hora...

El segundo matrimonio de la reina regente María Cristina provocó desentendimientos entre esta y su hermana, la infanta Luisa Carlota, madre de Enrique, por lo que la familia fue desterrada en París donde reinaba la tía de ambas, María Amalia, esposa del rey de los franceses, Luis Felipe I, padres de Antonio de Orleans. Ambos primos, Enrique y Antonio, se conocieron en el liceo francés y ya entonces era patente su rivalidad, aunque no podría vislumbrarse un final tan trágico como el que aconteció. Pero sigamos.

Enrique pudo regresar a España tras el exilio de María Cristina en 1840. Comenzó entonces su carrera militar en Ferrol. En 1843 fue ascendido a teniente de navío y en 1845 a capitán de fragata. Hasta aquí todo bien.

Tan bien iba la cosa que se valoró incluso la opción de acordar el matrimonio de Enrique con su prima Isabel II, pero fue descartado por su ideología liberal. Finalmente, el elegido fue su hermano Francisco de Asís, así que Enrique se convirtió en cuñado de la reina. Aunque no asistió a dicha boda.

Durante su destierro en Galicia, el Borbón había entrado en con-

palaciegas más desconocidas y escandalosas de la historia, p. 228. Plaza & Janés.

tacto con el movimiento liberal republicano gallego a través de Juana de Vega, condesa de Espoz y Mina, a quien había conocido como aya y camarera mayor de la reina Isabel II y cuya residencia era el epicentro de la conspiración contra el gobierno conservador de Narváez. Juana actuaba de «estafeta postal» con los exiliados y con Espartero.

Su implicación llegó hasta el punto de convertirse en uno de los principales cabecillas de la Revolución de 1846, considerada históricamente como el nacimiento del nacionalismo gallego. Los espías de Narváez informaron al Gobierno y el Ejecutivo lo deportó a Francia. El Gobierno bloqueó el puerto de Vigo para impedir la llegada de un barco procedente de Inglaterra con armas y municiones para los rebeldes. El golpe fracasó y sus cabecillas fueron fusilados.

A pesar de «salvarse», desde Francia Enrique continuó autoproclamándose revolucionario y hasta llegó a solicitar afiliarse a la Primera Internacional. Hala. A lo grande. El que podía haber sido rey consorte... Como es lógico, inmediatamente fue despojado de sus títulos, entre ellos el de infante que le había concedido su tío Fernando VII.

En 1849 solicitó el perdón de su prima para poder regresar a España y se instaló con su familia en Valladolid en 1851. Isabel tendría sus defectos, pero no se la puede acusar de no ser generosa, la verdad. Y paciente, diría yo. De nuevo regresaron a Francia y en 1854 pudieron volver a España, y pasaron a residir en Valencia. Poco después el duque de Sevilla volvió a manifestar sus ideas políticas y fue de nuevo expulsado a Francia. Pudo regresar en 1860 y llegó a ascender al grado de capitán general de la Armada. Entre noviembre de 1864 y enero de 1865, Enrique fue desterrado a Tenerife, donde, contraviniendo las órdenes, fue recibido con honores por las autoridades locales como miembro de la casa real. El 29 de enero de 1865 regresó a la península y fue nuevamente exiliado en 1867. Tras varias cartas de súplicas, pudo volver a España, ya destronada Isabel II.

A pesar de su ideología republicana, el infante permitió la continuidad de los Borbones en la Corona española, obviamente, no de forma buscada, sino más bien paradójica. Y, por supuesto, indirecta. Veamos.

El infante murió en 1870 en duelo con Antonio María de Orleans, hijo del rey de Francia y esposo de la infanta Luisa Fernanda y, por tanto, también cuñado de Isabel II. El duque de Montpensier pretendía instaurar la dinastía de Orleans en España, pero este episodio le pasaría factura en las elecciones que finalmente darían la victoria a Amadeo de Saboya. ¿Cómo iba a ser rey de España quien había asesinado en duelo a un Borbón? Más adelante, profundizaremos en la historia de este otro cuñado de la reina.

Pero ¿por qué se batieron en duelo Enrique y Antonio?

Resulta que Enrique había redactado y distribuido en 1870 un panfleto titulado *A los montpensieristas*, manifiesto que decía «perlas» como estas:

> Soy y seré mientras viva el más decidido enemigo político del duque francés. [...] No hay causa, dificultad, intriga ni violencia que entibie el hondo desprecio que me inspira su persona, sentimiento justísimo que por su truhanería política experimenta todo hombre digno, en general y todo buen español en particular. [...] El liberalismo de Montpensier, conducido por la fiebre de hacerse rey, es tan interesado que se merece la terrible lección que de cuando en cuando impone la justicia de las naciones indignadas [...][179].

Como era de esperar, esta provocación dio sus frutos y Antonio de Orleans exigió de inmediato una rectificación al Borbón. Este, desafiante, le contestó con una copia del manifiesto firmada, para que no tuviera duda de su autoría. Ante esta chulería (permítame el lector la expresión), el francés se vio «obligado» a retarle a un duelo con pistolas para salvar su honor. El enfrentamiento tendría lugar el 12 de marzo de 1870. Conozcamos su protocolo.

Antes de su celebración, los padrinos de Montpensier y los de Enrique se reunieron para intentar encontrar una fórmula que evitara el duelo, pero no llegaron a un acuerdo. Los padrinos de Antonio, al ser él el agraviado por su adversario, tenían derecho a elegir arma.

Las condiciones acordadas para el combate quedaron reflejadas en un documento: los combatientes se colocarían a 9 metros de distancia; si el primer disparo de ambas partes no diera resultado, se acortaría un metro dicha distancia, que en ningún caso podría ser de nuevo reducida; los disparos se realizarían de forma sucesiva y alterna, nunca simultánea; se echaría a suertes quién debería dispa-

179   García, J. C. (2015). *Montpensier. Biografía de una obsesión. La vida de Antonio de Orleans, el hombre que quiso ser rey*, pp. 213-214. Almuzara.

rar primero, así como el puesto ocupado por cada combatiente y la pistola que utilizaría cada uno; el combate no terminaría hasta que alguno resultara herido; y se cargarían las pistolas ante testigos de ambas partes.

Las dos pistolas empleadas fueron compradas para la ocasión y se comprobó que no habían sido usadas con anterioridad. Incluso, se permitió a los combatientes probarlas. Enrique renunció a hacerlo, pero Antonio sí optó por practicar.

El día acordado ambos duques se presentaron vestidos con la reglamentaria levita negra. Disparó primero Enrique. Falló. A continuación, lo hizo Montpensier. Falló. Volvió a disparar el duque de Sevilla. También erró. La bala del segundo disparo de Antonio rozó el hombro izquierdo de su adversario. El Borbón volvió a perder una nueva oportunidad. Y Antonio no desaprovechó la suya; en esta ocasión el disparo impactó en la frente de su contrincante, que murió en el acto.

El duelo había sido incluido como delito en el Código Penal desde 1805. El castigo era de pena de destierro a quien lo aceptara o propusiera; pena de arresto mayor si el enfrentamiento no tenía consecuencias; pena de prisión menor si se producían lesiones graves; y pena de prisión mayor para el que matara en duelo a su adversario. Los padrinos, como cómplices, incurrían en las mismas penas.

Como sabemos, Enrique murió a manos de Montpensier. Este, desoyendo los consejos de quienes le aconsejaban huir a Inglaterra para eludir el castigo que le esperaba, optó por quedarse en Madrid y ponerse a disposición de las autoridades judiciales.

El 13 de marzo, el día siguiente a los hechos, Antonio fue detenido en arresto domiciliario hasta la celebración del juicio el 12 de abril. El fiscal pidió para él un mes de destierro a 10 leguas de Madrid y 30.000 pesetas de indemnización a la familia del duque de Sevilla. Messina, defensor de Montpensier, alegó que una personalidad de la talla de su defendido no podía consentir agravios contra su honor y utilizó como prueba los citados escritos firmados por Enrique (una carta publicada en *El Imparcial* el 31 de diciembre de 1868; un escrito dirigido al general Serrano publicado en *La Época* el 18 de enero de 1870; y la hoja volante *A los montpensieristas* de 7 de marzo de 1870 que ya hemos visto). Según su abogado, el silencio de su defendido ante tales acusaciones hubiera implicado dar la razón a su rival. Finalmente, la sentencia lo condenó con el mismo castigo solicitado por el fiscal. Sin embargo, la mayor penitencia posible fue perder cualquier posibilidad de ocupar el trono. Enrique consiguió su objetivo, aunque el precio a pagar fuera su propia vida.

El cadáver del duque de Sevilla fue trasladado a su domicilio de la Costanilla de los Ángeles donde los miembros de la logia la Acacia le organizaron un velatorio masónico. Amortajado con el uniforme de vicealmirante, fue depositado en una cama imperial a cuya cabecera fueron colocados el escudo de armas reales y un paño bordado en oro en el que figuraba el grado treinta y tres que tenía dentro de la masonería.

Enrique no fue enterrado en El Escorial, sino en el cementerio de San Isidro de Madrid por haber sido desposeído de su condición de infante por parte de la reina. El coche fúnebre iba tirado por seis caballos enlutados y empenachados. El cadáver iba dentro de una urna de bronce con frisos dorados sobre la que se había colocado la insignia de teniente general, la gran cruz de Carlos III y el símbolo de su pertenencia a la masonería.

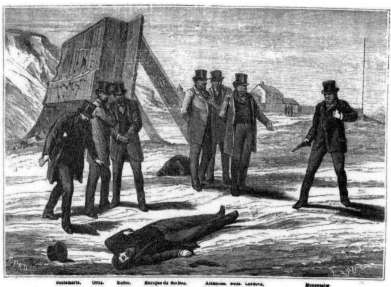

Desafío entre el Duque de Monpensier y D. Enrique de Borbon.

Desafío entre el Duque de Monpensier y D. Enrique de Borbón.
Historia de la interinidad y guerra civil de España desde 1868

Sus cuatro hijos fueron adoptados por su hermano, Francisco de Asís. También Montpensier se había ofrecido a tutelarlos; pero ellos, como es lógico, rechazaron cualquier ayuda proveniente del asesino de su padre. De hecho, el primogénito, Enrique de Borbón y Castellví, se negó a aceptar, en su nombre y en el de sus hermanos, las 30.000 pesetas a las que el duque fue condenado a pagarles en concepto de compensación. Sin embargo, los huérfanos solicitarían dicha indemnización casi tres años más tarde. Se ve que se lo pensaron mejor. Las penas con pan...

«ANATEMA MARANATA». LA CONDENA DEL CURA REGICIDA

El 2 de febrero de 1852, festividad de la Purificación de la Virgen, la reina Isabel II sufrió un intento de regicidio. El culpable fue Martín Merino y Gómez, conocido como el cura Merino, un presbítero franciscano y activista liberal.

A principios del siglo XIX había ingresado en un convento franciscano de santo Domingo de la Calzada, pero lo abandonó al estallar la guerra de la Independencia para incorporarse a un grupo de guerrilleros que actuaban en Sevilla. Tras la guerra, se ordenó como sacerdote y regresó al convento. Más adelante, se exilió a Francia, fiel a sus ideas liberales.

Regresó a España en 1821. Un año después fue sancionado por insultar al rey Fernando VII y estuvo preso por participar activamente durante los sucesos de julio de ese mismo año, cuando los granaderos de la Guardia Real se levantaron contra el gobierno constitucional. Tras ser liberado, emigró de nuevo a Francia, donde trabajó como párroco en Burdeos.

En 1841 regresó como capellán a la iglesia de San Sebastián de Madrid y más adelante fue trasladado a la de San Millán, de la que fue expulsado.

Mes y medio después de dar a luz a la infanta Isabel (conocida popularmente como la Chata), un lunes 2 de febrero de 1852, la reina Isabel II se disponía para acudir a la tradicional misa de parida en la basílica de Nuestra Señora de Atocha de Madrid. Gracias a su sotana, el cura consiguió «colarse» en palacio burlando la vigilancia de la Guardia Real.

En una de las galerías de palacio, alrededor de las 13:15 h, Merino sacó un estilete que había conseguido en el rastro madrileño y asestó una puñalada a la reina. Su intención era volver a apuñalarla, pero fue inmediatamente detenido. La reina se desplomó de espaldas y fue socorrida por el coronel de alabarderos, Manuel de Mencos, que más tarde, y en agradecimiento por este gesto, recibió el título de marqués del Amparo. La reina era generosa. Y creativa, al menos en lo que respecta a la creación de títulos nobiliarios.

Un inciso al respecto. A mediados del siglo XIX era imposible determinar científicamente el sexo del bebé antes de su nacimiento. Pero la reina, en su séptimo embarazo, igualmente realizó la consulta a su ginecólogo, el doctor Tomás Eustaquio del Corral y Oña, que predijo el nacimiento de un varón. Tenía el cincuenta por ciento de probabilidad de acierto y su intuición no lo traicionó.

Corral, riojano, se había trasladado a Madrid para estudiar Medicina. Tras finalizar sus estudios comenzó a impartir docencia en dicha facultad y obtuvo la cátedra. En 1855 fue nombrado rector de la Universidad Central. Un año antes, ya había sido designado primer médico de cámara y, cuatro después, médico personal de la reina Isabel II, a la que ya atendió en el parto de la infanta María Cristina. Cuando estalló la Revolución de 1868, Isabel II tuvo que huir de España. Así concluyó la etapa de Corral como médico de cámara y ginecólogo. El doctor llegó a ser presidente de la Academia de Medicina y ocupó el sillón M de la Academia de la Lengua.

Para premiar y agradecer dicha predicción, Su Majestad le concedió, tras el parto, el título de marqués del Real Acierto. Sin embargo, el doctor lo rechazó alegando que la predicción fue una simple casualidad. Entonces, la reina sustituyó el marquesado del Real Acierto por el de conde de Leiva, villa riojana en la que había nacido Corral. La española Eugenia de Montijo, emperatriz de Francia y mujer de Napoleón III, que ostentaba el señorío de Leiva, mostró su indignación y acusó a Isabel de ofrecer a su partero un título que solo le pertenecía a ella.

Hay quien invierte el orden de ambas propuestas de título explicando que primero se pensó en el condado de Leiva y después en el marquesado del Real Acierto. Sea como fuere, el médico finalmente recibió el título de marqués de San Gregorio, en conmemoración de la onomástica celebrada el día en que nació el príncipe de Asturias, el 28 de noviembre.

Volvamos al atentando. Isabel II salvó su vida gracias a las ballenas de su corsé que evitaron que la herida fuera profunda. Sin embargo, a pesar de tratarse de una herida superficial, los médicos temieron en un primer momento que el cuchillo pudiera estar envenenado. Tras examinar a Su Majestad, descartaron la hipótesis.

Los alabarderos de la Guardia Real detuvieron inmediatamente a Merino, que confesó haber actuado en solitario y que su propósito era asesinar a la reina, a Narváez, presidente del Consejo de Ministros, o a la exregente María Cristina, madre de Isabel II. Esa misma noche, el cura ingresó en la cárcel de Saladero. El juicio se celebró al día siguiente sin la presencia del acusado por voluntad propia. El fiscal Villar y Salcedo presentó la acusación de regicidio con premeditación ante el juez Pedro Nolasco Aurioles. El abogado de oficio, Julián Urquiola, alegó enajenación mental en defensa del cura, pero los médicos dictaminaron que el preso era perfectamente consciente de sus actos.

El acusado fue condenado ese mismo día a morir en garrote y a pagar las costas del juicio. Y la Iglesia despojó a Merino de su condición de presbítero, diácono, subdiácono y tonsurado en un ritual conocido como «Anatema Maranata», establecido por el cuarto Concilio de Toledo, que tuvo lugar en la misma cárcel. Conozcamos este acto tomando como referencia la detallada descripción de José María Zavala en *La maldición de los Borbones*[180].

En la sala de vistas del penal se encontraban el obispo de Málaga, Juan Nepomuceno Cascallana, vestido de rojo; doce sacerdotes auxiliares; el juez de primera instancia, Pedro Nolasco; y el escribano de cámara, Ucelay. Se situó una mesa con un crucifijo, dos velas, un cáliz, una patena y la vestidura sacerdotal para el preso.

Cuando el reo entró en la sala, se le ordenó que se vistiera con las sagradas vestiduras y que se arrodillara. Le entregaron el cáliz y la patena con la sagrada forma. A continuación, el prelado le quitó

---

180 Zavala, J. (2020). *La maldición de los Borbones. De la locura de Felipe V a la encrucijada de Felipe VI*, cap. 6. «Los secretos de un regicidio», pp. 173-208. Penguin Random House.

ambas cosas pronunciando las siguientes palabras: «Te quitamos la potestad de ofrecer a Dios sacrificio y de celebrar la misa, tanto por los vivos como por los difuntos»[181].

En ese momento, el obispo le raspó las yemas de los dedos con un cuchillo pronunciando: «Por medio de esta rasura, te arrancamos la potestad de sacrificar, consagrar y bendecir que recibiste con la unción de las manos y de los dedos»[182].

Seguidamente, le quitó la casulla y dijo: «Te despojamos justamente de la caridad, figurada en la vestidura sacerdotal, porque la perdiste y al mismo tiempo toda la inocencia». Al quitarle la estola, pronunció: «Arrojaste la señal del Señor, figurada en esta estola; por esto te la quitamos, haciéndote inhábil para ejercer todo oficio sacerdotal»[183].

Los auxiliares lo vistieron con los distintivos de diácono y le entregaron unos Evangelios. El obispo se lo retiró, diciendo: «Te quitamos la potestad de leer los Evangelios de la Iglesia, porque esto no corresponde sino a los dignos»[184].

Acto seguido, le despojó de la dalmática con las siguientes palabras: «Te privamos del orden levítico porque en él no cumpliste con tu ministerio». Después, le retiró la estola, diciendo:

> Te arrancamos con justicia la cándida estola que recibiste para llevarla inmaculada en la presencia del Señor porque no lo hiciste así, conociendo el misterio, ni diste ejemplo a los fieles para que pudieran imitarte como consagrado a Cristo y te prohibimos todo oficio de diácono[185].

---

181 Zavala, J. (2020). *La maldición de los Borbones. De la locura de Felipe V a la encrucijada de Felipe VI*, cap. 6. «Los secretos de un regicidio», p. 200. Penguin Random House.

182 Zavala, J. (2020). *La maldición de los Borbones. De la locura de Felipe V a la encrucijada de Felipe VI*, cap. 6. «Los secretos de un regicidio», p. 200. Penguin Random House.

183 Zavala, J. (2020). *La maldición de los Borbones. De la locura de Felipe V a la encrucijada de Felipe VI*, cap. 6. «Los secretos de un regicidio», p. 200. Penguin Random House.

184 Zavala, J. (2020). *La maldición de los Borbones. De la locura de Felipe V a la encrucijada de Felipe VI*, cap. 6. «Los secretos de un regicidio», p. 201. Penguin Random House.

185 Zavala, J. (2020). *La maldición de los Borbones. De la locura de Felipe V a la encrucijada de Felipe VI*, cap. 6. «Los secretos de un regicidio», p. 201. Penguin Random House.

Así, se le fueron poniendo y quitando las demás insignias del resto de grados menores hasta llegar a los de la primera tonsura. El obispo empezó a cortarle el pelo, tarea que terminó de realizar un peluquero. Los auxiliares le quitaron el resto de la indumentaria clerical, incluido el alzacuello.

Tras todo este ritual, el obispo se dirigió al juez y al fiscal:

> Pronunciamos que al que está presente, despojado y degradado de todo orden y privilegio clerical lo reciba en su fuero la curia secular [...]. Señor juez, os rogamos con todo el afecto de que somos capaces que por el amor de Dios, por los sentimientos de piedad y misericordia y por la interseción de nuestras súplicas, no castiguéis a Martín Merino con peligro de muerte o mutilación de un miembro[186].

Estampa sobre el regicidio del Cura Merino.
[Museo del Romanticismo de Madrid]

---

186 Zavala, J. (2020). *La maldición de los Borbones. De la locura de Felipe V a la encrucijada de Felipe VI*, cap. 6. «Los secretos de un regicidio», p. 202. Penguin Random House.

Después de mucho insistir, el reo finalmente accedió a pedir perdón a la reina el día antes de su ejecución, subrayando, para su tranquilidad, que no dejaba cómplices que pudieran atentar contra su vida. Aceptó ser confesado y pidió una taza de chocolate antes de ser conducido al patíbulo.

Al tratarse de un intento de regicidio, el preso debía vestir hopa y birrete amarillos con manchas rojas, tal y como recogía el Código Penal vigente en relación con este delito. De hecho, el protagonista de este capítulo fue el primer condenado obligado a llevar esta vestimenta. El sábado 7 de febrero el preso fue llevado desde la cárcel a lomos de un burro y maniatado, con una estampita de la Virgen entre sus manos, al campo de Guardias donde se instaló el patíbulo y fue ejecutado públicamente a la misma hora en la que había cometido el atentado.

Esa misma tarde se incineró y las cenizas se esparcieron en la fosa común del cementerio general del Norte. Una real orden dispuso que se quemaran todos los escritos de Martín Merino.

A pesar de las sospechas de una posible conspiración contra la monarquía por parte del clero o incluso de la vinculación del cura con alguna logia masona, nunca se encontraron pruebas que pudieran demostrar que el condenado no actuara por su propia voluntad y de forma independiente.

No era la primera vez que la reina sufría un intento de asesinato. El 10 de mayo de 1847, diez meses después de su boda, alguien disparó dos veces a Isabel II cuando su carruaje atravesaba la calle Arenal, a la altura de San Ginés. Una bala rozó su cabeza y la otra impactó en el coche. La policía detuvo instantes después al autor, un joven abogado llamado Ángel de la Riva. En esta ocasión, el culpable fue indultado. Y sí hubo sospechas de una trama urdida por el duque de Montepensier, puesto que su mujer Luisa Fernanda, hermana de la reina, se hubiera convertido automáticamente en soberana tras el fallecimiento sin descendencia de Isabel. En esta ocasión, no tendría sentido pensar que el cura Merino trabajaba para el cuñado de la reina porque en 1852 la heredera al trono era la recién nacida y no la hermana de Isabel II; por tanto, en el caso de fallecimiento de la reina, Francisco de Asís, padre de la criatura, hubiera desempeñado el rol de regente hasta la mayoría de edad de la princesa de Asturias.

La reina Isabel se recuperó del atentado en diez días y dispuso, como agradecimiento por su pronta recuperación y con motivo del nacimiento de la infanta (princesa de Asturias hasta el nacimiento de su hermano), la apertura de una suscripción popular para la construcción del Hospital de la Princesa en Madrid, en la calle Alberto Aguilera, esquina a la glorieta de San Bernardo. Por cierto, la calle de la Princesa de la capital también es en su honor, en el de la Chata, como sería conocida y de quien más adelante hablaremos.

EL CHOTIS Y OTROS BAILES DE NIÑOS EN PALACIO

Chotis, baile madrileño de origen británico que se popularizó en el centro de Europa, especialmente en la zona de Bohemia. De hecho, el término «chotis» es la «españolización» de *Schottisch*», que significa «escocés» en alemán. Aunque es el típico baile de las fiestas populares de la capital española, como la verbena de la Paloma o la pradera de San Isidro, también hay variantes en la tradición portuguesa, francesa, italiana, inglesa, austriaca, escandinava, finlandesa y mexicana.

La primera vez que se bailó en España fue el 3 de noviembre de 1850 en una fiesta palaciega organizada por Isabel II bajo el nombre de «polca alemana». Desde este momento, se popularizó hasta convertirse en el baile más castizo del pueblo de Madrid.

El chotis suena en organillo (o pianola), un instrumento portátil que permite organizar un baile en cualquier lugar y momento. Parece que fue un músico siciliano que había aprendido a tocarlo en Viena quien introdujo este instrumento en nuestro país al instalar su taller en la calle de San Francisco de Madrid.

El chotis se baila en pareja: la mujer girando alrededor del hombre, luciendo un mantón de Manila; el hombre girando sobre sí mismo, luciendo un tipo de gorra denominada «parpusa». Ambos cogidos de una mano y el chulapo (palabra compuesta formada por «chulo» y «guapo») con la otra dentro del bolsillo del chaleco para dejar patente esa «chulería» que, según dicen, caracteriza a los madrileños.

El atuendo típico de las chulapas (también chulas y guapas) o modistillas, por su parte, es, como decíamos, un mantón de Manila, prenda originaria de China desde donde era transportada a la capital de Filipinas (de ahí su nombre). Galdós, el cronista de Madrid del siglo XIX, expresó que «envolverse en él era como vestirse con un cuadro».

El chotis no podía faltar tampoco en las tradicionales zarzuelas, obras populares que narraban historias de la calle.

Como comentábamos, antes de popularizarse en la ciudad, el chotis se bailó por primera vez en el Palacio Real. Y es que Isabel II era muy dada a organizar este tipo de eventos, ocasiones perfectas para favorecer encuentros, presentaciones y contactos. Relaciones públicas, vamos.

Los bailes de adultos son de sobra conocidos, pero en la sociedad de la época también era costumbre organizar bailes de niños en los palacetes de las familias aristocráticas. Veamos.

En ellos, la alta sociedad presentaba a sus herederos vestidos como adultos en miniatura con el objetivo de que las nuevas generaciones empezaran a imitar a los mayores y se fueran ya conociendo para entablar relaciones en un futuro próximo. No olvidemos que la mayoría de los matrimonios de la época eran concertados en función de intereses sociales, políticos y económicos; pero si los futuros contrayentes se conocían desde niños y entablaban una amistad, mejor que mejor.

Los bailes de niños más fastuosos, según María José Rubio[187], se celebraron en la casa de los Montijo y en la de Fernán-Núñez. Pero, obviamente, Isabel II, que era muy de seguir modas, también organizó estos «saraos» en el mismísimo Palacio Real.

La tradición comenzó cuando Isabel, princesa de Asturias, la Chata, cumplió seis años. Como es lógico, la niña era la protagonista de estos bailes y los presidía como anfitriona, igual que su madre representaba este rol en los bailes de adultos.

María José Rubio relata el baile de niños celebrado en la cámara de la princesa el 20 de diciembre de 1858 con motivo de su séptimo cumpleaños. Entre los aproximadamente doscientos invitados se encontraban hijos y nietos de ministros, embajadores, familias de la aristocracia, jefes de palacio y servidumbre de alto rango.

El acto comenzó a las siete de la tarde (no muy pronto para ser una fiesta de niños, pero como no tendrían que madrugar al día

---

187   Rubio, M. J. (2005). *La Chata. La infanta Isabel de Borbón y la Corona de España*, pp. 97-98. La Esfera de los Libros.

siguiente…). Tras rendir honores a la anfitriona, los «miniinvitados» se dispusieron para comenzar el baile propiamente dicho. ¿Qué bailaban los niños? Pues lo mismo que los adultos: polcas, valses y rigodones, para ir practicando. A las once se dispuso un agasajo para «reponer fuerzas» y tras él, los niños se retiraron para que los adultos pudieran continuar con la fiesta. Ahora sí, en un baile de gala presidido por la reina en los salones de palacio.

SE BUSCA NODRIZA PARA PRÍNCIPES E INFANTES

Una nodriza (o también «ama de leche» o «ama de crianza») es quien amamanta a un bebé lactante que no es su hijo, bien porque su madre no puede desempeñar esta labor, bien porque no desea hacerlo. Así ocurría habitualmente en la alta sociedad, en la que estaba mal visto o se consideraba inapropiado que la reina o una mujer de la aristocracia amamantara a sus recién nacidos.

Elegir una nodriza no era tarea fácil. Pensemos que se trataba de una persona que iba a permanecer junto a los bebés reales o aristocráticos en sus primeros meses (o años) de vida; y eso implicaba también establecer una estrecha relación con sus padres y familiares directos. Además, la salud del recién nacido también iba a depender de la calidad de su alimentación; es decir, de las cualidades de la leche de su nodriza. Esto era fundamental en una época de alta mortalidad infantil y en familias donde era imperiosa la necesidad de garantizar descendencia.

Por ello, el proceso de *casting* de una nodriza requería tener en cuenta distintos criterios como su salud, su fortaleza física, su linaje, su presencia y su saber estar.

Si bien la tradición vivió su apogeo en los siglos XIX y primera mitad del XX, se remonta a muchos siglos atrás. De hecho, en la corte castellana del siglo XII, los criterios de selección de nodrizas estaban regulados por ley. Y nada menos que en las partidas de Alfonso X, el Sabio, de 1263. En la ley tercera del título séptimo de la segunda partida[188] se especifican las características que tenían que reunir estas

---

188   Alfonso X (siglo XIII, edición 1555). «Cuál debe ser el rey con sus hijos y ellos con él». En *Las siete partidas*. Partida segunda. Título 7. Biblioteca jurídica *BOE*.

mujeres: debían ser «sanas, hermosas y con leche asaz», de «buen linaje» y de «buenas costumbres». Incluso, ellas mismas estaban amparadas desde el punto de vista legal. Si una nodriza al servicio de la familia real sufría cualquier agresión sexual que pudiera afectar a su tarea, el culpable se enfrentaba a un delito de traición a la Corona con las penas que eso podía conllevar.

Además del salario correspondiente por el desempeño de su trabajo, el alojamiento y la manutención, las amas de crianza recibían el privilegio de hidalguía, para ellas y también para su esposo y para su descendencia. Su papel era de tal responsabilidad que en palacio no se escatimaba en detalles para asegurar su bienestar y su salud, puesto que de ello dependería la salud y el bienestar del bebé.

La nodriza de Eugenia Latil, 1846.
[Museo Massey. Fotografía: Tylwyth Eldar]

Como relata María José Rubio, en relación con la corte de Isabel II, «se les proporcionaba ropa blanca limpia» y «para su servicio se les destina cocinera y criada propia». Incluso, en el caso de la nodriza de la hija primogénita de Isabel II, tal y como apunta la historiadora, «se devuelve a su aldea todo el vestuario que traía y le entregan los trajes nuevos»[189], y se encargó a Bernardo López y Federico Madrazo, pintores de cámara, que retrataran a la nodriza como ya hacían con los miembros de la familia real.

A partir de noviembre de 1853, cuando terminó la lactancia de la Chata, la niña fue alimentada con leche de burra ordeñada en las reales caballerizas. Pero la reina dispuso que la nodriza continuara ejerciendo de niñera hasta mayo de 1854. Isabel II, agradecida, le concedió una pensión vitalicia de cuatro mil cuatrocientos reales anuales y le obsequió con baúles llenos de ropa para ella y para toda su familia. A tal efecto, puso a su disposición un carruaje de la casa real para que pudiera emprender el viaje de regreso a su tierra. Si cuando yo digo que la reina era generosa, es por algo. Al «ama de repuesto» (ahora veremos) también le concedió una paga vitalicia, a pesar de no haber requerido nunca de sus servicios, y costeó el bautizo de su siguiente hija, de nombre también Isabel.

Era, por tanto, todo un honor y un lujo ser nodriza real.

La mayoría de las amas de crías abandonaban el servicio en palacio una vez terminaban su labor, pero en algunos casos permanecieron en la corte y ejercieron cierta influencia, como Ana de Guevara, nodriza de Felipe IV, «culpable» para algunos de las intrigas que precipitaron la caída, en 1643, del conde duque de Olivares, su «enemigo». Otras, como Maximina Pedraja, nodriza de Alfonso XIII, siguió manteniendo relación con su «hijo de leche» y llegó a formar parte de la comitiva real cuando este se casó en mayo de 1906 con la reina Victoria Eugenia. De hecho, Maximina, testigo de los hechos, fue una de las supervivientes del atentado que sufrió el monarca a su regreso a palacio tras el enlace. Más adelante, profundizaremos en esta historia.

En las cortes de los siglos XVIII y XIX, los criterios de elección estipulados por ley eran los siguientes: la nodriza debía ser cristiana,

189   Rubio, M. J. (2005). *La Chata. La infanta Isabel de Borbón y la Corona de España*, p. 61. La Esfera de los Libros.

tener entre diecinueve y veintiséis años, una complexión física fuerte, estar criando al menos el segundo o tercer hijo (es decir, no podía ser primeriza), no haber desempeñado antes la tarea de nodriza, no llevar más de tres meses con la subida de leche, estar vacunada y no tener ninguna enfermedad cutánea (ni ella, ni sus familiares, ni su marido). Además, era valorable que la ocupación de su esposo fuera la del cultivo del campo.

Quedaban, por tanto, vetadas las mujeres judías y musulmanas, así como todas las que no pudieran demostrar limpieza de sangre porque se creía que la fe (o la ausencia de esta) podía «contagiarse» vía leche materna. Qué cosas. Además, como buenas cristianas, debían acreditar una conducta moral intachable, certificado que expedía el cura correspondiente.

La procedencia de las nodrizas dependía de las preferencias de los reyes de cada momento o de sus consejeros. Por ejemplo, cuando nació el infante Fernando (futuro Fernando VI) en 1713, la reina María Luisa Gabriela de Saboya no quiso recurrir a la nodriza burgalesa que había ofrecido sus servicios a sus otros hijos y optó por tres nodrizas de La Mancha (María Díaz Romero, de Madridejos; Catalina Vidal, de Dos Barrios; y Manuela Gómez Romero, de Villafranca de los Caballeros). Ya en el siglo XIX, Fernando VII prefirió recurrir a una nodriza cántabra para amamantar a su hija Isabel, Francisca Ramón González, natural de Peñacastillo.

Narra María José Rubio[190] que, para elegir el ama de cría de su primogénita, Isabel II encargó a sus médicos de cámara que recorrieran toda España en busca de la mejor candidata. Además de la revisión física, «interrogaron» a las postulantes para valorar sus antecedentes familiares. Finalmente, eligieron a una catalana, a una guipuzcoana y a tres santanderinas. Las cinco viajaron a Madrid para que Isabel las conociera y tomara la decisión final. La reina seleccionó a la vasca como principal y a la catalana como nodriza de repuesto. Las otras tres recibieron una «indemnización» por las molestias y regresaron a su pueblo de origen. La nodriza de Guipúzcoa, María Agustina de Larrañaga y Olave, tenía veintiún años, pertenecía a una buena familia, estaba casada y residía en Azcoitia con su marido y sus hijos.

---

190   Rubio, M. J. (2005). *La Chata. La infanta Isabel de Borbón y la Corona de España*, pp. 60-73. La Esfera de los Libros.

Fue nombrada ama de cámara el 5 de enero de 1852 y de inmediato se trasladó a palacio junto con su familia. El ama de repuesto, María Sabatés, natural de San Vicente Malla, también se instaló en la corte junto con su marido y sus dos hijos, pero en otra zona de palacio.

En la corte de Isabel II, con motivo del futuro nacimiento de la Chata, se creó el cargo de rectora de amas de lactancia, ocupado por dos hermanas, Ignacia y Francisca Brea, que también se trasladaron a vivir a palacio con su familia.

Cuando apareció la prensa, ya en el reinado de Alfonso XII, la familia real recurrió a los diarios locales para convocar ofertas de empleo de nodrizas para sus vástagos. Así, en 1880, un diario de Santander publicó la convocatoria para buscar nodriza para la primogénita del rey y su mujer María Cristina:

> Habiendo llegado a esta Ciudad la Comisión nombrada por S. M. el Rey para elegir en la provincia las amas de lactancia para el regio vástago que dé a luz S. M. la Reina, las que se crean con las circunstancias que se requieren y se publicaron en el Boletín oficial de esta provincia el día 7 del corriente, deben saber que la citada Comisión se halla hospedada en la fonda de la Sra. Viuda de Redón, donde deberán presentarse al Excmo. Sr. D. Laureano García Camisón, Médico ordinario de la Real Cámara, y al Sr. D. Antonio Giménez Florez, Jefe de negociado de la Intendencia de la Real Casa y Patrimonio[191].

Del mismo modo, la prensa se hacía eco de las mujeres que llegaban a Madrid para ejercer tal función. Por ejemplo, *La Vanguardia* publicaba el 4 de noviembre de 1882:

> Acompañadas por el doctor Camisón y el señor Zurdo, han llegado a Madrid las siete nodrizas designadas para elegir la efectiva que ha de criar al futuro regio vástago, y la suplente. Cuatro landós de la real casa condujeron a las recién venidas a una fonda inmediata a Palacio, y a las once y media fueron presentadas a los reyes. Llámanse Jesusa Diego (de Selaya), Sinforosa Gómez (de Miera), Casta Salas (de Cueto), Josefa Ruiz (del Valle

---

191   Fraile, J. M. (2000). «Amas de cría: [Exposición], 2000-2001, Sala de exposiciones de la Fundación Joaquín Díaz, Urueña, Valladolid, Valladolid: Diputación Provincial. Centro Etnográfico Joaquín Díaz, 2000», p. 25.

de Pas), Teresa Acebedo (de Miera), Josefa Ureña (de Mariano), y Leocadia Fernández (de San Pedro del Romeral). [...] Cinco de ellas se han presentado en Palacio vestidas de pasiegas y dos con faldas y mantones. Dícese que han sido elegidas, para efectiva, Jesusa Diego, y Sinforosa Gómez para suplente. Cada una de las restantes recibirá cuatro mil reales en concepto de gratificación para el viaje[192].

En 1886, otro diario santanderino describe así a la ama de cría del futuro Alfonso XIII:

> Es una hermosa joven de veinticuatro años, natural de San Roque de Riomiera [...]. Se llama Elena Lavín Carriles y pertenece a una familia bien acomodada de aquella comarca. Su esposo, agricultor y ganadero, cuenta con medios de fortuna, y ha consentido que venga a criar su esposa como muestra de adhesión a la dinastía [...] Alta, sana, de robustas y gallardas formas, es el tipo completo de la mujer criada en la atmósfera sana de las montañas[193].

Efectivamente, además de los citados certificados médicos y morales expedidos, respectivamente, por el doctor y el cura oportunos, las nodrizas necesitaban el permiso por escrito de la autoridad masculina que las representaba, es decir, de su marido.

Como vemos, lo habitual era contar con la «nodriza titular» (llamémosla así) y otra o varias «de repuesto» o «nodrizas retén», que muchas veces ni siquiera llegaban a ejercer. Una vez los médicos de cámara habían realizado el primer filtro en función de los criterios de salud indicados (y de otros como la salud bucodental y las características de sus mamas), las elegidas eran presentadas, adecuadamente vestidas y aseadas, ante los reyes para que estos eligieran a la nodriza principal. El resto pasaban a ser nodrizas de retén.

192   Martínez, A. (2014). *Las nodrizas y su papel en el desarrollo de la sociedad española. Una visión interdisciplinar: Las nodrizas en la prensa española del siglo XIX y principios del siglo XX*. Tesis doctoral. p. 390. Universidad de Alicante. http://rua.ua.es/dspace/bitstream/10045/39874/1/tesis_martinez_sabater.pdf

193   Fraile, J. M. (2000). «Amas de cría: [Exposición], 2000-2001, Sala de exposiciones de la Fundación Joaquín Díaz, Urueña, Valladolid, Valladolid: Diputación Provincial. Centro Etnográfico Joaquín Díaz, 2000», p. 25-26.

En algunos casos, se tuvo que recurrir a muchas nodrizas para la crianza de un solo bebé. Así sucedió con el infante Felipe Pedro Gabriel, hijo también de Felipe V y su primera esposa, que tuvo hasta nueve nodrizas. Aunque fue más llamativa la crianza de Carlos II, el último rey de la casa de los Austrias, que llegó a contar hasta con treinta y una y otras sesenta y dos de repuesto, según apunta Francisco Arroyo[194]. Gabriel Maura[195] es más prudente en el recuento y menciona catorce nodrizas titulares y otras tantas de repuesto. Recordemos que era la última baza de Felipe IV, su padre, para garantizar la continuidad dinástica, y cualquier sacrificio o inversión estaba más que justificada. Cuentan que el primer día que María González de la Pizcueta, nodriza principal del pequeño Carlos, amamantó al futuro rey, se generó tal expectación en palacio que nadie quería perderse el acontecimiento. Como si bastara la labor de su ama de cría para combatir las «complicaciones genéticas».

LAS JOYAS DE LA VIRGEN DE ATOCHA

Isabel II era una gran aficionada a la joyería y a la orfebrería. Tal era su joyero y su afición que la reina acostumbraba a poner nombre a cada pieza. Heredó muchas joyas también de su suegra, Luisa Carlota, y otras tantas las adquirió personalmente con el presupuesto de la Corona en sus frecuentes contactos con los grandes maestros de la época, como Narciso Práxedes Soria, Carlos Pizzala, Lemonnier o Dumoret.

Sin embargo, no se conserva toda su colección porque en el exilio, en París, la reina se vio obligada a vender muchas piezas para poder sobrevivir y asumir, tras separarse, el coste de la pensión obligada a su esposo, el consorte Francisco de Asís, estipulada en sus capitulaciones matrimoniales, así como el gasto de la corte. Además, en 1874, Isabel II subastó gran parte de su joyero para sufragar la compra y reforma del palacio de Castilla, su residencia en la capital francesa.

---

194   Arroyo, F. (4 de enero de 2008). «Las nodrizas en la corte de los Austrias». *El Arte de la Historia*. Recuperado el 1 de septiembre de 2021. https://elartedelahistoria.wordpress.com/2008/01/04/las-nodrizas-en-la-corte-de-los-austrias

195   Maura, G. (1990). *Vida y reinado de Carlos II*, p. 33. Aguilar.

Pero no todas las joyas de la reina estaban destinadas a ser lucidas por ella misma. En 1852 encargó la realización de un conjunto de joyas a Narciso Práxedes Soria para la Virgen de Atocha de Madrid, como agradecimiento por haber sobrevivido al atentado del cura Merino que relatábamos unas páginas atrás. El conjunto de joyas fue realizado con las piedras que llevaba el día del atentado y constaba de una corona de brillantes y topacios de Brasil, con su sobrecorona de plata dorada con ráfagas de brillantes y rosas de esfera, un rostrillo de brillantes y topacios y una corona pequeña para el Niño de la imagen, con el mismo diseño, también de brillantes y topacios. Esta última se encuentra hoy en el Palacio Real de Madrid. La reina también donó el vestido de castillos y leones que llevaba en aquella ocasión para la elaboración del manto de la Virgen.

Narciso Práxedes Soria comenzó su labor profesional durante el reinado de Fernando VII, padre de Isabel. En 1815 recibió los honores de platero diamantista de cámara y en 1823 ascendió a primer diamantista. Obtuvo también el cargo de jefe del real guardajoyas de la reina, otorgado por Fernando VII el 13 de noviembre de 1823. Después, continuó trabajando para sus hijas, la reina Isabel II y la infanta Luisa Fernanda.

No era la primera vez que la Virgen de Atocha recibía joyas de regalo de Sus Majestades. Por ejemplo, Felipe V compró y regaló a la imagen en 1737 en acción de gracias por el casamiento de su hijo Carlos, por entonces rey de Nápoles (futuro Carlos III de España), y en desagravio por el robo que había sufrido la imagen, a la que habían despojado de todas las joyas que lucía con el vestido. El conjunto estaba formado por veintiuna piezas realizadas en oro y diamantes. El coste de las joyas, incluido el carruaje y las cajas utilizadas para su traslado hasta la iglesia, ascendió a algo más de 241.250 reales. El arca que se realizó para depositar las joyas costó 1.158 reales.

Además, la Virgen de Atocha posee el collar del toisón de oro y la condecoración de la Real Orden de Carlos III. El primero concedido por Felipe IV; la segunda, por Fernando VII. Ambas, entregadas en solemne ceremonia por Isabel II. Veamos.

Felipe IV fue uno de los reyes más devotos de la Virgen de Atocha. De hecho, parece ser que nunca entraba ni salía de Madrid sin invocar su protección. Cuentan que, incluso, llegó a poseer una llave de las puertas principales para poder entrar a rezar a cualquier hora, sin necesidad de molestar a los padres dominicos.

Como decíamos, tal era su devoción que decidió conceder a la sagrada imagen la Insigne Orden del Toisón de Oro; aunque sería Isabel II, dos siglos después, quien se la impondría oficialmente en una ceremonia secreta en presencia del rey consorte, de su primogénita Isabel, del primado de España (Juan José Bonel y Orbe) y del patriarca de las Indias (Tomás Iglesias y Barcones). Este collar, de plata dorada y esmalte con el vellocino de oro, consta de sesenta y dos eslabones y mide 1,33 metros. Fue fabricado por el joyero Narciso Soria, quien también fabricaría la placa de la gran cruz de la Orden de Carlos III concedida por Fernando VII e impuesta el mismo día. En ambos casos, la reina Isabel II se reservó el derecho de propiedad con cláusula de reversión en el supuesto de que, por algún acontecimiento, no pudiesen servir para adorno y culto de la Santísima Virgen.

Volviendo a Felipe IV, no existe documento con la fecha exacta de la concesión del toisón, pero pudiera haber tenido lugar durante alguna de las tres solemnísimas visitas que realizó el rey al santuario: el 21 de septiembre de 1636, con motivo de la victoria del ejército español sobre los franceses y holandeses; del 11 al 18 de abril de 1643, para rogar su amparo en relación con los sucesos de Cataluña; y el 6 de diciembre de 1657, para dar gracias por el nacimiento del príncipe heredero, futuro Carlos II.

La Virgen de Atocha no es la única imagen mariana que ha lucido el toisón de oro, aunque las demás no han sido propiamente condecoradas con él. La más antigua es una pequeña imagen de Nuestra Señora con el Niño en los brazos del siglo XVI, tallada de una pieza en el marfil de un colmillo de elefante. Se desconoce su procedencia y paradero, ya que solamente hay constancia a través de una fotografía de la colección del conde Thierry de Limburg Stirum en su castillo de Huldenberg (Bélgica).

La segunda imagen se encuentra en la catedral de Luxemburgo; la Notre Dame luce el collar porque así quedaba reflejado en el testamento del conde de Autel, ordenado caballero de la Insigne Orden del Toisón de Oro el 12 de enero de 1705 por Felipe V, que murió sin descendencia y dejó el legado a la citada imagen. La tercera es la Virgen de los Reyes, patrona de Sevilla, cuya imagen se venera en la catedral, aunque no lo ostenta Nuestra Señora, sino el Niño. Por último, en la ciudad siciliana de Messina se venera la imagen de su patrona, la Madona della Lettere, representada mediante una antigua pintura bizantina. En las fiestas y solemnidades mayores, dicha imagen es sacada en procesión cubierta con la denominada «manta», un revestimiento de oro anaranjado con perlas, diamantes y otras piedras preciosas elaborado a mano. Entre los donativos realizados por los fieles, destaca un toisón de oro, aunque se desconoce su procedencia.

En 1643, Felipe IV declaró a la Virgen de Atocha «Protectora de España, de todo el Nuevo Mundo, de sus flotas y galeones, de las Armas de esta Monarquía y principal y más antigua patrona de esta Imperial Villa de Madrid». De esta forma, Nuestra Señora de Atocha, entre los siglos XVII y XIX, fue depositaria de trofeos militares. Y la tradición continuó hasta el siglo XX. El mismo Franco acudió a la basílica en 1940 para agradecer su victoria en la Guerra Civil.

Como comentábamos, la Virgen recibió la placa de la Real Orden de Carlos III el mismo día que el collar del toisón en una ceremonia organizada por Isabel II. En 1814, su padre, Fernando VII, a su regreso de Francia, tras ser liberado por Napoleón, le había otorgado la banda y la gran cruz de Carlos III. El monarca cambió su itinerario para desviarse y entrar al santuario antes de dirigirse al Palacio Real para depositar a los pies de la Virgen las insignias de la orden fundada por su abuelo.

Podríamos decir que se «lo debía» porque el 5 de diciembre de 1808, durante la guerra de la Independencia, el santuario había sufrido su «noche triste». Las tropas francesas lo saquearon, quemaron el archivo, destruyeron las banderas y otros estandartes que habían sido allí depositados y convirtieron el convento en un cuartel. Menos mal que los padres dominicos pudieron salvar la talla y refugiarse con ella en el convento de Santo Tomás, en la calle Atocha, mientras duraba la guerra.

En 1835, al declararse la exclaustración de los conventos, la imagen tuvo que abandonar de nuevo el santuario. Isabel II permitió que se restableciera el culto y regaló a la imagen valiosas joyas, algunas de las cuales fueron vendidas por Alfonso XII, con la autorización de su madre, para conseguir fondos con los que empezar a construir en 1883 la catedral de la Almudena.

Ante el riesgo de hundimiento, la reina María Cristina, esposa de Alfonso XIII, se vio obligada a derribar la basílica y la Virgen fue trasladada a la iglesia del Buen Suceso hasta que la familia real impulsó las obras de restauración.

La proclamación de la república y la huida de Alfonso XIII el 14 de abril de 1931 impidieron la coronación de la Virgen prevista para el día 15. Para más inri, durante la Guerra Civil, el convento y la iglesia fueron asaltados e incendiados y solo se pudo salvar la imagen de la Virgen. Una vez más, la basílica fue reconstruida entre 1946 y 1951.

Hoy en día, cada vez que nace un infante de España, sus padres llevan al recién nacido ante la Virgen de Atocha. Así hicieron los actuales reyes con sus hijas. También cuando se casaron, la entonces princesa de Asturias entregó su ramo de novia a la Virgen. Por cierto, Alfonso XII celebró en la basílica sus dos matrimonios.

Nuestra Señora de Atocha también ha visto morir a monarcas como Felipe III y Felipe IV, que pidieron que les llevaran la talla a palacio en sus últimos momentos.

LAS MANTILLAS SE PRENDEN CON FLORES DE LIS

La conocida como rebelión de las Mantillas (también motín de las Mantillas o manifestación de las Peinetas) hace referencia a las manifestaciones pacíficas protagonizadas por mujeres de la nobleza lideradas por la princesa Sofía Troubetzkoy (efectivamente, la primera en poner el árbol de Navidad en nuestro país, de quien ya hemos hablado). El fin de estas «revueltas» era mostrar apoyo a los Borbones (a Isabel II y al príncipe Alfonso) frente al rey Amadeo de Saboya y a su esposa María Victoria, recién llegada a España.

Los hechos tuvieron lugar los días 20, 21 y 22 de marzo de 1871 en el paseo del Prado de Madrid, donde la alta sociedad madrileña acudía cada tarde en sus carruajes con sus mejores vestidos y joyas. María Victoria, la reina, se interesó por esta costumbre social. Normal, quería integrarse.

Contextualicemos la situación.

Después de la Revolución de 1868 y la salida de España de Isabel II, el 16 de noviembre de 1870 se reunieron las Cortes para elegir nuevo rey. El resultado de las votaciones fue el siguiente: Amadeo obtuvo ciento noventa y un votos; el duque de Montpensier (marido de la infanta Luisa Fernanda y, por tanto, cuñado de la reina), veintiocho; Espartero, ocho; la República Federal, sesenta; el príncipe Alfonso de Saboya, dos; y la infanta Luisa Fernanda, hermana de Isabel II, uno. Veinte diputados votaron en blanco. El nuevo rey era hijo de Víctor Manuel II de Italia, había nacido en Turín y no hablaba español.

Isabel II y el príncipe Alfonso contaban con el apoyo político de Cánovas del Castillo y con el apoyo social y económico del matrimonio de los duques de Sesto, José Osorio y Silva (Pepe) y su mujer, la princesa Sofía Troubetzkoy.

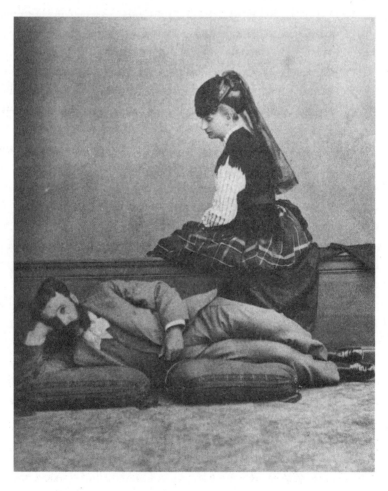

Los duques de Sesto, José Osorio y Silva y su esposa
la princesa rusa Sofía Torubetzkoy

Casualidades de la vida, la nueva reina llegó a Madrid el 19 de marzo de 1871, Día de San José, el santo de Pepe Osorio. Y el duque había organizado una fiesta de celebración de su onomástica con sus amigos en su palacio de Alcañices, en la madrileña calle de Alcalá. Su mujer aprovechó la ocasión para intrigar entre esas amistades con el objetivo de aislar socialmente a la reina.

Para ello contó con Angustias de Arizcún Tilly y Heredia, condesa de Tilly y de Heredia-Spinola y marquesa de Iturbieta; Cristina de Carvajal y Fernández de Córdoba, marquesa de Bedmar; Agripina de Mesa y Queralt, condesa de Castellar; Mercedes Méndez de Vigo y Osorio, condesa de Serrallo; y Josefa de Arteaga y Silva, marquesa de la Torrecilla. El *dream team* acordó mostrar rechazo a los nuevos reyes mediante un elaborado plan: la rebelión de las Mantillas.

Las damas se pusieron de acuerdo para lucir en su tradicional paseo de tarde mantillas españolas en lugar de sombreros y tocados. ¿Por qué este complemento? Pues porque se trataba de una prenda tradicional española; un símbolo para defender al rey legítimo sobre el extranjero.

Por si quedaba alguna duda de la sutil metáfora, las damas sujetaron sus mantillas blancas con alfileres con el emblema de la flor de lis, símbolo de los Borbones. De hecho, en cualquier reunión social, en el teatro, en los toros, en una tertulia, era fácil localizar a los monárquicos restauracionistas, pues en algún lugar de su vestimenta acostumbraban a lucir una flor de lis como signo de protesta pacífica contra la expulsión de España de la reina Isabel y de su hijo.

Debido al mal tiempo, parece ser que el paseo del primer día no tuvo mucho éxito de convocatoria. Con lo perfecto que era el plan. Al día siguiente, sin embargo, muchas damas habían cambiado el sombrero por la mantilla.

Por cierto, las damas defensoras de los carlistas sujetaron sus mantillas con margaritas (ya sabemos por qué). Y es que los monárquicos Borbones también estaban divididos entre alfonsinos y carlistas, pero todos unidos en su deseo de expulsar al «intruso» Amadeo.

La nueva reina (pobre inocente) creyó que era costumbre pasear con mantilla y pensó en acudir también ataviada con este complemento por aquello de «donde fueres...». Pero al enterarse del motivo de la nueva moda entre las damas, al día siguiente no acudió al paseo. Sofía tampoco lo hizo, pues su marido no se lo permitió al saber que habría disturbios. Por su parte, parece ser que Ruiz Zorrilla, ministro de Fomento; y Sagasta, ministro de Gobernación, planearon una farsa para ridiculizar a las damas participantes en favor de la reina. El encargado de llevarla a cabo fue Felipe Ducazcal y Lasheras, conocido empresario de espectáculos, que junto con su hermano hicieron de cocheros, transportando a varias prostitutas ataviadas con mantilla. Incluso, en la comitiva, un actor con sombrero de copa y grandes patillas postizas parodió al duque de Sesto.

Esta «rebelión» no fue la única manifestación de la aristocracia contra los nuevos reyes. Lo cierto es que desde el primer día no pararon de sufrir menosprecios y humillaciones.

El nuevo rey llegó a Madrid el 2 de enero de 1871. A medida que recorría las calles, se cerraban las ventanas a su paso. Julio Benalúa, sobrino y apadrinado del duque de Sesto, narra la siguiente escena:

> Se convino [...] que todos los balcones estuviesen solitarios y cerrados, no solo sus vidrieras, sino hasta las maderas, y nosotros, la gente joven, en nuestro afán de curiosidad, recuerdo muy bien que asomado por la rendija de una persiana del piso segundo vi el espectáculo. [...] Al cabo de dos minutos, apareció la figura del nuevo Rey, solo y enteramente aislado. No se me borrará nunca de la imaginación aquella figura sobre el plano de nieve que presentaba la calle de Alcalá[196].

Pero la cosa fue *in crescendo*. Cuentan que, en una reunión organizada por el marqués de Molins, Mariano Roca de Togores, se redactó una carta (que pronto sería filtrada a la prensa) que contenía instrucciones precisas sobre el modo de actuar ante la llegada del rey italiano. Una de las normas era que la aristocracia no atendería a las invitaciones que le pudieran llegar de palacio. Si esto no es *bullying*...

Amadeo tuvo que recurrir a sus contactos internacionales para organizar actos sociales. El principal apoyo lo encontró en Henry Layard, representante diplomático de Inglaterra en España. Sin embargo, el boicot que los aristócratas le hicieron al inglés fue tal que acabó por desvincularse de Su Majestad en esta tarea. Algo simi-

---

196 Benalúa, Conde de (2008). *Memorias del... Duque de San Pedro de Galatino. La revolución, la emigración, Alfonso XIII. La restauración (1867-1875).* V.1. pp. 113-115. Universidad de Granada.

lar le sucedió a Adela Weisweiler, hija del corresponsal de la banca Rotschild en España.

El 5 de enero de 1872, Amadeo se estrenó como anfitrión en el Palacio Real con un cotillón de Reyes. Sin embargo, solo asistieron algunas damas que, por diversas razones relacionadas con sus maridos, no podían faltar: las duquesas de Veragua, Fernán Núñez, Tetuán y de la Torre; las marquesas de Ugallares y de Cervera; y la condesa de Almina.

El 23 de enero, santo de Alfonso, se organizó un baile en casa de los Heredia-Spínola, en la calle Hortaleza. La condesa era uno de los grandes apoyos de la monarquía borbónica y aprovechó la onomástica para convertir el acto en una manifestación alfonsina a la que acudiría toda la aristocracia, militares y políticos conservadores. Ellos de frac, ellas de gala; todos con una flor de lis en alguna parte de su atuendo.

María Victoria del Pozzo con su esposo, Amadeo I de España.

Días después, Pepe Osorio organizó una fiesta en su casa. Al amanecer, todos los invitados rezaron en la capilla por el regreso del rey Alfonso.

Ante el rechazo de la aristocracia, los Saboya abrieron las puertas de la corte a los intelectuales, y fundaron la Cruz de María Victoria, con la que se reconocían los méritos de músicos y científicos. Con tanto enemigo necesitaban encontrar algún apoyo porque así no había quien reinara.

Pero llegó la gota que colmó el vaso. El 19 de julio de 1872 Amadeo sufrió un intento de asesinato. La situación se hizo tan insostenible que el 11 de febrero del año siguiente el rey decidió abdicar y lo hizo sin ni siquiera presentarse en el Congreso. Se limitó a enviar una carta. Amadeo partió con su familia para Portugal y, desde allí, viajó a Italia. Chimpún.

Conozcamos un poquito ahora a su mujer, Victoria del Pozzo della Cisterna.

Nacida en París, de ascendencia aristocrática belga, con exquisita formación y dominio de varios idiomas, Victoria contrajo matrimonio en 1867 con Amadeo a los dieciocho años. Cuando su marido fue elegido rey de España, ella no pudo acompañarle porque estaba convaleciente de su segundo parto. Viajó, por tanto, dos meses después acompañada por sus hijos, Manuel Filiberto y Víctor Manuel. Ya en el Palacio Real de Madrid nacería el infante Luis Amadeo.

María Victoria tuvo problemas incluso para encontrar una dama de la aristocracia que aceptase ser su camarera mayor. Sin embargo, la reina sí supo ganarse el respeto de la clase humilde. Fomentó la educación, financió comedores sociales y ayudó a las cigarreras, muy desfavorecidas. También fue la impulsora de la primera cadena de guarderías de nuestro país y fomentó la creación del primer asilo para lavanderas, así como centros de acogida para sus hijos. Incluso siguió financiando alguna de estas iniciativas desde el exilio, a través de su amiga, la escritora Concepción Arenal.

María Victoria falleció en San Remo de tuberculosis con veintinueve años A pesar de haber sido reina de España, sus restos descansan en la basílica de Superga, en Turín. A su muerte, Amadeo contrajo de nuevo matrimonio con su sobrina María Leticia Bonaparte.

Y hasta aquí la historia del breve reinado de nuestros reyes italianos.

El doce y el trece

¿DÓNDE VAS, ALFONSO XII, SI TU AUGUSTA MADRE NO QUIERE A MARÍA DE LAS MERCEDES?

A la reina Isabel II no le acababa de convencer su futura nuera, María de las Mercedes de Orleans. No por ella, que era su sobrina, la hija menor de su hermana Luisa Fernanda, sino por su padre, el duque de Montpensier, Antonio de Orleans, pretendiente al trono —que finalmente ganó Amadeo de Saboya en las Cortes— y uno de los principales financiadores de la revolución la Gloriosa, que terminaría con su cuñada en el exilio. ¿Cómo iba a aceptar el enlace entre su hijo y la hija de su enemigo? Ni hablar.

Sin embargo, a pesar de la oposición de su madre, Alfonso XII no renunció a casarse con su prima, de diecisiete años, a la que el pueblo apodaba Carita de Cielo. La pareja se había conocido en el palacio de Randan, en Auvernia.

Alfonso fue proclamado rey tras ingresar en la academia militar de Sandhurst (Inglaterra). Hizo su entrada triunfal en Madrid en enero de 1875. Comenzaba el periodo de la Restauración marcado por la figura de Cánovas del Castillo y la aprobación de la Constitución de 1876, la más duradera de nuestra historia (de momento). Tras el fin del tercer conflicto carlista y la guerra de Cuba, el Rey Pacificador (como fue apodado) conseguía la aprobación de las Cortes para casarse con su prima Mercedes. En realidad, ¿qué culpa tenía ella de las intrigas de su padre?

Alfonso XII y María de las Mercedes.
[Casa Moreno. Archivo de Arte Español (1893-1953)]

Antonio de Orleans, duque de Montpensier, era el hijo menor del rey de los franceses, Luis Felipe I y de María Amelia de Borbón-Dos Sicilias, princesa de las Dos Sicilias y nieta de Carlos III (hija del infante Fernando).

El duque estudió en el liceo francés junto a Francisco de Asís de Borbón, su futuro cuñado; y a Enrique, el hermano de este, el otro cuñado de Isabel II con el que ya comenzaría desde niños la enemistad que desembocó en la tragedia que relatábamos páginas atrás.

Al terminar sus estudios, ingresó en la academia militar. En 1842 fue ascendido a teniente en el tercer regimiento de artillería, en 1843 a capitán del cuarto regimiento de infantería y en 1845 fue nombrado teniente coronel.

Pero vayamos al origen del enlace entre Antonio y la hermana de la reina. En 1836 la reina María Cristina había acordado la boda de sus hijas, Isabel y Luisa Fernanda, con sus primos Francisco de Asís y Enrique, hijos de su hermana Luisa Carlota. Pero no cumplió con esta promesa en relación con el matrimonio de su segunda hija. En una entrevista celebrada en Pamplona en septiembre de 1845 entre la reina madre; el presidente del Consejo de Ministros, Nárvaez; el ministro de Estado, Martínez de la Rosa; los duques de Nemours y Aumale, en representación de su padre, el rey de Francia Luis Felipe; y el embajador de Francia en España, Bresson, se acordó el matrimonio entre Luisa Fernanda y Antonio.

Mientras que el enlace de la reina con Francisco de Asís recibió la aprobación de todos los diputados de las Cortes, a la hora de votar el de su hermana con Montpensier, diecinueve parlamentarios abandonaron el hemiciclo y uno de los que permaneció, el periodista republicano José María Orense, votó en contra.

Como era de esperar, el 25 de septiembre el embajador británico envió una carta al Gobierno español manifestando el malestar inglés ante la noticia y el 5 de octubre remitió una nueva misiva haciendo referencia al Tratado de Utrech de 1713 en el que había quedado recogida la renuncia de los Orleans a todos los derechos y títulos al trono español. El diplomático exigía que la descendencia del nuevo matrimonio fuese excluida de los derechos de sucesión de la Corona de España en el caso de que la reina no tuviera herederos.

Para el pueblo tampoco fue grata la presencia de un príncipe francés en la Corte española. No olvidemos que todavía seguía en el recuerdo la guerra contra Napoleón.

A pesar de todos los inconvenientes y detractores, el 10 de octubre de 1846 (día en que la reina cumplía dieciséis años) se celebraron los dobles enlaces entre Isabel II y Francisco de Asís y entre la hermana de la reina, Luisa Fernanda, y Antonio de Orleans en el salón de Embajadores del Palacio Real. Ella tenía catorce y él veintidós. La madrina común de los contrayentes fue la reina María Cristina. En cuanto a los padrinos, el duque de Aumale lo fue de Montpensier y Luisa Fernanda; y el infante Francisco de Paula de la reina y Francisco de Asís.

En febrero de 1848, el rey Luis Felipe I y su familia tuvieron que huir de Francia tras la instauración de la Segunda República francesa. Antonio y su esposa se instalaron en un primer momento en Claremont House (Inglaterra). El 2 de abril los Orleans llegaron a España y se establecieron inicialmente en Madrid, después en Aranjuez y más tarde en Sevilla, en el palacio de San Telmo. Allí montaron su «corte chica», residencia que iban alternando con la de Sanlúcar de Barrameda, donde se dedicaron al cultivo de naranjas. De ahí el apelativo de «naranjero», con el que tratarían de ridiculizar a Montpensier sus enemigos (que no eran pocos).

En 1858 Isabel II nombró a Montpensier capitán general del Ejército. Al año siguiente, por un real decreto expedido el 10 de octubre, la reina le concedió el título de infante de España. Además, con motivo de su boda con Luisa Fernanda, la reina le había condecorado con la Insigne Orden del Toisón de Oro. Así que, de momento, la cosa iba bien.

Sin embargo, las continuas intrigas políticas de Antonio hicieron desconfiar a la reina. Su Majestad no estaba equivocada porque el mismo Montpensier fue uno de los impulsores de la Revolución de 1868 que acabaría por destronarla.

Y es que el objetivo de Orleans era claro: derrocar a su cuñada y quedarse con el trono. No era ambicioso ni nada el «naranjero»; pero la jugada (y el desembolso realizado) no le salió bien. Aunque consiguió acabar con el reinado de Isabel II, no logró finalmente ocupar su lugar. Sus intrigas y tejemanejes habían generado muchas enemistades y desconfianzas. Pero una de las causas más determinantes fue el duelo con el infante Enrique que ya hemos relatado.

Tras la victoria en las Cortes de Amadeo, Antonio de Orleans fue desterrado a una fortaleza militar de Menorca, por negarse al juramento de adhesión al nuevo rey como correspondía a su rango de capitán general del Ejército. Más tarde, renunció a su graduación militar.

Antonio murió en su finca sanluqueña el 5 de febrero de 1890, a los sesenta y cinco años. Sus restos fueron enterrados en el mismo coto, en el Corro del Piñón. Su viuda cedió a la ciudad de Sevilla una parte considerable de los jardines del palacio de San Telmo, que se reinaugurarían en 1914 bajo el nombre del parque de María Luisa en su honor. La infanta falleció en Sevilla en 1897. Los restos del matrimonio descansan hoy en el Panteón de Infantes del monasterio de San Lorenzo de El Escorial.

La pareja tuvo nueve hijos que recibieron el tratamiento de infantes de España, entre ellos, María de las Mercedes, primera esposa de Alfonso XII.

El 7 de diciembre de 1877 se formalizó el noviazgo entre ambos. El rey mandó una comisión a casa de su futuro suegro, al palacio de San Telmo, para pedir la mano de su hija. El duque había recibido previamente el correspondiente telegrama de Su Majestad:

> Me es muy grato poner en vuestro conocimiento que esta noche sale para esa mi mayordomo mayor, jefe superior de Palacio, el marqués de Alcañices, que os entregará una carta de importancia, cuya contestación espero sea pronta y favorable como lo desea mi corazón. Vuestro afectísimo sobrino […][197].

El regalo de pedida fue una pulsera de oro, brillantes y rubíes. La boda se fijó para el 23 de enero de 1878 en la basílica de Nuestra Señora de Atocha en Madrid.

LA SEMANA SANTA DE LOS MONTPENSIER EN SEVILLA

En el siglo XIX, la Iglesia católica española sufría una etapa de crisis y decadencia como consecuencia de las desamortizaciones promovidas por las revoluciones liberales. La llegada a Sevilla, en 1848, de los duques de Montpensier, significó un respiro. La hermana de la reina y su marido se convirtieron en una especie de «protectores» de la Iglesia hispalense. Y, como es lógico, esta vinculación atrajo también a otros personajes relevantes de la aristocracia y la burguesía sevillana, así como a vecinos del pueblo que deseaban conocer a estos miembros de la familia real. En realidad, esta labor formaba también parte de una estrategia de relaciones públicas para ganarse las simpatías del pueblo apoyando sus tradiciones. No olvidemos que el duque era francés y la opinión pública estaba todavía resentida tras la reciente guerra de la Independencia.

Además, todas estas acciones también estaban diseñadas para consolidar la institución monárquica en España como el sistema de gobierno garante de la preservación de las tradiciones y la religio-

---

197 De la Serna, M. (24 de noviembre de 2016). «El ajuar de boda de una novia real». *Protocolo a la Vista*. Recuperado el 2 de septiembre de 2021. https://protocoloalavista.com/boda-ajuar-novia-real/

sidad en un contexto de inestabilidad política y social. De hecho, los duques no tardaron en hacer caso omiso a alguna de las normas dictadas desde Madrid en relación con los procedimientos para la aprobación de los estatutos de hermandades. Para muchos, más que embajadores de la casa real en Sevilla, los duques de Montpensier eran los auténticos reyes. Al menos aspiraban a eso, como se demostró en 1868.

En 1848 los duques de Montpensier fueron inscritos como hermanos en el Gran Poder. En 1849 se hicieron cofrades de Pasión, hermanos de las Tres Caídas de San Isidoro y hermanos mayores de la Carretería. En 1850 promovieron la procesión magna del Santo Entierro. En 1851 se hicieron cofrades de la Quinta Angustia y hermanos mayores de Montserrat; y en 1866, hermanos de Montesión.

La vinculación de la Corona con la Iglesia sevillana se remonta al siglo XIII. Hagamos un breve repaso. En 1248 Fernando III de Castilla conquistó Sevilla. Puesto que la religión islámica no permitía la representación de figuras, en la ciudad no existían escultores. Por tanto, las tallas de la ciudad proceden de escuelas foráneas como la de la patrona de Sevilla y su archidiócesis, la Virgen de los Reyes, una escultura anónima en torno a la cual circula la leyenda de que fue un regalo de Luis IX de Francia a nuestro Fernando III. Otro rumor sostiene que la Virgen se apareció en sueños al monarca castellano, que mandó hacer una talla tal y como esta se le había aparecido.

Alfonso X el Sabio, hijo de Fernando III, promovió la edificación de uno de los templos más importantes de la ciudad: la parroquia de Santa Ana. Según cuenta Ortiz de Zúñiga[198], el rey mandó construir este templo en acción de gracias tras haberse encomendado a la santa para solicitar su intercesión en relación con una enfermedad ocular grave.

En la Edad Moderna empezaron a surgir las hermandades y cofradías de penitencia que incluyen, en su nombre, el título de Real. En 1522 Carlos I concedió el título de Imperiala a la Hermandad de Guía, un tratamiento que aún conserva su heredera, la Hermandad de la Lanzada.

---

198   Ortiz de Zúñiga, D. (1796). *Anales eclesiásticos y seculares de la muy noble y muy leal ciudad de Sevilla*, vol. III, p. 285. Imprenta Real.

Carlos II fue el primer monarca que ingresó en la Hermandad del Santo Entierro, en 1694. Desde entonces, todos los monarcas españoles han ostentado el cargo de hermanos mayores de la corporación.

Felipe V, su sucesor, situó la corte en Sevilla entre 1729 y 1734, en el conocido como Lustro Real. Así, el primer rey Borbón y su familia pudieron asistir durante estos años a las procesiones y a la celebración de los oficios que se desarrollaban en la catedral.

Con Fernando VI se puso en práctica una real orden que intentaba controlar a la población gitana, que se vio obligada a asentarse en determinados emplazamientos. En este difícil contexto de persecución, encarcelamiento y apropiación de bienes nació en Triana la Hermandad de los Gitanos.

Durante el reinado de Carlos III, algunos personajes de la Ilustración cercanos al monarca (como Pablo de Olavide) promovieron reformas para regular ciertas tradiciones consideradas arcaicas. Los reglamentos de las cofradías debían someterse al control del Consejo Real de Castilla. La picaresca sevillana se las ingenió para saltarse alguna de las normas. En este contexto, surgió la famosa «Madrugá» de cada Viernes Santo. El Consejo de Castilla había determinado que las cofradías no podían encontrarse de noche para evitar posibles desórdenes públicos y delitos; de la misma forma que se prohibía a los penitentes asistir con rostros cubiertos. La Hermandad del Silencio decidió que acompañarían a Jesús Nazareno y a la Virgen de la Concepción en un «alba», que acabó traduciéndose por las 2 de la madrugada. Le seguirían el Gran Poder, la Macarena y la Carretería.

La guerra de la Independencia y sus saqueos causaron un daño grave en el patrimonio de muchas iglesias y hermandades. Por ello, cuando José Bonaparte visitó Sevilla en la Semana Santa de 1810, las cofradías se negaron a procesionar ese año a pesar de las amenazas de las autoridades. Finalmente, solo tres (el Prendimiento, el Gran Poder y la Carretería) accedieron. Pero Pepe Botella, ofendido también, se negó a presenciarlas y optó por permanecer en el Alcázar.

Ya nos acercamos a los protagonistas de nuestra historia. El reinado de Fernando VII fue una etapa de resurgimiento para muchas corporaciones. El rey otorgó el título de Real a hermandades como el Amor, la Trinidad, los Gitanos, la Exaltación, el Gran Poder o el Museo. Además, el asistente Arjona, mano derecha del monarca en

Sevilla, contribuyó a revitalizar la Hermandad del Santo Entierro en su papel de teniente de hermano mayor de la corporación.

Como decíamos, la tradición de organizar el Santo Entierro Grande o Magno se remonta al año 1850 y tuvo como origen una petición de los duques de Montpensier, tal y como recoge Juan Carrero Rodríguez en los *Anales de las cofradías sevillanas*[199] y José Joaquín León Morgado en *El Santo Entierro Grande*[200]. En aquel primer Santo Entierro Grande acompañaron a los titulares de la Hermandad Matriz, formando la procesión los siguientes pasos: Triunfo de la Santa Cruz (popularmente conocido como la Canina), Monte-Sión, Prendimiento, Desprecio de Herodes, Pasión, Sagrada Cena, Exaltación, Expiración del Museo, Tres Necesidades (Carretería), Quinta Angustia, Sagrada Mortaja, Jesucristo Yacente y Virgen de Villaviciosa y Duelo. La procesión salió de la iglesia de la Magdalena. El éxito animó a las cofradías y autoridades municipales a repetirlo en 1854, cuando tomaron parte en la procesión doce cofradías más la Matriz, que salieron de la iglesia de San Francisco de Paula.

En 1874 el desfile se inició en la capilla del Santo Sepulcro con solo tres cofradías, razón por la que no se contabiliza como Santo Entierro Grande. En 1890 tomaron parte nueve cofradías más la Matriz. En 1898 fueron diez los pasos, más los tres de la Hermandad del Santo Entierro. En el siglo XX hubo cinco procesiones extraordinarias: en 1910, 1920, 1948, 1965 y 1992. En este último participaron dieciocho cofradías, el mayor número de la historia.

Isabel II también era asidua a la Semana Santa sevillana. Ni siquiera faltó en 1884, año en que su hija, la infanta Paz, esperaba el nacimiento de su primer hijo. La reina madre (recordemos que por esta fecha ya reinaba su hijo Alfonso) esperó a que concluyera la Semana Santa para regresar a la corte. Las crónicas de la época subrayan la ostentación y el lujo de los asistentes a los palcos de la plaza de la Constitución para presenciar las procesiones y también para ver y ser vistos por la soberana. Isabel repartió una «cuantiosa cantidad» en donativos, que fueron elogiados por la prensa.

Antes de regresar a Madrid, la reina quiso hacer entrega a Sevilla de un regalo. El 16 de abril, el periódico *La Andalucía* relata: «D.ª Isabel II

---

199   Carrero, J. (1991). *Anales de las cofradías sevillanas*, p. 518.
200   Morgado, J. (1997). *El Santo Entierro Grande*. Castillejo.

[...] ha regalado a la Virgen de los Reyes un manto riquísimo y vestidura completa, de raso blanco, sembrado de castillos, leones y lises bordados en oro»[201]. Se trata de un manto que hoy en día aún luce la patrona de Sevilla en algunas de sus salidas procesionales. El manto y la vestidura proceden del vestido que la reina estrenó en la apertura de las Cortes el 10 de enero de 1858. Fue bordado por las hermanas Gilart, que ya habían elaborado en 1853 otro conjunto de traje y manto para la Virgen de los Reyes. Sobre este atuendo escribió en su momento la prensa:

> El manto es de terciopelo verde salpicado de grandes flores de oro y con una guarnición tan bien concebida y ejecutada, que no puede darse de ella una idea, ni puede describirse para que se comprenda bien el efecto que produce su vista [...] El vestido es de raso blanco y da la misma tela son las demás prendas, sobre cuyo fondo se destaca el oro produciendo el efecto más sorprendente[202].

La reina Isabel II luciendo el traje de corte de castillos y leones que donó a la Patrona en 1884. A la derecha la Virgen de los Reyes con el traje. [Fuente: *El arte de vestir a la Virgen*]

201 Periódico *La Andalucía*, 16 de abril de 1884.
202 Sánchez, F. J. (30 de abril de 2020). «Las estancias de Isabel II en Sevilla». *El Cajón de los Misterios*. Recuperado el 30 de agosto de 2021. https://elcajondelos-misterios.com/2020/04/30/la-reina-isabel-ii-en-sevilla-3/

La Virgen de los Reyes estrenó el manto de los castillos y leones el 18 de abril de 1884. Ese día, tuvo lugar una solemne misa en la capilla real a la que asistió la reina madre. Isabel fue recibida en la puerta de las Campanillas por el cabildo de la catedral y el alcalde.

Los Montpensier contribuyeron también a la celebración de las romerías como la del Rocío. El duque acudió por vez primera vez el lunes 9 de junio de 1851, tal como recogió el periódico *El Católico*[203]. En aquella ocasión no asistió acompañado de su esposa, embarazada de su segunda hija. El duque siguió la misa desde un trono elevado sobre una tribuna, decorada con un dosel, ubicada cerca del presbiterio junto al paso de la Virgen.

Hasta el destierro de 1868, el matrimonio Montpensier apenas faltó al Rocío cada lunes de Pentecostés. Por la mañana salían a recibirlos numerosas personas a caballo con el alcalde de Almonte a la cabeza. La multitud los aclamaba y vitoreaba. Habitualmente, se postraban en primer lugar ante el altar de Nuestra Señora del Rocío y luego se dirigían hacia las paradas de algunas hermandades para agradecer su recibimiento.

En la tarde del domingo de Pentecostés se lidiaba un toro. Después, el animal era sacrificado y su carne era vendida a un módico precio, a beneficio de la filial de Triana. El lunes cada hermandad dedicaba en el santuario una misa cantada, a la que acudían los romeros. A la ceremonia religiosa le seguía la procesión, presidida por los duques. En ella, Antonio y Luisa Fernanda portaban las varas de hermanos mayores de la de Almonte, un cargo honorario al que accedieron desde el primer año. El resto de hermandades ocupaban sus puestos con su estandarte: la más reciente abría el cortejo y la más antigua lo cerraba.

En 1850, con anterioridad a la asistencia de los duques, el Rocío recibía entre diez mil y veinte mil peregrinos. La cobertura mediática y la expectación generada funcionó como «efecto llamada» duplicando el número de asistentes en 1858.

La infanta Isabel Francisca de Asís, hija primogénita de los duques de Montpensier, condesa de París, tomó el relevo de sus progenito-

---

203 Periódico impreso en España desde el 1 de marzo de 1840 hasta el 14 de agosto de 1857. Se subtituló «periódico religioso y social, científico y literario, dedicado a todos los españoles, y con especialidad al clero, amantes de la religión de sus mayores y de su patria».

res acudiendo cada año a presidir los cultos de estas hermandades y cofradías, de las que era benefactora ilustre y hermana honoraria. Con motivo de la coronación de la imagen de la Virgen del Rocío en 1919, la condesa sufragó los gastos de reparación de la ermita y regaló un traje y manto a la Virgen, conocido desde entonces como el «traje de la condesa».

Alfonso XIII y Victoria Eugenia se alojaron en el palacio de Villamanrique, propiedad de la condesa de París, en 1911. Por cierto, para contextualizar, María Luisa de Orleans, hija de la condesa de París, es la abuela materna del rey Juan Carlos. En este palacio, el 14 de abril de 1911, Alfonso XIII le confirmó a la primera y más antigua hermandad del Rocío el título de Real que ya ostentaba, siendo la primera hermandad en la historia del Rocío que recibió este honor.

Alfonso XIII también fue asiduo a la Semana Santa hispalense. La crónica del *ABC de Sevilla*[204] se hizo eco de la última vez que el monarca pudo presenciar las procesiones antes de partir hacia el exilio. Tras presenciar los oficios, el rey contempló la procesión de las cofradías en la plaza de San Francisco y esperó el palio de la Virgen de la Victoria de las Cigarreras en el casino militar de la calle Sierpes.

Los reyes Juan Carlos y Sofía realizaron su primera visita a la Semana Santa sevillana en 1963. Visitaron la Hermandad de San Bernardo y contemplaron la procesión de las Siete Palabras de San Vicente. Su primera visita en Semana Santa como reyes tuvo lugar en 1984, acompañados de sus hijos. Presenciaron las procesiones del Jueves Santo desde uno de los balcones de la biblioteca municipal. En la «Madrugá» vieron, desde los palcos, la salida de la Macarena y el paso del Gran Poder. El Viernes Santo Juan Carlos I presidió la procesión de la Hermandad del Cachorro.

Felipe VI, en su primera Semana Santa como monarca, en 2015, presenció el paso del Cautivo de Santa Genoveva por el parque de María Luisa. Luego, visitó los pasos del Museo y del Santo Entierro, donde fue recibido en calidad de hermano mayor. Presenció desde el palquillo de la Campana el palio de la Virgen del Rosario de San Pablo y los dos pasos de Redención. Desde ahí, acudió a la parroquia de San Andrés para ver el paso de Santa Marta antes de su salida.

---

204 Periódico *ABC de Sevilla*, 18 de abril de 1930.

Volviendo a los duques de Montpensier, al igual que con la del Rocío, revitalizaron la romería de Valme, en Dos Hermanas. Parece que, gracias a una obra de la novelista Cecilia Böhl de Faber ambientada en esta localidad, los duques conocieron el estado de abandono en el que se encontraban la ermita y el pendón ofrecido a la Virgen por San Fernando. Por ello, decidieron restaurarlo y promover la reedificación de la ermita, donde fue trasladada la Virgen de Valme hasta que los vecinos del pueblo, en 1869, volvieron a llevársela hasta la capilla de la parroquia, donde se encuentra actualmente.

Los duques no solo revitalizaron la Semana Santa sevillana y las romerías. Fueron también excelentes mecenas y legaron a la ciudad andaluza obras de los mejores pintores. Además, participaron en la restauración de muchas iglesias y monumentos e impulsaron el parque de María Luisa, el Costurero de la Reina y el palacio de San Telmo, un edificio de estilo barroco que había acogido el Colegio de la Marina y que fue adquirido y restaurado por los Montpensier en 1849. Tres años después del fallecimiento de Antonio, Luisa Fernanda regaló a la ciudad el actual parque que lleva su nombre (María Luisa), inaugurado el 18 de abril de 1914; y siete años después del enviudar, donó el palacio de San Telmo a la Archidiócesis quien, en 1989, lo cedió a la Junta de Andalucía para albergar la sede del Gobierno autonómico.

Los Montpensier contribuyeron también a la reforma y ampliación del castillo donde pasó sus últimos años Hernán Cortés, conquistador de México, en Castilleja de la Cuesta. Los duques lo adquirieron en 1855 para convertirlo en su palacete de verano. Regalaron el castillo a su hija María de las Mercedes con motivo de su enlace con Alfonso XII; pero como la reina murió, el rey le entregó el palacio a su hija mayor años más tarde. En 1903 pasó a ser propiedad de las religiosas del Instituto de la Bienaventurada Virgen María, procedentes de Gibraltar, de ahí que sean conocidas como las Irlandesas.

Otro lugar significativo es el Muelle de Nueva York, un embarcadero secreto que conectaba el palacio de San Telmo con la orilla del río por un túnel. Desde allí, en caso de necesidad, huiría el duque hasta Sanlúcar de Barrameda. Recibió ese nombre porque desde él salían los barcos que partían hacia Estados Unidos. Desde luego, Montpensier estaba preparado para todo. Hasta para reinar…

LA PRIMERA LLAMADA TELEFÓNICA DESDE MADRID

El 22 de enero de 1878 se realizó la primera llamada telefónica desde Madrid. ¿Los protagonistas? Alfonso XII y María de las Mercedes de Orleans, su primera esposa. De hecho, la llamada tuvo lugar precisamente el día antes de la boda y se tuvo que proyectar un tendido especial que permitiera unir el palacio de Madrid y el de Aranjuez. Efectivamente, Alfonso se encontraba en el primero y la futura reina en el segundo. La conversación entre ambos duró quince minutos.

Las capitulaciones matrimoniales se celebraron ese mismo día en el palacio de Aranjuez. Al término de la ceremonia, se entregaron los regalos a la futura reina: la casa real, una corona de perlas y brillantes, unos pendientes de perlas y un collar; su suegro, el rey Francisco de Asís, una diadema de brillantes y dos pulseras; su cuñada Isabel, otra diadema; y el Gobierno, la cruz de la Orden de las Damas Nobles de la Reina María Luisa hecha con brillantes.

Al día siguiente, día de la boda, ella partiría a las nueve de la mañana en tren desde Aranjuez hasta la estación de Atocha (antes llamada estación del Mediodía). El trayecto duró exactamente una hora y siete minutos, puesto que fue realizando las oportunas paradas para que los vecinos de los pueblos pudieran ver a la novia. Por su parte, el príncipe de Asturias, con toda la comitiva, salió del Palacio Real a las diez y media, pasando por la calle Mayor, la puerta del Sol, la carrera de San Jerónimo, el paseo del Botánico y el paseo de Atocha hasta la basílica. Ese mismo día fue la primera vez que se encendieron las luces eléctricas en la puerta del Sol. Aun así, quedaban unos añitos para que tanto el teléfono como el alumbrado eléctrico se instalaran definitivamente en la capital.

El 23 de enero, a las doce de la mañana, contraían matrimonio en la basílica de Nuestra Señora de Atocha, iluminada para la ocasión con más de mil velas. La ceremonia fue oficiada por el cardenal Benavides. Francisco de Asís, padre del monarca, ejerció como padrino; y la infanta Isabel (la Chata), hermana del novio, de madrina. Parece ser que iba a desempeñar este papel la abuela del rey, María Cristina, pero se indispuso en el último momento.

Así decía una copla popular de la época:

Quieren hoy con más delirio
a su rey los españoles
pues por amor va a casarse
como se casan los pobres.

Ese mismo día se incluyó el pan como limosna en el programa de actos públicos y se concedieron algunos indultos con motivo del enlace real.

A las dos de la tarde se celebró un desfile de las tropas de la guarnición en la plaza de Oriente; a las ocho, hubo funciones organizadas por el ayuntamiento en los teatros Español, Zarzuela, Apolo, Comedia, Novedades, Alhambra, Variedades, Martín e Infantil. La fuente de Neptuno y la de la diosa Cibeles también se engalanaron para la ocasión con globos de cristales de colores y luces de gas.

Retrato de Isabel II con la infanta Isabel , la Chata. [BNE]

El ajuar de la novia se confeccionó íntegramente en España. El vestido, abonado por Alfonso XII, costó 32.546 pesetas. Como curiosidad, mencionaremos que María de las Mercedes optó por zapatos planos para no parecer más alta que el rey.

La lencería del ajuar estaba compuesta por seis docenas de camisas de hilo fino, tres docenas de camisones de hilo, cuatro docenas de pantalones, media docena de chambras, tres docenas de enaguas para vestidos de cola y media cola, media docena de enaguas de franela, siete docenas de pañuelos finos, una docena de peinadores grandes bordados, una docena de juegos y mangas de batista, ocho gorros para cama, una docena de cuerpos escotados bordados y seis docenas de medias (dos de hilo escocés, dos de algodón, una de medias caladas y otra de seda)[205]. Lo básico, vamos.

En cuanto al vestuario del ajuar, podemos enumerar: un traje de corte rosa, con manto y abrigo del mismo color; otro amarillo con manto de terciopelo; tres trajes de noche de diferentes colores; un traje de terciopelo azul con pieles y abrigo, sombreros y botas a juego; un traje de tul blanco con flores; un traje de calle de rayas verdes y otro de seda en gris; un traje de viaje; un traje de amazona; y un traje de cacería. El fondo de armario de una reina de la época.

Al enlace real acudieron las infantas Pilar, Paz y Eulalia (hermanas del novio), los duques de Montpensier (padres de la novia) con sus hijos, embajadores y enviados extraordinarios, el cuerpo diplomático acreditado en Madrid, ministros y altos dignatarios de la corte, capitanes generales del Ejército, caballeros del toisón… Vamos, que fue todo un acontecimiento social. Eso sí, faltó una invitada principal: la madre del novio, Isabel II.

Los recién casados regresaron a palacio en una lujosa carroza techada por la corona real y tirada por ocho caballos de raza española.

Para cubrir el lecho de los reyes en su noche nupcial se utilizó un tapiz bordado en oro confeccionado en la Real Fábrica de Tapices de Madrid.

---

205   De la Serna, M. (24 de noviembre de 2016). «El ajuar de boda de una novia real». *Protocolo a la Vista*. Recuperado el 2 de septiembre de 2021. https://protocoloa-lavista.com/boda-ajuar-novia-real/

María de las Mercedes falleció de tifus tan solo cinco meses después de la boda, con dieciocho años recién cumplidos. Fue la más efímera de nuestras reinas (incluso más que Luisa Isabel de Orleans, la esposa de Luis I, cuyo reinado duró ocho meses).

Antes de hacer pública la noticia, había que certificar la muerte mediante un acto de reconocimiento del cadáver que exigía la presencia de cargos de palacio, grandes de España y autoridades. Este acto tuvo lugar en la madrugada del 27 de junio de 1878. En la cámara real se encontraba la camarera mayor, que no se había separado ni un momento del cadáver. Y accedieron el mayordomo mayor, los médicos de palacio, ocho grandes de España y el ministro de Gracia y Justicia en calidad de notario mayor del reino para levantar acta y dar fe.

A continuación, el cadáver fue entregado al mayordomo mayor para que lo pusiera en manos de los Monteros de Espinosa, encargados de su guardia y custodia hasta su traslado a la capilla ardiente situada en el salón de Columnas. En el centro del salón, se dispuso el cadáver sobre la cama fúnebre imperial. El primer rey en utilizar esta cama como capilla ardiente fue Carlos III. Y el último sería Alfonso XII, porque Alfonso XIII falleció en el exilio y su hijo Juan no fue rey.

Recordemos brevemente la capilla ardiente de Carlos III. El «mejor alcalde de Madrid» había fallecido la madrugada del 14 de diciembre de 1788 en la misma cama donde había recibido la extremaunción y había dictado y firmado su testamento. Tras una prudente espera de varias horas para asegurar la defunción, el cuerpo fue introducido en un ataúd y trasladado a la cama imperial de doble dosel que comentamos. En su caso, la capilla ardiente fue instalada en el salón del Trono (o de Embajadores). A ambos lados de la cama imperial, en las paredes, se dispusieron dos tapices; probablemente, los de la serie de Túnez que habían adornado las capillas de los últimos reyes de la casa de Austria. Así, el cuarto Borbón reinante en España (a pesar de ser hijo del primero) homenajearía a la anterior dinastía y reforzaría la vinculación entre ambas y, por tanto, su legitimación. La cama estaba guardada por cuatro Monteros de Espinosa, que fueron relevados durante las horas que duró la exposición. Los que se situaron en la cabecera portaban un cetro y una corona, respectivamente. Además, en el salón del Trono se montaron siete altares para instalar las reliquias solicitadas por el rey. Desde las nueve y media hasta las once de la noche se permitió el acceso a todas las personas que desearan ver al difunto. Así sucedería también el día 15. Y el 16, a las tres de la tarde, la comitiva saldría de camino a El Escorial para el entierro.

Volvamos a María de las Mercedes. El cadáver, vestido con el hábito de la Merced, se dispuso en un féretro forrado de tisú y oro con los galones de entorchado de capitán general. A ambos lados, montaban guardia los Monteros de Espinosa. Además, en la cabecera se situaron dos miembros de la Hermandad Real y dos jefes de Alabarderos.

El cadáver de la reina Mercedes en el féretro. La Academia *tomo IV, 1878.*

La capilla ardiente permaneció abierta desde las siete y media de la mañana hasta las diez y media de la noche. Según el periódico *La Ilustración*, noventa mil personas acudieron para dar el último adiós a la reina. Tenían que entrar por la puerta que da acceso a la escalera de Cáceres en la plaza de la Armería y salir por la del Príncipe en la plaza de Oriente. Según las crónicas de la época, «medio Madrid» acudió a la capilla ardiente e, incluso, hubo desmayos entre los presentes. También se popularizó una canción con la que las niñas jugaban al corro:

¿Dónde vas, Alfonso XII?
¿Dónde vas, triste de ti?
Voy en busca de Mercedes
que ayer tarde no la vi
Si Mercedes ya se ha muerto
muerta está, que yo la vi
Cuatro Duques la llevaban
por las calles de Madrid.

Como sabemos, como reina de España, le correspondía descansar en el monasterio de San Lorenzo de El Escorial; pero no en la cripta, sino en la capilla, por no ser madre de rey. Cuentan que Alfonso, tras la muerte de su esposa y sumido en una depresión, se escapaba continuamente a El Escorial para ver la tumba de Mercedes. Incluso, de forma simbólica, como gesto de recuerdo, se afeitó sus reconocibles patillas.

La *Gaceta de Madrid* del día 27, en la que se anunciaba la muerte de la reina y se daban los detalles del luto oficial, también incluía disposiciones relativas al cortejo fúnebre que acompañaría al féretro en la mañana del día 28.

Antes del levantamiento del cadáver, a las seis y media de la mañana se ofreció una misa en la que estuvieron presentes miembros de las siguientes corporaciones: Gobierno, cuerpo diplomático extranjero, comisiones de Congreso y Senado, capitanes generales del Ejército y la Armada, directores de Armas, capitán general de Castilla la Nueva, generales en servicio activo, comisiones del Tribunal Supremo, Consejo Supremo de Guerra y Marina, Tribunal de Cuentas y Audiencia de Madrid, Gobernador Civil, Diputación provincial de Madrid y Ayuntamiento de Madrid.

El ferrocarril se inauguró en esta ocasión como transporte fúnebre. Años después, en noviembre de 1885, los restos de Alfonso XII también serían trasladados en tren desde el Palacio Real, donde se celebró el velatorio, hasta El Escorial.

El cortejo que acompañó el féretro hasta la estación de tren (actual Atocha) desde donde saldría rumbo a El Escorial seguiría, según detalla la *Gaceta*, este orden: piquete de caballería; clarines y timbales de las reales caballerizas; personal de las reales caballerizas; caballos de respeto; estandarte de la Hermandad Real; cruz de la real capilla; furrier; capellanes de altar, músicos y cantores; capellanes de honor; gentilhombres de casa y boca; mayordomos de semana; gentilhombres de cámara; batidores; correo de las reales caballerizas; coche con el féretro que llevaba a ambos lados gentilhombres de casa y boca con hachas; caballeros de campo; la autoridad militar correspondiente; un jefe de escolta y cuatro monteros de cámara; y cerrando el cortejo, jefe, patriarca, notario y escolta.

A su paso por las calles de Madrid, el público mantenía un «silencio respetuoso e imponente» y ante el paso del féretro, «se descubría, enviando el último saludo a la Reina muerta», según recoge *La Ilustración* del día 30 de junio. Las calles por las que transitó también están recogidas en la *Gaceta*: plaza de Armas, arco de la Armería, calle de Bailén, paseo de San Vicente y estación. El ministro de Gracia y Justicia acompañó al féretro hasta El Escorial para entregarlo a los monjes, presenciar el enterramiento y levantar el acta correspondiente.

En el año 2000 los restos de la Reina Niña volverían a Madrid, a la catedral de la Almudena. Su sepultura se encuentra actualmente bajo la imagen de la Virgen, tras el altar. La lápida de su tumba está realizada en mármol blanco y tiene la siguiente inscripción: «María de las Mercedes, de Alfonso XII dulcísima esposa».

DOÑA VIRTUDES

Como hemos visto, la Reina Niña (María de las Mercedes) había muerto prematuramente sin dejar ningún heredero a la Corona, y a pesar de que el rey estaba sumido en una profunda depresión, era urgente que contrajera de nuevo matrimonio para tener descendencia. Se barajó la opción de casarlo con María Cristina, hermana de su difunta esposa, pero también falleció poco después que María de las Mercedes. El «pobre» Montpensier, padre de la difunta reina, no conseguía satisfacer sus ansias de trono. Aunque aún le quedaba otra baza y también quemó el cartucho. Casó a Antonio, su hijo varón, con Eulalia, hermana de Alfonso. Si el monarca no tenía descendencia, otro Orleans podría ocupar el trono. Hablaremos más adelante de Eulalia y su matrimonio, que dan para otro capítulo.

El caso es que María Cristina de Habsburgo-Lorena era la candidata ideal para convertirse en la segunda mujer del soberano. Tenía veintiún años recién cumplidos (uno menos que el rey), era inteligente y culta, hablaba varios idiomas (aunque no el español) y sus padres eran tíos del emperador austriaco Francisco José I. Este la había nombrado Abadesa de las Damas Nobles de Santa Teresa de Praga, título honorífico reservado a las archiduquesas de Austria, pero que María Cristina se ganó por sus cualidades personales. Se trata de un título sin carácter religioso, pero en el pueblo español pronto se difundió el rumor de que la próxima reina había sido monja. Qué nos gusta un «salseo».

Para el encuentro de ambos se cerró una entrevista privada en Arcachón (Francia). Ella llegó acompañada de su madre; él, del marqués de Alcañices (Pepe Osorio), y de incógnito, bajo el nombre de «marqués de Covadonga». Cuentan que María Cristina colocó sobre la tapa de un piano el retrato de María de las Mercedes, gesto con el que se ganó al monarca; si bien es cierto que en esta ocasión se casaría fundamentalmente por razones de Estado y no por amor.

José Antonio Vaca de Osma recuerda una divertida anécdota sobre la primera impresión que causó María Cristina a Alfonso. El marqués de Alcañices le comentó a Alfonso: «Señor, me ha parecido muy elegante, una gran dama, inteligente, culta, virtuosa… Será una gran reina». Alfonso le respondió: «Querido Pepe, a mí… tampoco»[206].

Con motivo del compromiso, el rey hizo espléndidos regalos a María Cristina valorados en cinco millones de pesetas; entre ellos, joyas de oro y brillantes.

El pueblo estaba todavía conmocionado por la muerte de la joven reina y «la nueva» no lo tuvo nada fácil para ganarse el favor de los españoles. Francisco José I de Austria (casado con la famosa emperatriz Sissi) fue quien proporcionó la dote de la novia, trescientas cincuenta mil pesetas, ya que su madre apenas contaba con recursos.

---

206   Vaca de Osma, J. A. (1993). *Alfonso XIII. El rey paradoja*, p. 33. Editorial Biblioteca Nueva.

Por su parte, el ajuar de María Cristina, confeccionado en París, fue un regalo del novio.

El vestido de novia era de raso blanco con cola cuadrada y bordado de plata. El manto, también de raso, llevaba bordadas flores de lis en hilo de oro (símbolo de los Borbones, como bien sabemos) y dos filas de encaje con rosas blancas y flores de azahar. Asistieron a la boda prácticamente los mismos invitados que al primer enlace del monarca; aunque esta vez sí estuvo presente la reina madre Isabel II. Los padrinos fueron el archiduque Raniero, en nombre del emperador de Austria, y la archiduquesa María.

A las dos y media de la tarde, concluida ya la ceremonia religiosa en la basílica de Atocha, donde también había tenido lugar la primera boda del rey, la comitiva real emprendió el regreso a palacio ante más de trescientas mil personas que salieron a las calles para seguir el recorrido. Se proclamaron, como en la anterior boda del rey, varios días de fiesta en los que hubo representaciones teatrales y festejos taurinos. María Cristina, a pesar de que no le gustaba la fiesta popular, tuvo que asistir para ganarse poco a poco el cariño del pueblo.

Tras un breve matrimonio y dos hijas (y otro en camino), el rey falleció el 25 de noviembre de 1885 tras permanecer retirado en el palacio del Pardo por prescripción médica desde el mes de octubre del mismo año. Padecía tuberculosis. Cuentan que el monarca, consciente de su mal, solía llevar un pañuelo de seda rojo para disimular cualquier indicio de hemorragias.

Después del exilio de Isabel II, la Primera República y el breve reinado de Amadeo, Alfonso XII había supuesto un periodo de estabilidad. Pero, tras su fallecimiento, la incertidumbre volvía a hacer acto de presencia.

El ceremonial fúnebre fue solemne siguiendo el riguroso protocolo. Según relató la prensa del momento, la propia reina viuda se encargó de lavar y preparar el cadáver antes de su embalsamamiento. En la capilla ardiente, dispuesta en la misma habitación del palacio de El Pardo donde el monarca había fallecido, se celebraron varias misas y el velatorio. A las once de la mañana del 27 de noviembre, los restos mortales fueron trasladados a Madrid en un féretro cubierto de terciopelo negro bordado en oro y en un coche tirado por ocho caballos negros. La comitiva estaba formada, entre otros, por la familia real y los grandes de España, miembros del clero, ayudantes del rey, el real cuerpo de alabarderos, el regimiento de lanceros de la reina y los distintos estamentos de servicio de la casa real.

Tras realizar una parada en la ermita de San Antonio de la Florida, donde se rezó un responso, el cortejo se dirigió al Palacio Real. El salón de Columnas acogió la capilla ardiente, que permaneció abierta al público. El 30 de noviembre los restos del monarca fueron trasladados en tren hasta El Escorial. Tras la misa funeral, los llevaron al Panteón Real. Allí, primero el montero mayor y luego el jefe de alabarderos pronunciaron tres veces el nombre del monarca para concluir diciendo: «Pues que Su Majestad no responde, verdaderamente está muerto». Acto seguido, se rompió en dos pedazos el bastón de mando del monarca, que se depositó a los pies del ataúd.

La reina María Cristina de España y sus tres hijos, c. 1897.

390

El último acto fúnebre en honor a Alfonso XII, un funeral de Estado con asistencia de representantes de las casas reales europeas, tuvo lugar días después en el templo de San Francisco el Grande de Madrid.

Su viuda, María Cristina, estaba embarazada de tres meses. Si el bebé era varón, sería el futuro rey. Si no, la infanta María de las Mercedes, la primogénita del matrimonio, sería la heredera, con lo que eso suponía en un momento en el que el carlismo todavía seguía «dando guerra». Por cierto, ante una nueva niña, reinaría la princesa que llevaba el mismo nombre que la primera esposa del monarca fallecido. Alfonso XII decidió homenajear así a su primer amor, María de las Mercedes.

En cualquier caso, mientras el embarazo seguía su curso, y hasta que el heredero o heredera al trono pudiera desempeñar su cargo, María Cristina ejercería el papel de reina regente. El 24 de noviembre de 1885 Cánovas del Castillo y Sagasta, líderes del Partido Conservador y del Partido Liberal, respectivamente, acordaron apoyar la regencia para garantizar la continuidad de la monarquía. Este pacto, aunque no se firmó como tal, fue conocido como Pacto de El Pardo y aprobó el turno de gobierno entre ambas formaciones políticas.

La regente juró la Constitución justo después del fallecimiento del rey y lo repitió de nuevo ante las Cortes el 30 de diciembre de 1885. Cinco meses después, el 17 de mayo de 1886, nacía Alfonso XIII, rey desde el mismo momento de su nacimiento.

María Cristina pronto se ganó el apelativo de Doña Virtudes (y también de la Institutriz) por su moral rígida y estricta y su profunda fe católica. Su biógrafo oficial, el conde de Romanones, señalaba que recibía a los ministros de dos en dos (para no dar lugar a habladurías ni rumores); y que elegía como damas de honor a aquellas con moral intachable y de edad elevada. Al respecto, José Antonio Vaca de Osma recuerda las palabras del soberano de un país oriental que, tras asistir a una cena de gala y un baile en el Palacio Real, comentó: «Los actos espléndidos, fastuosos… pero el harén deja bastante que desear»[207].

La vida en la corte durante la regencia fue austera. María Cristina ni siquiera aceptaba invitaciones a fiestas particulares de la aristocracia. Ella era más de ceremonias religiosas, cosa que no llamaba la aten-

---

207   Vaca de Osma, J. A. (1993). *Alfonso XIII. El rey paradoja*, p. 37. Editorial Biblioteca Nueva.

ción en el pueblo, que seguía pensado que la alemana tenía un pasado de monja. Todo cuadraba. Cada sábado la familia real acudía a la tradicional Salve en la basílica de Atocha. Y cada Jueves Santo se sacaba al Santísimo de la Capilla Real para llevarlo en procesión hasta la plaza de Isabel II. La procesión iba encabezada por la reina, seguida de las infantas y las damas de la corte. Cuenta María José Rubio que este acto quedó suspendido de forma definitiva cuando en una ocasión, ante el paso de la comitiva, alguien gritó: «Vaya que son feas las damas de Su Majestad». Y una de ellas respondió: «Y bastante que lo sentimos»[208].

La jornada en el Palacio Real comenzaba de madrugada. Tras el desayuno y la misa diaria, la regente despachaba cada día con el presidente del Gobierno o los ministros. Al almuerzo, breve y en familia, le seguía cada tarde un paseo por la Casa de Campo; excepto en los días de invierno, en los que optaban por reguardarse del frío pasando las horas en casa cosiendo ropa para los asilos. La cena se servía a las siete y media. María Cristina se encerraba en sus habitaciones a las nueve para estudiar los informes que debía revisar al día siguiente con los ministros. A las diez y media, como tarde, se apagaban las luces.

Como decíamos, la regente no asistía a fiestas aristocráticas. Y en el palacio apenas se organizaron durante su mandato. Salvo el banquete anual para el cuerpo diplomático, la recepción militar del Día de Reyes y la recepción por el santo del rey el 24 de enero, el resto de ocasiones eran contadas. Además, la regente no bailaba nunca porque no quería exponerse a ofrecer una imagen frívola que diera lugar a especulaciones en relación con sus posibles compañeros de baile. Ella era viuda. Y cristiana. Y decente.

Puesto que se trataba de ocasiones excepcionales, el baile de gala organizado el 21 de febrero de 1891 causó mucha expectación. Asistieron más de tres mil invitados de la alta sociedad. Y el personal de caballerizas desempolvó (nunca mejor dicho) sus antiguas pelucas y uniformes para recibir a los espectaculares carruajes. María Cristina lució en esta ocasión un traje de raso negro (cómo no) y una diadema rosa de brillantes. Sobra decir que la regente se retiró pronto aunque la fiesta continuara hasta la madrugada[209].

---

208   Rubio, M. J. (2005). *La Chata. La infanta Isabel de Borbón y la Corona de España*, p. 368. La Esfera de los Libros.
209   Rubio, M. J. (2005). *La Chata. La infanta Isabel de Borbón y la Corona de España*,

Parece ser que Alfonso XII había tenido alguna que otra amante, entre ellas, Elena Sanz, cantante de ópera con la que supuestamente tuvo dos hijos, Alfonso y Fernando. Las malas lenguas (quién sabe si con razón) aseguraban que fue la propia Isabel II quien favoreció el romance entre ambos con tal de evitar el enlace entre su hijo y la hija de Montpensier, pero, por lo visto, para Alfonso una cosa no era incompatible con la otra y continuó la relación con su amante a pesar de sus dos matrimonios.

De hecho, según recoge María José Rubio, cuando Elena dio a luz en enero de 1880 al supuesto primer niño de la pareja, Isabel II felicitó a la que consideraba «su nuera ante Dios»[210]. María Cristina, conocedora de la relación, realizó las gestiones oportunas hasta conseguir que la cantante fuera expulsada de España. Por ello, el bebé, también de nombre Alfonso, como su presunto padre, fue registrado en París con los apellidos maternos. Elena regresó pronto y se instaló en un piso cercano a palacio. El 25 de febrero de 1881 nació el segundo niño de la «pareja», Fernando.

Al morir el rey, María Cristina, fiel a sus principios estrictos, suspendió la paga que el monarca entregaba a su amante en concepto de pensión alimenticia para sus hijos. La artista conservaba las cartas que Alfonso le mandaba donde reconocía su paternidad y las utilizó para chantajear a la reina regente. El contenido de una de las cartas, tal y como recoge María Pilar Queralt del Hierro, decía así:

> Mi idolatrada Elena, cada minuto te quiero más y deseo verte, aunque esto es imposible en estos días. No tienes idea de los recuerdos que dejaste en mí. Dime si necesitas guita y cuánta. A los nenes un beso de tu Alfonso[211].

La estrategia de la presunta amante surtió efecto y consiguió una importante suma de dinero para comprar su silencio. En 1907 los dos hijos de Elena presentaron una demanda de reconocimiento de paternidad que fue desestimada por el Tribunal Supremo.

pp. 369-370. La Esfera de los Libros.

210   Rubio, M. J. (2005). *La Chata. La infanta Isabel de Borbón y la Corona de España*, p. 284. La Esfera de los Libros.

211   Queralt del Hierro, M. P. (2014). *Reinas en la sombra. Amantes y cortesanas que cambiaron la historia*, p. 159. Edaf.

En 1902, Alfonso XIII cumplía dieciséis años y María Cristina pasaba a convertirse en la reina madre. A partir de ahora, desempeñaría el rol de progenitora y abuela hasta su muerte en 1928.

LA ROSA DE ORO

El 2 de julio de 1886 María Cristina recibió la Rosa de Oro en una ceremonia que tuvo lugar en la capilla real de palacio. Fue concedida por el papa León XIII, padrino del rey Alfonso XIII.

La institución de la Rosa de Oro, creada por el papa León IX, data de 1049. El sumo pontífice tomó como referencia la rosa empleada en el siglo VI para anunciar la Pascua y adornar el altar el Domingo de Resurrección, y dispuso que la flor natural fuera bañada en oro.

Se trata de una condecoración otorgada por Su Santidad a personalidades católicas destacadas o a iglesias y lugares de peregrinación en sustitución de las Llaves de Oro del Confesional de San Pedro, enviadas tradicionalmente a los gobernantes católicos desde el siglo VIII.

Consiste en un rosal de oro con flores, botones y hojas introducido en un vaso de plata y guardado en un estuche con el escudo papal. La condecoración era bendecida el cuarto domingo de Cuaresma. En sus orígenes se pintaba la rosa de carmín para representar la sangre de Cristo.

La Ilustración Española y Americana describió la rosa que recibió la reina regente de la siguiente forma:

> Rama de rosal de 0,75 cm con nueve rosas, catorce botones y cien hojas, todo de oro fino. La flor principal, colocada en la parte superior de la planta, se abre con sencillo resorte, y se destina a guardar perfumes que simbolizan la gloria de la resurrección de Jesucristo; la rama está colocada en un jarrón de plata sobredorada, cuyas asas figuran dos ángeles; en el pie ostenta la inscripción siguiente: LEO PAPA XIII; en el centro, lado principal, hay un precioso medallón con la efigie de Santa Cristina, patrona de la Reina, y en el lado posterior, dentro de otro artístico marco, está grabada la leyenda votiva dictada por el mismo Papa, que dice así: Marie Christiae –

Alphonsi XIII- Rispaniarum regis matri – Rosam auream – Leo XIII – Pontifex Maximus – D.D.D. – Anno MDCCCLXXXVI[212].

La *Gaceta de Madrid* de 4 de julio recoge la ceremonia al detalle. A las nueve de la mañana la comitiva trasladó la rosa desde la nunciatura a la capilla de palacio por las calles del Nuncio, Puerta Cerrada, Sacramento, Mayor y Bailén. En el trayecto, la rosa, custodiada por el obispo de Madrid, recibió honores de los alabarderos. Al entrar la reina en la capilla, se celebró una misa oficiada por el obispo de Madrid, asistido por el capellán mayor de palacio, el nuncio y el obispo de Murcia.

A la ceremonia asistieron las hijas y la madre de la reina, los jefes de palacio, los grandes de España, las damas de honor de Su Majestad, los funcionarios de la real casa, las comisiones de los tribunales y de los consejos de Estado, los ministros de la Corona y el cuerpo diplomático.

El notario de la capilla leyó el pontificio por el que se concedía la rosa a Su Majestad. A continuación, la reina, de rodillas, en el altar, recibió la rosa de manos del obispo.

Otros ilustres cristianos que recibieron la rosa antes que María Cristina fueron Isabel de Castilla, en 1493 (de manos de Alejandro VI); la reina María Tudor de Inglaterra, en 1555 (de manos de Paulo IV); Juan de Austria, en 1574 (concedida por Gregorio XIII); la infanta Isabel Clara Eugenia (otorgada por Gregorio XIV), en 1591; la reina Margarita de Austria, esposa de Felipe III, en 1598 (de manos de Clemente VIII); Mariana de Austria, mujer de Felipe IV, en 1649 (siendo papa Inocencio X); María Gabriela de Saboya, esposa de Felipe V, en 1701 (por parte de Clemente XI); Eugenia de Montijo, mujer de Napoleón III, en 1856 (concedida por Pío IX); y la reina Isabel II de España, en 1868 (de manos, también, de Pío IX).

El caso de esta última fue algo controvertido, según explica José María Zavala[213]. Veamos.

Cuando estaba embarazada del futuro rey Alfonso XII, Isabel solicitó al papa que fuera el padrino de bautismo de la criatura. Este

---

212   Gómez, M. (23 de abril de 2015). «La Rosa de Oro, un regalo del papa a las reinas católicas». *Protocolo con Corsé*. Recuperado el 2 de septiembre de 2021. https://protocoloconcorse.es/la-rosa-de-oro-un-regalo-del-papa-a-las-reinas-catolicas/

213   Zavala, J. (2020). *La maldición de los Borbones. De la locura de Felipe V a la encrucijada de Felipe VI*, pp. 164-165. Penguin Random House.

no contestó de inmediato porque tenía noticias de que el bebé podría no ser hijo del marido de la reina. Pero, finalmente, aceptó y le concedió, también, la rosa. Parece que fue más estricto el padre Claret, confesor espiritual de la reina, que le puso como condición para seguir a su lado que cohabitara con el rey y que expulsase de la corte al presunto amante.

El 21 de mayo de 1923, la nuera de María Cristina, Victoria Eugenia de Battenberg, recibió la condecoración de la Rosa de Oro en un acto celebrado en la capilla real de palacio.

Tras la reforma del Concilio Vaticano II, en 1959, la Rosa de Oro solamente ha sido concedida a santuarios como Nuestra Señora de Fátima en Portugal, Nuestra Señora de Guadalupe en México o Nuestra Señora de la Caridad del Cobre en Cuba.

Hablando del papa y de las reinas de España, permítame el lector hacer una breve mención al «privilegio de blanco», una concesión protocolaria excepcional. El protocolo indica que todas las mujeres deben vestir de negro en audiencias papales en el Vaticano. Todas, excepto las reinas católicas, que pueden lucir el color *a priori* reservado al mismo papa: el blanco.

Se desconoce el origen exacto de esta norma protocolaria, aunque se piensa que procede de una dispensa del papa Pío VII a la vigente reina de España, privilegio que luego se extendió al resto de las reinas católicas: la emperatriz de Austria (y reina de Hungría), la reina de Francia, la de Bélgica, la de Italia, la de Portugal y la de Polonia, las grandes duquesas de Luxemburgo y Lituania y las consortes de los soberanos de principados alemanes.

Actualmente, ostentan este honor la reina Sofía de España (desde la proclamación de Juan Carlos I en 1975); la reina Paola de Bélgica (desde la coronación de su esposo, Alberto II, en 1993); la gran duquesa María Teresa de Luxemburgo (desde la proclamación de su esposo Enrique en el año 2000); la princesa Charlene de Mónaco (desde su boda con Alberto II en 2011); la reina Matilde de Bélgica (desde la coronación de su esposo Felipe en 2013); y la reina Letizia de España (desde la proclamación de su esposo, Felipe VI, en 2014). También puede hacer uso de este derecho la princesa de Nápoles, como consorte del pretendiente al trono de Italia y la princesa de la casa de Saboya.

El resto de monarquías, como la de Reino Unido, la de Liechtenstein, la de Suecia o la de Holanda, no tienen este privilegio.

HA NACIDO EL REY

Alfonso XIII fue nombrado rey el mismo día de su nacimiento, el 17 de mayo de 1886. Como sabemos, su padre había fallecido el 25 de noviembre del año anterior. Por tanto, nunca fue heredero a la Corona ni ostentó el título de príncipe de Asturias. Nació directamente rey. Eso sí, empezó a ejercer en 1902, cuando cumplió dieciséis años. Se trata de un caso único en la historia universal, exceptuando a Juan I de Francia, también hijo póstumo, que murió a los pocos días de nacer en 1316.

Efectivamente, fue un nacimiento muy esperado. En la *Gaceta de Madrid*, el 21 de abril de 1886, casi un mes antes del nacimiento, se publicó un real decreto con las ceremonias que debían celebrarse en relación con el parto, a la presentación del monarca y a la posterior comunicación de la noticia al pueblo.

El decreto, redactado en primera persona por la propia reina (puesto que ella era quien lo firmaba), recogía expresamente las personas que debían asistir al parto en calidad de testigos, así como los invitados a los que se les realizaría tal propuesta. Según esta normativa, debían estar presentes en el parto los ministros de la Corona, los jefes de palacio, una diputación del Congreso y una del Senado, los comisionados de Asturias, la comisión de la diputación de la grandeza, los capitanes generales del Ejército y de la Armada, los caballeros del toisón de oro, la comisión de individuos de la Real Orden de Carlos III, la comisión de individuos de la Real Orden de Isabel la Católica, la comisión de cada una de las asambleas de la Orden Militar de San Juan de Jerusalén, la comisión de cada una de las órdenes militares, el presidente del Consejo de Estado, el presidente del Tribunal Supremo, el presidente del Tribunal de Cuentas del Reino, el presidente del Consejo Supremo de Guerra y Marina, la comisión de dos individuos del Supremo Tribunal de la Rota, el arzobispo de Toledo, los que habían sido embajadores, los presidentes de las Juntas Superiores Consultivas de Guerra y Marina, el capitán general de Castilla La Nueva, el gobernador de la provincia de Madrid, el presidente de la diputación provincial de Madrid, la comisión de los diputados de la diputación provincial de Madrid, el alcalde del Ayuntamiento de Madrid, una comisión de dos concejales del Ayuntamiento de Madrid y una comisión del cabildo de la catedral, dos directores o inspectores de todas las armas, una comisión del cuerpo colegiado de la nobleza. Además (por si eran pocos), se invitaría al cuerpo diplomático extranjero. Los imprescindibles.

La cita sería cuando hubiera «señales evidentes de mi propio alumbramiento» en «las habitaciones de palacio destinadas a tal efecto». Para asistir a este acto, se solicitó etiqueta de uniforme.

Los asistentes al parto permanecerían en la real cámara, una sala cercana, esperando a que la camarera mayor de palacio, la duquesa de Medina de las Torres, comunicara el nacimiento al presidente del Consejo de Ministros (Sagasta), puesto que sería él el encargado de informar al resto de invitados. Por otro lado, el capital general y el comandante de alabarderos debían dar las instrucciones para informar al pueblo de Madrid. Ahora lo veremos.

Como ya hemos comentado, si el bebé era niño, nacería rey; y si era niña, infanta de España. El presidente del Consejo de Ministros, acompañado de la camarera mayor y de los jefes de palacio, sería el encargado de mostrar al bebé. Lo haría en bandeja de plata, sobre un almohadón y cubierto de un «riquísimo lienzo» que se descubriría para mostrar su sexo. Si Alfonso XII no hubiera fallecido, él hubiera sido el encargado de presentar a su hijo, como ya había hecho con las infantas María de las Mercedes y María Teresa.

Tras la presentación, Manuel Alonso Martínez, ministro de Gracia y Justicia y notario mayor del reino, debía levantar acta de lo acontecido en la *Gaceta de Madrid* del día siguiente. En este documento quedarían recogidos los nombres de todos los asistentes, así como sus cargos y condecoraciones.

Según lo dispuesto en el decreto, si era niño, la bandera de España se enarbolaría en la punta de diamante del Palacio Real y se escucharían salvas de veintiún cañonazos. Si, por el contrario, fuera niña, la bandera sería blanca y se escucharían salvas de quince cañonazos. Si el bebé naciera por la noche, se dispondría un farol al pie de la bandera para alumbrarla.

En el parto acompañaron a María Cristina su madre, la archiduquesa de Austria; una dama de honor de esta, la condesa de

Sorróndegui; la camarera mayor de palacio, la duquesa de Medina de las Torres; y cuatro médicos. Y en la real cámara esperaban los ciento veintinueve testigos.

Cuentan que el presidente Sagasta comunicó la noticia con la siguiente frase: «¡Tenemos la menor cantidad posible de rey, pero tenemos rey!». La reina decretó tres días de gala. El mismo día del nacimiento se reunieron las Cortes para proclamar rey de España al recién nacido.

El Real Decreto de 22 de enero de 1873 establecía el ceremonial específico para el registro civil de miembros de la familia real. Sería el ministro de Gracia y Justicia quien se ocuparía de la inscripción a través de su secretario, el director general de los registros y del notariado. El acta de inscripción se hizo el 20 de mayo y se publicó en la *Gaceta de Madrid* el 23.

El 22 de mayo de 1886 se celebró el bautizo del bebé en la capilla real. Con motivo del acontecimiento, María Cristina decidió abrir las galerías de palacio para que todo aquel que quisiera pudiera contemplar el paso del cortejo. Cerca de cuatro mil personas se acercaron para ver a la familia real. El rey iba en brazos de la duquesa de Medina de las Torres, su aya. A su derecha, la infanta Isabel, su madrina. A la entrada del niño rey en la capilla sonó la *Marcha real*, el himno nacional de España.

LA MALA SUERTE DEL DOCE Y DEL TRECE

Virginia Oldoini, condesa de Castiglione, apodada la Perla de Italia, aristócrata italiana, examante del emperador Napoleón III de Francia y, presuntamente, también del jovencísimo príncipe de Asturias (futuro Alfonso XII) de diecisiete años.

Según los rumores (o mejor dicho, la leyenda), la condesa, despechada, le regaló a su joven amante un «anillo maldito» con motivo de su enlace con María de las Mercedes. Como sabemos, la reina moriría a los pocos meses del enlace. Alfonso le dio entonces el anillo a su abuela, la reina María Cristina de Borbón (la viuda de Fernando VII), que también falleció. Segunda víctima.

Heredó la joya María Cristina de Orleans, hermana de María de las Mercedes. También falleció de tuberculosis en abril de 1879.

Después pasó a manos de la infanta Pilar, hermana de Alfonso. Cuando esta murió de una meningitis tuberculosa, el rey se quedó con la pieza. Y entonces falleció el rey. ¿Casualidad?

Por si acaso, ante tal sucesión de muertes inesperadas, la segunda esposa del monarca, María Cristina, cuando la recibió en herencia, donó la joya a la Virgen de la Almudena para poner fin a la «maldición».

Alfonso XIII, rey de España, 1914. [Library Congress]

Actualmente, la joya parece encontrarse en el museo de la catedral de Madrid, en el interior de una cajita en la que puede leerse la siguiente inscripción: «Esta sortija perteneció a la reina Mercedes, a la reina María Cristina, a la infanta Cristina, a la infanta Pilar y al rey Alfonso XII». Y también: «Después del fallecimiento de estas Augustas Personas, la Familia real la donó a la Sagrada Imagen de Santa María de la Almudena. 29 de noviembre de 1885». Digo «parece» porque la joya original era un ópalo y el anillo expuesto en la Almudena, sin embargo, tiene una perla gris y un brillante engarzados. Pero es lo que tienen los «anillos malditos», que están rodeados de misterio.

No es de extrañar, pues, que Alfonso XII fuera supersticioso. Como para no. Tanto que parece ser que le llegó a pedir a María Cristina en su lecho de muerte en el palacio de El Pardo que si el bebé que tenía en su vientre fuera varón no lo bautizara con su mismo nombre porque reinaría bajo el nombre de Alfonso XIII. Y ya se sabe que el número trece trae mala suerte. Incluso, le pidió que lo llamara Fernando, pero la reina desoyó la petición supersticiosa de su esposo y consintió, influida por el deseo de la mayoría, el nombre de Alfonso para el futuro rey. Eso cuenta José María Zavala en *La maldición de los Borbones*[214].

Y la cosa es que el número trece estuvo muy presente en la vida del nuevo Alfonso. El papa León XIII fue su padrino. Los dos atentados que sufrió (en París en 1905 y en Madrid en 1906), de los que luego hablaremos, sucedieron un día 31 (trece al revés). El 13 de abril de 1913 sufrió otro atentando en la calle Alcalá. La monarquía se hundió el 13 de abril de 1931 (trece al revés otra vez). El infante don Gonzalo, su hijo pequeño, murió un 13 de agosto. Y a su fallecimiento, el rey dejó una familia real integrada por trece miembros: su mujer, sus cuatro hijos y sus ocho nietos. No hay más preguntas, señoría.

El rey también tenía pánico al mes de mayo, el de su nacimiento, el mes de los dos atentados (el del día de su boda y el del año anterior) y el mes del alumbramiento de su primogénito, Alfonso, hemofílico, y el de su hijo Fernando, que nació muerto.

---

214   Zavala, J. (2020). *La maldición de los Borbones. De la locura de Felipe V a la encrucijada de Felipe VI*, pp. 249-250. Penguin Random House.

Tan supersticioso era que conservó hasta su muerte una carta de una ciudadana británica de nombre Elisabeth Newton que se atrevió a escribir al rey de España el 25 de mayo de 1910 reprochándole su asistencia en Londres al funeral de Eduardo VII mientras su esposa Victoria Eugenia se encontraba en Madrid en avanzado estado de gestación. Días después, la reina dio a luz a un bebé sin vida. Las duras palabras de Elisabeth («El Cielo le ha castigado haciendo que su hijo naciera muerto»[215]) no pasaron desapercibidas para el monarca.

En relación con este parto, a pesar de que la reina y los médicos sospechaban que el embarazo no iba bien, Su Majestad debía dar a luz de forma natural porque una cesárea de urgencia podía poner en peligro su vida o imposibilitar que tuviera más hijos. Como decíamos, Alfonso se encontraba en Londres y recibió la noticia telegráficamente. El bebé, que iba a recibir el nombre que su padre había elegido para él, Fernando, nunca llegaría a ser bautizado. El cadáver fue enterrado en El Escorial, sin honores. El parte médico, publicado en la *Gaceta de Madrid* el 22 de mayo de 1910, decía:

> Tengo el sentimiento y el honor de comunicar a V.E. que S.M. la Reina Doña Victoria Eugenia ha dado a luz, a las dos y media de la madrugada de hoy, un infante muerto en los comienzos del noveno mes [...]. S.M. la Reina se encuentra en satisfactorio estado[216].

También serían supersticiosos sus descendientes. Cuentan que el primogénito de Alfonso XIII, Alfonso de Borbón y Battenberg, horas antes de morir en Miami a causa de una hemorragia producida por la hemofilia que padecía, confesó: «Todos los malos presentimientos de mi abuelo se han cumplido en mi padre, en mí, en mis hermanos y en toda nuestra familia»[217].

Como curiosidad, parece ser que en el banquete de la boda de Felipe y Letizia, la casa real evitó «la maldición del número 13» dis-

215 Zavala, J. (2020). *La maldición de los Borbones. De la locura de Felipe V a la encrucijada de Felipe VI*, p. 19. Penguin Random House.
216 Zavala, J. (2020). *La maldición de los Borbones. De la locura de Felipe V a la encrucijada de Felipe VI*, p. 22. Penguin Random House.
217 Zavala, J. (2020). *La maldición de los Borbones. De la locura de Felipe V a la encrucijada de Felipe VI*, p. 20. Penguin Random House.

poniendo mesas de un máximo de doce comensales. Y, como toda precaución es poca, el número 13 del documento nacional de identidad español tampoco está asignado a nadie. La familia real se reservó de los números 10 al 99. El 1 se lo había quedado Franco; el 2 su mujer, Carmen Polo; y el 3 su hija, Carmen Franco. Del 4 al 9 están sin asignar. Juan Carlos tiene el 10; Sofía, el 11; Elena, el 12; Cristina, el 14; Felipe, el 15; Letizia, el que «traía»; Leonor, el 16; y Sofía, la infanta, el 17.

EL RATONCITO PÉREZ Y EL TOISÓN DE ORO

En 1894 la reina regente María Cristina de Habsburgo encargó un cuento a Luis Coloma, autor de *Pequeñeces* (entre otras obras), para su hijo, Alfonso XIII, con motivo de la caída de su primer diente de leche.

La historia que escribió el jesuita está protagonizada por el rey Bubi (apodo con el que la reina llamaba cariñosamente a su hijo, traducción en alemán de «bebé») y el Ratoncito Pérez, un roedor «muy pequeño, con sombrero de paja, lentes de oro, zapatos de lienzo y una cartera roja, colocada a la espalda» que vivía dentro de una caja de galletas de la confitería Prast, en el número 8 de la calle Arenal de Madrid.

El autor presenta al rey Bubi como gran amigo de los ratones que «comenzó a reinar a los seis años bajo la tutela de su madre, señora muy prudente y cristiana, que guiaba sus pasos y velaba a su lado, como hace con todos los niños buenos el ángel de su guarda». Doña Virtudes, ya sabemos.

Pero Pérez no era un ratoncito cualquiera, sino «un ratón muy de mundo, acostumbrado a pisar alfombras y al trato social de personas distinguidas». Bubi puede comprobar, cuando es invitado a la caja de galletas, que el ratoncito cuenta con una institutriz inglesa para la educación de sus hijas y que en su vivienda bordan, tocan el arpa y toman el té en «primorosas cáscaras de alubias».

En el cuento, el ratoncito se escapaba desde su vivienda al cercano Palacio Real a través de las cañerías de Madrid para visitar al niño rey, al que convertía en roedor para que pudiera viajar con él por toda la ciudad y conocer cómo vivían sus súbditos más pobres, especialmente los niños, con el objetivo de que aprendiera a valorar

lo que tenía y a ser generoso y cuidar de los demás. Juntos, y esqui-
vando los ataques del gato don Gaiferos, van a la casa de Gilito, un
niño pobre. Bubi queda conmovido por su situación y jura no descansar hasta lograr que en su reino no haya miserias. El ratón le deja
una monedita de oro a Gilito a cambio del diente.

De vuelta de la excursión, Bubi queda dormido y al despertar,
cree que todo es un sueño.

> Mas levantó prontamente la almohada, buscando la carta para
> Ratón Pérez que había puesto allí la noche antes, y la carta había
> desaparecido. En su lugar había un precioso estuche con la insig-
> nia del toisón de oro, toda cuajada de brillantes, regalo magní-
> fico que le hacía el generoso Ratón Pérez, en cambio de su primer
> diente.

El niño rey no quería aceptar el regalo porque consideraba injusto
que los niños pobres padecieran tantas miserias, pero su madre le
explicaba que él era su «hermano mayor» y que «Dios te ha dado de
todo, para que cuide en lo posible de que sus hermanos menores no
carezcan de nada».

El manuscrito original de este cuento se encuentra en la biblioteca del Palacio Real de Madrid, donde también se guarda una copia
de la primera edición y otra edición posterior ilustrada. Años después, en 1911, el autor volvió a publicar el libro con una dedicatoria
al rey:

> A mi Rey y Señor D. Alfonso XIII para que se recuerde y enco-
> miende a Dios a este pobre pecador que tanto le ha querido y tanto
> ha rogado por la salud de su alma y el prestigio de su nombre.

Sin embargo, la primera referencia que tenemos en Europa a este
personaje está en el cuento *La Bonne pettite souris* («El buen ratoncito»), de madame d'Aulnoy, publicado en 1697, protagonizado por
un hada que se convierte en un pequeño roedor para acabar con un
rey malvado escondiéndose debajo de su almohada para hacer que
se le caigan los dientes.

Años antes al cuento del padre Coloma, el escritor Benito Pérez
Galdós nombraba al Ratoncito en *La de Bringas*, una novela en la que

compara al personaje de Francisco Bringas con el conocido roedor por ser «tacaño» y «avaricioso» como él.

En países asiáticos como India, Japón, Corea o Vietnam, los niños lanzan sus dientes al techo mientras piden un deseo esperando a que sean sustituidos por los de un ratón. En Italia, este personaje recibe el nombre de Topolino (ratoncito en italiano), y en Alemania es un hada quien realiza esta función.

Los madrileños y turistas que visiten la capital de España pueden acercarse a la Casa Museo del Ratoncito Pérez en la calle Arenal, abierta al público desde 2008. Allí reza la siguiente inscripción: «Aquí vivía, dentro de una caja de galletas en la confitería Prast el Ratón Pérez, según el cuento que el padre Coloma escribió para el niño Alfonso XIII».

COBERTURA DE GRANDES Y TOMA DE ALMOHADA

Cuentan que, durante una cacería, Alfonso XIII optó por descansar un ratito a la sombra de un árbol. Se acercó un campesino para charlar con él y comentarle que tenía entendido que el mismísimo rey andaba por allí y le pidió que, si él lo conocía, le hiciera el favor de indicarle quién era, que tenía curiosidad por conocerlo. El monarca le invitó a que lo acompañara hasta donde se encontraban el resto de cazadores y le indicó que, para identificarlo, se fijara en aquel que llevara la cabeza cubierta. Al llegar, todos se descubrieron excepto el rey y el campesino. Este expresó: «Una de dos. O es usted o soy yo, porque somos los únicos que seguimos con el sombrero puesto»[218].

Efectivamente, todos los «mortales» debían descubrir sus cabezas ante la presencia del rey. Todos, excepto los grandes de España, que tenían el privilegio de permanecer cubiertos ante Su Majestad y de sentarse ante la reina. A su vez, la cobertura y la toma de almohada o asiento permitían acceder a determinados cargos de la real casa. Este honor se otorgaba en una ceremonia muy cuidada. Antes de ver su protocolo, conviene matizar que se trataba de un ritual de carác-

---

218 Red, S. (2006). *Las mejores anécdotas humorísticas. Una magnífica selección de las anécdotas más divertidas de personajes célebres*, p. 101. Robinbook.

ter voluntario, es decir, ningún grande estaba obligado a cubrirse o sentarse si no lo deseaba.

Las condiciones para participar en este ritual eran claras: ser grande de España (o grande consorte) y poder demostrarlo mediante el documento del real decreto de concesión o sucesión (o el correspondiente certificado de matrimonio) validado ante notario.

Los participantes debían elegir un padrino (también grande de España) que los presentara ante el rey. Habitualmente, representaba este rol un familiar cercano, aunque no era imprescindible. El padrino también aportaba mayor o menor prestigio al grande que se iba a cubrir.

Desde la secretaría regia se proponía una fecha para la celebración de la ceremonia. Una vez confirmada, el día fijado los grandes acudían a palacio; algunas veces en las carrozas de sus padrinos.

La ceremonia tenía lugar en la antecámara. En el centro de la sala se situaba el sillón en el que se sentaba el rey y solía colocarse una mesa donde el secretario disponía algunos documentos. Detrás del monarca se ubicaban los cargos palatinos y los grandes que asistían como espectadores. En el momento en que entraba el rey y tomaba asiento, el secretario de la real Estampilla daba comienzo a la ceremonia llamando al primer grande en cubrirse. El orden de entrada venía definido por el año de concesión de la grandeza: los títulos más antiguos se cubrían los primeros. En este sentido, hay que señalar que los títulos rehabilitados se cubrían según la fecha de concesión del título y no la de su rehabilitación.

Nada más entrar en la antecámara junto con su padrino, los participantes hacían una reverencia al monarca. En mitad de la sala se detenían de nuevo para hacer una segunda reverencia. La última (eran tres en total) la hacían directamente frente al rey. A continuación, saludaban a los grandes asistentes, quienes correspondían con otra reverencia.

Tras la entrada, el rey se dirigía al grande que se iba a cubrir con las siguientes palabras: «Cubríos y hablad». Era lo único que el monarca decía a lo largo de toda la ceremonia. Tras esto, el grande en cuestión hacía lo que le habían ordenado: se cubría la cabeza y procedía a pronunciar un discurso leído. Habitualmente, sus palabras hacían referencia a los orígenes de su título, por lo que se solía recurrir a la ayuda de algún experto en historia o genealogía. También se aprovechaba la ocasión para manifestar públicamente adhesión al rey. Una vez que acababa el discurso, el grande recién cubierto se acercaba al monarca, besaba su mano y tomaba asiento con el resto de grandes, aunque en último lugar.

La duración de la ceremonia dependía, como es lógico, del número de asistentes y de la extensión de sus discursos. Se trataba de un acto privado, sin «espectadores», a excepción de los grandes que acudían.

Al acabar la ceremonia, la tradición disponía que los grandes fueran a cumplimentar a la reina en sus habitaciones. Justo después, para concluir, cada uno de los grandes cubiertos, por orden, bajaba y subía la escalera principal de palacio en la que formaban los guardias alabarderos. Primero lo hacían por un lado y luego por el otro, con el objeto de que los soldados les pudieran reconocer. La explicación de este gesto cargado de simbolismo reside en que los grandes de España tenían el privilegio de ser recibidos en palacio sin previa petición de audiencia.

La cobertura de grandes tenía un equivalente femenino: la toma de almohada. De la misma forma que en la cobertura, en esta podían participar las grandes que habían accedido al título recientemente o eran consortes. En general, la ceremonia se celebraba en fechas muy próximas a la cobertura (incluso, en días consecutivos). El acto reunía las mismas características que la versión masculina: las participantes contaban con una madrina y el orden de su precedencia venía determinado por la fecha de concesión del título que ostentaban. Solo había tres diferencias: la ceremonia se celebraba ante la reina (no ante el rey); el privilegio que solicitaban no consistía en cubrirse, sino en sentarse en la presencia de la soberana; y no pronunciaban ningún discurso.

Las grandes se acercaban con su madrina hacia el lugar donde estaba sentada Su Majestad y, una vez llegaban, ella decía: «Sentaos». Tomaban asiento, intercambiaban unas palabras con la reina y se sentaban con el resto de grandes presentes en la ceremonia. Para acabar, iban a saludar al rey a sus habitaciones.

Para poder «tomar la almohada» las postulantes debían realizar un trámite burocrático previo, una solicitud dirigida a Su Majestad el rey, que era remitida a su camarera mayor, en la que la solicitante justificaba su calidad de grande de España (bien por derecho propio o bien por matrimonio). El secretario de camarería era el encargado de expedir la correspondiente certificación acreditativa tras la celebración del acto. La camarera mayor elaboraba el listado de participantes ordenado por precedencias y lo enviaba al jefe superior de palacio para que Su Majestad estableciese la fecha y la hora de celebración del acto, que siempre tenía lugar por la tarde.

En el suelo de la antecámara, frente al sillón de Su Majestad la reina, se depositaba un cojín de 120 cm por 50 cm (elemento que justifica el nombre de esta ceremonia). A ambos lados se disponían sillas para que pudieran acomodarse las invitadas, damas que ya habían tomado almohada en anteriores ceremonias y que eran ubicadas en función del orden de antigüedad de su toma.

Las damas que recibían toma de almohada delante de la reina eran nombradas «damas de la reina». Su distintivo era un lazo malva con la cifra de la reina que debían llevar prendido en el escote, a la izquierda. El traje de gala consistía en traje de falda larga de tul blanco con mantilla de encaje del mismo color. Por su condición, tenían acceso a la cámara real.

No hay que confundir las damas de la reina con las «damas al servicio particular de la reina», cargo palaciego de la real casa y patrimonio de la Corona. Estas damas tenían la función de acompañar constantemente a la reina. Se trataba también de damas aristócratas, pero de menor rango; por tanto, no disponían de puesto de etiqueta en las ceremonias como las primeras. Su distintivo era un lazo más modesto con la cifra de la reina y cinta blanca con línea roja en el centro.

El papel de estas damas en la corte fue en muchos casos crucial. No en vano, se trataba de cargos de confianza y su proximidad a las soberanas les permitía enterarse de información confidencial, así como convertirse en consejeras personales de Su Majestad.

En 1931, antes de la proclamación de la Segunda República, la reina Victoria Eugenia contaba con ciento dos damas de la reina y tres damas al servicio particular de la reina.

BANQUETE DE POBRES EN EL PALACIO REAL

Al margen de los días de gala con recepción en los que los hombres debían lucir el uniforme de gala y las mujeres vestido escotado, manto de corte y banda, otros banquetes celebrados en el Palacio

Real podían llegar a tener más expectación por suponer en sí mismos una paradoja: los «banquetes de pobres».

Esta tradición tiene su origen en el Evangelio, que relata cómo Jesús lavó los pies de sus discípulos en la Última Cena. En recuerdo a esta ceremonia, cada Jueves Santo el rey de España lavaba los pies de trece pobres a quienes después servía personalmente la comida. La costumbre del «lavatorio y comida de pobres del mandato de Jueves Santo», tal y como se conocía dicha ceremonia, comenzó en la corte de Fernando III de Castilla (el Santo) en el siglo XIII y finalizó el 2 de abril de 1931, último Jueves Santo que vivió Alfonso XIII como monarca antes de la proclamación de la Segunda República. Juan Carlos I, ya en 1975, no retomaría nunca la tradición.

Para poder disfrutar de este festín en la corte alfonsina era necesario cumplir cinco requisitos: ser español, haber cumplido ya los sesenta años, participar como feligrés en una parroquia madrileña, no sufrir ninguna enfermedad contagiosa y ser pobre de solemnidad. Ostentaban esta categoría los ciudadanos que podían acreditar su pobreza y, por tanto, eran merecedores de ciertos beneficios sociales. El término se empezó a emplear en la segunda mitad del siglo XIX. La Real Academia Española de la Lengua los define como «pobres que acudían a pedir limosna en las fiestas solemnes», definición que enlaza perfectamente con estos banquetes reales.

Puesto que los afortunados eran solamente trece, la demanda era siempre claramente superior a la oferta. Durante la regencia de María Cristina de Habsburgo (esposa de Alfonso XII y madre de Alfonso XIII) se permitió también la presencia de mujeres, puesto que los pobres eran atendidos personalmente por los soberanos y sería impropio que una dama lavara lo pies de varios caballeros. Y menos Doña Virtudes. Desde este momento, el número de los afortunados ascendería a veinticinco, trece hombres y doce mujeres.

En la historia real encontramos otros precedentes de atención a mujeres pobres, también con carga simbólica. La reina Margarita de Austria, esposa de Felipe III, solía ofrecer una comida a nueve mujeres pobres con motivo de la Anunciación de Nuestra Señora. ¿Por qué nueve? Porque nueve son las fiestas de la Virgen: Concepción, Natividad, Visitación, Anunciación, Presentación, Expectación, Purificación, Asunción y Nuestra Señora de las Nieves. Para asistir a esta comida, las mujeres debían previamente confesarse y comulgar. La reina se sentaba en el centro de la mesa junto a su mayordomo y damas.

Para poder formar parte de tan deseada ceremonia, los pobres debían realizar una solicitud formal, es decir, cumplimentar una instancia dirigida al rey acompañada de la cédula de vecindad correspondiente y con el sello de la parroquia de pertenencia. Los doce comensales afortunados eran elegidos mediante un sorteo celebrado el Domingo de Ramos a las once de la mañana en la real cámara. Cada instancia recibía un número y se preparaban tantas bolas numeradas como fuera necesario. Un miembro de la familia real actuaba de «mano inocente» para realizar la extracción de las premiadas.

Para garantizar el cupo necesario, también se elegían comensales suplentes por si alguno de los titulares finalmente no podía asistir o no cumplía los requisitos médicos que ahora veremos. Los suplentes encabezarían la lista de la convocatoria del siguiente año, pero solo se les reservaba la plaza por un año.

El listado de premiados era comunicado a la inspección general de palacio, a través de la cual se avisaba al médico de cámara para que procediera al correspondiente reconocimiento que tendría lugar el Lunes Santo para comprobar que no padecían enfermedades infecciosas. Superado dicho examen, se avisaba al sastre de palacio encargado de ocuparse de la higiene y vestimenta de los afortunados.

Antes de presentarse ante el rey, a los pobres se les lavaba cuidadosamente, se les perfumaba y se les vestía mientras el rey asistía a la tradicional misa de Jueves Santo que se celebraba en la capilla del palacio.

La etiqueta del evento era rigurosa puesto que se trataba de un banquete real. Los hombres debían vestir capa, pantalón, chaquetón, chaleco de paño en color café, camisa de hilo, medias blancas, zapatos de piel negros, corbata blanca, pañuelo de bolsillo blanco y sombrero de copa. Por su parte, las mujeres debían lucir vestido redondo de estameña negra, mantilla de franela con franja de terciopelo, camisa de hilo, medias blancas, zapatos de piel negros, pañuelo blanco para el cuello, pañuelo blanco para la mano y mantón de lana negro.

Una vez ataviados para la ocasión con prendas a estrenar, que además recibirían como regalo, eran conducidos por gentilhombres o grandes de España vestidos con el uniforme de gala correspondiente (o por damas de la reina en el caso de mujeres) hacia el salón de Columnas de palacio donde tenía lugar la celebración.

El rey accedía a esta estancia escoltado por una procesión de grandes de España, ministros, cortesanos y guardias reales. Cuando el diácono pronunciaba en latín la expresión «*deponit vestimenta sua*», el rey entregaba su capa, su bastón, su sombrero y su espada al sumiller de corps. Al escuchar «*precinxit se*», el procapellán y el sumiller le ceñían con la toalla presentada previamente en bandeja de plata. A continuación, ante la indicación «*coepit lavare*», el rey se arrodillaba para lavar los pies derechos de cada uno de sus invitados con el agua de una jofaina sujetada por el nuncio de Su Santidad. Su Majestad terminaba el acto besando los pies y, a continuación, el gentilhombre que asistía a cada pobre le ponía la media y lo calzaba. El lavatorio finalizaba con el beso de Su Majestad a los Evangelios.

El banquete comenzaba a continuación. Para servir la comida, el personal de servicio de palacio se organizaba en una especie de cadena para pasarse los platos de mano en mano. De esta forma, los criados se los pasaban al jefe de cuarto, este a los gentilhombres, estos a los grandes de España o damas y estos al mayordomo mayor o camarera mayor que se los entregaba al rey o a la reina para que él o ella personalmente sirviera a cada comensal. Antes de comenzar a degustar los alimentos, el nuncio de Su Santidad bendecía la mesa.

Además de los alimentos, cada uno de los afortunados recibía un jarro con cuatro azumbres de vino, una copa, una jarra de agua y una cesta para guardar y llevar lo que no quisieran comer durante el banquete. Un *take away*, vamos. En realidad, muchos de ellos optaban por llevarse los alimentos para poder venderlos a la salida. Al fin y al cabo, se trataba de platos servidos por Su Majestad, lo que les permitía encarecer su precio de venta aunque fuera solo para satisfacer la curiosidad de compradores que jamás tendrían acceso a un banquete de estas características. También recibían una limosna de tres monedas de plata de cincuenta céntimos cada una.

¿En qué consistía el menú? La primera regla era respetar el protocolo católico de Cuaresma y Semana Santa de abstinencia de carnes. La minuta de los platos servidos en 1894, por ejemplo, incluía, entre otros, los siguientes manjares: tortilla de escabeche, salmón, mero, merluza frita, bacalao frito, congrio con arroz, empanadas de sardinas, empanadas de anguilas, besugo en escabeche, ostras en escabeche, alcachofas rellenas, coliflor frita, salmonetes asados, pajeles fritos y lenguados fritos. De postre, torta de hojaldre, naranjas y arroz con leche. No está mal…

Ahora bien, como escribiría Galdós en *La de Bringas*: «Si todos los esfuerzos de la imaginación no bastarían a representarnos a Cristo de frac, tampoco hay razonamiento que nos pueda convencer de que esta comedia palaciega tiene nada que ver con el Evangelio»[219].

TÍAS PATERNAS: LA CHATA Y LA CONDESA DE ÁVILA

Va de seudónimos.

La Chata es María Isabel Francisca de Asís, hija primogénita de Isabel II y, por tanto, hermana de Alfonso XII y tía de Alfonso XIII. El apodo hace honor a su pequeña nariz, poco típica en la familia Borbón. De hecho, este rasgo propició el rumor de que su verdadero padre no era el consorte Francisco de Asís, sino el comandante y gentilhombre José María Ruiz de Arana. Por ello, también hubo quien la llamaba la Araneja, que rima con Beltraneja. Caprichos de la historia (o del pueblo, que siempre hila fino).

La princesa nació el 20 de diciembre de 1851. Y digo «princesa» (y no infanta) porque efectivamente, Isabel II, su madre, se ocupó de que la recién nacida fuera nombrada princesa de Asturias desde el día de su nacimiento, a pesar de no ser un varón. A tal efecto, la reina había promulgado un decreto el 26 de mayo de 1850 que determinaba que su primogénito (fuese varón o mujer) recibiría inmediatamente el título citado. De hecho, la Chata fue la primera infanta en ser designada princesa de Asturias desde el momento de su nacimiento. Hasta este momento, las niñas solo recibían el título de infantas puesto que el principado de Asturias estaba reservado para el primer heredero varón. Hasta la misma Isabel II había sido infanta hasta que fue jurada en 1833 como princesa heredera cuando su padre asumió que no iba a tener descendencia masculina.

La Chata ostentó el título de princesa de Asturias hasta el nacimiento de su hermano Alfonso en 1857, aunque luego volvería a ostentarlo cuando este fue proclamado rey en 1874. E incluso lo mantuvo

---

219   Pérez Galdós, B. (2006). *La de Bringas*, cap. VIII. Cátedra.

cuando nació su sobrina primogénita, María de las Mercedes, en 1880, porque ese mismo año Alfonso XII anuló el anterior decreto de su madre de forma que solo ostentaría el principado un hijo varón. Sin embargo, el 10 de marzo de 1881 un nuevo decreto dispuso que el título de princesa de Asturias correspondía a su hija y la Chata dejaría de serlo a partir de ese momento. Se traían un trajín.

La reina Isabel había anunciado la noticia de su embarazo el 14 de julio, cuando se encontraba en su quinto mes de gestación. En la corte se decretaron tres días de gala y se ordenó hacer rogativas en todas las catedrales españolas, especialmente en la de Burgos, en la que se acostumbraba a sacar en procesión a la Virgen de la Oca cada vez que una reina se quedaba embarazada. El 27 de julio Isabel II acudió a la basílica de Nuestra Señora de Atocha para celebrar una rogativa. Y en noviembre los reyes cumplieron con otro protocolo: la visita a nueve iglesias de Madrid en nueve días consecutivos, uno por cada mes de embarazo y en conmemoración de las nueve fiestas de la Virgen de las que ya hemos hablado. Esta tradición había sido introducida por Ana de Austria, cuarta esposa de Felipe II, en el siglo XVI.

El 16 de enero de 1852 Isabel II creó una condecoración para perpetuar la memoria del nacimiento de su hija. Se trata de la cruz medalla de la reina Isabel, que serviría de distintivo exclusivo para las damas de la nobleza que estuvieran al servicio de la reina en palacio.

Isabel se casó en 1868 con el conde de Girgenti, Cayetano de Borbón-Dos Sicilias, pero resultó una historia trágica. Su marido se suicidó con un tiro tres años después. No tuvieron descendencia y la Chata nunca se volvió a casar, a pesar de que candidatos no le faltaron.

La primogénita de Isabel II fue muy querida por el pueblo debido a su carácter y cercanía. Además, le gustaban los toros y el baile. Más española imposible. Era tan querida que, incluso, en 1931 los republicanos le permitieron quedarse en España, en su palacio de la calle Quintana de Madrid, cuando el resto de la familia real se exilió. Pero una (ex)princesa no acepta «limosnas» de republicanos; y a pesar de su avanzada edad y de sus problemas de salud, emigró a Francia, con tan solo doscientas pesetas en efectivo, para reencontrarse con su sobrino. Fallecería allí cinco días después del viaje, el 23 de abril, en una modesta habitación donde se improvisó la capilla ardiente. Su cuerpo fue amortajado con el hábito de san Francisco y los escapularios de san Isidro y de la Virgen de la Paloma. Fue enterrada en la más estricta intimidad. En su testamento, subrayó su profundo amor a España y a la monarquía y nombró como heredero universal a su sobrino Alfonso XIII. Pero su palacio de la calle Quintana de Madrid había sido requisado por la Comisión General de la Incautación de Bienes de la Corona del nuevo Gobierno republicano hasta que en 1938 se anuló esta ley y se procedió a la restitución de los bienes y derechos robados a la familia real.

La Chata permaneció enterrada en París hasta que el rey Juan Carlos I, en 1991, ordenó que sus restos fueran repatriados para descansar en el palacio de La Granja de San Ildelfonso de Segovia, su lugar favorito, donde también permanecían los cuerpos de Felipe V y su segunda esposa, Isabel de Farnesio. De hecho, no pocas veces firmaría bajo el seudónimo de «condesa de Segovia». Tanto es así que el periódico *El Adelantado de Segovia* tituló la noticia de la siguiente forma: «La Chata en su casa».

Hablando de «condesas»… La otra tía de Alfonso XIII protagonista de esta historia es María Eulalia de Borbón, la hija pequeña de Isabel II, a quien más adelante se la conocería como la «condesa de Ávila» o «la infanta republicana». Las hermanas eran el día y la noche.

En realidad se querían pero no se entendían porque la pequeña no soportaba la autoridad tan estricta que ejercía sobre ella su hermana mayor. María José Rubio relata una divertida anécdota. Con motivo de la mayoría de edad de Eulalia, en 1882, se acordó su presentación en sociedad en el baile anual que los duques de Bailén organizaban en su palacete de la calle Alcalá de Madrid. Isabel decidió el *outfit* de su hermana para esta ocasión y estuvo constantemente pendiente de ella y vigilando (o seleccionando) con quién bailaba. Al regresar a palacio, en el vestido de la infanta apareció un papel sujetado al tul con un alfiler. La doncella que lo descubrió se lo mostró a la Chata. Esta leyó el mensaje: «Soy un gusano de tierra enamorado de una estrella y esa estrella se llama Eulalia»[220]. Isabel, furiosa, acudió a la alcoba de su hermana a pedirle explicaciones. Como siempre, Alfonso tendría que mediar entre ambas.

---

220 Rubio, M. J. (2005). *La Chata. La infanta Isabel de Borbón y la Corona de España*, p. 311. La Esfera de los Libros.

Eulalia era una infanta de España y, como tal, debía desposarse con el candidato estratégicamente seleccionado por su familia. El elegido fue Antonio de Orleans, hijo de Montpensier y hermano de María de las Mercedes, la que fuera primera esposa del rey. ¿Por qué? Por la sencilla razón de que si Alfonso XII fallecía, Antonio era el único varón descendiente directo de Fernando VII. Recordemos que la mujer de Montpensier era la infanta Luisa Fernanda, hermana de Isabel II. Además, el matrimonio entre Eulalia y Antonio suponía reconciliar de nuevo a las dos ramas de la familia.

Eulalia aceptó el compromiso. Qué remedio. Pero, cuando Alfonso murió, ella propuso esperar. No le parecía apropiado celebrar su boda sin respetar el luto por el fallecimiento de su hermano. Pero, claro, precisamente tras la muerte de Alfonso la urgencia era mayor. Isabel llegó a decirle, según recoge María José Rubio, que: «Hay que saber ser Infanta antes de ser mujer»[221].

La infanta Eulalia (centro) junto a su marido, Antonio de Orleans.
De pie, Alejandro Rodríguez Arias, gobernador de la isla de
Cuba, en la visita que hizo a La Habana, en mayo de 1893.

221   Rubio, M. J. (2005). *La Chata. La infanta Isabel de Borbón y la Corona de España*, p. 343. La Esfera de los Libros.

Y como Eulalia era infanta, en marzo de 1886 se celebró el matrimonio en la capilla real. Más que una boda, el acto pareció un funeral porque todos los asistentes vistieron de negro y no hubo ni música ni baile. Era un enlace de conveniencia en una corte que estaba de luto por el fallecimiento del rey. La cosa no podía salir bien...

El matrimonio duró apenas cuatro años. Tras separarse, Eulalia se retiró a vivir con su madre a París, mientras Antonio mantenía una relación con Carmen (Carmela) Giménez Flores, apodada por el pueblo la Infantona (ea, otro apodo). Cuando esta recibió el título nobiliario de vizcondesa de Térmens por parte de Alfonso XIII en 1910, Eulalia, indignada, escribió una carta a su cuñada María Cristina, madre del rey: «Comprenderás que mi dignidad personal no me permite bajar la cabeza a insulto tan grande, y que esta sea la causa de mi silencio y de apartarme de la corte. Me considero desligada de ninguna obligación hacia el Rey»[222].

Estas y otras misivas fueron recogidas y publicadas por la misma Eulalia un año después en el libro *Au fil de la vie*, que firmó bajo el seudónimo de «condesa de Ávila». El rey le había ordenado la suspensión inmediata de la publicación hasta recibir su autorización expresa. Eulalia le respondió:

> Muy extrañada se haga un juicio a un libro antes de conocerlo. Esto solo puede ocurrir en España. No habiendo amado nunca la vida de la corte, situándome fuera de ella, aprovecho esta ocasión para enviarte mis saludos de adiós, ya que, después de tal procedimiento, digno de la Inquisición, me considero libre para actuar en mi vida como bien me parezca.

Toda esta polémica, como no podía ser de otro modo, convirtió la obra en un *best seller*. Sin embargo, cuando el gobierno anunció su intención de revisar la pensión anual que recibía Eulalia (ciento cincuenta mil pesetas de entonces), la infanta no tardó en recular y pedir perdón a su sobrino:

---

222   *La Tribuna de Salamanca* (1 de agosto de 2016). «Eulalia, la condesa de Ávila». https://www.tribunasalamanca.com/blogs/curiosidades-y-anecdotas-de-la-historia/posts/eulalia-la-condesa-de-avila

Sufro con el corazón de tía, que siente tanto cariño por ti y sufro con el corazón de española que ama tanto a su patria. Inútil es decirte que cualquier castigo que tú me inflijas lo juzgaré merecido y si hago publicar mi sumisión hacia ti es porque quiero que toda España conozca mis sentimientos hacia mi rey, como hacia mi patria. No me atrevo a besarte, pues si tú me rechazas tendría la pena que merezco. Sin embargo, espero que llegue el día en que pueda pedirte perdón de palabra y decirte que sigo siendo siempre la tía que te quiere tanto[223].

A pesar de estas disculpas, la casa real rompió relaciones con la «condesa» durante diez años. Más adelante, Eulalia haría las paces con su sobrino y regresaría a Madrid.

LA BANDERA DE ESPAÑA EN BUCKINGHAM PALACE

En junio de 1905, Eduardo VII de Inglaterra ofreció un banquete en honor de Alfonso XIII, de diecinueve años, en el palacio de Buckingham. En el *seating* protocolario el monarca español fue ubicado entre la reina Alejandra y la princesa Elena, hermana de Eduardo. Puesto que le resultaba complicado comunicarse con la reina, que padecía sordera, pasó la mayor parte de la cena conversando con la princesa. Durante la celebración, se fijó en una joven rubia sentada al otro extremo de la mesa y le preguntó por ella a Elena. Ella le respondió que se trataba de Ena (diminutivo de Victoria Eugenia) de Battenberg, su sobrina, futura reina de España, aunque eso todavía no lo sabía nadie…

La propia Victoria Eugenia narra divertida esta situación a Marino Gómez-Santos, señalando que el rey preguntó: «¿Y quién es aquella muchacha con el pelo casi blanco?». Ena confiesa que pensó: «¡Dios mío, me ha tomado por una albina!»[224]. Cuando el autor le pregunta a ella sobre la impresión que le causó el rey, Ena afirma: «Muy delgado, muy meridional, muy alegre, muy simpático. Guapo

223   *La Tribuna de Salamanca* (1 de agosto de 2016). «Eulalia, la condesa de Ávila». https://www.tribunasalamanca.com/blogs/curiosidades-y-anecdotas-de-la-historia/posts/eulalia-la-condesa-de-avila
224   Gómez-Santos, M. (1993). *La reina Victoria Eugenia*, p. 42. Espasa Calpe.

no era en aquella época; mejoró mucho después. Pero entonces no se podía decir que fuera guapo»[225].

Lo cierto es que el rey estaba viajando por Europa para establecer relaciones diplomáticas en busca de novia, esto es, de una reina para España. Por aquel entonces, se sospechaba que la candidata elegida era la princesa Patricia (Patsy), hija del duque Connaught (séptimo hijo de la reina Victoria, Arturo) y de la princesa Luisa de Prusia. Hasta la propia Ena pensaba que Alfonso iba a pretender a su prima. Los cronistas de la época coincidieron en señalar que no hubo entendimiento entre Alfonso y Patricia, quizás porque ella ya tenía otro pretendiente. Y la realidad es que Alfonso se acabó interesando por la nieta pequeña de la reina de Inglaterra, hija de la infanta Beatriz y de su esposo, Enrique de Battenberg. Lo curioso es que Ena también estaba «medio comprometida» con el gran duque Boris de Rusia, pero como no estaba del todo cerrado el acuerdo, el rey de España se adelantó. Se siente.

Alfonso permaneció varios días más en Londres atendiendo a todos los actos diplomáticos y celebraciones programadas. En la última cena de gala celebrada en Buckingham, antes de su regreso a España, los jóvenes, de dieciocho y diecinueve años, tuvieron oportunidad de conversar en privado. Victoria le confesó a Marino Gómez-Santos que lo primero que le preguntó el rey es si coleccionaba tarjetas postales, algo muy de moda en la época entre las damas de la alta sociedad. A todo esto, los jóvenes hablaban en francés porque ella no sabía español y él no sabía inglés. De hecho, en uno de los discursos que pronunció Su Majestad durante este viaje llegó a afirmar «*I am very constipated*»[226], queriendo decir que se había acatarrado, pero diciendo en realidad que «estaba muy estreñido». Las cosas de la campechanía y la improvisación tan nuestras (y tan de los Borbones). Desde entonces, el monarca comenzó a enviarle una postal cada semana durante ocho meses hasta que se volvieron a ver.

A pesar de mantener esta relación por carta, el compromiso no se hizo oficial. Según la propia Ena, la reina María Cristina no quería que Alfonso se precipitara en su elección y, por ello, se aseguró de que

225   Gómez-Santos, M. (1993). *La reina Victoria Eugenia*, p. 43. Espasa Calpe.
226   Vaca de Osma, J. A. (1993). *Alfonso XIII. El rey paradoja*, p. 305. Editorial Biblioteca Nueva.

también conociera a las princesas alemanas y austriacas. Por si acaso alguna le «convencía» más que la inglesa. No sabía la reina madre que su hijo ya se había enamorado. Tanto que no le importaba que su futura mujer padeciera hemofilia y sus hijos varones pudieran heredarla, como así fue... Se lo advirtió su tía Eulalia, el rey Eduardo VII, el embajador de Londres, sus mejores amigos... Pero nada, a Alfonso no le importó. Hasta que le importó, valga la redundancia. De hecho, muchos historiadores coinciden en afirmar que este asunto sería el causante del distanciamiento entre Ena y el rey. Según José Antonio Vaca de Osma, llegó a decir: «No me resigno a que mi heredero haya contraído una enfermedad que ha traído la familia de mi mujer y no la mía»[227]. Toma ya. Pero ahora estamos hablando del compromiso.

Lo cierto es que todo el mundo estaba desconcertado respecto a la novia del rey. Y es que nuestro soberano era el «mejor partido» de las casas reinantes; las cosas como son. Un dato simpático es que el periódico *ABC* llegó a convocar un concurso titulado «¿Quién será la futura reina de España?»[228]. Ocho eran las candidatas propuestas por el diario en dibujos realizados a plumilla: Olga de Cumberland, sobrina del rey de Inglaterra; Victoria de Prusia, hija del emperador de Alemania; Wiltrude de Baviera, nieta del príncipe regente de Baviera; Patricia de Connaught, sobrina del rey de Inglaterra; la duquesa María Antonia de Mecklemburgo, hija del duque de Mecklemburgo; Beatriz de Sajonia, sobrina del rey de Inglaterra; Victoria Eugenia de Battenberg; y Luisa de Orleans, nieta de los duques de Montpensier. En el escrutinio de votos, ganó la princesa Ena, que obtuvo 18.427, seguida de la princesa Patricia, con 13.719. Entre las papeletas de los votantes que se decantaron por la primera, el periódico sorteó un abanico y una sombrilla[229]. Premios que molaban a principios del siglo XX.

227 Vaca de Osma, J. A. (1993). *Alfonso XIII. El rey paradoja*, p. 90. Editorial Biblioteca Nueva.
228 Vaca de Osma, J. A. (1993). *Alfonso XIII. El rey paradoja*, p. 86. Editorial Biblioteca Nueva; y Gómez-Santos, M. (1993). *La reina Victoria Eugenia*, p. 51. Espasa Calpe.
229 Archivo diario *ABC* (1905). «El profético concurso que acertó quién sería la Reina de España». https://www.abc.es/archivo/abci-concurso-acerto-quien-seria-reina-espana-202005310057_noticia.html

Eduardo VII y Alfonso XIII saludando desde la cubierta del "Giralda"
al público que los aclamaba

Eduardo VII y Alfonso XIII saludando desde la cubierta del
Giralda al público que los aclamaba, *Nuevo Mundo*, 11-04-1907.

Aunque no estaba formalizada ni comunicada de forma oficial,
sabemos que la relación iba bien encaminada porque, antes de regresar a España de su viaje por tierras inglesas, el rey de Inglaterra nombró a Alfonso coronel jefe del decimosexto regimiento de lanceros

de la reina. Era costumbre entre las monarquías europeas que los reyes se otorgasen (o, mejor dicho, se intercambiasen), a modo de obsequio y reconocimiento, cargos honoríficos en el Ejército. Por ejemplo, Alfonso XIII, en 1908, nombró coronel honorario del regimiento de lanceros al zar Nicolás II de Rusia, quien le correspondió con un nombramiento similar en su corte.

La Guardia Real británica está integrada por varios cuerpos y el rey español fue adscrito al de lanceros. El uniforme de estas unidades militares consta de un casco empenachado, botas altas y cordones dorados cruzados a la altura del pecho. Como deferencia por el nombramiento de coronel del regimiento del rey de España, nuestra bandera fue incorporada para siempre a la silla de montar del oficial de la guardia que manda la escolta del rey o reina de Inglaterra.

Cuando Alfonso y Victoria Eugenia se volvieron a encontrar en la villa Mouriscot, en Biarritz, se formalizó el compromiso. Alfonso pidió a la princesa Beatriz la mano de su hija y esta se la concedió con autorización de Eduardo VII de Inglaterra. Los novios plantaron juntos un árbol en los jardines de la finca, donde grabaron también sus nombres, una tradición que simboliza el deseo de empezar juntos una nueva vida. Él le regaló a ella un corazón de zafiro rodeado de brillantes. También celebró una cena de gala a la que acudió vestido de uniforme con el collar del toisón de oro y la placa de la Orden de la Reina Victoria de Inglaterra. Ena, por su parte, lució un traje azul celeste, una cruz de perlas y adornos de diamantes en el peinado. Al llegar al palacio de Miramar, en San Sebastián, el rey envió un telegrama a su madre: «Me he comprometido con Ena. Abrazos. Alfonso»[230].

La boda estaba en marcha. Pero antes de celebrarla, había que convertir al catolicismo a la novia protestante. *Ups.*

EL «REBAUTIZO» DE UNA REINA

Victoria Eugenia Julia Eva era la nieta número treinta y dos de la reina Victoria de Inglaterra. Nació en Balmoral (Escocia) el 24 de octubre de 1887 y fue bautizada el 23 de noviembre por el deán de

---

230   Gómez-Santos, M. (1993). *La reina Victoria Eugenia*, p. 63. Espasa Calpe.

la catedral de Edimburgo con agua del río Jordán. Los nombres elegidos: Victoria, por su abuela materna; Eugenia, por la emperatriz Eugenia de Montijo, su madrina; Julia, por su abuela paterna; y Eva, por la «eterna gobernadora del mundo».

Sus padrinos fueron la emperatriz Eugenia, que no pudo asistir al bautizo y fue representada por la princesa Federica de Hannover; la princesa imperial de Alemania, que tampoco pudo acudir y fue representada por la duquesa viuda de Roxburgh; el gran duque de Hesse; y el duque de Edimburgo.

La relación entre la reina Victoria de Inglaterra y la emperatriz Eugenia de Francia era muy estrecha. Tanto que la princesa Beatriz, madre de Ena, había sido la prometida de su hijo Luis Bonaparte, matrimonio que no se llegó a celebrar porque él murió combatiendo en África al lado de las tropas inglesas contra los zulúes. Según relata la propia Ena, su abuela Victoria y su madrina Eugenia se trataban como «*chère soeur*» («querida hermana»).

Como princesa inglesa, Ena fue bautizada en el seno de la Iglesia anglicana, pero para casarse con el «rey católico» de España era requisito indispensable su conversión. La ceremonia del «rebautizo» tuvo lugar en el palacio de Miramar de San Sebastián, en la capilla privada de la reina María Cristina, el 7 de marzo de 1906.

A la ceremonia asistieron la familia real, otras veintitrés personas de la corte y el presidente del Consejo de Ministros. Ena, con traje y velo blanco y sin joyas, accedió de la mano de la reina María Cristina, su madrina (la única porque no habría padrino en esta ceremonia), para colocarse delante del presbiterio en dos reclinatorios forrados de terciopelo rojo y galones de oro. Tras ellas, se sentó el rey, de Húsar, en el centro de la fila; a su derecha, la infanta María Teresa; y a su izquierda, el infante Fernando, con uniforme de capitán de Húsares. Detrás, la camarera mayor, duquesa de San Carlos; las de Alba y de Mandas; condesa de Mirasol y señora e hija de Moret. Todas las damas con mantilla blanca. A continuación, el mayordomo mayor de palacio, el duque de Sotomayor, el duque de Mandas, el marqués de San Felices de Aragón, el de Viana y el conde de Aybar, entre otros.

El obispo de Nottingham puso los Evangelios sobre el reclinatorio de la princesa, recitó el «*Veni, Creator Spiritus*» y le entregó un libro para que ella leyera en inglés varios párrafos señalados:

Yo, Victoria Eugenia de Battenberg, teniendo delante de mis ojos los Santos Evangelios [...] y reconociendo que nadie puede salvarse sin la fe que la Santa Iglesia católica, apostólica y romana mantiene, cree y enseña, contra la cual siento grandemente haber faltado en atención a que he sostenido y creído doctrinas opuestas a sus enseñanzas. Ahora, por la asistencia de la gracia de Dios, declaro y profeso, que creo en la Santa Iglesia católica, apostólica y romana, que es la única y verdadera Iglesia establecida sobre la tierra por Nuestro Señor Jesucristo, a la cual me someto con todo mi corazón. Creo firmemente todos los artículos que ella somete a mis creencias y reniego y condeno todo lo que ella reniega y condena, estando dispuesta a obedecer todo aquello que ella me mande.

Confieso especialmente que creo: en un solo Dios, en tres divinas personas distintas e iguales cada una de ellas; es decir, el Padre, el Hijo y el Espíritu Santo. La doctrina católica de la Encarnación, la Pasión, la Muerte y la Resurrección de Nuestro Señor Jesucristo y la unión personal de las dos naturalezas, la divina y la humana. La divina materninad de la bienaventurada María, al mismo tiempo que su virginidad sin tacha, y, asimismo, su inmaculada concepción. La verdadera, real y sustancial presencia del cuerpo de Nuestro Señor Jesucristo, lo mismo que su alma y divinidad en el más Santo Sacramento de la Eucaristía, la Penitencia, la Extremaunción, el Orden Sacerdotal y el Matrimonio. Creo también en el Purgatorio, en la resurrección de los muertos y en la vida eterna. La supremacía no solo honoraria, sino también jurídica del Pontífice Romano, sucesor en la tierra de San Pedro [...]. La veneración de los Santos y sus imágenes, la autoridad de las tradiciones apostólicas y católicas de la Santa Escritura, que no debemos interpretar, comprendiéndolas solo en el sentido de nuestra Santa Madre Iglesia católica [...].

Con un corazón sincero y, por consiguiente, con una verdadera fe, detesto y abjuro todo error, herejía y secta contraria al decir de la Iglesia católica, apostólica y romana [...][231].

Tras la lectura, el obispo rezó el «Miserere» y el «Gloria Patri» y concedió la absolución a la princesa. A continuación, le solicitó que se levantara el velo para imponerle el agua bautismal mediante una concha de oro. Fue rebautizada como Victoria Eugenia Cristina, un

231   Gómez-Santos, M. (1993). *La reina Victoria Eugenia*, pp. 69-70. Espasa Calpe.

cambio en su tercer nombre en honor de su nueva madrina y suegra. Mira qué bien.

Tras el bautizo, el obispo pronunció las siguientes palabras recogidas por Marino Gómez-Santos:

> En virtud de la autoridad apostólica de que me hallo investido en este momento, te absuelvo de la excomunión en la que incurriste y te restituyo al uso de los sacrosantos Sacaramentos de la Iglesia, comunión y unidad con los fieles, en nombre del padre, del Hijo y del Espíritu Santo[232].

A Ena le traumatizó esta ceremonia. Según recoge Vaca de Osma, llegó a expresar: «Fue todo lo desagradable posible. A veces sueño con horror con aquel Obispo»[233]. Pobre.

Después de la ceremonia, el obispo hizo entrega a la princesa, en una bandeja de oro, de los regalos del papa Pío X «en nombre del Soberano de los soberanos, que tiene más súbditos que todos ellos juntos y que reina hace 1906 años»: un crucifijo de oro, una medalla de oro con la dedicatoria de Su Santidad y un pergamino con la bendición apostólica[234].

Con motivo de la ceremonia de bautismo, Alfonso le regaló a su novia una pulsera de oro con iniciales de brillantes y zafiros, una medalla con la Virgen de la Victoria en esmalte y una capillita de oro. Y la reina, un libro de oraciones y un broche de oro y pedrería. Además, María Cristina le concedió la banda de la Orden de María Luisa antes de que Ena se convirtiera en reina, puesto que la jefatura de la orden pertenece en exclusiva a la soberana de España, y si se retrasaba en la concesión, ya no podría concedérsela. El rey, por su parte, entregó la gran cruz de Isabel la Católica al obispo de Nottingham.

Al día siguiente, la princesa recibiría la comunión en la misma capilla del palacio de Miramar. El rey, con uniforme general de caballería, comulgó con ella.

El 11 de marzo, Moret, presidente del Consejo de Ministros, comunicó oficialmente la noticia de la boda de Alfonso XIII con la

---

232 Gómez-Santos, M. (1993). *La reina Victoria Eugenia*, p. 71. Espasa Calpe.
233 Vaca de Osma, J. A. (1993). *Alfonso XIII. El rey paradoja*, p. 307. Editorial Biblioteca Nueva.
234 Gómez-Santos, M. (1993). *La reina Victoria Eugenia*, p. 71. Espasa Calpe.

princesa Victoria Eugenia de Battenberg. Según lo estipulado en la ley de 26 de junio de 1876, se dispuso la asignación anual de 450.000 pesetas a la princesa, desde el día que se celebrara su boda y, por tanto, se convirtiera en reina, mientras el matrimonio no se separara. Y en el caso de que se quedara viuda y no se casara de nuevo, la asignación anual de 250.000 pesetas[235].

La situación de Ena se volvería a repetir con la reina Sofía, mujer del rey Juan Carlos, pero en versión más *light*. Nuestra actual reina honorífica tampoco era católica antes de su matrimonio, sino ortodoxa. Pero, gracias a la mediación del papa Juan XXIII, el enlace pudo celebrarse por los dos ritos. La princesa griega no tuvo que ser «rebautizada» como su antecesora; simplemente firmó un documento de adhesión a Roma quince días después de la boda en un acto privado en el que solo estaba el matrimonio y el arzobispo. Nada que ver. Luego lo veremos.

Por cierto, si llaman la atención estas resoluciones «extremas» de conversión religiosa como condición *sine qua non* para la celebración de los enlaces en la casa real española, hay que decir que la inglesa es mucho más extremista. Dónde va a parar. Hasta el siglo XXI, los miembros de la familia real inglesa debían renunciar a sus derechos sucesorios si deseaban contraer matrimonio con una persona católica. Aun así, Meghan Markle se convirtió de forma voluntaria al protestantismo para casarse con el príncipe Harry en 2018. Cuántos siglos duró el rencor de Enrique VIII hacia la Iglesia que no había permitido su divorcio. Pobre Catalina…

PROHIBIDO LANZAR RAMOS DE FLORES A SUS MAJESTADES

Dos meses después de la conversión al catolicismo de la princesa Victoria Eugenia, Alfonso y Ena se casaban el 31 de mayo de 1906 a las once y media de la mañana en la basílica de San Jerónimo de Madrid. La ceremonia fue oficiada por el cardenal Ciriaco Sancha,

---

235   Gómez-Santos, M. (1993). *La reina Victoria Eugenia*, p. 76. Espasa Calpe.

arzobispo de Toledo, y los padrinos fueron la reina madre María Cristina y el cuñado del rey, el infante Carlos de Borbón-Dos Sicilias.

¿Por qué eligió el rey este templo? Probablemente porque el recorrido implicaba pasar por muchas de las calles principales de la capital, como la calle Mayor, la carrera de San Jerónimo, el paseo del Prado, la calle de Alfonso XII, la calle de Alcalá o la Gran Vía.

A la ceremonia asistieron representantes de todas las casas reales europeas. Se calcula que unas cuarenta mil personas llegaron a Madrid para disfrutar como espectadores del enlace. El ayuntamiento instaló sillas a lo largo del trayecto que recorrería la comitiva regia, cuyo alquiler costaba una peseta. También estaba la opción de alquilar un balcón con vistas con capacidad para seis personas por el «módico» precio de 2000 pesetas.

Por aquel entonces la capital de España era una ciudad demasiado pequeña para un acontecimiento de estas características y no contaba con hoteles suficientes para alojar a tanto visitante. Por ello, los príncipes extranjeros se hospedaron en las residencias de los grandes de España. Por ejemplo, el archiduque Francisco Fernando de Austria, en el palacio de Denia; los duques de Teck, en el palacio de Liria; los príncipes de Baviera, en el hotel de la infanta Isabel; los príncipes de Gales y el príncipe Andrés de Grecia, en el Palacio Real; y la princesa Federica de Hannover, en la residencia del marqués de Viana[236].

La princesa Ena se había hospedado en el palacio de El Pardo el 25 de mayo. En su dormitorio se había colocado la cama que había pertenecido a la reina Mercedes, la primera esposa del padre del rey, y se había instalado un cuarto de baño con azulejo blanco. Al día siguiente de la llegada a El Pardo, Alfonso llevó a Ena a conocer el Palacio Real. Allí, la reina María Cristina le mostró su vestido de novia, regalo del rey, para que se lo pudiera probar.

Ena permaneció en El Pardo hasta la mañana de la boda. Alfonso llegó sobre las seis y media conduciendo su propio coche para desayunar con ella y oír misa juntos. A las ocho y media, los novios y la princesa Beatriz partieron hacia Madrid.

La noche antes del enlace llegó el rumor de que alguien estaba maquinando atentar contra Su Majestad el día de la boda. Por ello,

---

236   Gómez-Santos, M. (1993). *La reina Victoria Eugenia*, p. 84. Espasa Calpe.

se extremaron las precauciones. Esa noche durmieron en el templo de los Jerónimos varios agentes de policía secreta. El conde de Romanones, ministro de la Gobernación, subrayó en sus memorias que «acudió a Madrid el personal más experto de las policías francesa, alemana, inglesa e italiana»[237].

El altar estaba decorado con rosas blancas y candelabros dorados. A la derecha, fuera del presbiterio, se encontraba el trono de los reyes. Los sillones en los que se sentaron los monarcas eran de talla dorada y tapicería en raso bordado con seda. El dosel que cubrió los tronos era del mismo tono que la tapicería y tenía el escudo de España bordado en el centro. Muy cerca del trono se encontraba el sitio destinado a la reina María Cristina, un sillón y un reclinatorio cubierto en terciopelo rojo.

A las diez y cuarenta sonó la *Marcha real* y Alfonso entró en el templo seguido del infante don Carlos y del hijo de este, vestido de blanco. El novio vistió uniforme de gala de capitán general y llevaba la banda de la gran cruz roja del Mérito Militar.

Victoria Eugenia hizo esperar a su prometido treinta y cinco minutos. Al nerviosismo propio de cualquier novio el día del enlace, se unía la amenaza de atentado que había recibido. ¿Y si atentaban contra Ena y por eso no llegaba a la iglesia?

La novia salió del Ministerio de la Marina, el lugar que usó como vestidor y que ya era conocido popularmente como «palacio tocador», puesto que también se había vestido aquí la reina María Cristina para casarse con Alfonso XII. Por cierto, en 1906 este ministerio se ubicaba en el palacio de Godoy, del que ya se ha hecho referencia y que actualmente es la sede del Senado. No confunda, por tanto, el lector este emplazamiento con la sede actual del cuartel general de la Armada, ubicado en el paseo del Prado, junto a la fuente de la diosa Cibeles, que se inauguró en 1928 y albergó el Ministerio de Marina entre 1939 y 1977.

Ena lució un traje de satén blanco bordado en plata y adornado de azucenas y azahares con una cola de más de cuatro metros de largo. Precisamente, para que la cola pudiera lucirse, se construyó una escalinata de piedra para acceder al templo desde la calle Ruiz

---

237   Romanones, conde de (1999). *Nota de una vida*, p. 221. Marcial Pons.

Alarcón. La reina tenía el propósito de regalárselo, tras el enlace, a la Virgen de la Paloma. En cuanto a las joyas, llevó la diadema de las tres flores de lis, un collar de brillantes y un broche con una perla similar a la Peregrina (aunque, como sabemos, Ena afirmaría siempre que se trataba de la original). Entró en el templo mientras sonaba el himno inglés.

Tras la ceremonia, el cortejo nupcial se dirigía al Palacio Real. Los reyes, en un carruaje guiado por caballos blancos. Y ocurrió la tragedia…

Según relata Victoria Eugenia a Marino Gómez-Santos, el rey le dijo a su ya mujer que podía estar tranquila porque había prohibido arrojar flores a la comitiva[238]. Antes de que Ena pudiera preguntarle por qué, desde uno de los balcones de una pensión ubicada en el número 88 (actualmente 84) de la calle Mayor de Madrid, sobre las dos de la tarde, cuando la comitiva pasaba a esta altura de la calle, se lanzó un ramo de flores con una bomba camuflada en su interior. El ramo tropezó en su caída con el tendido del tranvía y se desvió hacia la multitud. El resultado: una veintena de muertos, civiles y miembros de la Guardia Real; y un centenar de heridos. Los reyes resultaron ilesos, aunque el vestido de la novia y sus zapatos quedaron manchados de sangre y el toisón del oro del rey se rompió. La infanta Paz, tía del novio, depositó uno de los eslabones de este collar en el santuario bávaro de Nuestra Señora de Alftting. Otro artefacto, que no llegó a estallar, se encontró al otro lado de la calle, en Capitanía.

El atentado fue perpetrado por Mateo Morral, un joven anarquista catalán. Mateo había estudiado en Francia y en Alemania, donde descubrió las obras de Nietzsche y Hausmeister y el anarquismo. Cuando regresó a España, participó y promovió huelgas y proyectos de comunas. Se reincorporó a la empresa familiar, del sector textil, para abandonarla posteriormente y comenzar como bibliotecario junto a Francisco Ferrer Guardia, anarquista fundador de la Escuela Moderna.

Justo un año antes, en París, el rey había sido víctima de otro atentado. Tras salir del Teatro de la Ópera, se subió a un coche descubierto junto al presidente de la República. A la altura de la plaza

---

238   Gómez-Santos, M. (1993). *La reina Victoria Eugenia*, p. 114. Espasa Calpe.

del Teatro Francés, estalló una bomba. Salió ileso. Al regresar a su alojamiento, el presidente Loubet telegrafió a la reina María Cristina para informarle de que su hijo estaba sano y salvo. Ella acudió, junto a la infanta María Teresa, a la iglesia de la Virgen de la Paloma para dar las gracias a Dios y entregó al párroco mil pesetas para los pobres del barrio.

Esta vez el intento de asesinato estaba mejor planificado, aunque tampoco logró el objetivo. Parece ser que la bomba, de fabricación casera, le habría sido entregada a Mateo diez días antes del atentado, envuelta en una bandera francesa, por Nicolás Estévanez, que partiría a continuación en barco hacia La Habana. Tan seguro estaba del éxito de su atentado que, según publicó el diario *El Imparcial*, apareció unos días antes de la boda el siguiente mensaje: «Ejecutado será Alfonso XIII el día de su enlace» tallado en un árbol del parque de El Retiro. En el sumario policial quedó constancia de que esta letra coincidía con la de Mateo. Yo lo pongo en duda, pero ahí queda la anécdota. Lo que sí es cierto es que días antes del enlace habían circulado octavillas en las que se amenazaba de muerte al rey.

El terrorista se alojó el 21 de mayo en la fonda Iberia, en la calle Arenal. Pagó su estancia de cuatro noches por adelantado y se identificó con su nombre verdadero, pero decidió mudarse al hostal del número 88 de la calle Mayor porque la habitación que tenía en el primer hotel daba a la paralela calle de Tetuán y ya sabemos que él necesitaba otras vistas... También aquí pagó por adelantado las veinticinco pesetas diarias que suponía el alojamiento sin comida (un poquito más caro que el primero, cuyo coste de quince pesetas diarias incluía, además, la manutención). Durante su estancia, salía cada día a las diez de la mañana y regresaba a las seis de la tarde. En los días que estuvo alojado no recibió visitas. Solicitó a la dueña de la pensión que no faltaran flores en su habitación, ya que le encantaban. Y le comentó que era tan monárquico que tenía la intención de arrojar flores a los recién casados. Y no mintió (en lo del ramo, en lo de que era monárquico sí). La dueña de la pensión le advirtió que eso estaba prohibido, pero él insistió en que comprara, como cada día, los tres ramos de flores.

El día de la boda se encerró en su habitación y pidió que no le molestaran indicando que se encontraba indispuesto. Parece ser que solicitó, incluso, que le subieran bicarbonato. Para despistar, claro. O igual estaba nervioso... Desde luego, motivos tenía.

Tras el atentado, Mateo consiguió escapar a pesar de que el general Aznar había ordenado el cierre inmediato del portal de la casa desde la cual se había arrojado la bomba y se refugió en la redacción del periódico *El Motín*. El director de este medio, José Nakens, le consiguió alojamiento en la casa de tipógrafo de su imprenta. El 2 de junio fue visto y detenido en las inmediaciones de la estación de Torrejón de Ardoz donde preveía tomar un tren con destino a Barcelona.

A partir de este momento, hay dos versiones de la historia. Las fuentes oficiales sostienen que se entregó pacíficamente, pero que, cuando era conducido por el guarda al cuartelillo, Mateo le pegó un tiro y se suicidó a continuación. En cambio, un estudio forense señaló que los disparos no podían haberse efectuado a corta distancia y tampoco con el modelo de pistola (Browning) que, presuntamente, llevaba escondida.

El guarda fue enterrado en su localidad natal, Loeches. El duque de Tovar costeó una cruz que se colocó en su honor en el kilómetro 4 de la carretera de Torrejón a Arganda. Se mantuvo allí hasta la Segunda República.

En el juicio, celebrado el 3 de junio de 1907, se condenó a nueve años de prisión a Nakens y a otros cómplices por haber facilitado la huida de Mateo, aunque fueron indultados un año después. Por su parte, Ferrer Guardia fue absuelto, si bien dos años después sería ejecutado por instigar los altercados de la conocida como Semana Trágica de Barcelona.

Pasados los festejos, los monarcas se retiraron al idílico (a la par que cercano y familiar) destino de La Granja de San Ildefonso para pasar su luna de miel y recuperarse del susto.

LA PRIMERA TARTA NUPCIAL EN ESPAÑA

La tradición del pastel nupcial es inglesa y llegó a España el día del enlace del rey Alfonso XIII con Victoria Eugenia de Battenberg. Aunque, como hemos visto, no estaban para tartas ese día...

La novedad causó tanta expectación que los periódicos se hicieron eco de la noticia. El diario *ABC* del 16 de mayo de 1906, quince días antes de la celebración del enlace, apuntaba:

Acaba de terminarse y sale para Madrid el *Wedding-cake* del 31 de mayo, o sea el pastel de boda de la princesa Victoria. Será el primer *Wedding-cake* que se haya visto en España. D. Alfonso ha querido, por atención hacia su futura, inaugurar en su patria esta costumbre inglesa[239].

El pastel de la princesa Ena fue expresamente elaborado para ella en Inglaterra. Claro, los españoles éramos novatos en esto. Los reposteros británicos diseñaron la «mezcla real», una receta elaborada con bizcocho y crema *glacée* de seis pies de altura, trescientos kilos de peso y cuarenta y seis pulgadas de diámetro en su base. En el centro de la tarta, el escudo real. El pastel estaba adornado por pasta de azúcar que representaba los viñedos españoles. El postre se presentó sobre un plato de plata y se cortó con un cuchillo de hoja de oro y mango de plata.

Hagamos un repaso por otras tartas nupciales regias.

Después de la boda de Alfonso XIII, la siguiente boda real celebrada en España fue la de la infanta Elena, primogénita del rey Juan Carlos, con Jaime de Marichalar, cuyo banquete tuvo lugar en los salones del Real Alcázar de Sevilla en 1995. Parece ser que fue la reina Sofía quien se encargó de tomar la decisión final del menú: «lubina al aroma de trufa y almendra», como primer plato; «perdiz roja a la crema castellana» de segundo; y «crema helada de café con almendras y salsa de caramelo» para el postre. Eso sí, la tarta nupcial, decorada con flores de lis de chocolate, fue escogida expresamente por la novia.

Su hermana, la infanta Cristina, celebró el banquete de su boda con Inaki Urdangarín el 4 de octubre de 1997 en el palacio de Pedralbes de Barcelona. En esta ocasión, los anfitriones dispusieron cuatro menús: uno general, uno macrobiótico (muy modernos ellos), otro mijar (para los musulmantes) y otro kosher (para los judíos). La mayoría de los invitados degustaron como primer plato «sorpresa de quinoa real con verduritas y pasta fresca»; y como segundo, «lomo de lubina, suflé de langostinos y emulsión de aceite virgen». La tarta nupcial fue realizada por el maestro pastelero Jaime Foix, quien sus-

---

239   Maribona, C. (2003). «La primera tarta nupcial en una boda real». *ABC*, especial boda real. https://www.abc.es/informacion/boda/preparativos/05d.asp

tituyó la tradicional figura de los novios por una réplica del palacio de Pedralbes elaborada con chocolate blanco. Sus padres, los reyes Juan Carlos y Sofía, ya habían hecho lo mismo, «coronando» literalmente su tarta nupcial de cuatro pisos con una corona real.

Con el objetivo de dejar boquiabiertos a los invitados, la creatividad de los reposteros es infinita. Por ejemplo, para la boda del príncipe Rainiero de Mónaco y la actriz Grace Kelly el 19 de abril de 1956, el chef del Hotel París de Montecarlo diseñó un pastel de varios pisos inspirado en el vestido de encaje de la novia. En los dos últimos, colocó una jaula con dos palomas que fueron liberadas al momento de partir la tarta.

Recientemente, para la boda de William y Kate Middelton, en 2011, la repostera Fiona Cairns se inspiró en la época victoriana. El pastel de frutas blanco, símbolo de pureza, fue decorado con novecientas flores de azúcar; entre ellas, la rosa de Inglaterra, el narciso de Gales, el cardo de Escocia y el trébol de Irlanda. Al simbolismo de las flores también recurrieron el príncipe Alberto de Mónaco y su novia Charlene, cuya impresionante tarta nupcial de siete pisos y dos metros y medio de altura estaba adornada por dos mil flores de azúcar. La flor que coronaba el pastel era una protea, símbolo sudafricano, en homenaje a la novia.

La tarta nupcial de la reina Isabel II de Inglaterra en 1947, diseñada por la empresa McVitie and Price Ltd, también superó los dos metros y medio de altura. En esta ocasión, se congeló una porción de pastel que fue subastada seis décadas más tarde, en 2013. De hecho, era tradición en Inglaterra que los novios guardaran un piso de la tarta para celebrar el primer aniversario de casados. Una costumbre supersticiosa.

Hablando de suerte, el original pastel de bodas elegido por Victoria de Suecia y Daniel Westling tenía forma de trébol de cuatro hojas.

Otra de las tartas más espectaculares de las bodas reales británicas fue la del príncipe Jorge, duque de Kent, y Marina de Grecia, en 1934, coronado con guirnaldas de flores naturales y pilares arquitectónicos de estilo griego.

Por su parte, la tarta de Diana de Gales y Carlos de Inglaterra fue elaborada por la escuela de cocina de la Marina Real. Estaba formada por cinco pisos, medía metro y medio de altura y pesaba unos cien kilos. El último piso estaba coronado por una cascada de orquídeas blancas, lilas del campo y fucsias, símbolos del amor puro, incondicional y eterno. Un poquito irónico parece, la verdad. Será «humor inglés». Años después, Etta Richardson fue la repostera elegida para realizar el pastel de la boda del príncipe Carlos y Camilla Parker. Parece que en esta ocasión eligió la receta por ser su favorita y huyó de metáforas de mal gusto. Mejor, Carlos.

Alfonso XIII de España en la portada de la
revista *Time*, 6 de abril de 1931.

De la Segunda República a Juan Carlos

VERDE, QUE TE QUIERO VERDE

Si juntamos las iniciales de la aclamación «Viva el rey de España», el resultado es el acrónimo VERDE. Por eso ha sido históricamente el color de los simpatizantes monárquicos en nuestro país, que acostumbran a vestir prendas verdes o a lucir complementos de este tono en ocasiones señaladas, o, incluso, a firmar con tinta de este color.

Resulta difícil determinar el momento exacto en el que empezó a utilizarse esta especie de contraseña o símbolo distintivo. Lo más probable es que el origen se encuentre en la Segunda República (1931-1939), donde no estaba permitido aclamar a la monarquía ni a la figura de Su Majestad.

La Ley de Defensa de la República, de 21 de octubre de 1931, especificaba, en el sexto punto de su primer artículo, que «la apología del régimen monárquico o de las personas en que se pretende vincular su representación y el uso de emblemas, insignias o distintivos a uno u otras» era un «acto de agresión a la República»[240]. De hecho,

---

240   Ley de Defensa de la República de 22 de octubre de 1931. *Gaceta de Madrid*, núm. 295. https://www.boe.es/datos/pdfs/BOE/1931/295/A00420-00421.pdf

periódicos como el *ABC* sufrieron la censura del nuevo régimen por manifestarse abiertamente monárquicos. Así expresaban en la editorial de su diario el 15 de abril de 1931 (un día después de la proclamación de la República): «Seguimos y permaneceremos donde estábamos: con la Monarquía constitucional y parlamentaria, con la libertad, el orden y el derecho»[241]. Toda una declaración de intenciones que no iba a quedar indemne. El Gobierno republicano ni siquiera esperó a que entrara en vigor la ley citada. El 10 de mayo de 1931 el periódico fue multado con más de 830.000 pesetas. El propio medio aseguró que dicha multa era una respuesta a la asistencia de su director, Juan Ignacio Luca de Tena, a una reunión en el Círculo Monárquico Independiente[242].

Las sanciones continuaron. *ABC*, en su editorial del 30 de noviembre de 1932, afirmaba:

> La suspensión gubernativa de este diario ha durado nada menos que tres meses y medio [...] Durante todos los gobiernos de seis reinados y de dos repúblicas se aplicó jamás a un periódico una sanción gubernativa tan dura sin justificación legal.

Conviene especificar que, además de la mencionada sanción de suspensión, el diario fue multado con 2.400.000 pesetas[243].

Otras fuentes sugieren que la utilización del color verde como «contraseña monárquica» surgió durante el franquismo, a pesar de que España era oficialmente un reino, puesto que el jefe de Estado no tenía «sangre azul». Era una manera, según estas fuentes, de apoyar de forma encubierta la candidatura de don Juan (hijo de

---

241 Viana, I. (30 de septiembre de 2013). «La Segunda República: el azote de la prensa libre». Diario *ABC*. https://www.abc.es/historia/abcp-segunda-republica-censura-prensa-201104140000_noticia.html

242 Viana, I. (13 de noviembre de 2020). «La olvidada ley dictatorial con la que Azaña quiso erradicar todas las críticas a la Segunda República». Diario *ABC*. https://www.abc.es/historia/abci-ley-dictatorial-contra-prensa-azana-quiso-erradicar-criticas-segunda-republica-202004212313_noticia.html

243 Viana, I. (13 de noviembre de 2020). «La olvidada ley dictatorial con la que Azaña quiso erradicar todas las críticas a la Segunda República». Diario *ABC*. https://www.abc.es/historia/abci-ley-dictatorial-contra-prensa-azana-quiso-erradicar-criticas-segunda-republica-202004212313_noticia.html

Alfonso XIII) en oposición a la figura del Generalísimo. A mí, sinceramente, me convence más la primera versión.

Algunos historiadores señalan un antecedente fuera de España, concretamente en Italia, que podría haber inspirado a nuestros monárquicos. En el siglo XIX, cuando Italia luchaba para liberarse del dominio austriaco, el pueblo aclamaba al compositor Giuseppe Verdi. ¿La razón? En italiano, VERDI es el acrónimo de Vittorio Emmanuele Re d'Italia (Víctor Manuel, rey de Italia). Aclamar al compositor sería el equivalente a lucir complementos verdes, un juego de acrónimos que podía engañar fácilmente a la censura.

Actualmente, si prestamos atención, es habitual que los miembros de la familia real y los simpatizantes y defensores de la institución monárquica asistan a determinados actos oficiales con guiños verdes. Quién sabe si se trate de casualidades, pero repasemos algunas de estas ocasiones.

Por ejemplo, la reina Sofía optó por un vestido verde para acudir a la ceremonia de proclamación de su hijo Felipe VI. El actual rey lució corbata verde en la toma de posesión en el palacio de la Zarzuela del presidente de Gobierno, Pedro Sánchez, en 2018; al igual que la entonces presidenta del Congreso de los Diputados, Ana Pastor, que acudió con un vestido de este color. El expresidente del Gobierno, Mariano Rajoy, también llevó corbata verde durante el acto de moción de censura en el Congreso de los Diputados. Es habitual también que Felipe VI asista a la final de la Copa del Rey de fútbol con corbata verde, dando respuesta silenciosa a quienes acostumbran a «pitar» su figura y el himno oficial de España. En los Premios Princesa de Asturias de 2017, el rey también pronunció su discurso con corbata verde. También lo hizo el entonces presidente del Gobierno, Mariano Rajoy, gesto cargado de simbolismo porque se trataba de la primera ceremonia de entrega de dicho premio en la que estaba presente el presidente del Gobierno desde Calvo Sotelo. La primera vez que la reina Letizia apareció públicamente junto al político Pablo Iglesias (de sobra republicano) fue en el acto de proclamación del Premio Princesa de Girona). Eligió para la ocasión un *look* de ese color.

Si el verde es el color de los monárquicos, parece que en los últimos tiempos el amarillo es el color de los partidarios de la independencia de Cataluña (o, mejor dicho, de su derecho de autodeterminación, que viene a ser un eufemismo de lo anterior), que acostumbran a lucir lazos amarillos en manifestaciones y comparecencias. ¿Por qué este color? No es fácil saberlo. La elección pudo deberse al amarillo de la señera, bandera de la comunidad autónoma catalana, aunque hay quienes proponen un origen histórico más «romántico» en la guerra de Sucesión. Según algunos historiadores, el amarillo representaba a la casa de los Habsburgo (pretendiente Carlos), mientras que el azul se asociaba a los Borbones (Felipe V). En esta línea, algunos señalan que el virrey de Cataluña prohibió el uso de cintas amarillas por parte de los partidarios del archiduque Carlos de Austria durante la guerra. A saber...

UN REY EN EL EXILIO Y UN REPUBLICANO EN PALACIO

En historia nada es casual. Todo tiene un porqué y las premoniciones e intuiciones cobran peso con el paso de los años. Merece la pena reproducir el texto que Alfonso XIII escribió en su diario en 1902, con tan solo dieciséis años, según recoge José Antonio Vaca de Osma:

> En este año me encargaré de las riendas del Estado. [...] De mí depende si ha de quedar en España la Monarquía Borbónica o la República. Porque yo me encuentro al país quebrantado por nuestras pasadas guerras, que anhela por un alguien que le saque de esta situación [...]. Yo puedo ser un Rey que se llene de gloria regenerando la Patria, cuyo nombre pasa a la Historia como recuerdo imperecedero de su reinado, pero también puedo ser un Rey que no gobierne, que sea gobernado por sus Ministros y, por fin, puesto en la frontera. Yo siempre tendré a manera de ángel custodio a mi Madre, segundo ejemplar que nuestra Historia presenta: el primero, doña María de Molina, el segundo, doña María Cristina de Austria. Don Fernando IV pidió cuentas a su madre; mas yo eso nunca lo haré[244].

Y ese disgusto de verse en el exilio no se lo dio a su madre. Menos mal. María Cristina falleció en 1929. El reinado de Alfonso XIII tuvo su punto y final el 14 de abril de 1931, cuando se proclamó en España

---

244   Vaca de Osma, J. A. (1993). *Alfonso XIII. El rey paradoja*, p. 46. Editorial Biblioteca Nueva.

la Segunda República, tras unas elecciones donde, a pesar de la victoria monárquica (22.150 concejales frente a 5.574), los republicanos se echaron a la calle y se autoproclamaron vencedores basándose en el hecho de que habían vencido en las principales plazas (Madrid, Barcelona, Valencia y Sevilla, fundamentalmente). Y eso que se trataba de unas elecciones municipales, no nacionales...

Ante los gritos de «Muera el rey», y viendo las banderas republicanas que empezaron a ondear en Madrid, Alfonso XIII tomó la decisión de abandonar España. El rey no abdicó, simplemente «huyó» (probablemente de forma temporal) con el objetivo de evitar una guerra civil (eso dijo).

El monarca recogió los enseres necesarios y se despidió de su familia. En la puerta de «incógnito» del Palacio Real, la puerta secreta que daba a los jardines del Campo del Moro, le esperaba su primo Antonio de Orleans para acompañarlo a Cartagena, donde embarcaría en el buque Príncipe Alfonso hasta Marsella, para instalarse definitivamente en París. Alfonso se fue de España conduciendo su propio coche, un deportivo descapotable Duesenberg. Detrás, iban José Rivera y Álvarez de Canedo, ministro de Marina; y Luis María de Silva y Carvajal, duque de Miranda. Y en un tercer vehículo, el guardia civil Demetrio Núñez.

La reina Victoria Eugenia y sus hijos partirían al día siguiente hacia la capital francesa. Ena pasaría toda la noche del 14 empaquetando sus objetos personales, así como sus joyas y las de María Cristina, su suegra, «al más puro estilo María Antonieta».

> El Rey me dijo a las cinco de la tarde que se iba a las ocho. Quería que cenáramos aquella noche solos, en el cuartito donde tomábamos siempre el té. Allí comimos los dos, casi en silencio y nos dijimos adiós, no sabiendo si volveríamos a vernos[245].

El periódico *ABC* publicó el 15 de abril las palabras de despedida del rey Alfonso XIII a los españoles:

> Las elecciones celebradas el domingo me revelan claramente que no tengo hoy el amor de mi pueblo. [...]. Un Rey puede equivocarse

---

245   Gómez-Santos, M. (1993). *La reina Victoria Eugenia*, p. 266. Espasa Calpe.

y, sin duda erré yo alguna vez, pero sé bien que nuestra patria se mostró en todo momento generosa ante las culpas sin malicia. Soy el Rey de todos los españoles y también un español. [...] quiero apartarme de cuanto sea lanzar a un compatriotra contra otro en fraticida guerra civil. No renuncio a ninguno de mis derechos porque más que míos, son depósito acumulado por la Historia, de cuya custodia ha de pedirme algún día cuenta rigurosa.

De hecho, en el exilio se autodefiniría como «un rey en paro».

El jueves 16 de abril Alfonso se reunió con su familia en el Hotel Meurice. Allí también lo esperaban periodistas y curiosos. Ante el temor de arruinarse, el (ex)rey despidió a su personal de servicio y alojó a su familia en el modesto Hotel Savoy de Fontainebleau. Eso sí, se «guardó» una *suite* en el Meurice para «ocasiones especiales» y se compró un Bugatti también, suponemos, para «emergencias».

Finalmente, Ena abandonaría a su marido e hijos para refugiarse en Inglaterra junto a su madre. De hecho, llevó a los tribunales a Alfonso para reclamarle su dote, los intereses correspondientes acumulados durante los años de matrimonio y una pensión anual.

El que fuera rey de España no regresó nunca más a nuestro país porque murió en el Gran Hotel de Roma, ciudad en la que se había instalado desde 1933, el 28 de febrero de 1941. La reina, por su parte, tras el estallido de la Segunda Guerra Mundial, se refugió en Lausana, Suiza, en el palacete Viellei Fontaine, al que mandó trasladar sus muebles personales de la Magdalena (en Santander) y sus retratos familiares. Volvería a España para el bautizo de Felipe de Borbón y Grecia (Felipe VI) el 8 de febrero de 1968. Ena se alojó en esta ocasión en el palacio de Liria con Cayetana de Alba, su ahijada.

Veamos qué pasó con el resto de la familia real en el exilio.

El príncipe de Asturias, Alfonso, renunció a sus derechos al trono en su nombre y en el de sus herederos en 1933 para poder contraer matrimonio morganático con Edelmira Sampedro y Robato, una cubana de origen español. Esta fue la carta que escribió a su padre, según recoge José María Zavala:

Señor:
Vuestra Majestad conoce que mi elección de esposa se ha fijado en persona dotada de todas las condiciones para hacerme dichoso, pero no perteneciente a aquella condición que las antiguas leyes

españolas y las conveniencias de la causa monárquica, que tanto importan para el bien de España, requerirían en quien estaría llamada a compartir la sucesión del trono, si se restableciese por la voluntad nacional.

Decidido a seguir los impulsos de mi corazón, más fuertes incluso que el deseo que siempre he tenido de conformarme con el parecer de Vuestra Majestad, considero mi deber renunciar previamente a los derechos de sucesión a la Corona que, eventualmente, por la Constitución de 1876, o por cualquier otro título, nos pudieran asistir a mí y a los descendientes que Dios me otorgara.

Al poner esta renuncia, formal y explícita, en las augustas manos de Vuestra Majestad, y, por ellas, en las del país, le reitero los sentimientos de fidelidad y de amor con que soy, Señor, su respetuoso hijo,

Alfonso de Borbón[246].

Desde entonces, empleó el título de conde de Covadonga. Su padre no asistió a su boda con Edelmira, celebrada el 21 de junio en la parroquia de Ouchoy en Lausana.

Diez días después de la renuncia de su hermano, el siguiente en la línea sucesoria, el infante Jaime, también renunció, quizá por las presiones del entorno. Por tanto, Juan, el tercer varón de Alfonso y Victoria Eugenia, era el siguiente en la línea sucesoria.

El 15 de enero de 1941, apenas un mes antes de su muerte, Alfonso XIII renunció a la jefatura de la casa real de España, decisión que convirtió a don Juan en el pretendiente al trono en el exilio. El 8 de marzo de ese mismo año empezaría a utilizar, ya hasta el final de sus días, el título de «conde de Barcelona», uno de los títulos propios del rey de España.

En 1942 Juan manifestó públicamente su aspiración a ocupar el trono de España. Y movió sus hilos con Churchill y con Roosevelt. Pero el Borbón no contaba con que Franco también tenía sus armas diplomáticas. Al fin y al cabo, tanto para el inglés como para el americano, Stalin resultaba más peligroso que Franco… Y don Juan se

---

246   Zavala, J. (2020). *La maldición de los Borbones. De la locura de Felipe V a la encrucijada de Felipe VI*, pp. 287-288. Penguin Random House.

instaló con su familia en Portugal, en Estoril, a esperar. Y a esperar... Y a esperar...

Volvamos al 31. Cuando se proclamó la Segunda República, en abril, el nuevo gobierno debió de pensar que no tenía sentido seguir denominando Palacio Real a la que hasta ahora había sido la residencia oficial de los reyes de España desde Carlos III. Así que el primer paso fue cambiarlo de nombre. Ahora se llamaría Palacio Nacional, que ya no suena «monárquico», y así puede ocuparlo el presidente de la República. Incoherencias las justas.

Efectivamente, Manuel Azaña, presidente desde el 14 de octubre, vivió en el palacio que abandonó Alfonso XIII la madrugada del 14 de abril. De hecho, todavía se puede visitar la sala conocida como el «despacho de Azaña». Por cierto, el republicano fue el último residente del Palacio Real porque Franco elegiría como vivienda el palacio de El Pardo y Juan Carlos I y Felipe VI el de la Zarzuela.

A finales de 1931, el Gobierno de la República presentó en las Cortes el proyecto de ley para establecer la organización de la casa oficial del presidente. Se dispuso una secretaría general a la que quedarían adscritos los servicios de carácter civil. El cuarto militar quedaría formado por un general de división, un jefe, un contraalmirante, un segundo jefe y un equipo de ayudantes personales del presidente y de otros oficiales. El cuarto militar estaría asistido por un oficial de oficinas militares. Además, adscrito a la presidencia, se nombraría un ministro plenipotenciario, introductor de embajadores.

La secretaría general contaba, a su vez, con un asesor, un jefe de administración, un jefe de negociado, cuatro oficiales primeros, un redactor de documentos, un conservador de residencias, un jefe de prensa, dos auxiliares, un taquígrafo mecanógrafo jefe de negociado, dos taquígrafos mecanógrafos, oficiales primeros y uno más oficial tercero. El gabinete diplomático, además de por el ministro plenipotenciario, introductor de embajadores, estaría formado por un secretario.

El gasto total de todo este personal ascendería a las 750.000 pesetas, sin contar las partidas previstas en el decreto de organización de la casa, que preveían además la dotación del presidente de la República (un millón de pesetas), gastos de representación (250.000 pesetas) y viajes oficiales (250.000 pesetas).

Todo el personal, tanto civil como militar, sería nombrado por el Gobierno.

La guardia presidencial se compondría de una plana mayor de mando, del escuadrón de escolta y de un batallón de guardia presidencial, del que formaría parte la banda republicana. Se constituyó una escolta presidencial, dependiente del jefe de la casa militar del presidente, cuya función sería la de escoltar al presidente, a los ministros plenipotenciarios y a los embajadores extranjeros en España.

Hablemos de los símbolos de la Segunda República.

Como ya sabemos, durante este periodo la bandera rojigualda fue sustituida como bandera oficial por la tricolor, tal y como quedó recogido en el decreto del 27 de abril de 1931[247]. En su artículo 1 se describía que la enseña estaría formada por tres bandas horizontales del mismo ancho: la superior en rojo, la central en amarillo y la inferior en morado. La primera ciudad en izar la nueva bandera en la fachada de su ayuntamiento fue Éibar. El tercer artículo de dicho decreto especificaba cómo tenían que retirarse las banderas rojigualdas de edificios e instituciones y cómo debían ser depositadas por comisiones representativas en museos.

Este mismo decreto, en su artículo 2, describía también el nuevo escudo nacional de la Segunda República. Debemos situar su origen en la Revolución de 1868 (La Gloriosa, ya sabemos, que destronó a Isabel II). En aquel momento, el gobierno provisional encargó a la Real Academia de la Historia el diseño de un nuevo escudo simplificado (sin elementos monárquicos) que aparecería en las primeras pesetas, acuñadas entre 1869 y 1870. Tras el breve reinado de Amadeo y el fracaso de la Primera República, se recuperó el escudo original. Y tras la proclamación de la Segunda República, se volvió a rescatar la versión de 1869.

Esta versión simplificada mantenía los símbolos de los reinos de Castilla, León, Aragón, Navarra y Granada; y las columnas de Hércules con la leyenda *Plus ultra*. Por el contrario, se eliminaron las tres flores de lis de los Borbones y se sustituyó la corona por una

---

247 Decreto de 27 de abril de 1931. https://www.boe.es/datos/pdfs/BOE/1931/118/A00359-00360.pdf

corona mural o amurallada; obviamente, sin la cruz representativa de nuestra monarquía católica.

El escudo figuraría en el centro de la banda amarilla de la bandera.

En cuanto al himno, se popularizó el *Himno de Riego*, del que ya hemos hablado. El 27 de abril de 1931, en el Ateneo de Madrid, se presentó una versión de este himno con letra del poeta Antonio Machado e interpretada por la cantante Laura Nieto y la banda real del cuerpo de alabarderos.

En relación con asuntos de derecho premial, se instauró, por decreto de 21 de julio de 1932, la Orden de la República, una orden civil para premiar a los ciudadanos por sus méritos en servicio a España y a la República. Se trataba de una condecoración de carácter vitalicio. Los grados de la orden eran: collar, banda, placa, encomienda, insignia de oficial, insignia de caballero, medalla de plata y medalla de bronce. Se establecieron un máximo de veinte collares y treinta bandas. En caso de que un miembro de la orden fuese condenado por un delito, se abriría el correspondiente expediente y se valoraría la desposesión del derecho a título o insignia del interesado.

El collar constaba de una pieza central, un lazo de oro formado por tres lazadas del que pendía la venera de la orden, también de oro. A ambos lados del lazo, un total de veintitrés eslabones. En diez de ellos, alternos, figuraba un cuartel del escudo de España esmaltado. Por su parte, las insignias de la banda eran una cinta de seda de color rojo con franjas blancas que se unía formando un lazo del que pendía la venera de la orden, de oro, formada por un ópalo esmaltado en cuya parte central figuraba un busto de mujer en representación de la República. Alrededor de esta pieza, ocho brazos de esmalte rojo bordeados de oro y dos palmas de laurel verdes entrelazadas.

Por decreto del 30 de octubre de 1934 se estableció la creación de la corbata de la Orden de la República para premiar de forma colectiva actos heroicos. Las insignias de corbata (una venera pendiente de un lazo) serían colocadas sobre las banderas o estandartes.

Durante este periodo republicano se suprimieron todas las órdenes de caballería (Santiago, Montesa, Alcántara y Calatrava), así como todos los títulos nobiliarios y la Real Orden de Carlos III. No la Insigne Orden del Toisón de Oro que, como hemos comentado, está asociada a una dinastía (a la casa Borbón) y no a la casa real. Es decir, no lo suspendieron porque no podían hacerlo.

Sin embargo, por decreto de 10 de octubre de 1931, el Gobierno de la República aprobó el reglamento de la Orden de Isabel la Católica justificando la subsistencia de esta orden fundada por Fernando VII en 1815 en la necesidad de premiar las virtudes cívicas de ciudadanos y funcionarios. Curioso que, precisamente, optaran por la permanencia de esta orden católica…

Los grados de esta orden eran collar, gran cruz, banda para señoras, comendador con placa, comendador ordinario, lazo para señoras, oficial, caballero, cruz de plata, medalla de plata y medalla de bronce. El número de condecoraciones solo limitaba los collares (un máximo de veinte), las grandes cruces (un máximo de quinientas) y las bandas para señoras (un máximo de cien).

El collar constaba de una pieza central o sello de los Reyes Católicos, representado por un águila de oro en cuyo centro figuraba el escudo de armas de Castilla y León (correspondiente a Isabel) y el de Aragón y Sicilia (correspondiente a Fernando). A ambos lados del escudo, quince eslabones; en ocho de ellos, de forma alterna, un grupo de cinco flechas y un yugo sobrepuesto y en los extremos las letras F.Y. esmaltadas en rojo; en los otros siete, en forma de laurel, los atributos de los mundos y columnas. Bajo el escudo pendía la venera de la orden.

Las insignias de la gran cruz eran una banda o cinta de seda blanca con dos fajas doradas. De ella, pendería la cruz de la orden, de oro, coronada con corona olímpica y esmaltada en rojo. En el centro, sobrepuesto, un escudo circular con las dos columnas y dos globos enlazados y cubiertos por la corona imperial. En su exergo, sobre blanco y en letras doradas, la leyenda «A la lealtad acrisolada». En el reverso, «Por Isabel la Católica» y una carabela dorada sobre fondo azul.

Además de la Orden de la República y la de Isabel la Católica, se creó por decreto de 26 de octubre de 1933 la Orden Civil de África para premiar los servicios prestados en dicho continente (en el Protectorado de Marruecos y en las colonias). Los grados e insignias de esta nueva orden eran: banda, placa, encomienda, insignia de oficial, insignia de caballero, medalla de plata y medalla de bronce. De la misma forma que en el resto de condecoraciones, si el interesado incurriera en un delito o ejecutara alguna acción deshonrosa, se abriría el correspondiente expediente para valorar la desposesión de su derecho al título y al empleo de la insignia vinculada.

La banda era una cinta de seda de color morado y verde. De ella pendía la venera de la orden, formada por una circunferencia de esmalte blanco rematada por la corona mural en oro. Sobre el ópalo, unas hojas de pita; y sujetas por un lazo de esmalte morado, en la parte inferior, unas hojas verdes de nipa. Entre ambas hojas, el escudo nacional. Debajo del lazo del esmalte, una media luna plateada.

Por decreto de 23 de marzo de 1934 se creó la Ciudadanía de Honor. Cada 14 de abril, fecha de proclamación de la Segunda República, un ciudadano «ejemplar», elegido por el Comité de Honor, recibiría el nombramiento de Ciudadano de Honor, quien tendría honores y precedencia inmediatamente a continuación del Gobierno. El premiado recibiría una medalla de oro con una alegoría de la República en su anverso y la mención «La Nación agradecida, nombra Ciudadano de Honor a D... el 14 de abril de 19.., Fiesta Nacional», en su reverso. El citado Comité de Honor estaría integrado por el presidente de la República, el presidente de las Cortes, el presidente del Tribunal de Garantías Constitucionales y el presidente del Consejo de Ministros, además de «todos los ciudadanos que hayan desempeñado cualquiera de estas altas funciones y todos los Ciudadanos de Honor».

Por orden de 25 de abril de 1931, el gobierno provisional suprimió todos los honores a personas reales. No duraría mucho la cosa...

EL PADRINO REAL DE LA BODA DEL GENERALÍSIMO

Cuentan que el padre de la novia no veía con buenos ojos la relación de su hija porque «casarse con un militar era como hacerlo con un torero, que nunca sabes si va a volver a casa». Aun así, la boda se celebró.

Tras seis años de noviazgo a distancia, Francisco Franco, de treinta años, y Carmen Polo, de veintitrés, contrajeron matrimonio el 16 de octubre de 1923 en la parroquia de San Juan el Real de Oviedo, casi un mes después del alzamiento de Primo de Rivera. El ya teniente coronel había regresado a España para casarse a la vuelta de la guerra de África.

La pareja se conoció paseando por la ciudad de Oviedo. Fue el hermano mayor del novio quien realizó la petición formal a la familia de la novia.

Las revistas del corazón de la época cubrieron el enlace y describieron a Franco como un militar con gran proyección. Qué intuitivos. Sin embargo, los protagonistas de estas crónicas en prensa fueron la novia y su familia, mucho más conocida en aquel momento.

Francisco Franco le pidió personalmente al rey Alfonso XIII que accediera a ser su padrino de boda. Este aceptó, aunque fue representado por el general Antonio Losada, gobernador militar de Asturias. La madrina fue Pilar Martínez-Valdés, tía de la novia. Tras la ceremonia, el novio agradeció personalmente el gesto al monarca.

Y es que Franco había sido nombrado ese mismo año gentilhombre de cámara por Alfonso XIII. Esta clase palaciega, creada por Fernando VII, dependía del mayordomo mayor y su tarea principal era acompañar al monarca en distintas rutinas, esto es, hacer guardias junto a su cámara, almorzar con él, asistir con él a espectáculos públicos… A tal efecto portaban, como distintivo, a la altura de la cintura, en el costado derecho, la famosa llave dorada que ya hemos descrito, sobre lazo de seda rojo, con flecos de oro y la cifra del rey que los había nombrado también bordada en oro.

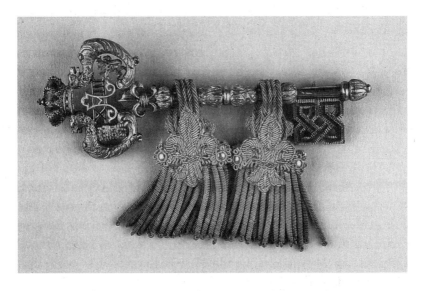

Distintivo de Gentilhombre de Cámara del Contralmirante
Wenceslao Benítez Inglott. Reinado de Alfonso XIII
(1902-1931). [Biblioteca Virtual de Defensa]

En abril de 1931 había en España doscientos trece gentilhombres de Alfonso XIII. Uno de ellos era Francisco Franco Bahamonde, futuro jefe de Estado. La vida y sus vueltas.

La relación entre ambos había sido muy buena. En marzo de 1925, el general Primo de Rivera entregó a Franco una carta del rey junto con una medalla de oro. La revista *Estampa* recogía la misiva de Su Majestad, quien se despedía así del futuro Caudillo: «Ya sabes lo mucho que te quiere y te aprecia tu afectísimo amigo que te abraza». Años después, por real decreto de 4 de enero de 1928, Alfonso XIII nombró a Franco director de la recién creada Academia General Militar.

Franco era monárquico y Alfonso XIII era «franquista»… Al menos, al principio del alzamiento y tras la victoria. Pero, como el rey falleció dos años después de la guerra, no podemos saber cómo se hubiera desarrollado la cosa. Hay quien apunta que el monarca se sintió traicionado por el Generalísimo. Podría ser, claro.

El propio Juan de Borbón, su hijo, intentó (sin éxito, porque Franco lo impidió) alistarse en el Bando Nacional durante la contienda. El Generalísimo explicó su decisión de esta forma al diario *ABC*:

> Don Juan de Borbón, de cuyo talento, discreción y simpatía tengo el más alto concepto solicitaba de mí un mando en un barco de guerra acorde con su graduación. Pero yo no puedo acceder a sus deseos. Mi responsabilidad es muy grande y tengo el deber de no poner en peligro su vida que algún día puede sernos preciosa… Si algún día en la cumbre del Estado vuelve a haber un Rey, tendría que venir con el carácter de pacificador y no debe contarse en el número de los vencedores[248].

Al terminar la guerra, don Juan escribió un telegrama al Caudillo:

> Generalísimo Franco: uno mi voz nuevamente a la de tantos españoles para felicitar entusiasta y emocionadamente a V. E. por la liberación capital de España. La sangre generosa derramada por su mejor juventud será prenda segura del glorioso porvenir de España. Una, Grande y Libre. ¡Arriba España!

---

248   Viana, I. (3 de septiembre de 2021). «La entrevista perdida de ABC a Franco en plena Guerra Civil donde habló de la restauración de la Monarquía». Diario *ABC*. https://www.abc.es/archivo/abci-entrevista-perdida-abc-franco-1937-donde-insinuo-posible-restauracion-monarquia-202106251913_noticia.html

Sin embargo, años después, don Juan emitiría sus famosos «manifiestos» (el de Ginebra, el de Lausana y el de Estoril) en contra del régimen franquista y solicitando la restauración monárquica en la figura de su persona. Hacía sus «deberes» como pretendiente al trono, aunque también procuró más adelante acercamientos (sin éxito) al Caudillo, como cuando le escribió para comunicarle su intención de galardonarlo con el collar de la Insigne Orden del Toisón de Oro, condecoración que Franco rechazó invitándole a informarse debidamente en relación con sus funciones, deberes y privilegios. Lo cierto es que don Juan no daba una a ojos del Generalísimo…

Después de la victoria en la Guerra Civil, Franco eligió como residencia el palacio de El Pardo, construido durante los reinados de Carlos I y Felipe II. Tras un incendio en 1604, Felipe III encargó su reforma y un siglo después, el primer Borbón restauró completamente su interior para poder albergar a la corte, que vivía allí durante los tres meses de invierno (enero, febrero y marzo). Precisamente por ello, su hijo Carlos III ordenó la ampliación del palacio duplicando su tamaño. Fernando VII fue el último rey español que habitó regularmente el real sitio de El Pardo, aunque también fue una de las residencias de retiro favoritas de Alfonso XII, que optó por elegir este destino para su luna de miel con María de las Mercedes, su primera esposa. También firmó allí sus capitulaciones de su segundo enlace con María Cristina; y, como sabemos, el palacio fue testigo de su fallecimiento por tuberculosis en noviembre de 1885. Actualmente, el palacio sirve como residencia a los jefes de Estado extranjeros que visitan nuestro país.

Franco optó por instalarse en las antiguas antecámaras del príncipe Carlos (Carlos IV). En el antiguo comedor de Carlos III instaló su despacho y el antiguo teatro de corte se transformó en una sala de cine. Qué moderno, era todo un *trendsetter*.

LAS JOYAS DE PASAR

Así llamó María de las Mercedes, condesa de Barcelona y madre de Juan Carlos I, a ocho joyas reunidas por su suegra, la reina Victoria Eugenia.

Son «joyas de pasar» porque las instrucciones que reflejó la reina Victoria Eugenia en su testamento en 1969 eran claras:

> Las joyas que recibí en usufructo del Rey Alfonso XIII y de la misma infanta Isabel desearía, si es posible, se adjudicasen a mi hijo don Juan, rogando a este que las transmita a mi nieto don Juan Carlos. El resto de mis alhajas, que se repartan entre mis dos hijas.

Es decir, las joyas «pasarían» de reina a reina.

Aunque María de las Mercedes nunca llegó a reinar, custodió las piezas hasta que pasaron a ser propiedad de la reina Sofía en 1975, año de la proclamación de Juan Carlos I. Sin embargo, ella esperó a lucirlas en 1978, cuando se promulgó la Constitución actual. Tras la proclamación de Felipe VI, pasaron a manos de la actual reina, doña Letizia.

Las joyas de pasar suponen el primer paso para la constitución del joyero real de la familia real española, que no disponía hasta entonces de uno. No se trata de joyas de Estado, sino que son propiedad privada de la familia real.

El joyero está integrado por las siguientes ocho piezas: una diadema de brillantes con tres flores de lis, un collar de chatones, un collar de perlas rusas, un broche de brillantes del cual cuelga la perla Peregrina (la que le regaló Alfonso XIII a Ena y no la que acabó en poder de Elizabeth Taylor), unos pendientes con un brillante grueso y brillantes alrededor, dos pulseras iguales (gemelas) de brillantes y cuatro hilos de perlas.

Nuestra actual reina tardó más de dos años desde su proclamación en estrenar las joyas de pasar. La ocasión elegida fue en febrero de 2017, en una cena con el presidente argentino y su esposa. La reina lució para el evento la tiara de la flor de lis, los pendientes de diamantes y las pulseras gemelas.

La diadema o tiara de lises es, problamente, la pieza más representativa. Se trata de un regalo de Alfonso XIII a su prometida Victoria Eugenia, quien la luciría en su boda el 31 de mayo de 1906. Fue diseñada por la firma española Ansorena en platino y brillantes. La diadema recibe su nombre por las tres flores de lis que la conforman: una grande en el centro y otras dos más pequeñas a cada lado.

No ha sido nunca lucida por infantas, ni por la reina Letizia antes de convertirse en reina. Victoria Eugenia la lució en numerosas ocasiones. La última fue en la cena de gala previa a la boda de su nieta, la infanta Pilar, en 1967. María de las Mercedes de Borbón, madre de Juan Carlos, asistió con ella a la coronación de Isabel II de Inglaterra en 1953. También fue la tiara elegida por la reina Sofía para asistir a su última cena de gala como reina de España en 2014.

La reina Victoria Eugenia también lució en su boda el collar de chatones realizado por Ansorena. Al morir, Ena dejó dos collares de chatones. El más grande lo recibió en usufructo de Alfonso XIII el día de su boda. La pieza pasó a su hijo Juan y, después, a su nieto Juan Carlos. El segundo, de menor tamaño, fue heredado por Jaime y subastado por la viuda de este en 1982.

Sigamos. Alfonso XII le regaló a su primera esposa, María de las Mercedes, en 1878 un collar de cuarenta y una perlas para que ella lo luciera el día de su boda. La pieza pesaba más de dos kilos y fue realizada en la Rusia imperial. Por eso es conocido como el «collar de perlas rusas».

Los diamantes de las pulseras gemelas de Cartier proceden de la corona que Alfonso XIII regaló a la reina Victoria Eugenia con motivo de su boda. La familia real desmontó la pieza cuando huyó al exilio. En la parte baja alternaba esmeraldas y rubíes con diamantes. Sobre esta base se apoyaban ocho florones de diamantes de los que salían las ocho diademas que se unían en un orbe con una cruz también de diamantes. Según la tasación de la pieza realizada en 1906, su valor ascendía a 1.158.000 pesetas.

Además de las joyas de pasar, el joyero real cuenta con otras seis diademas: la Cartier, la de la Chata, la Prusiana, la Rusa, la Floral y la Princesa.

La diadema de Cartier, de diamantes, perlas y platino, no forma parte de las joyas de pasar, sino de las alhajas que la reina Victoria Eugenia dejó en herencia a sus hijas; aunque, probablemente, acabe integrándose en ese «lote» que pasa de reina a reina. De inspiración *art déco*, fue diseñada por Cartier en 1920 para su mujer por orden de Alfonso XIII. Cuando Ena recibió como legado de su madrina Eugenia de Montijo unas esmeraldas, sustituyó las perlas por estas nuevas piedras. Pero en el exilio, la (ex)reina vendería las esmeraldas y la joya recuperaría el diseño original. Tras la muerte de Victoria Eugenia, heredó la tiara su hija María Cristina. El rey Juan Carlos llegaría a un acuerdo con su tía y se la compraría para regalársela a la reina Sofía. La infanta Cristina apareció con esta tiara en la boda de Victoria de Suecia con Daniel Westling. La pieza ahora está en manos de la reina Letizia, quien la lució por primera vez en 2018 durante una visita de Estado del presidente de Portugal.

Fotografía de la reina Victoria Eugenia portando la diadema de las lises, el collar de chatones de diamantes y las esmeraldas regalo de la emperatriz Eugenia de Francia.

La diadema de la Chata fue elaborada en 1867 por la joyería Mellerio de París por encargo de Isabel II para la boda de su hija, la infanta Isabel (conocida como la Chata) con el príncipe Cayetano de Borbón-Dos Sicilias. También es conocida como la «diadema de las conchas» por sus motivos marinos, ya que su diseño representa las olas del mar a través de la sucesión de perlas en forma de pera. La Chata, al no tener descendencia, legó la joya a su sobrino Alfonso XIII, y este a don Juan. El conde de Barcelona se la regaló a su nuera Sofía con motivo de su boda, y ella la luciría por primera vez en la gala previa a su enlace en el Palacio Real de Atenas. Se trata de la diadema que más veces ha llevado la actual reina honorífica. La reina Sofía la lució por última vez en 2010 para acudir a la boda de la princesa Victoria de Suecia. La reina Letizia la lució por primera vez siendo princesa en una cena de gala en 2007; y la volvió a llevar, ya proclamada reina, con motivo de la visita de Estado del presidente de Filipinas. También es probable que se integre en las joyas de pasar.

Hablemos ahora de la diadema prusiana, la tiara que llevó la reina Sofía en su boda con el rey Juan Carlos el 14 de mayo de 1962, y la que también lució la reina Letizia en su boda con el rey Felipe el 22 de mayo de 2004. La joyería Koch de Berlín creó esta pieza en 1913 para la princesa Victoria Luisa de Prusia, hija del káiser Guillermo II y abuela materna de nuestra reina Sofía, con motivo de su boda con el príncipe Ernesto de Hannover. Victoria Luisa se la regaló a su vez a su hija Federica por su enlace con Pablo de Grecia en 1937. La reina Sofía la heredó de su madre. A pesar de su fabricación germánica (de ahí su denominación), el diseño de la diadema es de estilo helénico. La pieza, realizada en platino, diamante y brillantes, está formada por tres bandas: la superior, con hojas de laurel; la central, con barras verticales a modo de columnas; y la inferior, con una greca griega. En la parte central de la tiara destaca un diamante con forma de lágrima.

La tiara rusa o tiara de la reina María Cristina perteneció a la segunda esposa de Alfonso XII. Está inspirada en los tocados *kokoshnik* rusos, tiene forma de lágrima invertida y está coronada por dos filas de catorce perlas. Alfonso XIII heredó la tiara de su madre y se la regaló a su nuera, María de las Mercedes, con motivo de su boda con su hijo Juan en 1935. La condesa de Barcelona se la prestaría a su hija Pilar para su enlace con Luis Gómez-Acebo y, posteriormente, a su nieta, Simoneta, también para su boda con José Miguel Fernández Sastrón. Tras la muerte de su madre, Juan Carlos compró la tiara a su hermana mayor. La reina Sofía solo la usó en cuatro ocasiones y la reina Letizia la estrenó en noviembre de 2018 para una visita de Estado del presidente de China.

Con motivo de su enlace, Francisco Franco le regaló a doña Sofía «en nombre del pueblo español» una diadema de brillantes conocida como la «tiara floral», que adquirió en la joyería Aldao. La novia agradeció entonces el obsequio del Caudillo enviándole una carta redactada en inglés, en la que, entre otras cosas, le decía:

> La preciosa joya que el Generalísimo y doña Carmen me han regalado, así como la alta condecoración recibida, hacen que me sienta ya unida a mi nueva patria y ardo en deseos de conocerla y servirla. De nuevo, mil gracias, mi General, y con un afectuoso saludo para su esposa queda suya afectísima, Sofía[249].

Esta joya puede ser usada también como collar o dividirse en tres broches. Curiosamente fue la diadema elegida por la infanta Cristina para su enlace matrimonial en 1997.

En mayo de 2009, coincidiendo con su quinto aniversario de boda, el príncipe Felipe decidió retomar la tradición de su bisabuelo Alfonso XIII y obsequiar a su esposa con una tiara exclusiva. Se trata de la tiara Princesa, diseñada por la joyería Ansorena. La joya se compone de cuatrocientos cincuenta diamantes y diez perlas australianas presididos por una flor de lis que puede ser desmontada y utilizada como broche. De hecho, la reina ha utilizado el broche en muchas ocasiones; pero esperó a 2015 para estrenar la joya completa con motivo de la fiesta de celebración del setenta y cinco cumpleaños de la reina Margarita de Dinamarca.

---

249   Zavala, J. M. (2017). *Pasiones regias. De los Saboya a los Borbones, las intrigas palaciegas más desconocidas y escandalosas de la historia*, p. 426. Plaza & Janés.

LOS TRES SÍES

Narra la revista *Hola*[250] que en el verano de 1954, la reina Federica de Grecia organizó un crucero exclusivo para ciento diez jóvenes de casas reales europeas. Desde la Primera Guerra Mundial, las familias reales no habían tenido oportunidad de reunirse. En él se conocieron la princesa Sofía, de quince años, y el futuro Juan Carlos I, de dieciséis. Pero no se hicieron novios en ese momento. Nuestro exjefe de Estado fue relacionado en aquella época con María Gabriela de Saboya, mientras que se rumoreaba la intención de casar a doña Sofía con Harald de Noruega.

Los reyes de Grecia solían invitar a los condes de Barcelona a Mon Repos, su palacete en la isla de Corfú, y eso propició más encuentros entre los futuros reyes de España.

Según apunta la publicación, en 1958, en la boda de Isabel de Wurtemberg y Antonio de Borbón-Dos Sicilias, Juan Carlos confesó a sus amigos que la princesa Sofía lo había «hechizado» y aprovechó para cortejarla. Podría decirse que esta fue su primera cita social.

Ambos volvieron a coincidir públicamente en las pruebas de vela de la Olimpiada de 1960, en la que la futura reina participó como reserva de su hermano Constantino. Los reyes de Grecia organizaron una cena en su barco, atracado en el puerto de Nápoles. La periodista Pilar Urbano recoge las palabras de doña Sofía en relación con una anécdota que ocurrió en dicha ocasión. Según la reina, el futuro rey llevaba un «horrible bigote» y ella lo llevó al cuarto de baño del barco y se lo afeitó[251].

En 1961 coincidieron de nuevo con motivo de la boda de los duques de Kent. Asistieron a la fiesta organizada por la familia de los novios en Hovingham Hall y bailaron juntos. Después de este encuentro en Londres, la reina Federica invitó a los condes de Barcelona con sus hijos a Corfú. Parece ser, según recoge Fernando Rayón en *La boda de don Juan Carlos y Sofía*, que durante estas vacaciones se consolidó su noviazgo[252].

250 *Hola* (11 de mayo de 2007). «¿Cuándo y cómo se hicieron novios realmente?». *Revista Hola*. https://www.hola.com/realeza/2007/05/11/reyes-aniversario-1/
251 Urbano, P. (2003). *La reina*. Plaza & Janés.
252 Rayón, F. (2005). *La boda de Juan Carlos y Sofía: claves y secretos de un enlace*

Pero había que formalizar la relación con una propuesta oficial. Y esto transcurrió en Suiza, en Lausana, durante unas vacaciones. Juan Carlos le lanzó el anillo de compromiso diciendo: «Sofi, cógelo». El rey también le entregó una pulsera. Sofía correspondió más adelante con una pitillera de oro trenzada con cierre de zafiros.

Con motivo del enlace, Sofía recibió de la reina Federica la tiara de diamantes con la que daría el «sí, quiero» (ya hemos hablado de ella), y Juan Carlos un anillo de oro con un camafeo de ágata anaranjada del siglo V a. C. que usaría en su dedo meñique. Pablo de Grecia, padre de la novia, regaló a la pareja una carabela inglesa de plata dorada del siglo XVIII y un abrigo de visón. El general Franco, jefe del Estado, que no podría asistir a la boda y sería representado por el ministro de Marina español, el almirante Felipe Abárzuza, obsequió a la futura reina con la diadema de brillantes que ya hemos visto y a Juan Carlos con una escribanía de plata del siglo XV.

Los duques de Alba entregaron a la pareja una petaca de jade y oro y abrieron una cuenta en el Banco de España para que cualquiera pudiera realizar donaciones a los novios. El general Degaulle les regaló un neceser de viaje con frascos de Baccarat; el presidente de China, Chiang Kai Check, un vaso de porcelana del siglo XVI y una pieza de brocado oriental; Onassis, una piel cibelina; los príncipes de Mónaco, un velero deportivo; el Gobierno griego, un collar de perlas; La reina de Inglaterra, un servicio de mesa de porcelana blanca y dorada, y el duque de Gloucester, una vajilla de plata; el presidente Kennedy, una pitillera de mesa de oro; el rey Humberto de Italia, un alfiler de brillantes; el rey Balduino de Bélgica, doce boles de fruta de plata bañada en oro; los reyes de Dinamarca, una vajilla de porcelana de Copenhague; Constantino e Irene de Grecia, hermanos de la novia, tres brazaletes de oro con zafiros, rubíes y esmeraldas; y los duques de Montellano, unos pendientes del siglo XVIII. Estupendo todo.

La noche del día 10 comenzaron las celebraciones nupciales con una fiesta para los miembros más jóvenes de las casas reales en el Hotel Gran Bretaña. Esta fiesta estuvo seguida por dos bailes de gala solemnes.

histórico. La Esfera de los Libros.

Juan Carlos y Sofía se casaron en la catedral católica de San Dionisio en Atenas el 14 de mayo de 1962 a las diez y doce minutos. Una hora más tarde, lo hicieron por el rito ortodoxo en la catedral de Santa María. Y terminaron la jornada con la ceremonia civil en el salón del Trono del Palacio Real. Se trata de la única pareja real que se ha casado el mismo día en tres ceremonias diferentes, oficiadas en tres lenguas distintas castellano, griego y latín. Ea.

En España no había precedentes de reinas no católicas. Como sabemos, la abuela de Juan Carlos, la anglicana Victoria Eugenia, tuvo que convertirse al catolicismo antes de casarse con Alfonso XIII. Por ello, doña Sofía recibió la instrucción procedente de manos del arzobispo católico de Atenas.

El evento nupcial congregó a un gran número de integrantes del Ghota (ya hemos hablado de este directorio): ciento cuarenta y tres miembros de veintisiete monarquías en total. No se había dado tal concentración de reyes y príncipes desde el matrimonio de Isabel de Inglaterra con Felipe de Edimburgo. Además, la expectación en las calles también fue exagerada, alcanzando el medio millón de personas. El público llegó a pagar hasta mil dracmas (aproximadamente unas mil novecientas pesetas de entonces, algo menos de doce euros actuales) por disponer de un buen lugar para ver el desfile del cortejo. Tres mil personas se desplazaron desde España.

La pareja contó con ocho princesas como damas de honor, ninguna de ellas con el título de heredera: Irene de Grecia (hermana de la novia), Alejandra de Kent, Tatiana Radziwill (prima e íntima amiga de Sofía), Benedicta y Ana María de Dinamarca, Ana de Orleans, Irene de los Países Bajos y Pilar de Borbón (hermana del novio).

El interior y la fachada de la catedral de San Dionisio (escenario de la primera ceremonia) fueron adornados con cuarenta y cinco mil claveles rojos y amarillos, guiño a los colores de la bandera española.

La novia llegó en una carroza tirada por seis caballos blancos de finales del siglo XIX que había sido restaurada para la ocasión forrando su interior con seda blanca y decorando su exterior con los escudos de la casa real griega. Sofía lució un traje diseñado por Jean Desses con una cola de siete metros. Como sabemos, la reina Federica le regaló una diadema de diamantes de estilo helénico, que también luciría la princesa Letizia el día de su enlace.

En el altar, Juan Carlos esperaba a la novia vestido con uniforme de teniente de infantería, el collar del toisón de oro, el collar de la Real Orden de Carlos III y las placas de la Orden de Malta y de la Orden Griega. La condesa de Barcelona, madre del novio, tuvo la deferencia de vestir un traje largo de color azul, en honor a la bandera de Grecia.

El arzobispo Printesi formuló la pregunta para solicitar el consentimiento de los contrayentes. Don Juan Carlos dijo «sí»; Sofía pronunció *«Malissa»* («sí», en griego), sin solicitar a su padre el permiso que el protocolo exigía antes de responder. Lo mismo le sucedería a su hija, la infanta Elena, años después, en su boda con Jaime de Marichalar.

Las alianzas se confeccionaron con el oro de unas monedas del emperador Alejandro Magno. El acontecimiento no pudo ser retransmitido en directo por televisión, ya que no existía en Grecia. Por ello, los servicios de Eurovisión realizaron una filmación que fue enviada a Roma, desde donde se realizó la emisión.

Finalizada la ceremonia, una lluvia de pétalos de rosa y arroz cayó sobre el recién matrimonio. Y comieron perdices (o no…).

El banquete culminó con un brindis pronunciado por los padres de los novios (el rey Pablo de Grecia y Juan de Borbón) en honor a sus hijos.

Los recién casados abandonaron el Palacio Real con destino al puerto de Torcolimos, a 30 kilómetros de distancia, en un coche deportivo. Partieron de allí en viaje de novios a bordo de un yate de lujo de nombre Eros, cedido por el armador Niarchos. La luna de miel fue un viaje alrededor del mundo que comenzó en las islas del Egeo y terminó en Londres cuatro meses después. Sin desmerecer La Granja de San Idelfonso, esto es otra cosa.

¿JUAN III O JUAN IV? MEJOR JUAN CARLOS I

El 22 de julio de 1969, Juan Carlos fue nombrado heredero a la jefatura del Estado, a título de rey, en virtud de la Ley de Sucesión de 1947. Como heredero al trono, le correspondían los títulos de príncipe de Asturias, de Gerona y de Viana, duque de Montblanc, conde de Cervera y señor de Balaguer; pero se trataba de títulos honoríficos destinados a hijos de reyes. Y don Juan, su padre, no era rey (ni lo había sido, ni lo sería). Por ello, se dispuso un nuevo título, el de príncipe de España, que Juan Carlos ostentaría hasta el 22 de noviembre de 1975, dos días después del fallecimiento del Caudillo, fecha en la que fue proclamado rey de España con el nombre de Juan Carlos I.

Se trata del único rey de España que ha reinado con un nombre compuesto. ¿Por qué?

Como durante el franquismo España era formalmente un reino, hay quien reconocía el legítimo derecho del conde de Barcelona a «firmar» como Juan III, el nombre que le hubiera correspondido si hubiera reinado siguiendo la numeración del reino de Castilla. Pero en realidad el padre del actual rey honorífico nunca fue rey; así que Juan Carlos I debería haber sido Juan III. Para no ofender a su padre, se podría haber optado por Juan IV, pero esto implicaría reconocer un reinado que nunca existió, porque el jefe de Estado desde 1939 hasta 1975 fue Francisco Franco.

Por eso, ante la disyuntiva de Juan III (la opción más procedente) o Juan IV (la alternativa para no ofender a don Juan), el Generalísimo optó por emplear también su segundo nombre. Será por nombres... Juan Carlos Alfonso Víctor María reinaría como Juan Carlos I.

Por cierto, recordemos que la numeración sigue el orden de los reyes castellanos porque el peso de Castilla era mayor que el de Aragón. Por ejemplo, Alfonso XII y Alfonso XIII continuaron a Alfonso XI de Castilla. Y Felipe VI sigue a Felipe V; pero si el primer Borbón hubiera tomado como referencia a los reyes de Aragón, tendría que haber considerado que Felipe I (el Hermoso) solo reinó en Castilla y nunca en Aragón ya que falleció antes que su suegro, Fernando el Católico. Algo similar sucede en Inglaterra. Cuando la actual Isabel II accedió al trono, muchos escoceses mostraron su descontento con dicha numeración, pues Isabel I nunca llegó a reinar en Escocia.

La numeración está definida, pero el nombre no. Cuando un monarca comienza a reinar, puede hacerlo bajo el nombre que él desee, al igual que ocurre con los papas, que suelen escoger un nombre diferente al de pila. Aunque lo cierto es que los reyes eligen nombres cuidadosamente seleccionados y justificados, especialmente para sus primogénitos.

Curiosa es la historia del heredero Baltasar Carlos, hijo de Felipe IV. Como sabemos, falleció antes de ser rey, pero hubiera sido el rey Baltasar I de España, nombre que nunca ha llevado un rey cristiano. Por lo visto, la camarera mayor de la reina, la duquesa de Gandía, le había sugerido a la soberana Isabel que eligiera el nombre de uno de los Reyes Magos para que naciera un varón. Se sortearon las tres opciones (Melchor, Gaspar y Baltasar) y salió el último. Qué pena no haber tenido un rey Baltasar de España.

Tampoco ha habido ningún heredero con nombre Carlos desde Carlos IV. Y no creo que sea casualidad porque tendría que reinar bajo el nombre de Carlos V, con la confusión que eso supone en relación con nuestro rey emperador y al conflicto carlista que ya conocemos.

El caso de Juan Carlos I es único en España, pero no en la historia de Europa. Como ejemplo, tenemos a Francisco José I de Austria y la larga lista de reyes con nombre compuesto del reino de Italia (y de Cerdeña): Carlos Manuel I, Víctor Amadeo I, Carlos Manuel II, Víctor Amadeo II, Carlos Manuel III, Víctor Amadeo III, Carlos Manuel IV, Víctor Manuel I, Víctor Manuel II (padre, por cierto, de nuestro Amadeo), Carlos Alberto I, Víctor Manuel III... A mí me suenan tan de telenovela...

Pero Juan Carlos, antes de ser rey, había sido Juanito. El 9 de noviembre de 1948, con diez años, Juanito regresaba del exilio y pisaría por primera vez suelo español. En Lisboa, sus padres, Juan de Borbón y María de las Mercedes, despidieron a su hijo. El tren se paró antes de llegar a Madrid, en la estación de Villaverde, para que el niño fuera al Cerro de los Ángeles y se encomendara al Sagrado Corazón, monumento bendecido el 30 de mayo de 1919 en un acto al que asistió su abuelo, Alfonso XIII. Tras la visita, fue conducido a la finca de las Jarillas. Cursaría sus estudios junto con un reducido grupo de alumnos entre los que se encontraba su primo, el infante don Carlos, su mejor amigo de la infancia.

El 24 de noviembre, Franco recibió por primera vez a Juan Carlos en el palacio de El Pardo. Más tarde, en 1969, al ser designado sucesor, Juan Carlos juraría lealtad a los principios del Movimiento Nacional, juramento que repitió en su proclamación como rey en noviembre de 1975, tras la muerte de Franco. Sin embargo, hasta 1977 don Juan, su padre, no renunciaría a sus derechos al trono. Merece la pena reproducir las palabras más significativas del discurso que pronunció el 14 de mayo ante su hijo:

> Mi padre, Su Majestad el rey Alfonso XIII, el 14 de abril de 1931, en su mensaje de despedida al pueblo español, suspendió deliberadamente el ejercicio del poder, manifestando de forma terminante que deseaba apartarse de cuanto fuese lanzar un compatriota contra otro en fratricida guerra, pero sin renunciar a ninguno de sus derechos [...].
>
> Esta actitud de mi padre, que revela un amor acendrado a España, que todos le han reconocido, ha sido una constante de mi vida, pues desde joven me consagré a su servicio. Por circunstancias especiales por todos conocidas recayó sobre mí este depósito sagrado y el rey Alfonso XIII, el 15 de enero de 1941, en su manifiesto de abdicación decía:
>
> «Ofrezco a mi patria la renuncia de mis derechos para que, por ley histórica de sucesión a la Corona quede automáticamente designado, sin discusión posible en cuanto a la legitimidad, mi hijo el príncipe don Juan, que encarna en su persona la institución monárquica y que será el día de mañana, cuando España lo juzgue oportuno, el rey de todos los españoles [...]».
>
> Cuando llegó la hora de su muerte, con plena conciencia de sus actos, invocando el santo nombre de Dios, pidiendo perdón y perdonando a todos, me dio, estando de rodillas, junto a su lecho, el último mandato: «Majestad: sobre todo, España».
>
> El 28 de febrero de 1941 yo tenía veintisiete años. No se habían cumplido todavía dos desde la terminación de nuestra Guerra Civil y el mundo se sumergía en la mayor conflagración que ha conocido la historia. Allí, en Roma, asumí el legado histórico de la monarquía española, que recibía de mi padre. El amor inmenso a España, que caracterizaba fundamentalmente al rey Alfonso XIII, me lo inculcó desde niño, y creo no solo haberlo conservado, sino quizá aumentado en tantos años de esperanza ilusionada. [...]
>
> Fiel a estos principios, durante treinta y seis años he venido sosteniendo invariablemente que la institución monárquica ha de adecuarse a las realidades sociales que los tiempos demandan; que el rey tenía que ejercer un poder arbitral por encima de los partidos políticos y clases sociales sin distinciones; que la monarquía tenía que ser un Estado de derecho, en el que gobernantes y gobernados han de estar sometidos a las leyes dictadas por los organismos legislativos constituidos por una auténtica represen-

tación del pueblo español, que había que respetar el ejercicio y la práctica de las otras religiones dentro de un régimen de libertad de cultos, como estableció el Concilio Vaticano II; y, finalmente, que España, por su historia y por su presente, tiene derecho a participar destacadamente en el concierto de las naciones del mundo civilizado [...].

Por todo ello, instaurada y consolidada la monarquía en la persona de mi hijo y heredero don Juan Carlos, que en las primeras singladuras de su reinado ha encontrado la aquiescencia popular claramente manifestada y que en el orden internacional abre nuevos caminos para la patria, creo llegado el momento de entregarle el legado histórico que heredé y, en consecuencia, ofrezco a mi patria la renuncia de los derechos históricos de la monarquía española, sus títulos, privilegios y la jefatura de la familia y casa real de España, que recibí de mi padre, el rey Alfonso XIII, deseando conservar para mí y usar como hasta ahora, el título de conde de Barcelona.

En virtud de esta mi renuncia, sucede en la plenitud de los derechos dinásticos como rey de España a mi padre el rey Alfonso XIII, mi hijo y heredero el rey don Juan Carlos I. ¡Majestad, por España, todo por España, viva España, viva el rey!

Juan Carlos le respondió:

Hoy, al ofrecer a España la renuncia a los derechos históricos que recibisteis del rey Alfonso XIII, realizáis un gran acto de servicio. Como hijo, me emociona profundamente. Al aceptarla, agradezco vuestra abnegación y desinterés y siento la íntima satisfacción de pertenecer a nuestra dinastía. Y es mi deseo que sigáis usando, como habéis hecho durante tantos años, el título de conde de Barcelona.

Todo claro y todos contentos, pues.

Llegados a este punto, me pregunto: ¿sabrá Leonor, su alteza, qué nombre elegirá para su primogénito (o primogénita), en el caso de que opte por ser madre, por supuesto? Hay quienes deciden el nombre cuando ven la carita del bebé, pero también hay quienes lo tienen pensado ya desde la infancia. Y si se tiene la genealogía tan clara, como es el caso, pues se puede encontrar una inspiración fácil y consecuente.

No creo que haya nombres casuales en la monarquía. De hecho, seguro que la princesa se llama así por Leonor de Austria, hermana de nuestro rey emperador y reina consorte primero de Portugal, tras su matrimonio con el rey Manuel el Afortunado, viudo de sus tías Isabel y María; y luego de Francia, tras su enlace con Francisco I.

Yo, si fuera la princesa de Asturias y diera a luz un bebé, lo llamaría Carlos. Para complicar. Porque el heredero sería Carlos V de España, el auténtico (no el que llamamos habitualmente así porque ese fue quinto en Alemania, pero primero en España). Y tampoco Carlos María Isidro, primer carlista, hermano de Fernando VII y «enemigo» de Isabel II, la madre del tatarabuelo del actual rey. Así se resuelven de una vez posibles rencillas y reclamaciones de nostálgicos. De hecho, así se resolvieron cuando en Cataluña tuvieron que aceptar al verdadero Carlos III, hijo de Felipe V, y dejar de llamar así al pretendiente Carlos de Austria, que había perdido en la guerra de Sucesión. España siempre ha estado llena de antimonárquicos, pero de muchos pretendientes al trono. Qué curioso.

Otra opción es llamarlo Alfonso y romper con la «mala suerte» del doce y el trece, aunque se trata de un nombre real demasiado común, no apto para supersticiosos. Por cierto, Alfonso XIV debería pronunciarse como «decimocuarto»; nunca entenderé por qué a partir del número diez se empieza a utilizar el cardinal y no el ordinal...

¿Y si lo llamara Juan? Complicado. Entraría en conflicto emocional porque hay quien llama Juan III a su bisabuelo, que nunca perdió la esperanza, el «pobre», incluso después de que Franco nombrara a Juan Carlos príncipe de España. Y si ya su abuelo recurrió a un nombre compuesto para no ofender a su padre, no sería apropiado tener dentro de unos años un Juan III, ni un Juan IV, ni mucho menos un Juan V. Es más, hubo otro pretendiente carlista, de nombre también Juan Carlos (qué casualidad), autodenominado Juan III (caprichos de la historia) enterrado en Trieste. Demasiado lío.

Felipe sí, por su padre y por Felipe II. Y también por Felipe V, a quien debemos la unidad territorial de España, pese (o gracias, según se mire) al conflicto catalán.

Fernando no, por favor, Leonor. Prefiero seguir llamando Fernando VIII al segundo marido de María Cristina, al de «me quiere gobernar». Cuanto más lejos en el recuerdo tengamos todos a Fernando VII, mejor. ¿O acaso no vendió la Corona de España a Francia? Y lo siento por el Católico, II de Aragón y V de Castilla, pero yo siempre fui más de Isabel, como buena castellana (del madrileño barrio de Chamberí, para más señas).

La princesa de Asturias, Leonor de Borbón, junto a su padre, el rey Felipe VI, quien le ha impuesto el Collar de la Insigne Orden del Toisón de Oro. [Ministerio de la Presidencia. Gobierno de España]

De hecho, clarísimamente Isabel es un nombre idóneo para una futura reina. Isabel III suena bien. Juana también es nombre de reina titular, que no se nos olvide. El caso es que la criatura reinará solo si no tiene hermanos (y si no se modifica la Constitución, claro). Lo cierto es que hay nombres de gobernadoras, gestoras, familiares célebres y mujeres reseñables de sangre azul española que bien merecen un homenaje, al margen de Leonor. Así, en un rápido *brainstorming*, se me ocurren: Catalina, María, Margarita, María Teresa o Ana. Qué bonito nombre Ana, la verdad. Y solo hemos tenido, inexplicablemente, una reina con este nombre, la cuarta mujer de Felipe II. Dejamos «escapar» a la hermana de Felipe IV y se la «regalamos» a los franceses. Ana de Austria, reina consorte en nuestro país y Ana de Austria, reina de Francia. No sé al lector, pero a mí Ana I de España me suena fenomenal. Ahí lo dejo[253].

Al margen de estas reflexiones banales para suavizar la densidad de este libro, el objetivo de esta obra, querido lector, era poner de manifiesto y subrayar la grandeza de nuestro pasado utilizando el protocolo y el ceremonial como hilo conductor para demostrar, sin ningún género de duda, la influencia única de los reyes y reinas de la historia de España en su tiempo e, incluso, me atrevo a decir, en la actualidad.

Tal vez, para muchos, el protocolo y el ceremonial sean conceptos trasnochados e inútiles. Probablemente, esto sea así porque desconozcan su papel simbólico y estratégico en la evolución de la historia y de la política. Espero que esta obra ayude a valorar su importancia y a entender su significado en cada contexto y aplicación social y cultural.

Conocer la historia nos permite aprender de nuestros errores y valorar nuestros aciertos para presumir de ellos cuando corresponda. Quizá España no es (ni será) lo que fue, pero, parafraseando nuestro rico refranero, «quien tuvo retuvo». El futuro es siempre incierto, pero el pasado no nos lo quita nadie si sabemos defenderlo y honrarlo. Sirvan de ejemplo estas cien historias reales de los Trastámaras, los Austrias y los Borbones españoles.

Colorín, colorado. Este libro se ha acabado, pero la historia de la monarquía española continúa (al menos de momento). El lector me comprenderá si decido concluir con la palabra (o el color) VERDE.

---

253 El cronista José Fernández Bremón hizo una reflexión curiosa en el periódico *La Ilustración Española y Americana* en torno al nombre del «niño rey», hijo de María Cristina de Habsburgo Lorena y Alfonso XII. «El nombre de Fernando no dejó buenos recuerdos a los partidos liberales; el de Carlos tenía complicaciones numéricas desagradables; el de Luis solo tenía un precedente y desgraciado; los Felipes habían dejado huellas aristocráticas no conformes con el espíritu dominante; en los Enriques sobresalía un fratricida; había, pues, que resucitar nombres muy lejanos, adoptar uno nuevo o elegir el que, con verdadero acierto, se ha impuesto al niño rey, es decir, el del glorioso nieto de doña María de Molina».

Bibliografía

ABC (1905). «El profético concurso que acertó quién sería la Reina de España». https://www.abc.es/archivo/abci-concurso-acerto-quien-seria-reina-espana-202005310057_noticia.html

Abel, A. (1983). *Personajes reales en Lugo.* Do Castro.

Alfonso X (siglo XIII, edición 1555). Biblioteca jurídica *BOE.*

Alonso-Fernández, F. (2020). *Felipe V. El rey fantasma. Biografía histórica y psiquiátrica de la figura del primer rey Borbón.* Almuzara.

Alvar, A. (2012). *La emperatriz. Isabel y Carlos V. Amor y gobierno en la corte española del Renacimiento.* La Esfera de los Libros.

Alvar, A. (2018). *Felipe IV: el Grande.* La Esfera de los Libros.

Álvarez, G., Ceballos, F. C. y Quintero, C. (2009). «The Role of Imbreeding in the Exthinction of a European Royan Dynasty». *Plos ONE, 4(4)*, e5174. https://doi.org/10.1371/journal.pone.0005174.

Álvarez-Osorio, A. (2009). «La piedad de Carlos II». En Ribot, L., *Carlos II. El rey y su entorno cortesano*, pp. 141-163. Centro de Estudios Europa Hispánica.

Andreu, L. (2009). *Beatriz Galindo: vida de Beatriz Galindo.* Eila.

Aranda, A. (2002). *La joyería en la corte durante el reinado de Felipe V e Isabel de Farnesio.* Tesis doctoral. Universidad Complutense de Madrid. Facultad de Geografía e Historia. Departamento de Historia del Arte II.

Arfe y Villafañe, J. (1678, edición de 1976). *Quilatador de plata, oro y piedras.* Ministerio de Educación y Ciencia. Dirección General del Patrimonio Artístico y Cultural.

Arroyo, F. (4 de enero de 2008). «Las nodrizas en la corte de los Austrias». *El Arte de la Historia.* Recuperado el 1 de septiembre de 2021. https://elartedelahistoria.wordpress.com/2008/01/04/las-nodrizas-en-la-corte-de-los-austrias

Arroyo, L. A., Nieto, A., Schabas, W. y García, B. (2014). *Pena de muerte. Una pena cruel e inhumana y no especialmente disuasoria.* Ediciones de la UCLM.

Aulnoy, M. C. (1986). *Relación del viaje a España.* Akal.

Azcona, T. (2004). *Isabel la Católica: vida y reinado.* La Esfera de los Libros.

Barbeito, M. (1987). «Una madrileña polifacética en Santa Clara de Lerma: Estefanía de la Encarnación». Anales del Instituto de Estudios Madrileños, núm. 24.

Benalúa, Conde de (2008). *Memorias del... Duque de San Pedro de Galatino. La revolución, la emigración, Alfonso XIII. La restauración (1867-1875).* Universidad de Granada.

Benavides, J. (2020). *El cardenal-infante.* La Esfera de los Libros.

Biblia, Levítico.

Bocángel, G. (2018). *El nuevo Olimpo: representación real y festiva máscara que a los felicissimos años de la Reyna Nuestra Señora celebraron, la Atención Amante del Rey Nuestro Señor y el obsequio y cariño de la Sereníssima Señora, Infante, Damas, y Meninas del Real Palacio.* Forgotten books.

Bruquetas de Castro, F. y Lobo, M. (19 de septiembre de 2017). «El príncipe don Carlos, la tragedia del hijo de Felipe II». *National Geographic.* Recuperado el 1 de septiembre de 2021. https://historia.nationalgeographic.com.es/a/principe-don-carlos-tragedia-hijo-felipe-ii_11876.

Burdiel, I. (2010). *Isabel II. Una biografía (1830-1904).* Penguin Random House.

Burke, P. (1995). *La fabricación de Luis XIV.* Nerea.

Cabañero, P. (2016). *Relaciones de sucesos, fiesta cortesana y literatura con motivo de la boda de Carlos II con María Luisa de Orleans, 1679.* Tesis doctoral. Universidad Complutense de Madrid.

Cabrera de Córdoba, L. (1619). *Filipe Segundo, rey de España.* Imp. De Luis Sánchez.

Cabrera de Córdoba, L. (1857). *Relaciones de las cosas sucedidas en la corte de España desde 1599 hasta 1614.* Imprenta de J. Martín Alegría.

Cadenas, V. (1961). *Tratado de genealogía, heráldica y derecho nobiliario.* Ediciones Hidalguía.

Calvo, A. (2020). *María Luisa de Parma. Reina de España, esclava del mito.* Universidad de Granada.

Campan, M. (2018). *Mémoires Sur La Vie Privée De Marie – Antoniette, Reine de France et de Navarre.* Wentworth Press.

Carrero, J. (1991). *Anales de las cofradías sevillanas.*

Castellanos, J. M. (2005). *El Madrid de los Reyes Católicos.* Ediciones La Librería.

De Carlos, M. C. (2018). *Nacer en palacio. El ritual del nacimiento en la Corte de los Austrias.* Centro de Estudios Europa Hispánica.

De Castiglione, B. (2008). *El cortesano.* Alianza Editorial.

Constitución Española. *BOE* núm. 311, de 29 de diciembre de 1978.

Conway, G. (1940). *Postrera voluntad y testamento de Hernando Cortés, marqués del Valle*. Editorial Pedro Robredo.

Córdoba, M. de (1500). «Jardín de nobles doncellas». En *Prosistas castellanos del siglo XVI* (1968). Tomo II. Biblioteca de Autores Españoles, tomo CLXXI.

Corella, P. y Gutiérrez, B (2009). *Reales sitios de Madrid*. Ediciones La Librería.

Cortés, H. edición de Delgado, A. (2016). *Cartas de relación*. Castalia.

Danvila, A. (1957). *El testamento de Carlos II*. Espasa Calpe. Colección las Luchas Fratricidas de España, núm. 1.

Danvila, A. (1997). *Luis I y Luisa Isabel de Orleans. El reinado relámpago*. Alderabán.

De la Serna, M. (24 de noviembre de 2016). «El ajuar de boda de una novia real». *Protocolo a la Vista*. Recuperado el 2 de septiembre de 2021. https://protocoloalavista.com/boda-ajuar-novia-real/

De las Heras, J. (2010). *La Orden de Santiago, La prestigiosa milicia de ricoshombres religiosos*. Edaf.

Decreto de José I del 19 de octubre de 1809, artículos 1 y 2, Prontuario de Leyes y Decretos del Rey Nuestro Señor Don José Napoleón I, tomo I, segunda edición.

Decreto de 27 de abril de 1931. https://www.boe.es/datos/pdfs/BOE/1931/118/A00359-00360.pdf

Delalex, H. (2015). *Un jour avec Marie – Antoniette*. Flammarion.

Deleito y Piñuela, J. (2019). *El rey se divierte*. Alianza Editorial.

Deleito y Piñuela, J. (2020). *La mala vida en la España de Felipe IV*. Alianza Editorial.

Domínguez, A. (2020). *Carlos III y la España de la Ilustración*. Alianza Editorial.

Doussinague, J. (1950). *El testamento político de Fernando el Católico*. Consejo Superior de Investigaciones Científicas. Patronato Menéndez Pelayo.

Echevarría, E. (2011). *De Madrid a Versalles: la correspondencia bilingüe entre el Rey Sol y Felipe V durante la guerra de Sucesión*. Ariel.

Elliott, J. (2001). *Europa en la época de Felipe II*. Editorial Crítica.

Elliott, J. (2016). *El conde-duque de Olivares*. Austral.

Eslava, J. (2019). *La familia del Prado. Un paseo desenfadado y sorprendente por el Museo de los Austrias y los Borbones*. Planeta.

Estatutos de la Real Orden de la Reina María Luisa (1816). Imprenta Real.

Fernández, L. M. (2017). *El Toisón de Oro: de Felipe III «el Bueno» a Felipe VI*. Tesis doctoral. Universidad Complutense de Madrid.

Fernández, M. (2008). *Juana la Loca. La cautiva de Tordesillas*. Austral.

Fernández, M. (2010). *Carlos V. Un hombre para Europa*. Austral.

Fernández, M. (2016). *Felipe II*. Austral.

Fernández, M. (2019). *Isabel la Católica*. Espasa.

Fernández, R. (2016). *Carlos III. Un monarca reformista.* Espasa.

Fernández de Oviedo, G. (2006). *Libro de la cámara real del príncipe don Juan.* Universitat de Valencia. Servei de Publicacions.

Fisas, C. (1989). *Historia de las reinas de España: la casa de Austria.* Planeta.

Fraile, J. M. (2000). «Amas de cría: [Exposición], 2000-2001, Sala de exposiciones de la Fundación Joaquín Díaz, Urueña, Valladolid, Valladolid: Diputación Provincial. Centro Etnográfico Joaquín Díaz, 2000».

Franganillo, A. (2015). *La reina Isabel de Borbón: las redes de poder en torno a su casa (1621-1644).* Tesis doctoral. Universidad Complutense de Madrid.

Franganillo, A. (2020). *A la sombra de la reina.* Consejo Superior de Investigaciones Científicas.

Frieda, L. (2006). Siglo XXI.

Gambino, M. (21 de noviembre de 2011). «What was on the menu at the first Thanksgiving». *Smithsonian Magazine.* https://www.smithsonianmag.com/history/what-was-on-the-menu-at-the-first-thanksgiving-511554/

García, E. (2013). *La infanta Isabel Clara Eugenia de Austria, la formación de una princesa europea y su entorno cortesano.* Tesis doctoral. Universidad Complutense de Madrid.

García, J. (1998). *La cara oculta de Felipe II.* Martínez Roca.

García, J. (2013). *Don Juan, náufrago de su destino.* La Esfera de los Libros.

García, J. C. (2015). *Montpensier. Biografía de una obsesión. La vida de Antonio de Orleans, el hombre que quiso ser rey.* Almuzara.

García-Gallo, A. (1957). «Las bulas de Alejandro VI y el ordenamiento jurídico de la expansión portuguesa y castellana en África e Indias». En *Anuario de historia del derecho español.*

Gea, M. I. (2008). *El Palacio Real de Madrid.* Ediciones La Librería.

Gea, M. I. (2008). *Breve historia de la Plaza Mayor.* Ediciones La Librería.

Gómez, J. L. (2009). *Fernando VI y la España indiscreta.* Punto de Vista Editores.

Gómez, M. (23 de abril de 2015). «La Rosa de Oro, un regalo del papa a las reinas católicas». *Protocolo con Corsé.* Recuperado el 2 de septiembre de 2021. https://protocoloconcorse.es/la-rosa-de-oro-un-regalo-del-papa-a-las-reinas-catolicas/

Gómez-Santos, M. (1993). *La reina Victoria Eugenia.* Espasa Calpe.

Grell, C. (2009). *Ana de Austria: infanta española y reina de Francia.* Centro de Estudios Europa Hispánica.

Guillén, J. A., Hernández, J. y Alegre, E. (2018). *Ruy Gómez de Silva, príncipe de Éboli. Su contexto y su tiempo.* Iberoamericana.

Habsburgo, C. (2006). *Las Austrias. Matrimonio y razón de Estado en la monarquía española.* La Esfera de los Libros.

Habsburgo, C. (2007). *María Antonieta, una mujer de su linaje relata la gloria y tragedia de la reina de Francia.* La Esfera de los Libros.

Hola (11 de mayo de 2007). «¿Cuándo y cómo se hicieron novios realmente?». *Revista Hola.* https://www.hola.com/realeza/2007/05/11/reyes-aniversario-1/.

Hume, M. (2009). *La corte de Felipe IV.* Espuela de Plata.

Kamen, H. (2004). *El gran duque de Alba.* La Esfera de los Libros.

La Parra, E. (2002). *Manuel Godoy. La aventura del poder.* Tusquets Editores.

La Parra, E. (2018). *Fernando VII. Un rey deseado y detestado.* Tusquets.

La Tribuna de Salamanca (1 de agosto de 2016). «Eulalia, la condesa de Ávila». https://www.tribunasalamanca.com/blogs/curiosidades-y-anecdotas-de-la-historia/posts/eulalia-la-condesa-de-avila

La Vanguardia (14 de diciembre de 2011). «La Peregrina de Liz Taylor, vendida en Nueva York por 9 millones de euros». *La Vanguardia.* https://www.lavanguardia.com/gente/20111214/54241073146/la-peregrina-liz-taylor-vendida-nueva-york-9-millones-euros.html

Laina, J. M. (1993). «Licencia paterna y real permiso en la pragmática sanción de 1776». *Revista de Derecho Privado*, año núm. 77, mes 4, pp. 355-378.

Lamet, P. (2004). *Yo te absuelvo, majestad.* Temas de Hoy.

Lázaro, N. (2017). *Las joyas de la reina Isabel II de España.* Tesis doctoral. Universidad Complutense de Madrid.

Ley de Defensa de la República de 22 de octubre de 1931. *Gaceta de Madrid*, núm. 295. https://www.boe.es/datos/pdfs/BOE/1931/295/A00420-00421.pdf

López, C. (2018). *La mano del rey: el mayordomo mayor en la casa real del siglo XIX.* Universidad de Alcalá.

López, J. (2020). *Historia de Gabriel de Espinosa. Pastelero de Madrigal que fingió ser el rey don Sebastián de Portugal.* Vidas pintorescas. Espuela de Plata.

Maganto Pavón, E (2003). «Un singular enfermo urológico. Una endocrinopatía causa de los problemas uroandrológicos del monarca. Impotencia y malformación del pene (III)». *Archivos Españoles de Urología.* Tomo 56, n.º 3.

Maribona, C. (2003). «La primera tarta nupcial en una boda real». *ABC,* especial boda real. https://www.abc.es/informacion/boda/preparativos/05d.asp

Márquez de la Plata, V. (2019). *Póker de reinas. Las cuatro hermanas de Carlos V.* Ediciones Casiopea.

Martín, J. (2019). «El desarrollo de la almoneda de los bienes muebles de Isabel la Católica». *HID 46.*

Martínez, A. (2014). *Las nodrizas y su papel en el desarrollo de la sociedad española. Una visión interdisciplinar: las nodrizas en la prensa española del siglo XIX y principios del siglo XX.* Tesis doctoral. Universidad de Alicante.

Martínez, F. (2005). *Los oficios palatinos en la Castilla de los Reyes Católicos: análisis del libro de cámara del príncipe heredero don Juan.* Tesis doctoral. Universidad Complutense de Madrid.

Martínez, G. (2019). *Mariana de Neoburgo (1667-1740): escenarios, imagen y posesiones de una reina.* Tesis doctoral. Universidad Complutense de Madrid.

Martínez, J. (1992). *Guía del Monasterio San Lorenzo el Real*. Editorial Patrimonio Nacional de Madrid.

Martínez de Castrillo, F. (1557, edición de 2001). *Coloquio breve y compendioso. Sobre la materia de la dentadura y maravillosa obra de la boca. Con muchos remedios y avisos necesarios. Y la orden de curar y aderezar los dientes.* KRK ediciones.

Martínez Montiño, F. (1611). *Arte de cozina, pasteleria, vizcocheria y conserveria.* Luis Sánchez.

Mateos, R. (2019). *Alfonso y Ena: la boda del siglo. Génesis y apoteosis de un gran amor fracasado.* La Esfera de los Libros.

Maura, G. (1990). *Vida y reinado de Carlos II*. Aguilar.

Menéndez, M. (2009). «El trato al indio y las Leyes Nuevas. Una aproximación a un debate». *Tiempo y Sociedad*, n.º 1.

Merino, A. (2016). *Los panteones reales del monasterio de San Lorenzo de El Escorial. Muerte, sistemas sepulcrales y construcción de imagen dinástica (1563-1833).* Tesis doctoral. Universidad Complutense de Madrid.

Millán, P. (1987). *Los toros en Madrid*. Estudio histórico. Asociación de Libreros de Lance de Madrid.

Moa, P. (2020). *La Segunda República Española*. La Esfera de los Libros.

Montero, E. (2013). *Los secretos del Palacio Real de Madrid*. Ediciones La Librería.

Moral, A. (2017). *El infante Carlos María Isidro. Primer rey carlista*. Ediciones 19.

Moreno, G. (2006). *Don Carlos, el príncipe de la leyenda negra*. Marcial Pons.

Moreno, M. (2008). *José Bonaparte. Un rey republicano en el trono de España.* La Esfera de los Libros.

Morgado, J. (1997). *El Santo Entierro Grande*. Castillejo.

Moya, M. (2018). *Relaciones de sucesos, literatura y fiesta cortesana en torno a la boda de Mariana de Austria y Felipe IV (1647-1649).* Tesis doctoral. Universidad Complutense de Madrid.

Navajas, B. (2021). *El memorial de 1634 de fray Alonso de Benavides. Misiones de frontera en Nuevo México.* Universidad Francisco de Vitoria.

Núñez, F. (1988). *Vida de Carlos III*. Fundación Universitaria Española.

Núñez de Castro, A. (1698). *Libro histórico político, solo Madrid es corte y el cortesano en Madrid.* Vicente Suria.

Ortiz de Zúñiga, D. (1796). *Anales eclesiásticos y seculares de la muy noble y muy leal ciudad de Sevilla*, vol. III. Imprenta Real.

Ortiz de Zúñiga, D. (1928). *Discurso genealógico de los Ortices de Sevilla*. Imprenta de la Ciudad Linese.

Palminero, L. (1568). *El estudioso de la aldea*. Imprenta Ioan Mey, Valencia.

Pelaz, D. (2017). *La casa de la reina en la corona de Castilla (1418-1496).* Universidad de Valladolid.

Pérez, M. J. (2018). *María Tudor. La gran reina desconocida.* Ediciones Rialp.

Pragmática de los Reyes Católicos sobre la manera en que se puede traer luto y gastar cera para los difuntos, de 10 de enero de 1502.

Puyol, J. M. (2010). «La pena de garrote durante la guerra de la Independencia: los decretos de José Bonaparte y de las Cortes de Cádiz». *Cuadernos de Historia del Derecho* 2010. Vol. Extraordinario.

Queralt del Hierro, M. P. (2014). *Reinas en la sombra. Amantes y cortesanas que cambiaron la historia.* Edaf.

Quevedo, J. (1984). *Historia del Real Monasterio de San Lorenzo de El Escorial.* Patrimonio Nacional.

Rady, M. (2020). *Los Habsburgo. Soberanos del mundo.* Taurus.

Rayón, F. (2005). *La boda de Juan Carlos y Sofía: claves y secretos de un enlace histórico.* La Esfera de los Libros.

Rayón, F. y Sampedro, J. L. (2004). *Las joyas de las reinas de España.* Planeta.

Real Decreto de 28 de mayo de 1785. Texto recuperado de la página oficial del Gobierno de España el 1 de septiembre de 2021. https://www.lamoncloa.gob.es/espana/simbolosdelestado/paginas/legislacion/BanderaRD28mayo1785.aspx

Real Decreto de 13 de octubre de 1843. https://www.boe.es/datos/pdfs/BOE/1843/3313/A00001-00001.pdf

Red, S. (2006). *Las mejores anécdotas humorísticas. Una magnífica selección de las anécdotas más divertidas de personajes célebres,* p. 101. Robinbook.

Rey, E. (1952). *La bula de Alejandro VI otorgando el título de Católicos a Fernando e Isabel.* Razón y Fe.

Rodríguez, I. (2018). «El bautismo regio en la corte hispánica: arte y ritual del siglo XVI al XVII». *Archivo Español de Arte,* vol. 91, núm. 364, Madrid, pp. 349-366. https://doi.org/10.3989/aearte.2018.21

Romanones, conde de (1999). *Nota de una vida.* Marcial Pons.

Romero, E. (2014). *Garrote vil,* cap. 1. Nowtilus.

Rosillo, B. (28 de enero de 2019). «Las últimas voluntades de Fernando el Católico». Barbara Rosillo. Recuperado el 31 de agosto de 2021. https://barbararosillo.com/2019/01/28/las-ultimas-voluntades-de-fernando-el-catolico/

Rosillo, B. (24 de mayo de 2019). «El ajuar de Ana de Austria, infanta de España». Barbara Rosillo. Recuperado el 31 de agosto de 2021. https://barbararosillo.com/2019/05/24/el-ajuar-de-ana-de-austria-infanta-de-espana/

Rubio, M. J. (2005). *La Chata. La infanta Isabel de Borbón y la Corona de España.* La Esfera de los Libros.

Ruiz, I. (2005). *Juan José de Austria. Un bastardo regio en el gobierno de un imperio.* Dykinson.

San Narciso, M. (2021). *La monarquía ante la nación: representaciones ceremoniales del poder en España (1814-1868).* Tesis doctoral. Universidad Complutense de Madrid.

Sánchez F. J. (30 de abril de 2020). «Las estancias de Isabel II en Sevilla». El Cajón de los Misterios. Recuperado el 30 de agosto de 2021. https://elcajondelosmisterios.com/2020/04/30/la-reina-isabel-ii-en-sevilla-3/

Sánchez, G. (2017). *Sabores del pasado. La cocina en tiempos de Carlos III*. Sar Alejandría Ediciones.

Santamarta del Pozo, J. (2021). Fake news *del Imperio español. Embustes y patrañas negrolegendarias*. La Esfera de los Libros.

Sanz, J. (2020). *De reyes y dentistas. La odontología y la casa real española. De Carlos V a Felipe VI*. Editorial Renacimiento.

Sepúlveda, J. (1924). *Historia de varios sucesos y de las cosas notables que han acaecido en España y en otras naciones desde el año 1584 hasta el de 1603*. En D.H.M., Zarco Cuevas, J. (ed.), Tomo IV.

Seseña, N. (2009). *El vicio del barro*. Ediciones El Viso.

Sigüenza, J. (2008). *Cómo vivió y murió Felipe II*. Apostolado de la Prensa.

Suárez, L. (2012). *Isabel I reina*. Ariel.

Suárez, L. (2013). *Fernando el Católico*. Ariel.

Suárez, L. (2013). *Enrique IV de Castilla*. Ariel.

Testamento y codicilo de la reina Isabel la Católica (1504, edición 2014). Ministerio de Educación y Ciencia, Dirección General de Archivos y Bibliotecas.

The Hispanic Council. «El origen español del símbolo del dólar». Recuperado el 1 de septiembre de 2021. https://www.hispaniccouncil.org/el-origen-espanol-del-simbolo-del-dolar/

Tomé, J. M. (2003). *Historia de la Puerta del Sol*. Ediciones La Librería.

Tremlett, G. (2019). *Catalina de Aragón: reina de Inglaterra*. Crítica.

Trevor, J. y Reed, H. (2013). *Epistolario e historia documental de Ana de Mendoza y de la Cerda, princesa de Éboli*. Iberoamericana.

Urbano, P. (2003). *La reina*. Plaza & Janés.

Vaca de Osma, J. A. (1993). *Alfonso XIII. El rey paradoja*. Editorial Biblioteca Nueva.

Vaca de Osma, J. A. (1998). *Carlos I y Felipe II, frente a frente*. Rialp.

Vallejo-Nágera, A. (2006). *Locos de la historia*. La Esfera de los Libros.

Velasco, A. (2021). *Historia de la moda en España. De la mantilla al bikini*. Catarata.

Vélez, I. (2020). *Torquemada. El gran inquisidor. Una historia del Santo Oficio*. La Esfera de los Libros.

Viana, I. (30 de septiembre de 2013). «La Segunda República: el azote de la prensa libre». Diario *ABC*. https://www.abc.es/historia/abcp-segunda-republica-censura-prensa-201104140000_noticia.html

Viana, I. (13 de noviembre de 2020). «La olvidada ley dictatorial con la que Azaña quiso erradicar todas las críticas a la Segunda República». Diario *ABC*. https://www.abc.es/historia/abci-ley-dictatorial-contra-prensa-azana-quiso-erradicar-criticas-segunda-republica-202004212313_noticia.html

Viana, I. (3 de septiembre de 2021). «La entrevista perdida de *ABC* a Franco en plena Guerra Civil donde habló de la restauración de la Monarquía». Diario *ABC*. https://www.abc.es/archivo/abci-entrevista-perdida-abc-franco-1937-donde-insinuo-posible-restauracion-monarquia-202106251913_noticia.html

Villacorta, A. (2011). *Las cuatro esposas de Felipe II*. Rialp.

Villatoro, M. (17 de junio de 2015). «El Himno español, una marcha militar con un origen muy misterioso». *ABC* Cultura. https://www.abc.es/cultura/20150617/abci-himno-espana-origen-concurso-201506111843.html

VV. AA. (2012). *Anales de la Real Academia de Doctores de España*. Real Academia de Doctores de España.

VV. AA. (2012). *Isabel Clara Eugenia*. Centro de Estudios Europea Hispánica.

Yanes, J. E. (2019). *El regalo de Carlos III a George Whashington. El periplo de Royal Gift*. Ediciones Doce Calles.

Zapata, T. (2016). *La corte de Felipe IV se viste de fiesta. La entrada de Mariana de Austria (1649)*. Universitat de Valencia.

Zavala, J. (2011). *Bastardos y Borbones: los hijos desconocidos de la dinastía*. Plaza & Janés.

Zavala, J. M. (2017). *Pasiones regias. De los Saboya a los Borbones, las intrigas palaciegas más desconocidas y escandalosas de la historia*. Plaza & Janés.

Zavala, J. (2019). *Isabel la Católica. Por qué es santa*. Homo Legens.

Zavala, J. (2020). *La maldición de los Borbones. De la locura de Felipe V a la encrucijada de Felipe VI*. Penguin Random House.

Zorita, M. (2010). *Breve historia del Siglo de Oro*, p. 173. Nowtilus.

Zweig, S. (2012). *María Antonieta*. Acantilado.

Nunca pensé que María Cristina sería portada de uno de mis libros. Pero Almuzara sabe elegir. Y eso que hay muchos personajes históricos en *Eso no estaba en mi libro de historia de la casa real española*. Lo sé, nos ha quedado largo el título y el texto, pero es que la historia de España es muy grande.

El caso es que María Cristina es una buena portada. Que para algo fue Reina Gobernadora. Ya solo por «aguantar» a Fernando VII merece mis respetos. A Isabel y a Luisa Fernanda las educó «regulinchi», aunque no le dejaron hacer mucho, la verdad. No es fácil ser la madre de la primera reina constitucional. Y tampoco es fácil renunciar a la custodia de unas hijas por el bien de España (y por vivir su amor morganático con un guardia de corps venido a más). Lo cierto es que María Cristina está ahí, en el medio de la historia Borbón española. Tataranieta de Felipe V, bisnieta de Carlos III, nieta de Carlos IV, abuela de Alfonso XII y bisabuela de Alfonso XIII. Suponiendo que su madre, la infanta Isabel, fuera hija de Carlos IV, claro. Que según su abuela, María Luisa de Parma, no. Pero María Luisa era también nieta de Felipe V, así que todos, con más o menos carga genética, directa o indirectamente, son Borbones. Y el carácter «disfrutón» lo tiene; eso es así. Qué diferencia entre ella y la austriaca. Doña Virtudes, regente un siglo después, sería otra cosa…

Además, esta María Cristina es la única protagonista de una canción molona escrita por cubanos. María Cristina «me quiere gobernar» es una buena portada, claro que sí. Y yo le sigo, le sigo la corriente…